应用型本科 经济管理类专业“十三五”规划教材

市场营销

主　编　司凯　彭明唱

副主编　王文然　王　平

参　编　薛安松　张明达

赵春雨　郝景亚

西安电子科技大学出版社

内 容 简 介

本书案例新颖、阅读资料丰富，具有一定的创新性、前瞻性和较强的实用性。全书共 13 章，包括市场营销学概论，市场营销环境分析，市场调研与预测，市场与购买行为分析，市场竞争战略，企业战略，市场细分与目标市场，产品策略，定价策略，分销渠道策略，促销策略，市场营销计划、组织与控制以及市场营销发展的趋势等内容，涵盖了市场营销课程应掌握的基本知识点、基础理论与基本技能。

本书适合经济管理各专业本科生及高职高专学生教学需要，特别适合应用型本科院校学生使用，同时也可以作为广大企业营销管理人员专业培训的参考教材。

图书在版编目(CIP)数据

市场营销 / 司凯，彭明唱主编. —西安：西安电子科技大学出版社，2018.3

ISBN 978-7-5606-4883-5

Ⅰ. ① 市… Ⅱ. ① 司… ② 彭… Ⅲ. ① 市场营销学—高等学校—教材 Ⅳ. ① F713.50

中国版本图书馆 CIP 数据核字(2018)第 040484 号

策　　划　高　樱

责任编辑　高　媛　雷鸿俊

出版发行　西安电子科技大学出版社(西安市太白南路 2 号)

电　　话　(029)88242885　88201467　　邮　　编　710071

网　　址　www.xduph.com　　电子邮箱　xdupfxb001@163.com

经　　销　新华书店

印刷单位　陕西华沐印刷科技有限责任公司

版　　次　2018 年 3 月第 1 版　2018 年 3 月第 1 次印刷

开　　本　787 毫米×1092 毫米　1/16　印　张　23

字　　数　545 千字

印　　数　1～3000 册

定　　价　50.00 元

ISBN 978-7-5606-4883-5/F

XDUP 5185001-1

如有印装问题可调换

应用型本科 管理类专业规划教材

编审专家委员名单

应用型本科 经济类专业规划教材

编审专家委员名单

前　言

市场营销是将商品或服务从生产者手中移交到消费者手中的一个过程，是企业或其他组织以满足消费者需要为中心进行的一系列活动。市场营销学是建立在经济学、管理学、哲学和行为学等学科理论基础之上的学科，其核心是对市场营销活动及其规律的系统研究，是一门应用性和实践性很强的学科。学习市场营销，对于借鉴国内外现代经营企业的经验和方法，提高企业营销素质，增强企业活力和竞争力，在激烈的市场竞争中取胜，具有重要的现实意义。因此，培养具有一定专业知识和实践技能的市场营销人才已经成为高等院校相关专业的一项重要任务。

本书注重学生实践能力的培养，在传统市场营销学的基础上做了一些创新性的拓展。本书将经典理论与实践案例相结合，针对性和可操作性较强；在准确阐明营销基本理论的基础上，突出学科新发展。本书理论体系完整，内容具有前瞻性，案例新颖、丰富，方便教学。全书共 13 章，采用“总分总”的形式，第一章概述市场营销学的基本信息，第二章至第十二章详细讲解市场营销学的具体内容，第十三章总结并分析市场营销未来的发展趋势。每章均包含学习目标、案例导入、本章小结、研究与讨论和案例分析，并配备 PPT 课件和视频，供教师教学时参考使用。

本书的特色与创新之处是案例新颖，并配有针对性较强的研究与讨论以及案例分析题，把“基本理论与前沿理论”、“理论知识与实践能力”、“课堂导学与课外自学”融为一体。每章开篇均有学习目标和案例导入，可以让学生带着问题学习。

本书由徐州工程学院经济学院电子商务专业的司凯、彭明唱、王文然、王平、薛安松、张明达、赵春雨、郝景亚八位专业教师共同编写，具体分工如下：司凯、王平负责第一章、第五章、第六章、第七章；彭明唱负责第八章、第九章、第十章、第十一章、第十三章；王文然负责第二章、第三章、第四章、第十二章；薛安松、张明达、赵春雨、郝景亚参与了部分章节的编写。全书由司凯负责总纂、审核及定稿。

本书编写过程中可能存在疏漏和不当之处，敬请广大读者批评指正。

编　者

2017 年 12 月

目　　录

第一章　市场营销学概论

学习目标

(1) 掌握市场和市场营销的基本概念；
(2) 了解市场营销学的发展过程；
(3) 准确把握市场营销学的研究对象、研究内容及研究方法；
(4) 掌握市场营销管理及相关概念。

案例导入

三个业务员带来的启示

美国一个制鞋公司要寻找国外市场，公司派了一个业务员去非洲一个岛国，让他了解一下能否将本公司的鞋推销给当地居民。这个业务员到那里待了一天后，发回一封电报：“这里的人不穿鞋，没有市场。我即刻返回。”公司又派出了另一名业务员，第二个业务员在那里待了一个星期，发回一封电报：“这里的人不穿鞋，但鞋的市场很大，我准备把本公司生产的鞋卖给他们。”公司总裁得到两种不同的结果后，为了解到更真实的情况，于是又派出第三个业务员。此人到那里后，待了三个星期，发回一封电报：“这里的人不穿鞋，原因是他们脚上长有脚疾。他们也想穿鞋，过去不需要我们公司生产的鞋，是因为我们的鞋太窄。我们必须生产较宽的鞋，才能适应他们对鞋的需求。这里的部落首领不让我们做买卖，除非我们借助于政府的力量和公关活动搞大市场营销。我们打开这个市场需要投入大约 1.5 万美元。这样我们每年能卖出大约 2 万双鞋，在这里卖鞋可以赚钱，投资效益率约为 15%。”

(资料来源：杨明刚.市场营销 100：个案与点析［M］.上海：华东理工大学出版社，2011.)

思考：

(1) 为什么这三个业务员会有三个不同的结论？
(2) 如果你是该公司总裁，你会采纳哪个业务员的意见？为什么？

第一节　市场和市场营销的基本概念

一、市场及其相关概念

(一) 市场的演变及含义

市场是社会分工和商品经济的产物，是随着社会分工和商品生产、商品交换的产生与

发展而变化的。人类出现了交换活动，市场才逐渐开始产生。因此，最早的市场的概念是指买方和卖方聚集在交换各自货物的场所。这时，把市场理解为商品交换在空间上的表现形式。

随着社会生产力的发展，社会分工越来越细，商品交换日益丰富，交换形式越来越复杂。市场的概念已不再局限于原有时间与空间的限制，而是演变为一种范围更广、含义更深的全新的概念。

首先，从宏观角度来认识，市场包含了全社会各个领域的所有交换关系，表现为一种总供给与总需求的关系。其交换内容可以是有形的，如商品市场；也可以是无形的，如服务市场。

其次，从微观角度来认识，市场与企业的交换活动密切相关，是某种商品或服务的微观市场，它已经摆脱了“交易场所”的限制，交易场所仅成为微观市场中的一个环节。

最后，现代市场概念已改变了以往视市场为“某一特定地点或场所”的认识，开始视市场为“流动着的消费者群体”。这一认识的改变，极大地拓展了营销人员的视野，为企业开辟了更为广阔的营销活动空间。

那么，究竟什么是市场呢？市场是个含义广泛的概念，随着商品经济的不断发展，其内容也不断丰富和充实，在不同的环境下有不同含义，可概述如下：

(1) 市场是商品交换的场所。它是指买卖双方购买和出售商品，进行交易活动的地点和地区。作为商品交换场所的市场，对每个企业来说都很重要，每个企业都必须要了解哪里是本企业商品的市场。

(2) 市场是对某种商品或劳务具有需求、支付能力和希望进行某种交易的人或组织。这里所说的市场是指有购买欲望、购买力和通过交易达到商品交换，使商品或劳务发生转移的人或组织，而不是场所。

(3) 市场是某项商品或劳务的所有现实和潜在购买者。这是指市场除了有购买力和购买欲望的现实购买者外，还包括暂时没有购买力或是暂时没有购买欲望的潜在购买者。这些潜在购买者，一旦条件有了变化，其潜在需求就会转变成现实需求。对企业来说，明确现实和潜在市场，其需求量多少，对正确制定生产和市场营销决策具有重要意义。

(4) 市场是商品交换关系的总和，这个含义有利于关系营销学的建立。交换关系既包括商品在流通领域中进行交换时发生的关系，又包括商品在流通过程中促进或发挥辅助作用的一切机构与商品的买卖双方之间的关系。这个概念是从商品交换过程中人与人之间经济关系的角度定义的。

从市场营销学的观点来看，以上市场的概念是从各个不同的角度阐述的。互相之间并不矛盾。因此，企业要全面理解市场的含义和概念，这对企业的生产、经营、营销具有重要的意义。

（二）市场的构成要素

市场是由各种基本要素组成的有机结构体，这些要素之间的相互联系和相互作用，决定了市场的形成，推动着市场的现实运动。

从宏观或总体角度观察，市场主要包括以下要素：

(1) 一定量的可供交换的商品。这里的商品既包括有形的物质产品，又包括五星的服务以及各种商品化了的资源要素，如资金、技术等。

(2) 向市场提供商品的卖方。卖方把他们的意志即自身的经济利益和经济需要，通过具体的商品交换反映出来。

(3) 有货币支付能力的商品需求及其人格化的代表者，即买方。商品必须寻找到既有需求又具备支付能力的购买者，否则商品交换无法完成。

宏观市场只是组织市场营销活动的市场环境，而微观市场的构成则包括人口、购买欲望、购买力三方面要素：

(1) 人口。构成市场的人口因素包括总人口、性别和年龄结构、民族与宗教信仰、职业和文化程度、地理分布等多种具体因素。

(2) 购买欲望。购买欲望是指消费者购买商品的动机、愿望和要求。购买欲望是把消费者的潜在购买力变为现实购买力的重要条件，也是市场不可缺少的构成因素。

(3) 购买力。购买力是指人们支付货币购买商品或劳务的能力。在人口状况既定的条件下，市场的大小直接取决于购买力的高低，购买力受到个人收入、消费结构等因素的影响。

人口、购买欲望、购买力三者相互联系、相互制约，共同构成了微观市场。这种微观市场是市场营销学关于市场研究的重点所在。作为现实有效的市场，人口、购买欲望和购买力三个要素缺一不可，可以用简单的公式概括：市场=人口+购买欲望+购买力。

（三）市场的类型

根据不同的分类标准，可以将市场分为不同的类型，而根据不同类型市场的特点，可以制定不同的营销策略。

1. 按照市场主体地位分类

(1) 卖方市场。卖方市场是指卖方处于支配地位，即市场在具有压倒性优势的卖方力量的统治下运行。其表现是市场上商品供应量少于需求量，交易条件有利于卖方，买方形成竞相购买的态势。

(2) 买方市场。买方市场是指买方处于支配地位，即市场在具有压倒性优势的买方力量的控制下运行。其表现是市场上商品供应量超过需求量，买方有更大的挑选商品的范围和机会，卖方则由此展开竞争。

2. 按照市场的地理位置或空间范围分类

(1) 国内市场。国内市场是指一国范围内商品或劳务发生交换的场所，是一定时期内国内商品交换关系的总和。国内市场的商品供求总量和供求结构对本国经济发展状况具有决定性作用。

(2) 国际市场。当商品和劳务在国与国之间流通，构成国际之间的交易行为时，国际市场就随之形成。国际市场受国际政治、经济等多种因素影响，结构复杂，竞争激烈，变化多端，与国内市场相比更为复杂。

3. 按照购买者需求内容和目的分类

(1) 消费者市场。消费者市场指消费者为满足个人或家庭生活消费需要而购买生活资料或劳务的市场，又称生活资料市场。消费者市场具有市场广阔、人数众多、购买频繁、

分散、少量多样等特点，属于最终消费市场。

(2) 生产者市场。生产者市场指生产者为满足生产活动需要而购买生产资料的市场，又称生产资料市场。生产者市场的用户比较集中、购买次数少而数量大、技术性较强，通常由专业人员从事购买工作。

4. 按照交易方式分类

(1) 现货市场。现货市场指买卖的商品、有价证券及外汇等实物均收取现金，并当即实现实物转移的交易市场。在现货市场上，买卖双方可以在任何时间、地点成交任何商品。

(2) 期货市场。期货市场是买卖商品或金融工具的期货或期权合约的场所，主要由交易和清算场所、交易活动当事人及交易对象三部分构成。期货市场是在现货市场基础上发展形成的一种高级形态的市场形式，是从事期货交易者按照法律所组成的一种非营利性的会员制的有组织的市场。

5. 按照竞争程度分类

(1) 完全竞争市场。完全竞争市场是指竞争行为不受任何阻碍和干扰的市场形态。在市场上，没有任何卖者或者买者能够通过自己的买卖行为左右市场价格的变动，商品价格完全是在竞争过程中形成的。在现实生活中，这一形态的市场除少数农产品市场外很少存在。

(2) 垄断竞争市场。垄断竞争市场是介于完全竞争和完全垄断之间的市场形态。这种市场上同时存在众多的买者和卖者，由于每个厂商的市场份额较小，因而厂商之间竞争激烈，但由于各个厂商的产品具有差别性或独特性，因而可以对部分市场进行一定程度的垄断。这是市场经济中大量存在的市场类型。

(3) 寡头垄断市场。寡头垄断市场是指市场上只有少数几家企业控制价格，它们所生产和销售的某种产品的总产量在市场销售总量中占很大比重。在寡头垄断的条件下，各个寡头企业之间是相互依存和影响的关系，是竞争和垄断的混合产物。

(4) 完全垄断市场。完全垄断市场是指市场上只存在独一无二的买主或卖主，其他买者或卖者不可能参加竞争，其价格的制定具有独占性，完全垄断市场仅集中于一些如水、电、铁路等公用事业领域。

除以上分类外，还可以采用其他标准对市场进行多种区分。例如，按性别、年龄、社会阶层等人文标准，分为妇女市场、儿童市场、知识分子市场等；按商品质量和档次，分为精品市场、大众商品市场等。各种分类标准均从不同角度对市场进行了独特的剖析。

(四) 现代市场的特征

现代市场作为市场经济的运行基础和基本形式，具有如下特征：

(1) 开放性。与商品经济的其他阶段不同，市场经济体制下的市场是充分开放的，即向所有的商品生产者、经营者和购买者开放，向各种产权形式的企业开放，向全部社会资源要素开放，向各个行业、地区和国家开放。

(2) 多元性。现代市场是一个多元化的完备体系，不仅可供交换的商品种类多种多样，而且参与市场活动的主体、交易方式、交易手段也是多元的。多元化特征使得现代市场呈现出高度的复杂性、多变性。

(3) 自主性。市场经济活动的主体是企业。企业作为独立的利益主体单位，拥有法定的自主权利，包括根据市场需求自主决策投资方向和生产经营活动，自主调整产品结构和经济结构，自主设置内部管理机构，自主决定利益分配方式。由此决定了市场具有高度的自主性。

(4) 竞争性。平等进入，公平竞争，是市场运行的基本原则。所有市场参与者在进入市场和从事交易上，机会和地位都是平等的。在平等参与的基础上，各个企业凭借自身的经济实力全方位地展开竞争，通过公平竞争，实现优胜劣汰。因而真正意义上的市场是充满竞争的市场。

(五) 研究市场对企业营销的意义

在市场经济条件下，市场是配置社会资源的基础。企业作为资源配置与运用的基本单位和经济活动的主体，必然要被推向市场，在复杂的商品交换和市场体系构成的经济环境中运行。因此，在现代市场环境中，企业营销活动的能力对企业的生存和发展有着举足轻重的作用。

(1) 有助于企业树立市场导向型的现代经营思想。在市场营销中首先需要解决的核心问题是市场与生产的关系、需求与产品的关系以及顾客与企业的关系。上述关系的明确，为树立以市场为导向的现代经营思想奠定了基础，并通过营销活动使这一思想得以贯彻实现。

(2) 有助于企业建立环境决定型的科学决策模式。在企业营销活动中，强调适应市场环境作为决策的出发点和基本依据。这种决策模式为企业灵活适应市场环境变化，制定最快决策方案提供了保证。

(3) 有助于企业正确选择目标市场，扩大市场规模，提高竞争能力。在企业营销中，运用市场细分理论正确选择目标市场，可提高产品竞争能力；运用市场发展理论选择适宜的市场发展战略，可提高市场占有率；运用市场竞争理论掌握制定市场竞争战略的原则和对竞争战略的组合运用，可提高企业的竞争能力。

(4) 有助于企业建立需求管理型的市场营销管理体制。在企业营销中，企业要直接面对市场，以适应需求作为一切活动的中心，为此需要建立相应的管理体制。这一体制可以直接建立企业与市场的联系，确立市场营销职能的核心地位，以市场营销为中心，协调与各职能部门的关系，同时建立市场营销过程中进行信息反馈和控制等一整套科学系统的管理程序。

二、市场营销的概念

市场营销的英文为 Marketing，对其翻译的方法有好几种，而一些翻译恰恰反映了当时对市场营销在理解上的偏差和局限。Marketing 曾被翻译为“销售学”，即认为这门学科主要研究的是如何将生产出来的产品更好地销售出去；后来 Marketing 又被翻译为“市场学”，即以为 Marketing 只是单纯从客观角度研究市场的，同企业的经营决策活动关系不大。而“市场营销学”的译法，则比较准确地反映了 Marketing 这门学科是以市场为导向的，以实现潜在交换为目的，去分析市场，进入市场和占领市场这样一种基本的特征，因此是现有的译法中比较能被接受的一种。后经理论界反复研讨，认为 Marketing 是动名词，译名应反映其动态的意义，于是理论界取得一致认识，即将 Marketing 译成“市场营销”。

（一）市场营销的含义

对于市场营销，早期的认识比较肤浅，正如美国市场营销学家史丹顿(W.T.Stanton)所指出的：一个推销员或销售经理谈到市场营销，他真正讲到的可能是销售；一个广告客户业务员所说的市场营销，可能就是广告活动；百货公司部门经理谈到的可能是零售商品计划。他们都谈到了市场营销，但是，只谈到了整个市场营销活动的一部分。显然，在上述片面认识的基础上，很难形成市场营销较为完整的定义。

1960年美国市场营销协会(AMA)定义委员会给市场营销的定义如下：市场营销是引导产品及劳务从生产者到达消费者或使用者手中的一切企业经营活动。这一定义以产品制成后作为市场营销的起点，以送达到消费者手中为终点，把市场营销仅仅看成是沟通生产环节与消费环节的商业活动过程，因而也存在明显的局限性。

英国市场营销协会曾指出：一个企业如果要生存、发展和盈利，就必须有意识地根据用户和消费者的需要来安排生产。这一论述把市场营销与生产经营决策直接联系起来，对以往的认识有了明显的突破。

日本有关学者认为市场营销是在满足消费者利益的基础上，适应市场的需要而提供商品和服务的整个企业活动。美国市场营销专家菲利普·科特勒(Philip Kotler)教授则进一步指出，市场营销是经由交易的过程，导致满足需要与欲望的人类活动。这两种定义分别从活动基础和最终目的的层面上对市场营销的含义进行了更深刻的揭示。

美国哈佛大学教授马尔康·麦克纳尔(Malcolm Macnair)提出了独到的见解：市场营销是创造和传递新的生活标准给社会。这一定义从社会功效的角度表达了市场营销活动的深层内涵和追求的理想境界，颇具科学意义。

由以上列举的定义可以看到，随着社会经济的发展和人类认识的深化，市场营销的内涵和外延得到了极大的丰富和扩展。根据市场营销的发展，最权威的定义如下：市场营销是通过创造和交换产品的价值，从而使个人或群体满足欲望和需要的社会和管理过程。

（二）市场营销涉及的核心概念

菲利普·科特勒对市场营销的核心概念进行了描述：市场营销是个人或群体通过创造、提供并同他人交换有价值的产品，以满足各自的需要和欲望的一种社会活动与管理过程。在这个核心概念中包含了需要、欲望和需求，产品或提供物，价值和满意，交换和交易，关系和网络，市场，营销和营销者等一系列的概念。

1. 需要、欲望和需求

市场交换活动的基本动因是满足人们的需要、欲望和需求。实际上“需要”、“欲望”、“需求”三个看来十分接近的词汇，其真正的含义是有很大差别的。“需要”是指人们生理上、精神上或社会活动中所产生的一种无明确指向性的满足欲，就如饥饿了想寻找食物，但并未指明是面包、米饭还是馒头；而当这一指向一旦明确，“需要”就变成“欲望”，有购买力的“欲望”才是有意义的，才能真正构成“需求”。

2. 产品或提供物

任何需要的满足都必须依靠适当的产品，好的产品将会在满足需要的程度上占很大比重，从而也就能在市场上具有较强的竞争力，实现交换的可能性也应该更大。然而产品不只是指那些看得见摸得着的物质产品，也包括那些同样能使人们的需求得到满足的服务甚至是创意，我们把所有可通过交换以满足他人需要的事物称为提供物。

因此，如果仅仅把对产品的认识局限于物质产品，那就是经营者可悲的“营销近视症”。为顺利地实现市场交换，企业经营者不仅要十分重视在市场需要引导下的产品设计与开发，还应当从更广泛的意义上去认识产品(或提供物)的含义。

3. 价值和满意

人们是否购买产品不仅取决于产品的效用，还取决于人们获得产品效用的代价。人们在获得使其需要得以满足的产品效用的同时，必须支付相应的费用，这是市场交换的基本规律。市场交换是否能顺利实现，取决于人们对效用和代价的比较。如果人们认为效用大于代价，再贵的商品也愿意购买；反之，再便宜的东西也不会要。市场经济的客观规律告诉我们，人们只会去购买有价值的东西，并根据效用和代价的比较来认识价值的实现程度。

人们在以适当的代价获得适当的效用的情况下，才会有真正的满足，当感到以较小的代价获得较大的效用时，则会十分满意。而只有在交易中感到满意的顾客才可能成为企业的忠实顾客。因此，企业不仅要为顾客提供产品，更要使顾客在交换中感到价值的实现程度比较高，并且对产品感到满意，这样市场交易才能顺利实现。

4. 交换和交易

交换是市场营销活动的核心。人们实际上可以通过 4 种方式获得他所需要的东西，一是自行生产，获得自己的劳动所得；二是强行索取，不需要向对方支付任何代价；三是向人乞讨，同样无需付出任何代价；四是进行交换，以一定的利益让渡使对方获得相当价值的产品或满足。市场营销活动仅仅是围绕第 4 种方式进行的。从交换实现的必要条件来看必须具备以下 5 个条件：

(1) 交换必须在至少双方之间进行；
(2) 双方都具有可用于交换的东西；
(3) 双方有可能相互沟通并把自己的东西递交给对方；
(4) 双方都有决定进行交换和拒绝交换的自由；
(5) 双方都认为对方的东西对自己是有价值的。

交换不仅是一种观象，更是一种过程，只有当交换双方克服了各种交换障碍，达成了交换协议，才能称其为形成交易。交易是达成意向的交换，交易的最终实现需要双方对意向和承诺的完全履行。

5. 关系和网络

在现代市场营销活动中，企业希望同自己的顾客群体间的交易关系长期地保持下去，并得到不断的发展。要做到这一点，企业市场营销的目标就不能仅仅停留在一次交易的实现上，而应当通过营销的努力来发展同自己的供应商、经销商和顾客之间的关系。从 20 世纪 80 年代开始，对顾客关系的重视终于使“关系营销”成为一种新的概念和理论充实到市场营销学的理论体系中。

生产者、中间商以及消费者之间的关系直接推动和阻碍着交易的实现和发展。企业同与其经营活动有关的各种群体所形成的一系列长期稳定的交易关系就构成了企业的市场网

络。在现代市场营销活动中，企业市场网络的规模和稳定性成为企业营销的重要目标。

6. 市场

市场是交易实现的场所和环境，从广义的角度看，市场就是一系列交换关系的总和，市场主要是由卖方和买方两大群体所构成的。但在市场营销学中，对市场的概念有一种比较特殊的认识，其往往用来特指企业的顾客群体。这种对市场概念的认识是基于一种特定的视角，即站在企业(卖方)角度分析市场，认为市场主要由顾客群体(买方)所构成。

7. 营销和营销者

市场交易是买卖双方处于平等条件下的交换活动，但市场营销则是站在企业的角度研究如何同其顾客实现有效地交换。因此市场营销是一种积极的市场交易行为，在交易中主动积极的一方为市场营销者，而相对被动的一方为市场营销者的目标市场，市场营销者采取积极有效地策略与手段来促进市场交易的实现。

第二节　市场营销学的诞生和演进

一、市场营销学的形成与发展

市场营销学是一门来源于企业的市场营销实践又作用于企业的市场营销实践的科学，其产生是基于企业经营活动中大量实践经验的提炼和总结。市场营销学在 19 世纪末 20 世纪初期起源于美国，随着客观形势和工商企业市场营销活动的变化，现代营销理论得到了进一步的发展。

1. 起源阶段

19 世纪末 20 世纪初是市场营销学的形成阶段。当时，以美国为代表的一些主要资本主义国家，由于工商业的发展十分迅速，商业广告运用和销售技术研究逐步受到社会各界的重视，许多经济院系都开设了广告学和销售技术等课程。在这一阶段，市场营销学的研究具有较大的实用性，内容主要是商业销售实务方面的问题，但在理论上尚未形成完整的体系，且仅限于大学课堂，还未引起社会的普遍重视。

2. 应用阶段

从 20 世纪 30 年代到第二次世界大战结束是市场营销学的应用阶段。这一时期的(1929—1933 年)，资本主义世界爆发了严重的经济危机，在这一形势下，市场营销学广泛受到社会公众的重视，各种市场营销学理论相继进入应用领域，由此逐步建立了市场营销学的理论体系。在这一时期，企业虽然引进了市场营销理论，但所研究的内容，仍局限于流通领域，重点仍在于研究广告和推销术等商业推销实务和技巧。

3. 发展繁荣阶段

20 世纪 50 年代初至今是市场营销学的发展繁荣阶段。20 世纪 50 年代初，随着第二次世界大战后科学技术的深入发展，劳动生产率大大提高，经济迅速发展。在这种情况下，企业之间的市场竞争愈演愈烈，使得原来的市场营销学理论和实务不能适应企业市场营销活动的需要，于是形成了“以消费者为中心”的现代市场营销观念。市场营销学的研究突破了流通领域，深入到生产领域中，形成了现代市场营销学体系。

20 世纪 70 年代，市场营销学又与消费经济学、心理学、行为科学、社会学、统计学等应用科学相结合，发展成为一门新兴的综合性应用科学，先后传入日本、西欧、东欧、苏联，并逐渐被世界各国所接受。可以说，这一阶段是现代市场营销学走向成熟的阶段。

20 世纪 80 年代，市场营销学在理论研究的深度和学科体系的完善上得到了极大地发展，市场营销学的概念有了新的突破。1986 年，菲利普·科特勒在《哈佛商业评论》(3～4 月号)上发表了《论大市场营销》一文，他提出了“大市场营销”概念，即在原来的“4P 组合”(产品(Product)、价格(Price)、地点(Place)、促销(Promotion)组合，简称“4P 组合”)的基础上，增加两个“P”，即“政治力量”(Political Power)和“公共关系”(Public Relations)(简称“6P 组合”)。这一概念的提出是 20 世纪 80 年代市场营销战略思想的新发展。

1986 年，加拿大工业市场营销学会主席埃恩·戈登(Ina Corden)又提出了以“竞争观念”取代“市场营销观念”。这一新的提法在美国学术界引起一定的反响，埃恩·戈登预言，20 世纪 90 年代将出现一系列新的市场营销观念，如定制营销、网络营销、服务营销、绿色营销、关系营销等。

市场营销学自产生以来，发展迅速，著作浩繁，影响深远，受到各界普遍重视。究其原因，就在于它适应了社会化大生产和市场经济高度发展的客观需要。因为每一个生产者和经营者都不能不关心市场，不能不研究市场营销学。这就是市场营销学在西方国家受到普遍重视和发展的根本原因。

二、市场营销学的研究对象、研究内容及研究方法

(一) 市场营销学的研究对象

市场营销学是研究企业如何更好地满足消费者或用户的需要与欲望的学科，它着重研究买方市场条件下卖方的市场营销管理问题，即着重研究卖方在激烈的竞争和不断变化的市场营销环境中，如何识别、分析、评价、选择和利用市场机会，如何适应其目标顾客的需求，求得长期生存和发展。因此，市场营销学的研究对象是企业在动态市场上如何有效地管理其交换过程和交换关系及市场营销活动过程，提高企业经营效益，实现企业目标。

(二) 市场营销学的研究内容

市场营销学的研究内容主要包括市场营销理论、市场营销策略和市场营销管理三部分内容。

1. 市场营销理论

市场营销理论主要包括市场营销观念、环境与市场分析、市场细分、目标市场、消费者需求研究和购买行为等。这部分内容主要研究企业与市场的关系，分析市场营销环境，研究消费者需求和购买行为，进而研究企业面对环境变化所带来的机会(Opportunities)与威胁(Threats)，同时结合企业的优势(Strengths)与劣势(Weaknesses)，通过综合分析(简称 SWOT 分析)制定企业的发展战略和市场营销战略。这部分内容是市场营销学理论的基础部分，阐述基本原理和基本思路。

2. 市场营销策略

市场营销策略是市场营销学的核心内容，是市场营销理论的具体应用，主要研究企业如何将可以控制的各种市场营销手段与企业不可控制的外部环境相协调，以实现企业的预期目标。市场营销活动中可控制的变数很多，美国学者尤金·麦卡锡把这些变数概括为四个基本变数，即产品(Product)、价格(Price)、地点(Place)和促销(Promotion)，再加上策略(Strategy)(简称“4Ps”)。这部分内容不仅就每个基本变数可供选择的营销策略进行分析，而且提出了“市场营销组合”概念，强调进行产品、定价、分销和促销四大策略的最佳组合。“4Ps”理论认为在影响市场营销的因素中，市场营销环境是企业不可控制的因素，而产品、价格、地点、促销等因素是企业可以控制的变数，因此，市场营销学就是研究企业针对所选定的目标市场如何综合运用这四个可以控制的变数，组成一个最佳营销组合策略，以实现企业目标。

随着市场的不断发展，市场营销理论也在不断进化。在进化的过程中，出现了两条路线，一条是在 4P 基础上继续完善和补充，即从 4P 组合到 6P 组合，再到 10P 组合的完善路线；另一条是对原有理论进行升级蜕变，形成新的营销理论，如 4C 理论、4R 理论等。

(1) 4P 组合到 6P 组合的进化，4P 组合是市场营销过程中可以控制的因素，也是市场营销活动的主要手段，对它们的具体应用，形成了最基本的市场营销策略。

产品策略(Product)：产品是提供给目标市场的有形物品和无形服务。对于产品策略来说要注意到产品的实体、服务、品牌和包装。

定价策略(Price)：价格是指企业出售产品所追求的经济回报，包括基本价格、折扣价格、付款时间、借贷条件等。定价策略要从企业的战略目标出发，选择适当的定价目标，综合考虑供求关系、竞争、成本利润等因素，运用科学的方法来制定价格，然后根据各种情况考虑折扣、折让、支付期限、信用条件等因素调整价格。

地点策略(Place)：代表企业为使其产品进入和到达目标市场所实施的各种活动，包括途径、环节、场所、仓储和运输等。分销渠道策略就是从企业角度来确定产品抵达目标市场的途径，包括模式和中间商选择、协同管理等。

促销策略(Promotion)：促销是指企业利用各种信息载体与目标市场进行沟通的传播活动，包括广告人员推销、营业推广与公共关系等。促销策略是企业以各种手段向顾客传递产品的信息，以便影响和促进顾客的购买行为。

在 4P 组合理论的基础上，又增加了政治力量(Political Power)和公共关系(Public Relations)，形成了 6P 组合理论。提出 6P 组合的菲利普·科特勒认为，企业能够而且应当影响自己所在的营销环境，而不应单纯地随从和适应环境。在国际、国内市场竞争都日趋激烈，各种形式的政府干预和贸易保护主义再度兴起的新形势下，要运用政治力量和公共关系，打破国际和国内的贸易壁垒，为企业的市场营销开辟道路。同时他还发明了一个新的单词——Mega-marketing(大市场营销)，来表示这种营销视角和战略思想。

大市场营销理论突破了市场营销环境不可控制的传统看法，认为企业不应是消极被动地去适应、服从外部环境，而应该积极主动地改变环境，通过政治力量和公共关系扫清流通道路上的障碍，变封闭性市场为开发性市场。

(2) 6P 组合到 10P 组合的进化。菲利普·科特勒用了一种特定方法来描述市场营销，他给出了一个比 6P 组合更广的概念——10P 组合，从战略上解决了在国内和国际竞争进一步加强的情况下，如何综合运用可控的营销因素去处理市场中的问题。与6P策略相比，10P策略又增加了探索、划分、优先和定位四个因素。

探索(Probing)：即市场调查研究。企业通过探索和预测，分析企业外部因素，发现和分析评价市场机会(即消费者需求)。

划分(Partitioning)：即根据消费者需要的差异性，运用系统的方法，把整体市场划分为若干个消费者群的过程。每一个细分市场都是具有类似需求倾向的消费者构成的群体，因此，分属不同细分市场的消费者对同一产品的需求有着明显的差异，而属于同一细分市场的消费者的需求具有相似性。

优先(Prioritizing)：即对目标市场的选择，也就是确定在市场细分的基础上，企业要进入的那部分市场或要优先最大限度地满足的那部分消费者。企业资源的有限性和消费者需求的多样性决定了企业不能经营所有的产品来满足所有消费者的需求。任何企业只能根据自己的资源优势和消费者的需求，经营一定的产品，满足消费者的部分需要。

定位(Positioning)：即企业在顾客心目中树立的某种形象。在确定目标市场之后，企业应明确在顾客心目中为自己的产品树立什么样的市场形象。

(3) 4C理论：4C理论是4P组合的挑战者。4C理论是以挑战者的角色出现的，它分别指顾客(Customer)、成本(Cost)、便利(Convenience)和沟通(Communication)。

顾客(Customer)：主要指顾客的需求。企业必须首先了解和研究顾客，根据顾客的需求来提供产品。同时，企业提供的不仅仅是产品和服务，更重要的是由此产生的客户价值(Customer Value)。

成本(Cost)：不单是企业的生产成本或者说4P组合中的价格(Price)，它还包括顾客的购买成本，同时也意味着产品定价的理想情况，应该是既低于顾客的心理价格，亦能够让企业有所获利。此外，这中间的顾客购买成本不仅包括其货币支出，还包括其为此耗费的时间、体力、精力以及购买风险。

便利(Convenience)：即为顾客提供最大的购物和使用便利。4C理论强调企业在制定分销策略时，要更多地考虑顾客的方便，而不是企业的方便。要通过好的售前、售中和售后服务让顾客在购物的同时，也享受到便利。便利是客户价值不可或缺的一部分。

沟通(Communication)：被用以取代4P组合中对应的促销(Promotion)。4C理论认为，企业应通过同顾客进行积极有效的双向沟通，建立基于共同利益的新型企业/顾客关系。这不再是企业单向地促销和劝导顾客，而是在双方的沟通中找到能同时实现各自目标的通途。

(4) 4R理论：4R理论是对4C理论的冲击和补充。4R理论号称要取代4C理论，但是实际上，其作用更多的是冲击和补充。4R即关联(Relativity)、反应(Reaction)、关系(Relation)和回报(Retribution)，是由美国营销学家艾略特·艾登伯格提出来的。该市场营销理论认为，随着市场的发展，企业需要从更高层次上以更有效的方式在企业与顾客之间建立起有别于传统的新型的主动性关系。

关联(Relativity)：紧密联系顾客。企业必须通过某些有效的方式在业务、需求等方面与顾客建立关联，形成一种互助、互求、互需的关系，把顾客与企业联系在一起，以此来提高顾客的忠诚度，赢得长期而稳定的市场。

反应(Reaction)：提高对市场的反应速度。在相互渗透、相互影响的市场中，及时地倾听顾客的希望、渴望和需求，并及时作出反应来满足顾客的需求，这样才有利于市场的发展。

关系(Relation)：重视与顾客的互动关系。抢占市场的关键已转变为与顾客建立长期而稳固的关系，把交易转变成一种责任，建立起和顾客的互动关系。

回报(Retribution)：市场营销的源泉。企业要满足客户需求，为客户提供价值，不能做无用的事情，市场营销的最终价值在于其是否给企业带来短期或长期的收入能力。

回顾 4P 组合、4C 理论及 4R 理论，可以看出 4P 组合是基础，4C 理论是主流，4R 理论不容易操作。市场营销是讲究效率的，为了追求利润，企业必须充分考虑顾客愿意支付的成本，并在此基础上获得更多的顾客份额，形成规模效益，获得回报，从而达到双赢的目的。

3. 市场营销管理

市场营销管理主要研究市场营销组织与市场营销的控制问题，是指企业为保证市场营销活动的成功，应在组织、调研、计划、控制等方面采用的措施和方法。

（三）市场营销学的研究方法

市场营销学的研究方法随着市场营销学的发展而变化。20 世纪 50 年代传统市场营销学的研究方法主要采用传统的产品研究法、机构研究法、职能研究法等；20 世纪 50 年代以后，市场营销观念发生了变化，特别是 20 世纪 70 年代以后，市场营销学与心理学、行为科学、社会学、管理学、消费经济学、统计学等结合成为一门综合性的经营管理科学，研究方法主要是管理研究法、系统研究法及社会研究法等。

1. 产品研究法

产品研究法是以物为中心的研究方法，即以产品为主体，对各类产品的市场营销分别进行研究。这种研究方法针对不同产品的市场营销特征，对问题进行了比较具体深入地研究，特点突出，由此产生了各种专业市场营销学。这种方法的好处是能比较详细地分析各类产品在营销中所遇到的问题，但需耗费巨大人力、物力和财力，而且重复性很大。

2. 机构研究法

机构研究法是以人为中心、以研究市场营销制度为出发点的研究方法，即着重分析研究营销渠道系统中各个环节和各种类型的营销机构的市场营销问题。只有对营销渠道系统进行充分研究，才能更好地对市场营销的各项机能进行管理。

3. 职能研究法

职能研究法是通过研究各种市场营销职能和执行这些职能过程中所遇到的问题，来探讨和认识市场营销问题。这种方法研究各个营销环节的活动和不同市场如何执行这些职能，主要有交换职能，包括采购与销售；供给职能，包括运输与储存；便利职能，包括融资、促销等。

4. 管理研究法

管理研究法是脱离了具体产品而从管理决策的角度来研究市场营销的方法，这种方法特别重视市场营销分析、计划、组织、执行和控制。从管理决策的观点看，影响企业市场营销的因素分为两大类：一类是不可控因素，即营销者本身不可控制的市场，也就是营销环境，包括微观环境和宏观环境；另一类是可控因素，即营销者自己可以控制的因素，包括产品、定价、分销和促销等。

5. 系统研究法

系统研究法是指通过企业内部系统及企业外部系统来研究市场营销学的方法，既要研究企业内部各职能部门如何协调和相互配合地进行营销活动，又要研究企业营销活动与外部各种组织系统的关系与协调，这种方法是系统理论的具体应用。

6. 社会研究法

社会研究法与社会学、生态学相结合，具体研究企业市场营销活动对社会利益的影响。市场营销活动虽然促进了社会的繁荣，不断满足了消费者变化的需求，但是又使产品过早陈旧与提早更新，从而大量地浪费社会财富，造成环境污染，破坏社会生态环境。

第三节　市场营销管理

一、市场营销管理的概念

市场营销管理是指为实现达到个人和机构目标的交换，而规划和实施理念、产品和服务的构思、定价、分销和促销的过程。市场营销管理是一个过程，包括分析、规划、执行和控制。其管理的对象包含理念、产品和服务。市场营销管理的基础是交换，目的是满足各方需要。

市场营销管理的主要任务是刺激消费者对产品的需求，但不能局限于此。它还帮助公司在实现其营销目标的过程中，影响需求水平、需求时间和需求构成。因此，市场营销管理的任务是刺激、创造、适应及影响消费者的需求。从此意义上说，市场营销管理的本质是需求管理。

二、市场营销管理哲学

市场营销管理哲学，就是企业在开展市场营销管理的过程中，在处理企业、顾客、社会及其他利益相关者之间的关系时所持有的态度、思想和观念。市场营销管理哲学的核心是正确处理企业、顾客和社会三者之间的利益关系。市场营销管理哲学的发展主要分为五个阶段，依次为生产观念、产品观念、推销观念、市场营销观念以及社会营销观念，如图1-1所示。

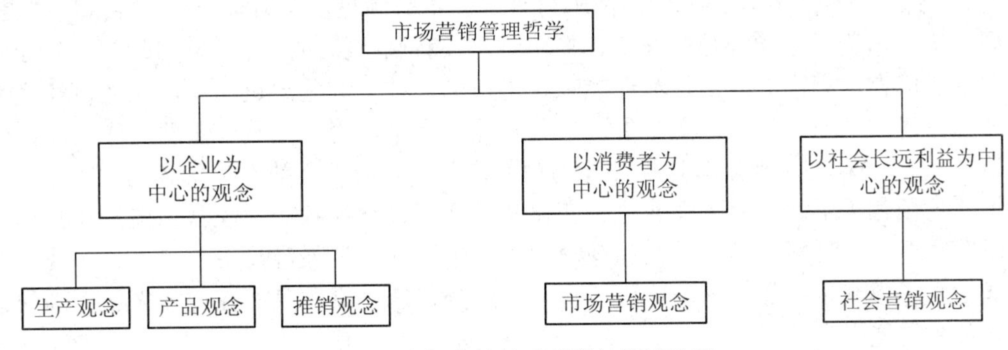

图1-1　市场营销管理哲学的演进阶段

（一）以企业为中心的营销观念

1. 生产观念

生产观念是一种最古老的指导企业市场营销活动的观念。这种观念认为消费者喜欢的是那些随处可以买到的价格低廉的产品。因此，生产导向型的企业主要关心的是提高生产效率和降低生产成本，以方便消费者购买。

生产观念是在卖方市场下产生的，产生于资本主义工业化初期。那时生产力水平比较低，产品供不应求，同时人们的收入水平也比较低，因此人们希望以低价格获得所需的产品。于是生产观念就应运而生。在这种观念的指导下，企业以产定销，通过大批量生产以降低成本，扩大产品的市场，获得更多的经济利益。

显然，企业奉行生产观念是有以下前提的：

(1) 以产品供不应求的卖方市场为存在条件，于是企业集中力量想方设法扩大生产。

(2) 产品成本很高的企业，为了提高生产率，降低成本来扩大市场，也奉行生产观念。

生产观念并非在 19 世纪 20 年代以后就销声匿迹了，在一些特定的形势下，如日本在第二次世界大战后数年之内，因商品短缺，供不应求，生产观念在工商企业经营管理中曾一度流行。又如我国在过去较长时间内，因物资短缺，供不应求，许多企业经营管理也奉行生产观念，以产定销。然而，一旦市场形势发生了变化，生产观念就不合时宜了，会成为企业经营的严重阻碍。

小资料：

江西麻纺厂的“麻烦”

江西某麻纺厂在市场经济的大潮中，不能适应市场需求调整产品结构、开发新产品，在麻袋产量大大超过市场需求的情况下，仍然是“单打一”地生产麻袋，造成产品大量积压，累计亏损 6013 万元，走到了破产的边缘。市场营销观念滞后于市场经济的发展，是其亏损的重要原因。

2. 产品观念

产品观念是在生产观念广泛应用后出现的另一种经营观念。由于在生产观念下企业通过大批量、低成本生产，使得人们的需求得到了基本的满足，人们对产品的要求也在提高。产品观念认为消费者喜欢的是高质量、多功能、具有某些特色的产品。因此，产品导向型的企业主要依靠提高产品的质量和性能来赢得市场，并不断地改进产品，使之日臻完美。产品观念在建立企业产品的质量形象，提高产品的竞争能力方面具有重要的作用，但是容易导致“营销近视症”，即过分地把注意力放在产品上，而不是放在消费者的需求上。如果企业不能随顾客需求变化而去顺应这种变化，那么将最终导致企业经营的挫折和失败。当企业研发制造了一种新产品时，产品观念的“营销近视症”最容易滋生出来。即使有些企业形式上已经放弃了产品观念，但由于管理层过分迷恋产品本身而往往丧失了正确观察事物相互关系的能力。

小资料：

一位办公室文具柜制造商认为他的文具柜一定好销，因为他的文具柜是世界上最好的柜子。他自豪地说："这些柜子即使从四层楼扔下去也能完好无损。"他的销售经理对此表示赞同。这便是一种典型的产品观念的"营销近视症"。

3. 推销观念

推销观念是20世纪20年代末开始出现的一种经营观念。从20世纪20年代末到20世纪30年代初，由于世界性经济大萧条，推销产品成了企业面临的一项最重要的任务，因而推销观念开始出现。推销观念认为，如果企业不极力推销与促销，消费者就不会自觉地购买足够满足其需求的产品。推销导向型企业强调积极的市场推销活动，把顾客放在被动的地位。推销观念仍属于以产定销的企业经营哲学。

通常，推销观念被大量应用于推销那些购买者不太想到要去购买的非渴求商品，如保险、百科全书等。此外，大多数公司在产品过剩时，也常常奉行推销观念，这时公司的近期目标是销售其能够生产的商品，而不是生产能够售出的新产品。

如果认为只要努力加强推销与促销，产品就能销售出去，则这种认识肯定是错误的。因为消费者购买产品是为了满足自身的需要，不符合消费者需求的产品，再强的推销与促销都是无效的。

（二）以消费者为中心的营销观念

以消费者为中心的营销观念即市场营销观念。进入20世纪50年代以后，随着军事工业全面转向民用工业，市场的供求关系发生了本质上的变化，买方市场的格局已经形成，市场营销观念在这种形式下应运而生。市场营销观念认为要达到组织的目标，关键在于决定目标市场的需求，并且能够比其他竞争者更有效地满足目标市场的需求。

市场营销观念的形成是市场营销管理哲学的一次"革命"，使企业经营哲学从以产定销转变为以销定产，第一次摆正了企业与顾客的位置。在这种观念下，企业一切活动都以顾客需求为中心，把满足消费者的需求和欲望作为自己的责任。市场营销观念与前面三种观念有本质的差别，以推销观念为例，从表1-1中，可以深刻认识市场营销观念和推销观念的区别。

表1-1　五种市场营销管理哲学的异同

<table>
<tr><th colspan="2">市场营销管理哲学</th><th>重点</th><th>方法</th><th>目　标</th></tr>
<tr><td rowspan="3">传统观念</td><td>生产观念</td><td>产品</td><td>提高生产效率</td><td rowspan="3">通过扩大销售量增加利润</td></tr>
<tr><td>产品观念</td><td>产品</td><td>提高产品质量</td></tr>
<tr><td>推销观念</td><td>产品</td><td>加强推销</td></tr>
<tr><td rowspan="5">现代观念</td><td rowspan="2">市场营销观念</td><td>市场需求</td><td rowspan="2">整体营销</td><td rowspan="2">通过满足消费者需要而获利</td></tr>
<tr><td>企业利益</td></tr>
<tr><td rowspan="3">社会营销观念</td><td>市场需求</td><td rowspan="3">整体营销</td><td rowspan="3">通过满足消费者需要，增进社会福利而获利</td></tr>
<tr><td>企业利益</td></tr>
<tr><td>社会利益</td></tr>
</table>

可见，推销观念注重卖方需求，以企业产品为出发点，通过大力推销与促销来获利；市场营销观念则注重买方需求，以目标市场顾客的需求为重点，通过协调的市场营销来赢得和保持顾客的满意，从而获利。从本质上说，市场营销观念是一种以顾客的需求为导向，旨在使顾客满意而实施的企业综合营销手段。

（三）以社会长远利益为中心的市场营销观念

以社会长远利益为中心的市场营销观念即社会营销观念。进入20世纪80年代以后，企业为最大限度满足顾客的需要，致使环境恶化、资源短缺，其他相关的社会问题越来越多。在这种背景下，社会市场营销观念便产生了。社会市场营销观念认为，组织的任务是决定目标市场的需求，并且在保持或提高消费者和社会福利的情况下，比竞争者更有效地满足目标市场的需求。它要求企业在制定营销决策时权衡三方面的利益，即企业利润、消费者需要的满足和社会利益，这与以往的指导思想是不一样的。

一些学者提出了一些新观念来修正或取代市场营销观念，如绿色营销、生态营销、环境营销等，所有这些观念都是从不同角度来探讨一个问题的，营销权威菲利普·科特勒将之综合起来，提出了上述的社会市场营销观念。由此可见，在社会市场营销观念下，必须考虑企业利益、顾客需求的满足和社会利益三者的统一。

三、市场营销管理的任务

市场营销管理的任务，就是为促进企业目标的实现而调节需求的水平、时间和性质。其实质是需求管理。根据需求水平、时间和性质的不同，市场营销管理的任务也有所不同。市场营销学界将市场营销管理的任务分为八种。

1. 负需求

负需求(Negative Demand)是指绝大多数人对某个产品感到厌恶，甚至愿意出钱回避它的一种需求状况。如近年来许多老年人为预防各种老年疾病不敢吃甜点和肥肉，又如有些顾客害怕冒险而不敢乘飞机或害怕化纤纺织品有毒物质损害身体而不敢购买化纤服装。在负需求情况下，市场营销管理的任务是“改变市场营销”，扭转人们的抵制态度，使负需求变为正需求。营销人员的任务是分析人们为什么不喜欢这些产品，并针对目标顾客的需求重新设计产品、定价，做更积极的促销，或改变顾客对某些产品或服务的信念。如宣传老年人适当吃甜食可促进脑血液循环，乘坐飞机出事的概率比较小等。又如欧美人对动物内脏很反感，不喜欢吃动物内脏。怎样把这个负需求变为正需求呢？专家做了个实验：他们找来了40个家庭主妇，将之分为两个小组。专家告诉第一小组的20个人，运用传统的方式怎样把动物的内脏做成菜，怎样做才好吃。而在第二小组的实验中，专家们和第二小组的20个家庭主妇围坐在一起，在聊天中告诉她们动物内脏富含哪些矿物质，对人体有哪些好处，并赠送了相应的菜谱。一个月后，第一小组只有3%的家庭妇女开始食用动物内脏，而第二小组有30%的妇女开始食用动物内脏。

2. 无需求

无需求(No Demand)是指目标市场顾客对某种产品从来不感兴趣或漠不关心，如许多非洲国家居民从不穿鞋子，对鞋子无需求。市场营销的任务是创造需求，通过有效的促销手段，把产品利益同人们的自然需求及兴趣结合起来。通常情况下，市场对下列产品无需求：

(1) 一般认为无价值的废旧物资，如大多数人对垃圾是没有需求的。

(2) 一般认为有价值但在特定市场无价值的东西，如洗衣机、冰箱、电视等大家电在家庭中已经处于饱和状态时，家庭对这些产品就没有需求。

(3) 新产品或消费者平常不熟悉的物品等，如农场主对一件新式农具可能无动于衷。

在无需求情况下，市场营销管理的任务是刺激市场营销，即通过大力促销及其他市场营销措施，努力将产品所能提供的利益与人的自然需要和兴趣联系起来，这是一项意义重大而又十分艰巨的任务。因为企业面临的是一种对某种产品或服务无需求的市场状况，营销人员必须针对性地采取有效的措施来创造需求。例如，虽然人们一般认为废旧包装容器没有价值，但有些收藏家对它可能感兴趣，古董商可刺激收藏家购买它；在没有江河湖泊的地区建造人工湖，使小船在该地区变成有价值的东西，从而改变市场营销环境；在产品知名度不高或刚开发出来之际，大力宣传新产品及消费者不熟悉的产品，引起消费者的购买兴趣等。这就是一种刺激性营销下创造需求的活动。

3. 潜在需求

现实需求是指已经存在的市场需求，表现为消费者既有欲望，又有一定的购买力。

潜在需求(Latent Demand)是指消费者虽然有明确意识的欲望，但由于种种原因还没有明确地显示出来的需求。一旦条件成熟，潜在需求就转化为显现需求，为企业提供无穷的商机。潜在需求是十分重要的，在消费者的购买行为中，大部分需求是由消费者的潜在需求引起的。因此，企业要想在激烈的市场竞争中取胜，不但要着眼于显现需求，更应捕捉市场的潜在需求，开发有效的产品和服务，即开发市场营销。

潜在需求的类型主要有下面 4 种：

(1) 购买力不足型的潜在需求。这是指市场上某种商品已现实存在，消费者有购买欲望但因购买力一时受到限制而不能实现，使得购买行为处于潜在状态。这种类型的商品多是高档耐用消费品，如住宅、汽车等。

(2) 适销商品短缺型的潜在需求。这是指由于市场上现有商品并不符合消费者需要，消费者处于待购状态，一旦有了适销商品，购买行为随之发生。

(3) 对商品不熟悉型的潜在需求。这是指由于消费者对某一商品不了解甚至根本不知道，而使消费需求处于潜伏状态。

(4) 市场竞争倾向型的潜在需求。这是指由于生产厂家很多，同类商品市场竞争激烈，消费者选择性强，在未选定之前，对某一个企业的产品而言，这种需求处于潜伏状态。

4. 下降需求

下降需求(Falling Demand)指目标市场顾客对某些产品或服务的需求出现了下降趋势，如近年来城市居民对电风扇的需求已饱和，需求相对减少。下降需求产生的原因主要是消费者收入增加，现有产品没有相应地提高，或由于新产品的问世，现有产品进入衰退期。

在下降需求情况下，市场营销管理的任务是重振市场营销，即分析需求衰退的原因，进而开拓新的目标市场，改进产品特色和外观或者采用更有效的沟通手段来重新刺激需求，使产品开始新的生命周期，并通过创造性的产品来扭转需求下降的趋势，使人们已经冷淡

下去的兴趣得以恢复，即实行恢复性营销。例如：任何一家酒店，如果长期保持它的菜式及口味不变，必定招致需求大降的局面。如人们已经不再愿意吃粤菜了，酒店还以出售粤菜为主，那么谁还愿意去吃呢？所以餐厅要想恢复到以前的市场份额，必须使其产品和服务常变常新。再如，北京一家酒店每年都推出圣诞晚宴，由于年年如此，客人的兴趣淡了，顾客一年比一年少，后来酒店的一位主管提议开发新的销售热点，在2月14日推出情人节情人套餐以及情人礼品、情人晚会等创新产品并在报纸上大肆宣传，结果营业额大大超过了圣诞晚宴。

下降需求主要有四种类型：

(1) 处于衰退期的产品，其市场需求已经饱和，消费者不再购买。

(2) 被另一种更为先进的同类产品所替代的产品，其市场购买力转移到进入市场的新产品。

(3) 质次价高的商品，消费者信不过，不愿意购买。

(4) 分销渠道、促销措施不合理的商品，消费者不了解或想买而买不到。

5. 不规则需求

不规则需求(Irregular Demand)是指某些物品或者服务的市场需求在不同季节或一周不同日子，甚至一天不同时间上下波动很大的一种需求状况。如公用交通工具在运输高峰时不够用，在非高峰时则闲置不用；旅游旺季时旅馆紧张和短缺，旅游淡季时旅馆空闲；节假日或周末时商店拥挤，平时则商店顾客稀少。

在不规则需求情况下，市场营销管理的任务是协调市场营销，即通过灵活定价、大力促销及其他刺激手段来改变需求的时间模式，使物品或者服务的市场供给与需求在时间上协调一致，达到均衡需求，这称为同步营销。如通过采取需求定价策略、灵活多样的促销方式来鼓励消费者改变需求的时间模式，鼓励淡季消费，变不规则需求为均衡需求。

6. 充分需求

充分需求(Full Demand)又称饱和需求，是指某种物品或者服务的目前需求水平和时间等于预期的需求水平和时间的一种需求状况。这是企业最理想的一种需求状况。但是，在动态市场上，消费者偏好会不断变化，竞争也会日益激烈，它常常由于两种因素的影响而变化：一是消费者偏好和兴趣的改变，二是同行业者的竞争。

在充分需求情况下，市场营销管理的任务是维持市场营销，即努力保持产品质量，经常测量消费者满意程度，通过降低成本来保持合理价格，并激励推销人员和经销商大力推销，千方百计维持目前需求水平，这称为“维持营销”。

7. 过度需求

过度需求(Overfull Demand)又称过量需求，是指某种物品或者服务的市场需求超过了企业所能提供或者愿意提供的水平的一种需求状况。比如，由于人口过多或物资短缺，引起交通、能源及住房等产品供不应求。过度需求可能是暂时性缺货，也可能是价格太低，还可能是由于产品长期过分受欢迎所致。

在过度需求情况下，市场营销管理的任务是降低市场营销，即通过提高价格、合理分销产品、减少服务和促销等措施，暂时或永久降低市场需求水平，或者是设法降低盈利较少或服务需要不大的市场的需求水平。需要强调的是，减缓营销的目的不是破坏需求，而只是暂缓需求水平。

例如，在客人很多的季节里，往往会出现饭店接待水平不高、忙不过来的现象。这种情况下饭店的超负运转会大大降低服务质量，因此必须通过提高价格、减少促销等手段来压缩需求或持续性地使客人减少需求。

8. 有害需求

有害需求(Unwholesome Demand)是指对消费者身心健康有害的产品或服务，诸如烟、酒、毒品、黄色书刊、色情服务等。有害需求的产品或服务对消费者、社会公众或供应者都有害无益。

有害的产品或服务常引起有组织的力量反对其消费，受到社会公众的反对和抵制。对于有害需求，市场营销管理的任务是反市场营销，即劝说喜欢有害产品或者服务的消费者放弃这种爱好和需求，大力宣传有害产品或者服务的严重危害性，大幅度提高价格，甚至停止生产供应等。

本 章 小 结

市场是社会分工和商品经济的产物，是随着社会分工和商品生产、商品交换的产生和发展而发展变化的。根据不同的分类标准，可以将市场分为不同的类型，并根据不同类型市场的特点，制定不同的营销策略。现代市场的特征有开放性、多元性、自主性、竞争性。

市场营销是通过创造和交换产品的价值，从而使个人或群体满足欲望和需要的社会和管理过程。它包括需要、欲望和需求，产品或提供物，价值和满意，交换和交易，关系和网络，市场，营销和营销者等一系列的核心概念。

市场营销学是一门来源于企业的市场营销实践又作用于企业的市场营销实践的科学，其产生是基于企业经营活动中大量实践经验的提炼和总结。市场营销观念的变化过程，大致经历了生产观念、产品观念、推销观念、市场营销观念、社会市场营销观念等发展阶段。

研究与讨论

(1) 简述市场营销学的研究目的和内容。

(2) 论述市场营销在企业管理中的功能和作用。

(3) 市场需求有哪些不同的状况？相应的市场营销管理的任务是什么？

(4) 说明市场营销的核心概念及其相互关系，为什么交换是市场营销的核心？

(5) 市场环境分为哪几种类型？为什么不同的市场环境会影响企业对市场观念的选择？

(6) 说明在企业市场观念的演进过程中，各种市场观念产生的背景、含义及其企业行为。举例说明营销观念对企业生存和发展的影响。

▶▶ 案例分析

希尔顿的微笑经营

美国“旅馆大王”希尔顿于1919年把自己所有的积蓄都投资出去，开始了他雄心勃勃的经营旅馆生涯。当他的资产从1500美元奇迹般地增值到5100万美元的时候，他欣喜而自豪地把这一成就告诉母亲，想不到，母亲却淡淡地说：“依我看，你跟以前根本没有什么两样。事实上你必须把握比5100万美元更值钱的东西，除了对顾客诚实之外，还要想办法使来希尔顿旅馆的人住过了还想再来住，你想出这样一种简单、容易、不花本钱而行之久远的办法去吸引顾客，这样你的旅馆才有前途。”

母亲的忠告使希尔顿陷入迷惘：究竟什么办法才具备母亲指出的“简单、容易、不花本钱而行之久远”这四大条件呢？他冥思苦想，不得其解。于是他逛商店、串旅店，以自己作为一个顾客的亲身感受，得出了准确的答案——“微笑服务”。只有“微笑服务”才实实在在地同时具备母亲提出的四大条件。从此，希尔顿实行了微笑服务这一独创的经营策略。每天他对服务员说的第一句话是：“你对顾客微笑了没有？”他要求每个员工无论如何辛苦，都要对顾客投以微笑，即使在业务受到经济萧条的严重影响的时候，他也经常提醒员工记住万万不可把心里的愁云摆在脸上，无论旅馆本身遭受的困难如何，希尔顿旅馆服务员脸上的微笑永远是属于旅客的阳光。

为了满足顾客的要求，希尔顿酒店除了到处都充满着微笑外，在组织结构上，也尽力创造一个尽可能完整的系统，成为一个综合性的服务机构。因此，希尔顿酒店除了提供完善的食宿外，还设有咖啡厅、会议室、宴会厅、游泳池、购物中心、银行、邮电局、花店、服装店、航空公司代理处、旅行社、出租汽车站等一套完整的服务机构和设施，使到希尔顿酒店投宿的旅客，真正有一种宾至如归的感觉。当他再一次询问他的员工们：“你认为还需要添置什么？”员工们回答不出来。他笑了：“还是一流的微笑！如果是我，单有一流设备，没有一流服务，我宁愿弃之而去，住进虽然地毯陈旧，却处处可见到微笑的旅馆。”

(资料来源：汪洋.希尔顿的微笑经营［J］. 人民文摘，2010 (10))

思考：

(1) 微笑经营体现了一种什么理念？

(2) 希尔顿之所以能留住顾客仅仅是靠微笑经营吗？

第二章 市场营销环境分析

学习目标

(1) 了解影响企业市场营销环境的因素及其变化规律；

(2) 掌握微观环境因素和宏观环境因素对企业生产经营活动的作用和影响；

(3) 找出外部环境为企业所提供的可利用的机会以及外部环境对企业发展所构成的威胁，学会分析企业自身优势与不足，寻求市场环境中适合企业生存与发展的机会。

案例导入

白酒销量出现持续大降 迎来史上最难时期

受遏制“三公”消费政策等因素的影响，2013年以来白酒销售业绩逐渐恶化，价格一路下行。于是，一些大型酒业及业外资本纷纷抄底酒业，新一轮兼并重组大幕悄然开启。业内专家表示，白酒行业正处于历史上最难时期，近半酒业或将被兼并收购，从而退出市场。放低身价，走亲民的中低档路线将成为行业过冬必然之举。

中秋和国庆假期一向是白酒销售的旺季，但2014年情况并不尽如人意。记者近日走访武汉多家大型超市及酒类专营店发现，品牌白酒的价格和销量都在下降，一些门店销售萎缩了近三成。

“今年的旺季和往年相比要平淡不少，尤其是高档酒整体销售低迷。”武汉一家大型超市烟酒专柜负责人告诉记者。虽然茅台和五粮液等高档白酒的价格均出现不同程度的下调，但销量也同比降幅明显。

记者在这家超市看到，多款白酒都在打折促销，幅度在200~500元不等。例如52度五粮液售价为699元，53度飞天茅台售价为1199元。打折促销活动从9月25日开始，将持续到10月底。

这种惨淡局面在特约经营店表现更加明显。湖北省十堰市北京路某名酒专卖店店主告诉记者，以往节假日都是白酒销售的黄金时期，而且“逢节必涨”。但今年高档白酒在中秋国庆期间的销量比往年下降了三分之一，飞天茅台等名酒价格也降了一半。

在白酒行业低迷的态势下，许多商家原本希望趁着中秋国庆双节能够赚回来，结果依然不理想。

业内人士认为，遏制“三公”等政策持续加压，高档白酒正步入史上最难时期。国泰君安分析师胡春霞表示，遏制“三公”政策有从严细化的趋势，高端白酒市场短期内难以

回暖。另外，随着消费者健康意识的提高，红酒、养生酒越来越受青睐，挤占了白酒的市场份额。

中国酒业协会理事长王延才对白酒业的前景还比较乐观。他在“中国酒业的传承与创新”论坛上表示，虽然行业进入调整期，但到8月底整个酒类产业的产品销售量、销售额仍保持10%左右的增长。

当人们还在感叹白酒市场的萧条时，一些“外行”却从中看到了商机。前不久，娃哈哈传出欲砸下150亿元进驻仁怀白酒工业园，联想控股成立丰联集团收购4家酒企，美的集团计划投资5亿元进入酒业，连以包装纸贸易起家的广东星达集团也将触角伸向酒业。

同时，酒业内部的重组兼并大潮已悄然开启。10月9日，苏酒集团投资3亿元在湖北省郧县收购一家酒厂，开工建设万吨优质白酒项目。在此之前，五粮液砸2.5亿元跨省收编河北酒企。金六福也表示将以发行新股份的方式收购集团公司全部股权。

业内人士表示，由于白酒生产资质受到限制，新增生产线非常困难。而酒业巨头又想趁白酒行业低迷之机扩大生产，业外资本也想抄底白酒业，兼并地方中小酒企无疑成为一条快捷便道。钢铁企业天津荣程集团、中国荣赛国际集团等都是通过收购当地酒厂来获取白酒生产的相应资格的。

中国商业联合会会长张志刚说，我国白酒产业的发展仍有广阔的前景，当前白酒的人均消费水平低，市场潜力还很大，发展潜力也很大。

企业是在一定的市场营销环境中运作的，市场营销计划的执行和完成，很大程度上受到市场营销环境现状及趋势的影响。企业在做市场营销计划或相关市场营销决策时，必须以市场营销环境作为重要的根据，对其作全面、深入的考察和了解，及时采取相应的对策，才能更理想地实现市场营销计划的目标。

第一节　市场营销环境概述

一、市场营销环境的含义

环境(Environment)最通俗的概念是指周围的情况和条件。将其进行科学抽象，就是泛指影响某一事物生存和发展的力量总和。市场营销环境由影响市场营销管理者与其目标客户建立和维持牢固关系的能力的所有外部行为者和力量构成，是存在于企业营销系统外部的不可控制或难以控制的因素和力量。

任何一个企业都是在一定的环境下进行生产和经营活动的，因此不可避免地要受到市场营销环境的影响。随着我国社会经济的不断发展、国际地位的不断提高，企业的市场营销环境也日趋复杂。企业的发展要以环境为依据，主动地去适应环境，了解和掌握环境发展趋势，从而针对不同的环境制定相应的营销对策，自觉利用市场机会，努力规避市场风险，扬长避短，才能够在竞争中拔得头筹。

企业受市场营销环境的影响，首先因为企业是一个由一系列相互作用、相互关联的因素组成的统一整体，是由不同职能部门或工作群体组成的系统。典型的职能部门有研发部门、生产部门、营销部门、财务部门等。从营销部门的角度来看，其他部门的活动和行为，都将影响到营销部门的工作。其次，企业是一个受到各种外界因素影响的开放系统。以开设一家餐厅为例，它将受到一系列外部因素的影响，包括厨师、服务员的招聘，其他餐厅的竞争，周边人流量的多少，菜品的供应质量等。一个企业如果不重视这些外部因素的研究和分析，就不能适应市场环境，从而被市场淘汰。所以企业必须注重对市场营销环境的研究。

二、市场营销环境的分类

市场营销环境的内容既广泛又复杂，可以根据不同的标志进行分类，例如根据控制性难易，可以分为企业可控制因素和不可控制因素；根据环境性质，可以分为自然环境和文化环境。最普遍的分类是菲利普·科特勒采用的将环境划分为微观环境和宏观环境的方法。

微观环境是指由企业本身市场营销活动所引起的与企业市场紧密相关、直接影响其市场营销能力的各种行为者，包括企业(内部其他部门)、供应商、营销中介、竞争者、公众和顾客。

宏观环境是指影响企业微观环境的各种因素和力量的总和，包括人口环境、经济环境、自然环境、政治法律环境、科学技术环境和社会文化环境。

微观环境和宏观环境共同构成多因素、多层次、多变化的企业市场营销环境的综合体，如图 2-1 所示。

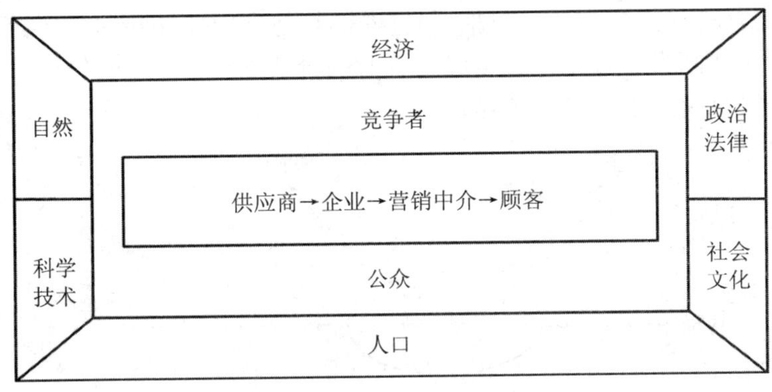

图 2-1　企业市场营销环境

三、市场营销环境的特征

1. 多变性和相对稳定性的统一

构成企业市场营销环境的因素都会随着社会经济的发展而不断变化，只是这些变化有快慢强弱之分。一般来讲，经济、政治法律、科学技术因素的变化比较快速和强烈一些，而自然、人口和社会文化因素的变化相对缓慢和微弱一些。对于变化快的因素，企业要及时调整适应；对于变化慢的因素，企业要做好分析预测工作。无论这些因素变化快慢，它们对企业市场营销的影响都具有较长期的稳定性。市场营销环境相对稳定的特点使企业对调查和预测其变化并采取相应对策提供了可能。

2. 差异性和同一性的统一

市场营销环境的差异性不仅表现在不同企业受不同环境的影响，并且同样一种环境因

素的变化对不同企业的影响也不相同。市场营销环境的同一性表现为在同一国家或同一行业中，企业所面对的市场营销环境又有其共同性。

3. 关联性和相对分离性的统一

影响企业的市场营销环境不是由某一个单一因素决定的，而是受到一系列相关联因素的影响。然而，在某一特定时期，市场营销环境中的某些因素，又彼此分离，而且这些因素对企业的市场营销活动的影响程度各不相同，可以单独进行考查。

4. 不可控性和能动性的统一

市场营销环境的多变性决定了其不可控性的特点。这一特点要求企业不断适应变化着的市场营销环境。企业对其市场营销环境的适应，不仅仅是一种被动的适应，它也可以充分发挥其应有的主观能动性。企业可以在变化的市场营销环境中寻找新机会，主动调整市场营销战略，并可能在一定条件下转变市场营销环境中的某些可能被改变的因素，从而冲破市场营销环境的某些制约。

第二节　微观市场营销环境

微观市场营销环境是指由企业本身市场营销活动所引起的与企业市场紧密相关、直接影响其市场营销能力的各种行为者，包括企业(内部其他部门)、供应商、营销中介、竞争者、公众和顾客。这些因素联合在一起组成了企业的价值网络，企业营销活动要取得成功，必须与这些因素建立关系，如图 2-2 所示。

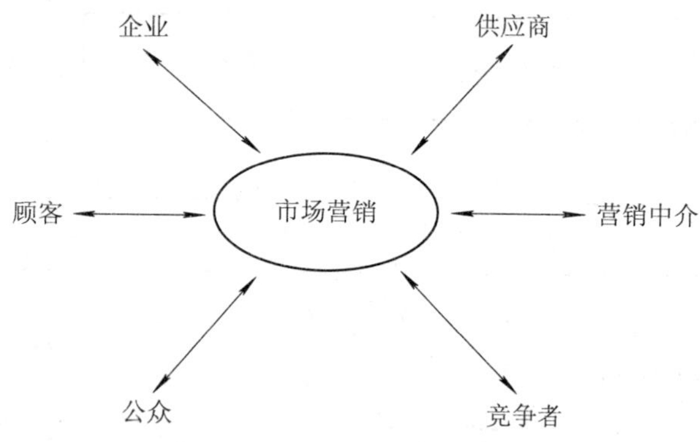

图 2-2　微观市场营销环境

一、企业

企业的营销活动能否成功，首先受到企业内部各种因素的直接影响，因此在分析给企业带来影响的外部因素前，应该先分析企业内部的条件。

企业为开展市场营销活动，必须设立某种形式的营销部门。营销部门不是独立存在的，应当兼顾企业内部的其他群体，例如高层管理者、研发部门、采购部门、生产部门、运营部门、财务部门等。所有这些彼此关联的群体构成了内部环境。高层管理者确定了公司的使命、目标、总体战略和政策，市场营销部门在高层管理者决定的战略和计划内制定决策。

市场营销部门与其他部门之间既有多方面的合作，也存在争取资源方面的矛盾，因此需要考虑和协调。市场营销人员必须与其他部门紧密合作，共同负责理解顾客的需求和创造顾客价值。

二、供应商

供应商是公司整个顾客价值递送系统中的重要一环。供应商是指向企业及其竞争者提供生产经营所需资源的公司和个人。供应商对企业资源供应的可靠性、供应的价格及其变动趋势以及供应资源的质量水平，都将直接影响到企业产品的生产、成本和质量。根据不同供应商所供货物在营销活动中的重要性，企业可按资信状况、产品和服务的质量与价格等进行等级归类，合理协调、抓住重点、兼顾一般，并且关注供应商的稳定性。为了减少供应商对企业的影响和制约，必须尽可能地联系多个供应商，避免过于依赖单一的供应商。

大多数企业都重视与供应商之间建立良好的合作关系。例如，化妆品制造商欧莱雅有75%以上的供应商与其合作了10多年，这得益于欧莱雅将供应商视为尊敬的合作伙伴，尊重供应商的文化和员工个人。所有的关系都基于“对话和共同努力”。欧莱雅不仅努力帮助其供应商达到预期目标，而且通过创新和竞争的机会帮助它们实现增长。

三、营销中介

营销中介是帮助企业促销、销售和分销产品给最终购买者的组织或个人，包括中间商、物流公司、营销服务机构和金融机构。这些都是市场营销不可缺少的环节，大多企业的营销活动都必须通过它们的协调才能顺利进行。例如，企业生产集中与需求分散的矛盾，就需要通过中间商的分销来解决；企业资金周转不灵，就需要求助于银行和信托机构。随着市场经济的不断发展和完善，社会分工越来越细，这些营销中介的影响也越来越大。因此，企业在市场营销过程中，必须重视营销中介对营销活动的影响，处理好与它们的合作关系。

1. 中间商

中间商是帮助企业寻找顾客或者完成销售的分销渠道企业。它包括商人中间商和代理中间商。商人中间商需要购进商品，拥有商品所有权，主要有批发商和零售商。代理中间商专门招揽顾客或与顾客商议交易合同，没有商品所有权，包括代理商、经纪人和生产商代表。

企业为什么利用中间商而不是直接销售给消费者呢？这是因为中间商能够以比较低的成本完成销售职能。中间商可以在顾客所在地存储产品，方便展示并缩短交货期。因此大多数企业必须借助中间商完成销售。

企业选择中间商并与之合作也并非易事。制造商不再能够从大量小型中间商中挑挑拣拣，它们现在面对的是不断增长的大型中间商，例如沃尔玛等大型超市，这些中间商常常有足够的能力对制造商进行选择，甚至将小型制造商拒之门外。

2. 物流公司

物流公司帮助企业储存和运送商品到销售目的地，包括包装、运输、仓储、装卸、搬运、库存控制和订单处理等。例如，仓储是在商品运往下一个目的地之前，为商品提供存

放和保护的空间；运输公司负责将商品由一个地点运送至另一个地点，包括铁路、公路、海路、航空运输等。这些物流公司的基本功能是调节生产与消费之间的矛盾，弥合产销时空上的背离。企业选择物流公司，必须从成本、运输速度、安全性、交货便利性等方面综合考虑，确定最佳的存储和运输方式。

3. 营销服务机构

营销服务机构是指帮助公司选择恰当的目标市场并促销产品的机构，包括市场调研公司、广告公司、媒体公司以及营销咨询公司等。很多大型企业有自己的营销服务部门，例如广告部、调研部，也有很多公司委托专业的外部营销服务机构来代理有关业务。如果决定利用这些营销服务机构，一定要慎重选择，因为这些公司在创意、品质、服务和价格等方面都存在很大差异。企业应该审慎地进行评估和比较，选择最合适的机构。在合作过程中也可以通过定期考核的方式促进它们的服务水平。

4. 金融机构

金融机构是帮助企业融资或抵御与交易相关联的风险的机构，包括银行、信贷公司、保险公司等。金融机构虽然不直接参与商业活动，但是对企业的发展至关重要。例如资金成本的高低和信贷额度的大小都会影响营销的绩效。因此，企业必须与重要的金融机构建立良好的关系。

综上所述，营销中介与供应商类似，也是企业整体价值递送系统中的重要组成部分。为创建令人满意的顾客关系，公司不能仅仅优化自己的业绩，还必须与营销中介紧密合作。

四、竞争者

一个企业要取得成功，就必须为顾客提供比竞争者更高的价值。所以，市场营销者不能仅仅适应目标消费者的需求，还必须通过在消费者心目中建立比竞争对手更强势的定位来获得战略优势。从消费需求的角度划分，企业在市场上面临的竞争者大体可以分为以下四个类型：

1. 愿望竞争者

愿望竞争者是指提供不同产品以满足不同需求的竞争者，它们争取的是同一消费者。消费者在同一时刻的欲望是多方面的，但由于时间和收入的限制等，有时很难同时满足，这就出现了不同产品的竞争。例如，一个月的工资可以添置家庭电器，可以给孩子报辅导班，也可以外出旅游等，但考虑到时间和财力，消费者往往只能选择一项作为这一时刻的欲望来满足。

2. 属类竞争者

属类竞争者是指提供不同产品以满足同一种需求的竞争者。例如，汽车、火车和飞机都能够满足作为交通工具的需要。

3. 产品形式竞争者

产品形式竞争者是指满足同一需求的同类产品的各种形式间的竞争。例如，消费者决定购买汽车，那么市场有汽油车、柴油车、电动车、油电混合车等，可以选择购买其中一种形式。

4. 品牌竞争者

品牌竞争者是指满足同一需求的同种形式产品的不同品牌间的竞争。例如，消费者已经决定购买汽油车，汽油车中又有长城、丰田、大众等品牌可以选择。

企业的竞争者除了本行业现有的竞争者之外，还有替代品的生产者、潜在进入者、买方、卖方等多种竞争力量，企业通过对竞争者能力的分析和比较，能够发现自己的优势、劣势，从而运用适当的策略战胜竞争者。同时，还要及时了解市场竞争态势的变化，以便掌握竞争的主动权。

五、公众

公司的市场营销环境还包括各种公众。公众是对企业实现其目标的能力有实际或潜在利益关系或影响的任何群体或个人。公众可以分为七种类型。

1. 金融公众

金融公众是指关注并可能影响企业融资能力的群体或个人，例如银行、投资公司和股东。企业可以通过自身实力树立起良好的资金运作的信用度，发布真实而乐观的财务报告来赢取金融公众的支持。

2. 媒体公众

媒体公众是指报纸、杂志、网站、广播电视等大众传媒媒介。这些公众对企业的声誉有很重要的作用。企业必须与媒体公众建立友善关系，争取传播机构能够报道更多对企业更有利的新闻信息。

3. 政府公众

政府公众是指与企业经营活动有关的政府部门。营销管理者在制订营销计划时必须充分考虑政府政策。企业必须保持与政府部门的信息畅通，了解产品质量、安全政策，法律法规新动向等，并与政府部门搞好关系。

4. 民间团体公众

民间团体公众是指消费者组织、环境保护组织、少数民族组织等。民间团体组织对企业经营也有重要影响，例如，消费者协会代表消费者对产品和服务质量进行监督。企业应该与民间团体公众保持和谐的关系，密切注意来自这些公众的批评和意见，避免与其发生矛盾冲突，并争取使他们做出有利于企业的评价。

5. 地方公众

地方公众是指企业所在地附近的居民和社区组织。企业在其经营活动中，要避免与周围公众利益发生冲突，并努力建立起良好的关系，例如支持地方重大活动，赢得地方公众的支持。

6. 一般公众

一般公众是指除了上述公众以外的社会公众。企业需要考虑一般公众对其产品和行为的态度。企业在一般公众心目中的形象影响人们的购买决策。

7. 内部公众

内部公众是指企业内部的公众，包括董事会、经理人、一般员工等。任何一个企业首先都是由全体内部公众构成的，企业的经营目标需要全体员工的充分理解和执行。企业可以运用实时通信和其他方式向内部公众传递信息和给予激励。如果员工对自己的公司感觉良好，其正面态度也会传递给外部公众。

六、顾客

顾客就是企业的目标市场，是企业服务的对象，也是营销活动的出发点和落脚点。顾客是企业产品的直接购买者，企业的一切营销活动都应以满足顾客的需求为中心。因此顾客是市场营销微观环境中最重要的行为者。企业对顾客的掌握程度，是企业营销成败的关键。

按照顾客的购买动机，我们可以把顾客市场分为五种类型：① 消费者市场，指购买产品和服务供自己消费的个人和家庭所构成的市场；② 生产者市场，指为进一步加工或在生产过程中使用而购买的所需要的产品及服务的组织所构成的市场；③ 中间商市场，指为转售牟利而购买商品及服务的中间商所构成的市场；④ 政府市场，指为提供公共服务或者转赠需要者而购买产品和服务的政府机构所构成的市场；⑤ 国际市场，指国外购买者所构成的市场。每一种市场类型都有自己的独特之处，要求营销人员仔细研究。

第三节　宏观市场营销环境

企业和微观环境中的其他所有行为者都是在一个更大的宏观环境中活动的。宏观环境是指会给企业经营活动造成市场机会或威胁的主要社会力量，包括人口环境、经济环境、自然环境、政治法律环境、科学技术环境、社会文化环境，如图 2-3 所示。一切营销组织都处于这些宏观环境之中，不可避免地受到其影响和制约。企业只有不断加强对其的认识、研究和分析，确立适应环境的对策，才能使企业不断发展壮大。

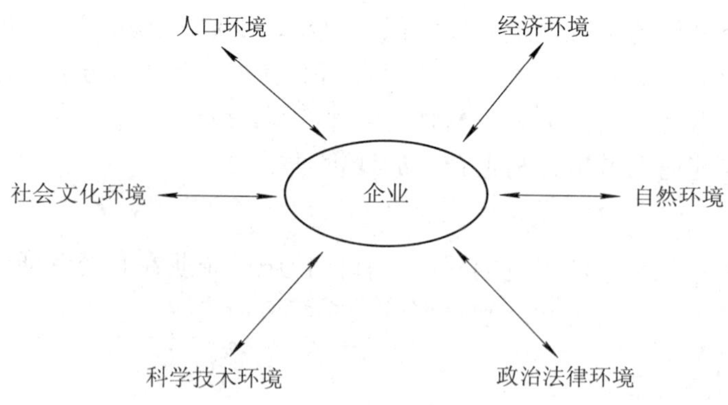

图 2-3　宏观市场营销环境

一、人口环境

人口是构成市场的第一要素。市场是由具有购买欲望和购买能力的人构成的，这样的人越多，市场规模越大。在日常生活中，人的衣食住行所产生的需求及生老病死的自然规律所诱发的需求，是市场需求最基本的动因。例如铁路运输业中客流的季节性变化，就是由于人口流动的变化而造成的。因此，人口的多少直接决定市场潜在容量，而人口的分布、人口规模与增长率、人口的年龄结构、教育程度、家庭结构、地区特征与人口迁移等又会对市场需求的格局产生深刻的影响。

企业必须重视对人口环境的研究，密切重视人口特征及其发展趋势。从影响消费者需求的角度，对人口环境分析如下：

1. 人口数量与增长速度

世界人口正呈现出爆炸性的增长趋势。1991 年世界人口为 54 亿，到 2017 年底，世界人口约为 74 亿。26 年间世界人口增长了 20 亿。我国自 1987 年以来，计划生育工作取得很大成就，人口增长率已有所下降。即使这样，2017 年初我国总人口也已经达到约 14 亿。2015 年 10 月，我国全面放开二孩政策。这一政策的出台，使得新生儿数量又迅速增加，从而也影响了妇幼健康、婴幼用品、托幼服务、教育等领域的消费。

对于市场营销人员来说，人口增长意味着人类需要的增长，但只有在具有足够购买力的前提下，人口增长才意味着市场的扩大。倘若人口的增长对粮食和各种资源的供应形成很大的压力，就会造成成本的提高和利润的降低。

2. 人口年龄结构

在人口环境中，不同年龄段的市场需求存在很大差异。市场营销人员要确定每个年龄段中可能成为目标市场的人群，就必须考察人口年龄结构的变化与地区性差异。而事实上，人口年龄结构的变化与不同地区的差异正是目前世界范围内影响经济发展的最主要的原因之一。

(1) 各个年龄段的消费者的消费观念和消费方式各不相同。联合国世界卫生组织将人口按照年龄划分为五个阶段：44 岁以下为青年人；45 岁至 59 岁为中年人；60 岁至 74 岁为年轻的老年人；75 岁至 89 岁为老年人；90 岁以上为长寿老年人。随着各年龄段人口数量的增减有所不同，需求也各有特点，对于市场营销人员来说，需要认真调查研究由于年龄结构引发的市场需求结构变化趋势。例如，青年人注重服饰、电子产品、运动器材等；老年人注重营养品、保健品等。

(2) 人口年龄结构呈现出老龄化的特征。世界上所有国家，不论发达国家还是发展中国家，都面临人口老龄化的问题。我国老龄人口比例也在直线上升。因为多年来的计划生育政策，大多数家庭只生一个孩子，生育率大幅降低，同时老年人生活得更加健康、长寿，这导致了老龄人口的增加。数据表明，在新中国成立前，中国人均预期寿命仅有 35 岁，1981 年为 67.77 岁，2001 年为 71.8 岁。据联合国人口处公布的数据，目前发达国家的人均预期寿命为 75 岁，而发展中国家则为 63 岁。2017 年，中国的人均预期寿命已接近发达国家的平均水平，个别地区则已超过。

由于不同年龄的人口需求结构不同，老年人口比例的增加势必会带来整个市场需求结构的变化，例如老年人口比例的增加可能会带来对养老院、小包装的食品和医疗设备的大量需要。同时，由于年轻的夫妻有了更多的闲暇和收入，增加了旅游和娱乐时间，因而给酒店、餐厅、航空公司等行业增加了市场机会。另外，人口年龄结构的变化必然对某些行

业造成威胁，也会为另一些行业提供市场机会。

值得注意的是，据联合国人口司统计，在老龄人口中女性多于男性，预计今后 40 年里全世界的老龄人口中女性比男性多 50%。这是经济发展和生活条件改善的结果。对此，有关各行业的生产经营者应有足够的敏感度。

3. 家庭结构

家庭是购买与消费的基本单元。一个国家或地区家庭单位的多少，影响着消费品市场的大小，家庭结构的变化将影响需求量的变化。按照年龄、婚姻、子女等状况，一个家庭的生命周期可以分为 7 个阶段：

(1) 未婚期，年轻的单身者。

(2) 新婚期，年轻夫妻，没有孩子。

(3) 满巢期一，年轻夫妻，有六岁以下的孩子。

(4) 满巢期二，年轻夫妻，有六岁以上的孩子。

(5) 满巢期三，年纪较大的夫妻，有已能自立的子女。

(6) 空巢期，身边没有孩子的老年夫妻。

(7) 孤独期，单身老人独居。

传统的西方家庭组成是丈夫、妻子、孩子(有时有祖父母)。在中国等一些亚洲国家则还要包括兄弟姐妹。但即使在我国，目前也出现了单身、同居、单亲家庭、无子女家庭等非传统家庭形式。因此家庭需求也会发生很大的变化。

4. 地理分布

人口的地理分布是指人口在不同地区的密集程度。在历史上，人口流动几乎代表着人类文明的发展。最常见的就是人口从农村迁进城市，从城区迁往郊区。不同地域的消费者，由于地理环境、气候条件、自然资源、风俗习惯、宗教信仰的不同，其消费习惯、消费需求也存在差异。企业营销人员应密切注意人口地理分布所带来的市场机会。我国人口地理分布最显著的特点是不均衡性，东南部沿海省份人口密度大，消费品市场规模也大，西部地区人口稀疏，市场容量相对较小。另外，国家改革开放建立了一些沿海经济特区，使人口大量地从内地各省流向深圳之类的城市，这些城市人口的急剧增加势必会引起日常消费品的需求大量增加。相反，流出地区的日常消费品则会发生消费疲软。

5. 受教育程度

社会人口按受教育程度大致可以分为五类：文盲、高中以下、高中、大学、大学以上。通常人的受教育程度不同，所能接受的营销方式也有所不同。一般来说，受教育程度越高，消费时越重视产品本身而非价格。这种由受教育程度不同所带来的消费上的差异为营销人员适应不同的社会需求做好营销工作提出了要求。

二、经济环境

影响企业市场营销活动的经济环境是指企业与外部环境的经济联系。市场由具有购买能力的人口构成，而社会购买力受到宏观经济的制约，是经济环境的反映，取决于收入、支出、储蓄及信贷等情况。营销人员的各种营销活动都以经济环境为背景，能否适时地依据经济环境进行市场决策，是营销活动成败的关键。下面分析经济环境中最重要的几个因素：

(一) 收入与支出

1. 收入

消费者收入的高低，直接影响购买力的大小，从而决定了市场容量和消费者支出的模式。在研究消费者收入对需求的影响时，常使用以下指标：

(1) 人均国内生产总值。国内生产总值GDP是一个国家或地区的所有常驻单位在一定时期内(如一年)按人口平均所生产的全部货物和服务的价值，超过同期投入的全部非固定资产货物和服务价值的差额。国家GDP总额反映了全国市场的总容量、总规模。人均GDP则从总体上影响和决定了消费结构与消费水平。近几年，我国的GDP总额都居世界前列，而人均GDP却较低，在国际比较中仍处于较低水平。

各国收入的水平与分配差异较大，而这与产业结构关系最为密切。通常，产业结构有四种类型：① 自给自足型的经济，由于绝大多数产品自行消费，为营销人员提供的机会较少；② 原材料出口经济，一个国家只是一种或几种资源较丰富，而其他方面匮乏，从而为营销人员创造了机会；③ 工业化进程中的国家，工业化进程中，产生了富裕的阶层和逐渐增加的中产阶层，他们所需要的一些新兴产品大多需要进口，为营销人员提供了机会；④ 工业化国家，庞大的制造业以及规模很大的中产阶级使这些国家成为所有产品的大市场。

(2) 消费者个人收入。市场容量的大小，归根结底取决于消费者购买力的大小，消费者的需要能否得到满足，主要取决于其收入的大小。消费者个人收入是指消费者从各种来源所得的货币收入，通常包括个人工资、奖金、其他劳动收入、退休金、红利、馈赠、出租收入等。消费者个人可支配收入是指从个人收入中减除缴纳税收和其他经常性转移支出后所余下的实际收入，即能够作为个人消费或储蓄的数额。消费者可任意支配收入是指可支配的个人收入减去消费者用于购买生活必需品的固定支出(例如维持个人和家庭的生活支出、房租、贷款等)后的收入。这是影响消费需求变化的最活跃的因素，特别是奢侈品的消费。

这里要特别指出，必须区分实际收入和名义收入(货币收入)的差别。由于实际收入和货币收入并不总是一致的，受到通货膨胀、失业、税收等因素的影响，有时货币收入虽然增加，但实际收入却可能下降。例如，美国从20世纪70年代到80年代初，货币收入一直是增加的，但由于通货膨胀率超过货币收入增长率，平均失业率高达6%～10%，赋税增加等因素的影响，实际收入反而有所下降。由于这些原因，使可随意支配的收入逐渐减少。因此，消费者在选购商品时精打细算，尽量节省开支；营销者则在广告中着重宣传其产品价廉物美的特点。

2. 支出

支出指消费者的支出模式和消费结构，消费者支出模式和消费结构是指消费者收入中用于衣、食、住、行、娱乐、教育、保健等支出的比例，它主要取决于消费者的收入水平。德国统计学家E.恩格尔(Ernst Engel, 1821—1896)在1875年研究劳工家庭支出构成时指出：“当家庭收入增加时，多种消费的比例会相应增加，但用于购买食物支出的比例将会下降，而用于服装、交通、保健、文娱、教育的开支及储蓄的比例将上升。”这种趋势被称为“恩

格尔定律”。所谓恩格尔系数，是指食品支出占总支出的比重。一般认为，恩格尔系数越大，生活水平越低；反之，恩格尔系数越小，生活水平越高。联合国根据恩格尔系数制定和评价国家或地区家庭贫富的标准。联合国粮农组织的标准：恩格尔系数在59%以上为赤贫，50%～59%为温饱，40%～49%为小康，40%以下为富裕，其中20%以下为很富裕。

据统计，1991年我国城镇居民用于购买食品的支出约占53.8%，2006年降到35.8%；而交通通信的支出，1991年占1.4%，2006年则增加到13.2%；居民用于文化教育方面的开支，15年内增加了近10倍。

消费者支出模式和消费结构除了主要受消费者收入影响外，还受以下两个因素的影响：

(1) 家庭生命周期的阶段。有孩子与没有孩子的年轻人家庭的支出情况有所不同。没有孩子的年轻人家庭负担较轻，往往把更多的收入用于购买电冰箱、家具、陈设品、耐用消费品。而有孩子的家庭收支预算会发生变化。十几岁的孩子不仅吃得多，而且爱漂亮，用于娱乐、运动、教育方面的支出也较多，所以在家庭生命周期的这个阶段，家庭用于购买耐用消费品的支出会减少，而用于食品、服装、文娱、教育等方面的支出会增加。等到孩子独立生活之后，父母就有大量可随意支配的收入，有可能把更多的收入用于医疗保健、旅游、购置奢侈品或储蓄，因此这个阶段的家庭收支预算又会发生变化。

(2) 消费者家庭所在地点。所在地点不同的家庭用于住宅建筑、交通、食品等方面的支出情况也有所不同。例如，住在中心城市的消费者和住在农村的消费者相比，前者用于交通方面的支出较少，用于住宅建筑方面的支出较多。

3. 消费者储蓄和信贷

消费支出受储蓄和信贷的直接影响。居民个人收入不可能全部都用掉，总有一部分以各种形式储蓄起来，这是一种推迟了的、潜在的购买力，一般是用来购买耐用品的。广义的个人储蓄包括银行存款、公债、股票和不动产等，这些都随时可转化为现实购买力。在正常情况下，银行储蓄与国民收入成正比，是相对稳定的，但是当通货膨胀物价上涨时，消费者就会将储蓄变为现金，争购保值商品。这是消费者的一种自卫行为，是消费者对经济前景不信任的一种表现。

消费者信贷对购买力的影响也很大。美国消费者信贷在全世界最高，各种形式的赊销、分期付款业务十分发达，且增长迅速。由于它允许人们购买超过自己现实购买力(收入和储蓄)的商品，消费者信贷已成为美国经济增长的主要动力之一。这就创造了更多的就业机会、更多的收入以及更多的需求，从而也为营销人员创造了机会。我国为了促进商品经济的发展，消费者赊销、分期付款购车、购房等商业信贷也日益普及。

(二) 市场状况

企业的市场营销活动还受到市场状况的影响。

1. 通货膨胀

在宏观经济环境中最令人关注的一个重要因素就是通货膨胀或经济衰退。在通货膨胀情况下，生产和购买产品、服务的成本会随着物价的上涨而迅速上涨。从市场营销的角度看，如果物价的上涨快于消费者收入的增长，消费者购买的商品数量就会减少。这种关系在许多商品的购买中都有明显的表现。例如1993年上半年，我国国民经济由于投资需求的推动，全国各地同时大搞开发区和招商引进，导致基建规模过大。虚假的投资需求信号诱发生产资料轮番涨价，货币大量投放市场，流通领域中“皮包公司”趁机兴风作浪，许多生产企业采购成本直线上升，而物资流通企业库存急剧膨胀。从1993年下半年开始，政府采取“治理整顿”的调控措施，紧缩信贷，大大削减了基建规模、限制了投资需求，市场上主要生产资料价格开始大幅度地回落，不少物资流通企业由于大量的库存而出现经营亏损的局面，对以后几年的经营造成十分不利的影响。因此，企业必须注意通货膨胀走势及其影响，正确判断经济发展的趋势，避免决策失误。

2. 通货紧缩

通货紧缩也是宏观经济环境中最令人关心的因素之一。在通货紧缩的情况下，物价指数连续走低，市场销售全面疲软，商品普遍供大于求，产成品库存不断增多，资金资源占压严重，生产能力大量闲置，企业普遍开工不足，企业生产经营困难重重。这些都对企业市场营销活动作出了考验。

3. 商品供求因素

商品供求状况包含着可供总量的比例和品类以及规格结构的比例。例如，在一定的商品购买力条件下，某些商品供给充足程度的变化，会引起购买力在不同类商品或同类商品的不同品种之间的转移；供给商品的品种、质量、档次的差别也会引起消费者需求增减，并促使购买力转移。一般情况下，在市场上某种商品供过于求时，生产此种商品的企业所承受的压力就大；而在供不应求时，企业的生产量和销售量会相应增加。企业营销人员对经济因素的关注直接体现在对商品供求变化趋势的预测上。

4. 商品价格因素

价格是消费者最为敏感的因素之一，直接影响消费者的需求，因而也是市场营销活动中较为关注的因素。主要有以下2种情况：

(1) 商品价格总水平发生升降变化，导致总的商品需求变化。商品需求同商品价格呈反方向运动。

(2) 某种商品价格上升导致消费者将购买力转而投向其他同类商品或代用品，某种商品价格下降则会导致同类商品的购买力转向。

(三) 经济发展水平

企业的市场营销活动还受到一个国家或地区经济发展水平的影响。在经济全球化的形势下，国际经济形势也是营销活动的重要影响因素。

1. 经济发展阶段

经济发展阶段不同，居民的收入不同，消费者对产品的需求也不一样，从而会在一定程度上影响企业的营销活动。一般来说，经济发展水平较高的国家和地区，在市场营销方面，强调产品款式、性能和特色，侧重资本密集型产业的发展。经济发展水平较低的国家和地区，侧重于产品的功能和实用性，以发展劳动密集型产业为主。

2. 经济形势

就目前情况来看，国际经济的发展形势仍然不太乐观，经济增长的速度较低。但是，

与世界经济危机后的经济发展情况相比，经济复苏状态相对稳定。在这样的国际经济发展情况下，美国经济发展速度有小幅度的提高。然而，欧洲经济的发展情况还较为危险。日本的经济发展形势与国际经济发展情况很像，处于缓慢增长的状态。中国经济一直在国际经济变动中稳定前进。国家所实施的稳步发展经济战略，让我国的市场通货膨胀得到有效控制，并且有效抵制了许多城市房产价格上升的问题。但在国际经济形势的影响下，我国的经济发展仍然存在一定的问题。我们必须正确把握世界经济走势及其对我国的影响，充分熟悉外部经济环境的复杂性和多变性。

三、自然环境

自然环境是指市场营销者需要投入的或受到市场营销活动影响的物质环境和自然资源。在最基本的层面，自然环境中，从气候到自然灾害，都可能影响企业及其营销活动。例如，暖冬现象的出现导致羽绒服市场的缩减；某地区泥石流灾害的发生，导致当地企业生产和运输受阻。尽管企业不能阻止这些自然现象的发生，但也应该准备应急计划从容应对。市场营销人员应该正视自然环境中的主要趋势。

(1) 原材料短缺，能源成本提高。地球上的资源可以分为三大类：无限资源，例如空气、水等；有限可再生资源，例如森林、农产品等；有限不可再生资源，例如石油、煤等。空气和水看似是无限的，但是空气污染问题使世界上许多大城市的人们呼吸困难，而缺水也已经成为世界一些地区的大问题。森林、农产品等可再生资源也应该得到审慎的利用，避免过度砍伐和侵占耕地。至于不可再生资源，如石油、煤、矿产等，则已经面临着严重短缺的问题。对需要利用这些稀缺资源来制造产品的企业而言，原材料即使可以获得，也面临成本的大幅增加。例如，石油的价格从 1970 年的每桶 2.23 美元到 1982 年的每桶 34 美元，再到目前每桶 50 美元，石油价格的上涨使得人们积极去寻求替代品。如太阳能的开发已经取得了相当成就；电动汽车的兴起替代了部分汽油车。从长远来看，开发太阳能、风力等是有广阔前景的。原材料短缺，能源成本提高是世界范围内的问题，只有合理开发和利用资源，才能使企业的发展进入良性循环。对于资源短缺产品的经营，企业营销管理人员应该着重考虑如何节约能源、降低消耗、寻找替代品。

(2) 环境污染不断增加。现代工业的发展，对自然环境造成了不可避免的破坏。化学和核废料的处理，土壤和食物中的化学残留物，随意丢弃的不可降解的塑料制品，这些都对自然环境造成了严重的影响。西方发达国家自 20 世纪 60 年代在环境保护方面陆续采取了大量措施，并已经取得一定的成效，但是仍然有大量问题需要解决。我国近年来已经对污染问题开始重视。公众与政府对环境的关心，一方面限制了某些企业的发展，另一方面也带来了一些市场机会。例如，治理污染设备的市场大大扩展，环保的生产技术和包装方法也创造了新的营销机会。企业的社会观念和绿色营销观念的增强，都将促进企业与整个社会的全面进步。

(3) 政府加强了对自然资源的保护。许多国家的政府都意识到保护自然环境的重要性，也采取了相应的限制和保护措施。加强自然环境保护短期来看似乎与企业扩大生产和经济增长相矛盾，但从社会的长远利益和整体利益来看，环境保护绝不可放松。企业不仅是生产经营单位，也是环境的制造者和受益者，因此企业营销管理人员必须注重有关法令的限制，严格遵守，并在此基础上注意保护环境所创造的营销机会。例如，食品行业推广“天然绿色”食品；汽车行业开发电力、天然气等新能源汽车。

四、政治法律环境

市场经济是法制经济，包括营销活动在内的所有企业行为必然受到政治与法律环境的约束。这种政治法律环境主要指国家政局、国家政治体制、经济管理体制以及相关的法令、法规、方针政策等与企业的运作存在着或多或少关联的要素。

（一）政治环境

政治环境指影响企业营销活动的外部政治形势。安定团结的政治局面不仅有利于经济的发展和人民收入的增加，而且影响消费心理状况，从而导致市场需求的变化。党和国家的方针政策，不仅规定了国民经济的发展方向和速度，也直接关系到社会购买力的提高和市场消费需求的变化。

对国际政治环境的分析，应了解“政治权利”与“政治冲突”对企业营销活动的影响。政治权利影响市场营销，往往表现为政府机构通过某种措施约束外来企业，例如进口限制、外汇控制以及劳工限制、绿色壁垒等。政治冲突指国际上的重大事件与突发性事件，这类事件在和平与发展为主流的时代从未绝迹，对企业市场营销影响或大或小，有时带来机会，有时带来威胁。

（二）法律环境

法律环境指国家或地方政府的各项法规、法令和条例。它对市场消费需求的形成和实现，具有一定的调节作用。企业研究并熟悉法律环境既能保证自身严格依法管理和经营，也可运用法律手段保障自身的权益。近20年来我国中央及各级人民政府颁布了一大批规范和调整企业行为的法律和规章。例如，《中华人民共和国公司法》、《中华人民共和国广告法》、《中华人民共和国商标法》、《中华人民共和国价格法》、《中华人民共和国反不正当竞争法》、《中华人民共和国消费者权益保护法》等以及各种条例与法规，而且这些法律法规还在继续完善之中。

各个国家的社会制度不同，经济发展阶段和国情不同，体现统治阶级意志的法制也不同。从事国际营销的企业，必须对有关国家的法律制度和有关部门的国际法规、国际惯例和准则进行研究并在实践中遵循。

五、科学技术环境

今天人类社会正处在科学技术变革的时代。科技是第一生产力，科技的发展对经济发展有巨大的影响，不仅直接影响企业内部的生产与经营，还同时与其他环境因素互相依赖、互相作用，给企业经营带来全方位影响。新技术的应用会引起市场营销策略的变化，也会引起企业经营管理的变化，还会改变零售商业态结构和消费者购物习惯。每次技术革新浪潮，都可能取代现存的产品与公司，或者说，每一项新技术都是一种“创造性破坏”力量。例如，晶体管影响了真空管行业，复印机影响了复写纸行业，网络影响了报纸、杂志行业，高铁影响了航空行业等。如果老行业不采用新的技术，而是轻视或与其对抗，它们的生产

经营必将衰落。

当前，世界新科技革命正在兴起，生产的增长越来越多地依赖科技的进步，产品从进入市场到市场成熟的时间不断缩短，高新技术不断改造传统的产业，加速了新兴产业的建立和发展。因而，营销管理者必须更多地考虑应用现代尖端技术，重视软件开发，加强对用户的服务来适应知识经济的要求。

信息技术的发展，对市场营销以及整个国民经济发展的影响明显而深刻。"十二五"时期，信息技术产业作为经济增长的"倍增器"、发展方式的"转换器"和产业升级的"助推器"，在我国走新型工业化道路、转变经济发展方式、全面建设小康社会进程中肩负着重要的历史使命，从而使我国信息技术产品的营销额也大大增长。通信产品方面，国内市场对光通信产品、接入网设备、数字移动通信产品的需求将快速增长，而增长速度最快的互联网业务的发展，使得数据和多媒体通信产品成为市场的热点；视听产品方面，数字化和网络化将是贯穿产业发展的主线。

近年来，电子化、网络化技术的突飞猛进，对市场营销的影响更为突出。例如，沃尔玛的成功可以说是建立在沃尔玛利用信息技术整合优势资源，信息技术与零售业整合的基础之上的。通过采用最新的信息技术，沃尔玛将传统的销售技巧与现代化的高科技联系起来，从而能够以最低的成本、最优质的服务、最快速的管理反应开展全球运作，达到提高生产率和降低成本的目的。

电子商务的发展，使网上营销的新概念进入到市场营销学领域。电子商务与网上营销的区别在于电子商务涵盖范围广，而网上营销涵盖范围窄，是电子商务的一个分支。但网上营销的内容非常丰富，它利用互联网技术、计算机通信及数字交互式媒体，低成本、高效率地对企业经营过程中的市场调查、客户分析、产品开发、生产流程安排、售后服务等环节进行管理，从而达到更好地满足买卖双方需求的营销目标。例如，网络转瞬之间的信息收集处理、储存和传递能力，无可比拟地大于传统媒体的一对一的互动沟通方式，为生产者提供了精准营销的机会和可能。网上营销对购买者来说具有很多好处，一天 24 小时无论在什么地方都可订购到产品，无须走出办公室或家门就可以找到有关公司、产品、竞争者、价格等方面的对比信息，无须面对推销员可能带来的争吵及排队等。因而，网上购物的人数将越来越多，对传统的零售店和购买中心都将造成冲击。

六、社会文化环境

社会文化是人类在创造物质财富过程中所积累的精神财富的总和，它体现着一个国家或地区的社会文明程度。社会文化环境不像其他营销环境那样显而易见和易于理解，但它对消费者的市场需求和购买行为的影响却是强烈而持续的。

1. 价值观念

价值观念是指在某一社会环境下的大多数人对某一事物的普遍态度或看法。生活在不同环境下的人们大多价值观念是不同的。因此，企业营销的策略也应有所差别。例如，日本人以及多数东方人将群体、团结放在首位，所以日本企业在管理时强调协作、和谐，广告宣传突出人们的共性认识；相反，美国人以及多数西方人注重个体和个人的创造精神，所以美国企业鼓励职员敢于创新，产品包装也显示出醒目或标新立异的特点。我国人民重人情，消费偏重于大众化，这些典型东方人的传统习俗，必然对企业营销产生广泛的影响。

2. 民族传统

民族传统是指一个国家整个民族的文化传统与风俗习惯。例如，西方国家的人们以超前享受为消费主流，而我国人民长期形成了储蓄习惯，并注重商品的实用性能。企业营销时应考虑我国消费主流，同时还应考虑传统习俗的变化。在民族传统中，营销者要特别注重传统节日和传统禁忌，做到入乡随俗，以免给企业营销带来障碍。

3. 宗教信仰

不同的宗教有不同的价值观和行为准则。全世界有近20亿宗教徒，很多国家的宗教组织在教徒的购买决策中也有重大影响。例如，1984年我国出口某阿拉伯国家的塑料鞋底，遭到当地的抵制和销毁，原因是鞋底花纹酷似当地文字“真主”一词，而在伊斯兰教中，脚底被认为是不干净的。所以企业在营销活动中要根据目标市场的宗教信仰设计适当的方案。

4. 审美观

审美观是人们对自然、艺术、社会生活的审美标准、审美方式和审美习惯。在不同的文化环境下，人们对美有着不同的评价。例如各种颜色在不同国家和地区有不同的寓意。白色在日本、欧洲和美国代表纯洁、光明、坦率和美好，而在印度却代表不受欢迎。绿色在日本和巴西代表不吉利，是一种恶兆，但在多数国家却代表着春天、青春、生机、平静和安全。人们在市场上挑选、购买商品的过程，实际上也就是一次审美活动。审美观对产品的设计、色彩、广告促销中的音乐、商标名称有着重大的影响。近年来，我国人民的审美观念随着物质水平的提高，发生了明显的变化，表现为追求健康美、形式美和环境美。在这种趋势下，鲜艳、明快、富有活力的色调成为了主流。

第四节　市场营销环境的分析与企业对策

市场营销环境是企业生存和发展的基础，市场营销环境的发展变化可能会给企业带来机会，也可能造成威胁。随着生产力水平的不断提高和科学技术的不断发展，企业的生存和发展越来越取决于企业适应环境变化的能力。因此企业必须对市场营销环境进行分析，并制定切实可行的对策。

一、市场营销环境的分析

环境对企业产生的影响基本上可以从提供的机会和产生的威胁两方面进行分析。任何企业都面临着若干市场营销机会和市场环境威胁。然而并不是所有的市场营销机会都有同样的吸引力，也不是所有的市场环境威胁都一样危险。企业的营销管理人员可以用“市场营销机会矩阵图”和“市场环境威胁矩阵图”来加以分析，评价企业的营销环境。

（一）市场营销机会分析

所谓市场营销机会，是指由于市场环境变化而形成对企业市场营销活动富有吸引力的

领域，在该领域内，企业拥有竞争优势。例如，1875 年，美国罐头大王亚摩尔在报纸上看到一则很短的新闻，内容是墨西哥畜群中发现了瘟疫，有些专家怀疑是一种传染性很强的瘟疫。亚摩尔马上派了他的家庭医生去调查此事，证实了消息的可靠性。然后他果断作出决策，倾其所有，从加州、德州采购了活畜和牛肉，迅速运至美国东部地区，结果赚了 900 万美元。原来，亚摩尔意识到墨西哥畜群发生瘟疫，可能牵连到美国加州、德州的肉类向美国东部地区的供应。他之所以成功，就是看到了这一营销环境变化带来的机会，并很好地加以利用。

市场营销机会可以按其吸引力以及每一个机会可能获得的概率来加以分类。企业在每一特定机会中成功的概率，取决于其业务能力是否与该行业所需要的成功条件相符。市场机会分析的首选方法是用市场营销机会矩阵图来分析。市场营销机会矩阵图的横坐标为“机会潜在的吸引力”，表示潜在的盈利能力；纵坐标为“成功概率”，表示获得成功的可能性的大小，如图 2-4 所示。

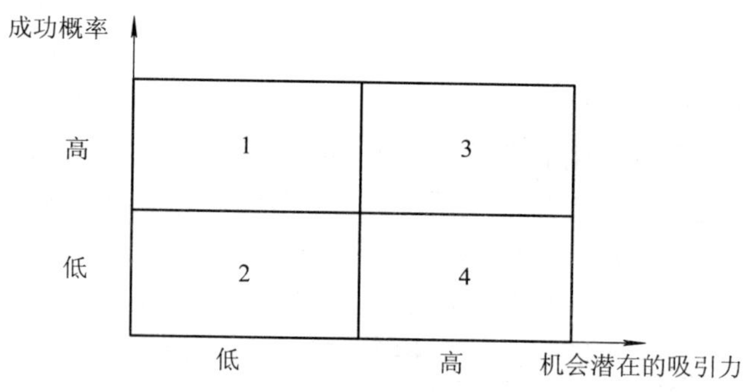

图 2-4　市场营销机会矩阵

区域 1：属于机会潜在吸引力低和成功概率高的市场机会。对于大型企业，遇到这样的机会往往是观察其变化趋势，而不是盲目地加以利用。但对于中小型企业来说，区域 1 的机会往往是其能够加以利用的，因其生产的利润已足够中小企业生存和发展。

区域 2：属于机会潜在吸引力低和成功概率低的市场机会。企业一方面应积极改善自身的条件，以准备随时利用其一现即逝的市场机会；另一方面应观察其发展趋势。

区域 3：属于机会潜在吸引力高和成功概率高的机会。企业一般应尽全力发展，因为它是企业最有利的市场机会。

区域 4：属于机会潜在吸引力高和成功概率低的市场机会。企业应设法改善本身的不利条件。例如，成功可能性低可能是企业管理不善、技术水平低、产品质量差、人员素质低等各方面的原因。企业就是要想方设法来扭转不利因素，使企业自身条件加以改善。

（二）市场环境威胁分析

所谓市场环境威胁，是指市场环境中一种不利于企业的发展趋势所形成的挑战，如果企业不采取果断的市场营销行动，这种不利趋势将伤害到企业的市场地位。

对于市场环境威胁，可以按其威胁影响程度和出现威胁的可能性大小列成环境威胁分析矩阵进行分析。纵坐标表示出现威胁的可能性，横坐标表示威胁的影响程度，即威胁出现后给企业带来的利益损失的大小，如图 2-5 所示。

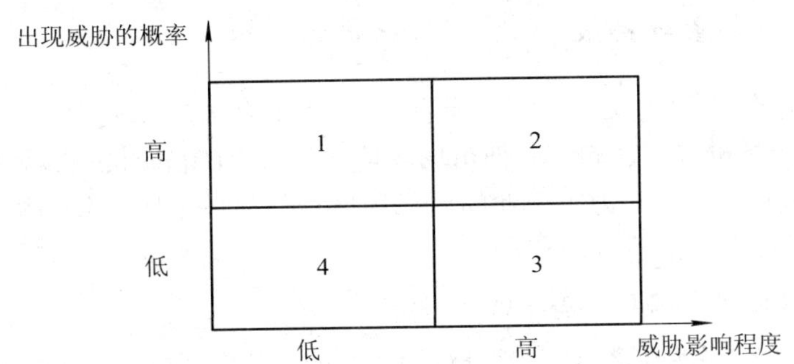

图 2-5　市场环境威胁矩阵

区域 1：威胁出现的概率高，但出现后对企业造成的损失小，企业的管理者应加以注意。

区域 2：威胁出现的概率高，一旦出现，企业的利益损失也是很大的，应该引起特别的重视。

区域 3：威胁出现的概率低，但是一旦出现，会给企业带来较大的利益损失，不可掉以轻心。

区域 4：威胁出现的概率低，即使出现，对企业造成的损失也小，是最佳的市场营销环境。

对于企业来说，应特别重视区域 2 的市场营销环境，把主要的精力放在对这种环境的监测和改变上，同时，对于区域 1 的市场环境也应予以一定的重视。

通过以上矩阵图的分析，可以根据企业的处境将其分为四种类型，如图 2-6 所示。

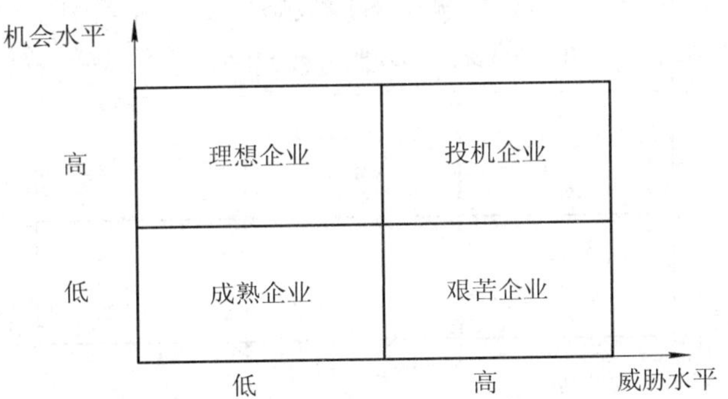

图 2-6　市场环境分析综合评价

理想企业：具有重大机会而无重大威胁的企业。企业必须抓住机遇，迅速行动。

成熟企业：面临的机会及威胁均低的企业。企业可以维持常规业务，并为开展理想业务做准备。

投机企业：面临的机会及威胁均高的企业。企业应全面分析自身优势与劣势，扬长避短，创造条件，争取突破性的发展。

艰苦企业：机会小而威胁大的企业。企业要么努力改变环境，走出困境或者减轻威胁；要么立即转移，摆脱无法扭转的困境。

（三）企业的内外部环境和SWOT分析模型

一些成功的企业会运用 SWOT 分析法，对企业内部环境的优势(Strengths)和劣势(Weaknesses)按一定标准进行评价，并把市场环境中的机会(Opportunities)和威胁(Threats)结合起来抉择企业的营销活动，力求企业的内部环境与外部环境协调和平衡，扬长避短，趋利避害，牢牢把握对企业最适宜的市场机会。

1. 企业内部环境的优势和劣势(SW)

企业内部的优势与劣势是相对于竞争对手而言的，表现在资金、技术设备、职工素质、产品市场、管理技能等方面。衡量企业优势与劣势有两个标准：一个是资金、产品、市场等单方面的优劣势；另一个是综合的优劣势。企业应扬长避短，内部优势强，适合采取发展型战略，否则适合采用稳定型或紧缩型战略。

2. 企业的市场机会与威胁(OT)

企业的外部环境是企业无法控制的，随着社会经济的迅速发展，特别是世界经济全球化的步伐加快、全球信息网络的建立和消费需求的多样化，企业所处的市场环境更为开放和动荡。这样一方面可能给企业带来发展的机会，例如我国加入 WTO；另一方面可能给企业带来威胁，例如我国高新技术薄弱。

在图 2-7 中，SO 战略所处位置表明企业外部有众多机会，内部又具有强大优势，在这种情况下，企业适合采用发展型战略，依靠内部优势去抓住外部机会，为企业赢得利润。WO 战略所处位置表明企业外部有机会，但内部条件不佳，企业应设法采取稳定型战略，先稳定后发展。WT 战略所处位置表明企业外部有威胁，并且内部状况不佳，这时企业应设法避开威胁、消除劣势，可采用紧缩型战略。ST 战略所处位置表明企业拥有内部优势，但外部存在威胁，在这种情况下，企业宜采用多种经营战略，以有效分散风险，寻找新的机会。

内部因素 / 外部因素	优势 (S)	劣势 (W)
机遇 (O)	SO战略	WO战略
威胁 (T)	ST战略	WT战略

图 2-7 SWOT 分析模型

二、企业对策

（一）对于营销机会的对策

企业决策层面对企业所面临的市场机会，必须谨慎地评价其质量。著名市场营销学者奥多·莱维特曾警告企业家们，要小心评价市场机会。他说：“这里可能是一种需要，但是没有市场；或者这里可能是一个市场，但是没有顾客；或者这里可能是一个顾客，但目前不是一个市场。又如，这里对新技术培训是一个市场，但是没有那么多的顾客购买这种产品。那些不懂得这种道理的市场观测者对于某些领域表面上的机会曾作出惊人的错误估计。”

(二) 对于环境威胁的对策

企业对所面临的威胁可以采取以下 3 种策略：

(1) 反攻策略。反攻策略是指试着限制或扭转不利因素的发展，例如通过各种方式促使政府通过某种法令或达成某种协议，或者制定某项政策来改变环境的威胁。

(2) 减轻策略。减轻策略是指企业通过改变营销策略，以减轻环境威胁的程度。

(3) 转移策略。转移策略是指将产品转移到其他市场或转移到其他盈利更多的行业。

本章小结

市场营销环境由影响市场营销管理者与其目标客户建立和维持牢固关系的能力的所有外部行为者和力量构成，是存在于企业营销系统外部的不可控制或难以控制的因素和力量。市场营销环境最普遍的分类是菲利普·科特勒采用的将环境划分为微观环境和宏观环境的方法。

微观市场营销环境是指由企业本身市场营销活动所引起的与企业市场紧密相关、直接影响其市场营销能力的各种行为者，包括企业内部其他部门、供应商、营销中介、竞争者、公众和顾客。

宏观环境是指会给企业经营活动造成市场机会或威胁的主要社会力量，包括人口环境、经济环境、自然环境、政治法律环境、科学技术环境、社会文化环境。

市场营销环境是企业生存和发展的基础，市场营销环境的发展变化可能会给企业带来机会，也可能造成威胁。随着生产力水平的不断提高和科学技术的不断发展，企业的生存和发展越来越取决于企业适应环境变化的能力。因此企业必须对市场营销环境进行分析，并制定切实可行的对策。

研究与讨论

(1) 营销环境对企业有哪些影响？为什么企业必须主动适应环境？

(2) 营销环境分为哪两个层次？各层次包括哪些因素？

(3) 结合实际，谈谈人口因素对我国企业营销活动的影响。

(4) 营销机会来源于什么？试举例说明营销机会分析的重要作用。

▸▸ 案例分析

与廉价商品化潮流搏斗的哈雷戴维森

就像中世纪的黑死病一样，几乎所有的现代企业都不同形式地遭受着来自廉价商品化的侵袭。当你需要不断提升产品质量或其他产品功能却为能够与竞争对手比肩而不得不降

低售价时，或是当你不得不降低产品质量或产品功能来迎合不断下降的售价时，廉价商品化潮流就来了。但是，你绝不孤独。抗争永远存在，廉价化的陷阱，你要不要跳？想想摩托车界的行家哈雷戴维森，其终极高端的定价和标志性的产品表达了它的态度，要与低价商品化趋势斗争到底。打个比方，当其他产品无可避免地变成玻璃的时候，哈雷却依然希望自己是永具商业价值的钻石。

★ 首个廉价商品化陷阱

哈雷是数个回合激烈价格战后的幸存者。就好像长而笔直的道路，途中隐藏着些许坑洼，这些坑洼便是廉价商品化。

成立于1903年的哈雷是美国摩托车行业的塑造者。但是在1970年，它便遭遇了首次廉价商品化陷阱。哈雷被质量低下、缺乏创新和服务差劲的名声所牵累。而像本田(Honda)、铃木(Suzuki)和雅马哈(Yamaha)这样的日本竞争对手则针对哈雷的这一弱点以更低廉的价格推出了质量更可靠的摩托车。这些竞争对手以更低廉的价格推出更好功能的产品，结果可想而知。尽管哈雷在摩托车市场上具有传奇性的地位，但是在1979年至1983年间，它的市场份额还是从39%萎缩至23%。哈雷真的跌入廉价商品化的陷阱了。公司管理者必须要面对的问题是对此该采取什么措施。哈雷要么削减价格以保障它的市场份额，要么就维持高价而让出份额。鉴于公司既定的成本结构，这两种行为都不利于财务健康发展。它们只会导致价格竞争的加剧。

★ 重塑品牌形象

哈雷的未来看上去有些险恶。但是，在1981年的一场融资收购之后，哈雷的管理层扭转了公司的形势。摆脱陷阱的方法是重新发掘消费者价值。在保持它在引擎动力传统优势的同时，公司强调一种其产品所带来的宝贵的间接的利益：以“叛逆”的形象和标志性地位为营销卖点。这就使得日本竞争对手的产品可靠性优势在购买和珍藏摩托车这个方面变得不那么重要。叛逆者们比起可靠性更注重榜样的力量。

哈雷所有者俱乐部(Harley Owners Group，HOG)为响应上述战略于1983年正式成立。HOG成为世界上最大规模的由制造商赞助的摩托车会员俱乐部，如今已经在世界范围内拥有超过100万会员。HOG帮助哈雷建立了一个能够适用于多样的服装和饰品的品牌，进一步强化哈雷冒险的生活方式和坏小子的形象。如果你买不起一辆哈雷摩托车，你总可以买一套哈雷夹克或是一枚哈雷徽章来塑造一个坏小子的形象。在20世纪80年代末，公司重振雄风。到2003年，哈雷成立一百周年之际，公司公布这一年的销售收入创历史新高，达到46亿美元，比上一年度增长了13%。伴随着这一声嘶吼，哈雷回归大道，而廉价商品化的陷阱就仿佛后视镜中窥见的那一处避过的坑洼。

研究发现，在2002年，与哈雷相似配置的四大日本公司(本田、雅马哈、川崎和铃木)的产品相比，“HOG狂热者”哈雷的消费者更愿意平均多花费38%购买哈雷摩托车。尽管日本竞争者所提供的产品引擎排量比同价位的哈雷产品大 8%到 12%。但哈雷消费者仍愿意多花三分之一的钱购买比日本竞争对手的产品少十分之一动力的哈雷摩托车。事实上，哈雷品牌的影响力甚巨，以至于它在日本成为大排量摩托车的领军品牌。

成功的感觉可以体会。哈雷扭转颓势显示了一家公司如何通过区别它的产品来击退廉价商品化。

★ **与新贵的鏖战**

故事还没有完，另一个廉价商品化陷阱正无声地逼近。哈雷将要与一头危险的犬面对面过招：这头壮猪(HOG)要直面大狗(Big Dog)了。

就在哈雷庆祝它击败日本竞争者的时候，两家美国本土的新品牌开始在行业内崭露头角：胜利(Victory)(为美国北极星工业有限责任公司所有，该公司在20世纪50年代推出雪上摩托车)和位于美国堪萨斯州威奇托的大狗(Big Dog)。到2004年，尽管没有什么征兆显示哈雷正在失去市场控制权，但是一些深入的分析却显示哈雷品牌已经不再毫无悬念地位于顶端。

2004年的价格功能分析显示哈雷与美国新的两家竞争对手相比并没有挣得额外的费用。事实上，胜利(Victory)和大狗(Big Dog)高度定制化的摩托车价格相比哈雷同样配备的产品价格要高出41%。

从战略的角度出发，这说明哈雷戴维森的品牌威力足够大到能够压制日本生产商，但是当它面对美国的竞争对手时，却处在一个不利的位置上。从销售额上看，这两个美国对手都只占很少的一部分。例如，大狗(Big Dog)自创立以来，从1994年到2009年总共生产了2.5万辆摩托车，而哈雷一年就将30万辆摩托车推向市场。但是，美国对手的威胁在2004年渐趋明朗而现在已经成为现实。随着时间的推移，大狗(Big Dog)成为世界上最大的定制摩托车生产商。哈雷不但要挡开低价的日本竞争对手，还要与高端的美国制造商一争高下。

哈雷与它的美国对手相比，正在把它的既得利益让予对手，因为它的服务、定制水平和品牌形象都不如对手那般优秀。哈雷的男子气概和坏小子的形象对于女性和X代人(指出生于20世纪60年代中期至70年代末的一代人)、Y代人(指出生于1983年至2000年间的一代人)的吸引力不大。面对不断变化的市场营销环境，哈雷能够做得更加成功吗？

思考：

(1) 结合本案例谈谈企业分析市场营销环境的重要性。

(2) 各种不同的外部市场环境是如何影响哈雷公司的战略计划的？哈雷公司是如何调整它的营销策略来适应变化的市场环境的？

(3) 日本摩托车公司仍在轻型和中型摩托车型号的销售量上占领先地位。哈雷公司是否应该开发出新的战略与已经做的工作相配套以在这一市场上获得竞争优势？解释你的理由。

(4) 面对两家美国本土公司的挑战，哈雷应当如何应对？

第三章　市场调研与预测

学习目标

(1) 了解市场营销系统的基本结构及其作用；

(2) 了解市场调研的作用、类型和原则，掌握市场调研的基本步骤和操作方法；

(3) 能够根据调研任务，确定调研的对象和抽样样本，能够设计市场调研问卷、制定调研计划和组织实施；

(4) 认识市场预测的类型，掌握市场需求预测的影响因素，能够运用定性和定量的方法对市场需求量作出科学的预测。

案例导入

史氏服装店

辛普森调研公司的总经理约翰·辛普森正在设计一个营销调研，以解决早上和史氏服装店总裁吉姆·安德鲁斯会谈时吉姆提出来的调研问题。调研问题看上去十分明确：

(1) 有哪些女装店在和史氏服装店竞争?

(2) 史氏服装店的形象如何? 这一形象与其竞争者的形象相比如何? 换句话说，史氏的定位相对于其竞争者而言怎么样?

(3) 哪些人是史氏的顾客? 史氏的顾客与其竞争者相比有何不同?

虽然安德鲁斯尚未作出最终决定，但他还是倾向于采用由被调查者在家里作答、自管理式问卷。只是，他不太确定是不是能设计一份问卷来回答所有这些调研问题。调研所感兴趣的人口总体被定义为那些家庭收入高于收入中位数水平的妇女。辛普森目前的任务是草拟一份问卷，并制订出一个尝试性取样计划。

史氏是一家有六个店铺的女装连锁商店，位于美国西南部一个不断发展的大城市贝维尤，这家连锁商店为贝维尤市的中上阶层提供高级服装已经有四十多年的历史了。二十年前，史氏开设了它的第一家郊区店铺，十年前关闭了它位于市中心的那个店铺。史氏现在拥有五家郊区店，第六家则开在附近一个拥有 6 万人的社区里。许多年来，史氏一直避开时髦的流行趋势，偏爱经典、持久的设计。过去十年里，有五六家咄咄逼人的高档时装零售扩张到贝维尤市。因此，尽管高档女装的市场过去十年来有了很大增长，竞争却变得更激烈了。

安德鲁斯对史氏连锁店的担忧是很有道理的，这六家店铺里有五家的利润在过去四年来每年都在下降。第六家店铺开业时间只有18个月，到目前还没有实现其目标增长率。虽然连锁店仍然在盈利，但如果现在这种趋势持续下去的话，史氏很快就要开始亏损了。

这种业绩状况刺激着安德鲁斯对整个连锁店的运营重新进行严肃评价。特别地，他开始重新审视史氏相当保守的产品线政策、广告政策、商店装潢政策和店铺人事政策。他感到，也许该是进一些时尚服装的时候了，这样可以提高史氏店铺对十几岁、二十几岁年轻女性的吸引力。一个还有待检验的假设是，相对于其他店铺来说，史氏对四十岁左右的妇女吸引力强一些，但对于年轻女性的吸引力则比较低。他意识到，任何这样的举措都有非常大的风险，因为这会威胁到现有的顾客群，同时并不能保证吸引来的顾客能弥补失去的老顾客。他认为在采取任何此类行动之前，都必须确切地了解史氏目前的定位如何。同时他也觉得，需要对史氏目前的顾客有更可靠的了解，例如顾客的年龄、光顾哪些店铺、偏好和购买情况等。有了这样的信息，他能更好地找出各种备选行动方案，并对这些方案作出评价。

市场调研和预测也被称为市场研究，是现代市场营销活动必不可少的一个环节。企业通过市场调研与预测，可以得到相关的信息资料，了解市场现状，从而预测市场未来的发展变化趋势，为企业的经营决策提供科学依据。

第一节　市场营销信息系统

为有效地履行营销职责，成功地开展营销活动，企业需要大量信息用于营销决策。然而，企业却常常得到大量无效的、过时的、不可信的、零乱无序的信息。越来越多的企业意识到了这方面的问题，并采取实际措施建立、改进、加强它们的营销信息系统，并进一步将其提升为营销决策支持系统，建立起营销数据库。

一、市场营销信息

从市场营销的角度看，企业与市场的联系包含3种流：① 货物或劳务由企业流向买主；② 货币由买主流向企业；③ 企业与市场、环境之间的信息沟通。企业开展市场营销活动，不仅需要人、财、物多方面的资源要素，而且需要信息。可以认为，信息是营销活动的形成要素之一。

（一）市场营销信息的重要性

在现代经济生活中，以下3种发展趋势使企业对市场营销信息的需求较以往任何时候都更为强烈：

(1) 市场范围的扩大。随着国内各地区之间乃至国际之间经济联系的加强，市场不再局限于本地区，市场营销从地区扩展到全国，甚至跨越了国家之间的界限。营销决策人员在不同地区市场或国际市场中面临着较为生疏的环境，需要收集、加工许多新的信息。

(2) 购买者的购买行为复杂化。随着购买者收入水平的明显提高，他们在购买中的挑选性越来越强，这使得购买行为复杂化。由此引起对购买者行为研究的相应细化。

(3) 由价格竞争发展至非价格竞争。在收入水准较高的市场中，购买者对产品价格不

再像过去那样敏感，价格高低对最终决定是否购买的影响力度大为削弱。因此，品牌、产品差异、广告和销售推广等竞争手段的作用日益凸显出来。但这些非价格手段能否有效运用，前提条件也在于能否获取正确的信息。

现代信息技术突飞猛进的发展为企业大规模收集、处理信息提供了手段。在过去30年中，计算机、复印机、扫描仪、传真机、摄像机、互联网、缩微摄影、闭路电视、移动通信系统和其他设施投入应用，使信息收集和处理产生了重大的革命。但这并不等于企业就能有效地利用它们，及时获得企业所需的信息。相比之下，企业缺少的往往是与现代信息技术相配套的管理信息系统，甚至根本没有，或者即便有营销调研部门，其功能也仅局限于日常信息收集、销售分析和简单的需求预测。

上述情况表明，为了及时、有效地寻求和发现市场机会，为了对营销过程中可能出现的变化与问题有所预料，为了在日趋激烈的市场竞争中取胜，企业需要建立一个有效的营销信息系统，以便及时系统地收集、加工与运用各种有关的信息。

（二）市场营销信息的特征

市场营销信息作为广义信息的组成部分，除具有一般信息所具有的属性外，还具有自己的特征。

1. 时效性

市场营销活动与市场紧密联系在一起，信息的有效性具有极强的时间要求。这是由于作为国民经济大系统的中心位置的市场，受到错综复杂的要素的影响和制约，处于高频率的不断变化中，信息一旦传递加工不及时，就很难有效地利用。对此，日本的商业情报专家认为：一个准确程度达到百分之百的情报，其价值还不如一个准确程度只有50%但赢得了时间的情报。特别是在竞争激烈之际，企业采取对策如果慢了一步，就会遭到覆灭的命运。可见，加强信息的收集能力，提高信息的加工效率，尽可能缩短从收集到投入使用的时间，对于最大限度地发挥营销信息的时效性是十分重要的。

2. 更新性

市场营销信息随市场的变化与发展处于不断的运动中，这一运动客观上存在着新陈代谢。因此，市场活动的周期性并不意味着简单的重复，而必定是在新环境下的新过程。虽然新过程与原有的过程有着时间上的延续性，但绝不表明可以全部沿用原有的信息，企业营销部门必须不断地、及时地收集、分析各种新信息，以不断掌握新情况，研究问题，取得营销主动权。

3. 双向性

在商品流通中，商品的实体运动表现为从生产者向消费者的单向流动。而市场营销信息的流动则不然，它带有双向性：一面是信息的传递，另一面是信息的反馈。因此，收集市场信息就显得格外重要。

（三）企业对营销信息的要求

企业收集信息是为支持营销决策服务的。营销决策对所收集的营销信息有以下要求：

1. 准确性

来源是否可靠，收集、处理的方法有无偏颇，可信度如何。

2. 及时性

营销信息的时效性极强，因此对获得信息、传递信息和处理信息的速度有严格要求。

3. 恰当性

信息恰好满足决策所需的信息量和传送频度。信息量太少，传递间隔过长固然不好，然而量太大造成无用信息过多或庞杂而理不出头绪，报告过频而使管理者疲于应付也不行。

4. 系统性

企业在营销活动中受到众多因素的影响和制约，如果仅仅得到一堆杂乱无章的信息是无济于事的。为此，企业必须对有关信息进行分析，分析它们之间的内在联系，提高它们的有序化程度。只有这样，才能得到有效的信息。

5. 费用代价合理

收集、处理信息必然涉及费用支出。一方面，支出水平受企业预算制约；另一方面，支出水平不应超出所获信息可能给企业带来的收益。否则，这一信息收集、处理过程就失去了其存在的价值。

(四) 市场营销信息与大数据

随着信息技术的迅猛发展，企业现在产生并可以发现大量的市场营销信息。市场营销世界里充满了各种来源的海量信息，如今消费者本身就能产生大量的营销信息，他们通过购物网站、电子邮件、微博、微信和其他的数字渠道，自发地向企业提供并与其他消费者分享大量信息。实际上，大多数市场营销部门根本不缺乏信息，而是数据载荷太大，甚至常常被淹没其中。

大数据(Big Data)这一概念的产生很好地总结了这一问题。大数据是指需要新处理模式才能具有更强的决策力、洞察力和流程优化能力的海量、高增长率和多样化的信息资产。每一天，世界上的人和系统产生的数据量约为 2.5 × l018 字节，每年大约 1000 万兆字节。大数据给市场营销者带来机会的同时，也提出了严峻的挑战。有效利用大数据的公司能够获得丰富、及时且有效的信息资产，但是，评价和挖掘如此海量的数据几乎是不可能完成的任务。例如，百事公司在考察通过关键词在推特、博客、公告栏和其他来源搜索得到的关于其品牌的网上讨论时，发现每天有超过 600 万次公开谈论，每年超过 20 亿次，这一信息量远远超出了任何管理者的处理能力。因此，市场营销者不是需要更多的信息，而是需要更好的信息，他们需要更好地利用已有的信息。

二、市场营销信息系统的含义

市场营销信息系统是由人员、机器和程序组成的一个相互作用的连续复合体。其基本任务是收集、挑选、分析、评估和分配适当的、及时的、准确的信息，供市场营销决策者用于制定或修改市场营销计划，执行和控制市场营销活动。

首先，由营销主管或决策者确定所需信息的范围；其次，根据需要建立企业营销信息

系统内的各子系统，由有关系统去收集环境提供的信息，再对所得信息进行处理；然后，由营销信息系统在适当时间，按适当形式，将整理好的信息送至有关决策者；最后，营销经理作出的决策再流回市场，作用于环境。

一个理想的市场营销系统一般应具备以下特点：

(1) 能够向各级管理者提供从事其工作所需的一切信息。

(2) 能够对信息进行挑选，以便使各级管理者能够获得与他能够且必须采取的行动有关的信息。

(3) 提供信息的时间限于管理者能够且应当采取行动的时间。

(4) 提供所要求的任何形式的数据、信息和分析。

(5) 提供的信息必须是最新的，并且所提供的信息都是有关管理者最容易理解的。

三、市场营销信息系统的构成

不同企业，其信息系统的具体构成会有所不同，但基本框架大体相同，一般由内部报告系统、营销情报系统、营销调研系统、营销决策支持系统这样四个子系统构成，如图 3-1 所示。

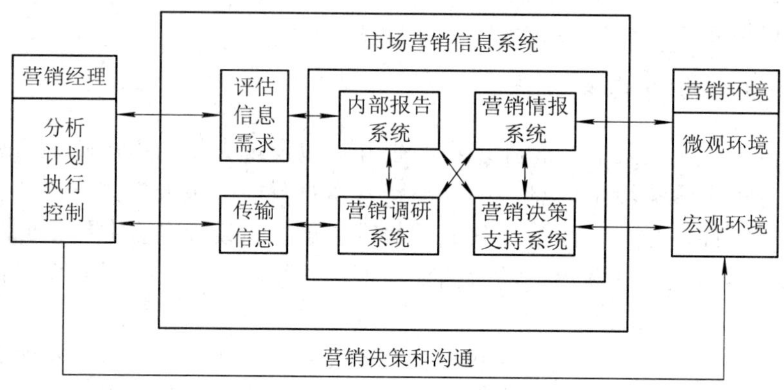

图 3-1　市场营销信息系统

(一) 内部报告系统

内部报告系统是决策者们利用的最基本的系统，该系统的信息来自企业内部的财务会计、生产、销售等部门，它通常是定期提供信息，用于日常营销活动的计划、管理和控制。内部报告系统提供的数据包括有关销售、成本、存货、现金流、应收账款等。其中的核心是“订单——发货——账单” 的循环，即销售人员将顾客的订单送至企业，负责管理订单的机构将有关订单的信息送至企业内的有关部门，有存货的立即备货，无存货的则要立即组织生产，最后，企业将货物及账单送至顾客手中。

例如，百思买公司建设了一个存储量超过 15 000 G 的数据库，记录了 7500 万个家庭 7 年的数据。数据库记录了每位顾客与公司的互动信息，包括电话呼叫记录、订购信息、确认收货信息、现金付款情况等。然后公司运用一系列复杂的算法将超过 3/4 的顾客(大约 1 亿人)进行了分类组合，有的被定义为“年轻发烧友”，有的是“足球妈咪”，还有“职场精英”、“居家宅男”等。公司还使用顾客终身价值模型来测量各交易的获利水平和增加或降低关系价值的顾客行为因素。如此全面地了解顾客，使百思买能够实施精准营销，使用激活客户的刺激方案提高顾客的主动回头率。

企业应设计一个面向用户的内部报告系统，它提供给营销人员的应是他们想要的、实际需要的和可以经济地获得的信息三者的统一。在设计内部报告系统时，企业还应避免发生以下错误：一是每天发送的信息太多，以至于决策者疲于应付；二是过于着重眼前，使决策者对每一微小的变动都急于作出反应。

(二) 营销情报系统

营销情报系统的主要功能是向营销部门及时提供有关外部环境发展变化的情报。有的著作认为营销情报系统是营销人员日常搜集有关企业外部的市场营销资料的一些来源或程序。

营销情报人员通常用以下 4 种方式对环境进行观察：

(1) 无目的的观察。观察者心中没有特定的目的，但希望通过广泛的观察来搜集自己感兴趣的信息。

(2) 条件性观察。观察者心中有特定的目的，但只在一些基本上已认定的范围内非主动地搜集信息。

(3) 非正式搜寻。营销情报人员为某个特定目的，在某一指定的范围内，做有限度而非系统性地信息搜集。

(4) 正式搜寻。营销人员依据事前拟定好的计划、程序和方法，以确保获取特定的信息或与解决某一特定问题有关的信息。

营销决策者可能从各种途径获得情报，例如阅读书籍、报刊，上网查询，与顾客、供应商、经销商等交谈，但这些做法往往不太正规并带有偶然性。管理有方的企业则采取更正规的步骤来提高所收集情报的质量和数量：① 训练和鼓励销售人员收集情报；② 鼓励中间商及其他合作者向自己通报重要信息；③ 聘请专家收集营销情报或向专业调查公司购买有关竞争对手、市场动向的情报；④ 参加各种贸易展览会；⑤ 内部建立信息中心，安排专人查阅主要的出版物、网站，编写简报等。

(三) 营销调研系统

营销调研系统也称为专题调查系统，其任务是针对企业面临的明确具体的问题，对有关信息进行系统地收集、分析和评价，并对研究结果提出正式报告，供决策部门用于解决这一特定问题。

营销调研系统与内部报告系统、营销情报系统最本质的区别在于：它的针对性很强，是为解决特定的具体问题而从事信息的收集、整理和分析。企业在营销决策过程中，经常需要对某个特定问题或机会进行重点研究。例如开发某种新产品之前，或遇到了强有力的竞争对手，或要对广告效果进行研究等。显然，对这些市场问题的研究，无论是内部报告系统还是情报系统都难以胜任，而需要专门的组织来承担。有时甚至企业自身也缺乏获取信息以及进行这类研究的人力、技巧和时间，不得不委托专业人员来进行研究。例如，企业打算对产品大幅度降价，往往会责成一个精干的调研小组，对降价的可行性、利弊、风

险以及预防措施进行专题研究，并把调研结果呈送决策人参考。再如，某企业打算与外商合资，往往会责成一个调研小组对外商的真实背景、合资的可行性、利弊分析等进行专题调研，写成报告供决策人参考。企业可以临时组成一个精干的调研小组来完成这种调研任务，也可以委托外部的专业调研公司来完成这种任务，大公司一般会设立专门的营销调研部门。

（四）营销决策支持系统

营销决策支持系统(DSS)是由软件和硬件组成的对数据进行处理的系统。这一系统又被称作专家系统，它使营销管理者足不出户即可获得所需的信息。

营销决策支持系统包含各种统计软件，可帮助分析者深入了解数据之间的关系及统计上的可靠性，例如与销售额变化相关的因素有哪些；各自对销售额变动的影响有多大；如果将产品售价提高10%同时增加20%的广告费，将会给销售额和利润带来什么影响等。

该系统还包括除统计方法以外各种可帮助科学决策的数学模型。自20世纪60年代以来，管理学领域大量引进数量模型作为决策依据的做法也为市场营销学专家们所效仿。一些营销专家借助现代数学工具建立了大量的数学模型，用于营销决策。例如确定最佳销售区域、零售网点配置、广告预算分配、是否开发新型号产品等。

在现代管理中，上述统计方法和决策模型都被编成程序，配置在计算机上，这大大提高了营销管理者做出更好的决策的能力。在我国，这方面的工作也已经开始。未来将需要更多的管理科学家进入企业，与营销人员加强相互了解和配合，以提高企业科学决策的能力。

四、市场营销信息的存储

信息经分析处理后，在初次使用后便进入存储状态，还有一部分信息暂不使用而直接进入存储状态。这就提出了营销信息的存储问题。在现代社会，将信息进行编码或做成数据库成了主要的信息存储方式。近年来，市场营销信息系统中发展最快的就是数据库营销，即建立有关现有与潜在顾客个人信息及购买模式的大型计算机文件。通过数据库营销，我们可以准确地识别出谁是最大量的购买者，哪个细分市场是最有利可图的，哪些产品或服务为企业带来了最大的利润等，进而使企业能够将营销努力与最需要支持的产品、服务与细分市场对应起来，以获得最大的营销收益。

第二节　市 场 调 研

一、市场调研的含义和作用

（一）市场调研的含义

市场调研(Marketing Research)是指通过有目的地对一系列资料、情报、信息的判断、收集、筛选、解释、传递、分类和分析，来了解现有的和潜在的市场，并以此为依据作出经营决策，从而达到进入市场、占有市场并取得预期效果的目的。

（二）市场调研的作用

市场情况处在不断变化之中，无论在国民经济宏观管理方面，还是在企业微观经营方面，都要时刻掌握市场信息和市场动向。市场调研的作用具体表现在以下几个方面：

(1) 做好市场调研，有利于制定科学的生产计划和经营决策。在任何领域内，科学决策的基础是具备有效的信息并且充分利用它。这既适用于企业经营，也适用于非营利组织。所有市场营销决策需要的信息和获得信息的方法都可被视为市场调研的内容，而市场调研所提供的通常是有关市场核心问题的信息。

(2) 做好市场调研，有利于企业改善经营管理，提高经济效益。在竞争市场上执行一项决策有时需要投入大量资源，同时面临很高的风险。为了制定科学的决策，有必要使决策建立在更严密和更可靠的数据资料的基础上。另外，现代市场和市场营销的许多特性，例如消费者的多样性，不断加速的变化步伐，市场的不确定性，使得凭直觉和经验作出的分析缺乏可靠性。而在过去的几十年间，为增强决策信心和减少某些风险进行的正规的市场调研技术不断发展和走向完善。所以，要使企业提高经济效益，必须进行市场研究，使企业的市场和经营活动符合消费者的需要，以扩大市场占有率和销售盈利。

(3) 做好市场调研，有利于企业了解消费者对其产品或服务的评价、期望和想法。市场调研给消费者提供了一个表达自己意见的机会，使他们能够把自己对产品或服务的意见、想法及时反馈给生产企业或供应商。事实情况表明，哪个地区的消费者积极参与市场调查，毫不保留地将自己的意见提供给市场调研机构，哪个地区的消费者就能得到更好的产品和服务。

(4) 做好市场调研，有利于企业与市场紧密联系，优化市场营销组合。企业根据市场调研结果，分析研究产品生命周期，开发新产品；对日益复杂的分销渠道进行筛选，确定最有效的分销途径；制定合理的产品价格，选择最有效的促销方式等。

(5) 做好市场调研，有利于开发更广阔的市场。不同国家和地区的市场环境各不相同，同一产品的供需情况也可能有很大的差别。只有准确掌握了市场需求，并使产品及时满足这些需求时，才可能获得更广阔的市场。所以，进行广泛的市场调研是成功进入更加广泛的市场的前提条件。

二、市场调研的类型和内容

（一）市场调研的类型

市场调研根据不同的分类标准，可以划分为不同的类型。例如，按照调研时间进行划分，可以分为一次性调研、定期调研、经常性调研和临时性调研；按照调研目的进行划分，可以分为探测性调研、描述性调研、因果关系调研和预测性调研。

1. 探测性调研

探测性调研是指企业对所要调研问题的性质或范围不明确时进行的调研。这类调研没有特定的调查内容，只是收集一些有关资料进行分析，再做进一步调研。例如，企业对某

一地区产品销量持续下滑的原因尚不清楚，因此运用探测性调研收集资料，从中找出可能的原因，然后再做进一步调研。

2. 描述性调研

描述性调研是指对某一特定的问题进行调研，如实记录和做客观的描述，而不研究其内在的关联。例如，企业要对某一产品的市场占有率进行描述性调研，只需要记录该产品市场占有率的数字即可，不需要研究如何产生的这一数字。

3. 因果关系调研

因果关系调研是指为了弄清楚问题的原因与结果之间关系的调研。例如，上例中产品市场占有率问题，因果关系调研不仅要调查清楚市场占有率的实际情况，还要弄清楚市场占有率上升或下降的原因。

4. 预测性调研

预测性调研是指在搜集、整理资料的基础上，运用科学的预测方法，分析市场在未来一定时期内产品供需变化情况，使企业能够掌握市场动向，把握市场机会，制定有效的营销计划。

（二）市场调研的内容

市场调研的内容，应该根据外部环境的变化情况和自身的工作要求来确定。一般来说，市场调研的内容包括市场宏观环境调研、市场需求调研、消费者购买力调研、产品调研、销售绩效调研和竞争者调研。

1. 市场宏观环境调研

一切营销组织都处于宏观环境之中，不可避免地受到其影响和制约。对宏观环境的调研内容包括人口、经济、自然、政治法律、科学技术、社会文化等。具体来说，每一项影响要素都可以通过一系列具体指标来反映。例如，反映经济环境的指标有国民生产总值、社会商品零售总额、消费者收入水平和货币汇率等。

2. 市场需求调研

市场需求调研是市场调研中最基本的内容，包括消费需求量的调研、消费结构的调研和消费行为的调研。

(1) 消费需求量的调研。消费需求量直接决定市场规模的大小，一般受两个因素的直接影响。一是人口数量，一般来说，人口数量越多，市场规模就越大，对产品的需求量也必然会增加，但是也要考虑人口的性别、年龄、教育程度等；二是货币支付能力，在拥有一定的可支付购买力的条件下，人口数量与消费需求量呈正相关。

(2) 消费结构的调研。消费结构是指消费者将其货币收入用于不同产品支出的比例，它决定了消费者的消费投向。消费结构调研的主要内容是消费者各部分支出占总支出的比例。

(3) 消费行为的调研。调研的主要内容包括哪些人是购买者，他们如何购买，在什么时间、地点购买，为什么购买等。

3. 消费者购买力调研

企业的一切经营和营销活动都是以消费者为中心的，消费者的购买力决定了企业的盈利。对消费者购买力的调研包括3个领域：① 城乡居民购买力调研，主要是对城乡居民收入和投向的调研；② 社会群体购买力调研，主要是对政府机关、事业单位、社团组织等非营利性群体的购买力情况的调研；③ 生产资料购买力调研，主要是对生产性消费品的品种、规模、经济政策、引进外资等情况的调研。

4. 产品调研

产品调研是指对市场上与企业现有产品和拟开发产品的供应、销售相关的情报资料。产品调研涉及的主要内容有产品生产能力调研、产品质量调研、产品包装调研、产品生命周期调研和产品价格调研。

(1) 产品生产能力调研。产品的生产能力既是一个企业综合实力的体现，又是企业市场发展前景的保障。产品生产能力调研的内容主要包括企业总体产品的生产量、各大类产品生产能力、各品种产品生产能力、生产能力是否满足市场需要量以及生产能力是否有剩余等。

(2) 产品质量调研。产品质量是产品的生命线，质量的好坏直接关系到产品的品牌、声誉等，进而影响到企业的生存和发展。产品质量的调研包括产品是否满足消费者需求、本企业产品与竞争者相比的优劣势调研等。

(3) 产品包装调研。包装是产品的一部分，它除了具有保护产品、方便运输的作用之外，还有树立品牌和企业形象、促进销售的作用。产品包装调研主要是调查包装的外观设计、容量、包装材料等是否能被消费者接受和喜爱，消费者为什么会喜爱或不喜爱，消费者希望通过产品包装获得哪些信息等。

(4) 产品生命周期调研。一般来说，产品都会经历投入期、成长期、成熟期和衰退期的产品生命周期。企业掌握产品目前处在生命周期的哪一阶段，对制定营销策略和发展战略是必不可少的。产品处于生命周期哪一阶段，主要反映在产品的市场占有率、销售增长率、消费者购买意向、市场竞争产品、可替代产品的开发和销售情况等方面。

(5) 产品价格调研。产品价格是企业可控因素中最活跃、最敏感、最难以有效控制的因素。产品价格调研包括定价是否合理、与竞争产品的价格差异等。

5. 销售绩效调研

销售绩效主要包括销售政策的效果信息和促销方法的投入产出效果信息。对销售绩效进行调研，有助于企业建立更有效地销售组织和采取更好地方法。销售绩效调研包括销售政策的执行情况与出现的问题、对当前销售方法的评价、销售渠道与销售人员效果分析、广告及其他促销手段效果分析。

6. 竞争者调研

竞争者调研的主要内容包括生产同类产品的竞争者数目与经营规模，同类产品各重要品牌的市场占有率及未来变动趋势，同类产品不同品牌所推出的型号与售价水平，消费者乐意接受的品牌、型号及售价水平，竞争者产品的质量、性能与设计，主要竞争对手所提供的售后服务方式，消费者及中间商对此类服务的满意程度等。

三、市场调研的原则和步骤

（一）市场调研的原则

1. 科学性原则

市场调研的科学性主要体现在科学地选择调查方式、调查对象以及科学地使用调查工具上。调研人员需要运用一些社会学和心理学的相关知识，以便与被调查者更好地交流，科学地整理所收集到的资料，并运用一些数学模型和统计学知识对整理的资料进行分析，能够较精确地反映调研结果。保证市场调研科学性的前提是资料来源准确，一方面要求市场调研人员具有较高的技术水平和较丰富的经验，另一方面也要求被调研者能够配合并持客观态度。

2. 真实性原则

真实性原则也叫做准确性原则，是指调查资料必须真实、准确地反映和描述客观实际，才能使市场预测建立在准确的市场调研资料基础上。它要求调研资料必须是对调研对象完全客观的描述，不能夹杂任何主观评价；调研资料涉及的时间、地点、事情经过、经济活动主体都要准确无误；调研资料所描述的内容必须客观、真实、可靠，不能虚构；各种数据必须准确，计量单位科学、语言表达明晰。

3. 系统性原则

系统性原则也叫做全面性原则，指市场调研必须全面地、系统地搜集有关市场各方面的信息资料。要求从多方面描述和反映调研对象的特征和变化，从多方面反映影响调研对象发展变化的各种内外部因素，特别是要抓住本质的关键的因素；要求市场调研活动应具有连续性，以便不断积累信息，进行系统地、动态地分析和利用。

4. 时效性原则

时效性原则要求搜集、发送、接收、加工、传递和利用市场调查资料的时间间隔期尽量要短。为此，市场调研开展要及时，调研资料的传递渠道要畅通，调研资料的处理效率要高，尽量缩短从搜集到使用的时间。

5. 经济性原则

经济性原则指市场调研应当按照调研的目的要求，选择恰当的调研方法，争取用较少的费用获取尽量多的调研资料。企业做市场调研应该量力而行，例如，中小企业没有较大的财力去做规模较大的市场调研，就可以更多地采用参观访问、直接听取顾客意见、大量阅读各种宣传媒体上的有关信息、收集竞争者的产品等方式进行市场调查，只要工作做得认真细致而又有连续性，同样会收到很好的调研效果。

（二）市场调研的步骤

市场调研是一项复杂而艰巨的工作，不但要运用科学的工具和方法，也要周密地安排每一个调研步骤。市场调研的步骤一般分为确定调研目标，制定调研计划，收集信息，分析信息，提交调研报告这5个步骤，如图3-2所示。

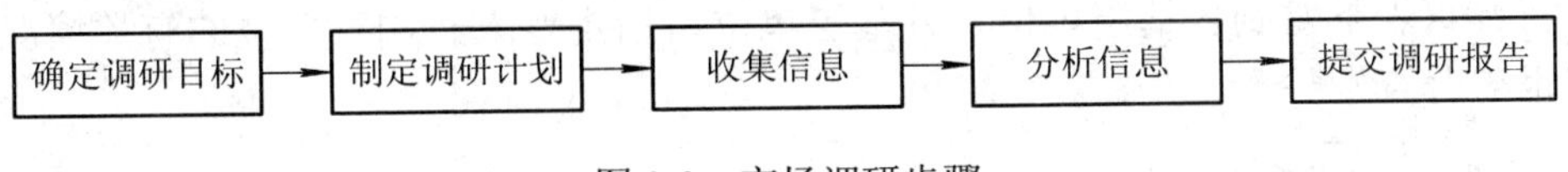

图3-2　市场调研步骤

1. 确定调研目标

为了有针对性地进行市场调研，避免盲目行动造成人力财力的浪费，在执行调研之前，应首先确定需要解决的问题以及调研目标。由于经济现象非常复杂，通常要先做探测性调研，确定调研的问题及范围。范围不宜过宽，无关紧要的问题不要出现；范围也不宜过窄，应包含全部需要调查的问题。

2. 制定调研计划

调研计划也称为调研方案，是有关深入分析问题，达到调研目标的具体安排。调研计划一般包括调研目的、调研项目、调研方法、调研设计、经费估计、人员和时间安排等。调研计划直接影响调研的实施，因此应该全面地考虑到尽量多的细节，例如，被调研的对象太多，不可能全部调查，因此应事先运用合适的抽样方法，选定调研样本。

3. 收集信息

调研信息的收集一般按照从内到外、从现有到实地的原则进行。在调研中一般首先考虑取得二次资料的可能性。运用现成的二次资料，不论在时间上还是经济上都相对节省，对资料的历史背景也比较清楚，也可以与实地调查资料进行对比。在运用二次资料时，要充分考虑到资料可能存在的不足，例如资料过时，分类要求与调查目标不同，资料可能有遗漏与错误等。如果二次资料不适用，就要考虑收集原始资料。

原始资料可以从企业内部和外部两个方面进行收集。内部资料指企业内部的销售记录、成本记录等；外部资料主要来自对企业外部的调查或销售实验。

4. 分析信息

收集来的原始资料，必须加以整理，对信息进行分类、汇总，使其系统化、简单化和表格化。可以运用先进的统计技术和决策模型，以便发现更多有用的信息和知识。

5. 提交调研报告

根据调研情况和分析结论，编写调研报告。报告应紧密围绕调研目标和要求，客观准确地分析问题，提出建议。报告文字应简明扼要，通俗易懂。结论建议可以归纳成要点，报告后附上用以支持的附件，以使查阅。

四、市场调研的组织方式

（一）全面市场调查方式

全面市场调查是对调查对象的总体中的全部单位逐一进行的调查。普查就是一种全面调查。普查是指调查者为了某一特定的目的而专门组织的一次性全面调查，例如人口普查、商品库存普查、经济普查等。普查具有专门性、全面性和一次性的特点。

普查的组织方式可以分为两种：① 普查员直接登记式。这种方式要求组建专门的普查

队伍，由普查员深入现场对调查单位的有关情况进行直接登记；② 被普查者自填式。这种方式是将普查表下发到各基层单位，各基层单位再指定专人将调查单位的有关情况填于表中并上报给普查机关。

（二）非全面市场调查方式

非全面调查是对调查对象总体中的部分单位进行的调查，包括典型调查、重点调查和抽样调查。

1. 典型调查

典型调查是选择有典型意义或有代表性的单位进行调查，据此推论总体。例如城市职工家庭调查、农产品产量调查等。这种调查方法具有专门性、非全面性、主观性、经常性与一次性并举的特点。

典型调查的方式有两种：① 解剖麻雀式。指当调查总体各单位差异不大或者调查目的在于研究新事物及总结经验、树立典型时，可以选择个别单位进行深入细致的调查研究；② 划类选典式。在调查过程中，有时难以选择代表调查总体的无所不包的典型，这就需要采用划类选典的方法。即当调查总体各单位差异较大，且目的在于推算总体散量特征时，可以先对总体进行分类，然后在各类中按比例、有意识地选择一定数目的单位构成典型总体，最后由典型总体的指标推断出总体的有关指标。

2. 重点调查

重点调查是在调查对象中选定一部分重点单位进行调查。所谓重点单位，指在总体中处于十分重要地位或者在总体某项标志总量中占绝大比重的一些单位，它们的重点地位客观上是明确的。例如，要调查南京市零售商企业的基本情况，就没有必要对南京市所有的零售企业进行调查，而只需要调查几家大型零售商企业即可。重点调查具有专门性、非全面性、非推断性、经常性与一次性并举的特点。通过重点调查的结果可以反映调查对象的基本情况，收到事半功倍的功效。重点调查的方式包括调查员直接登记式和被调查者自填式。

重点调查与典型调查是有区别的，主要表现在以下三个方面：① 选择调查对象的标准不同。典型调查是选择同类事物中具有代表性的单位作为调查对象；重点调查则是选择同类社会现象中具有集中性的单位作为调查对象；② 调查的主要目的不同。典型调查的主要目的是认识同类事物的本质及其发展规律，即主要是定性调查；重点调查的主要目的是对某种社会现象总体的数量状况作出基本估计，即主要是定量调查；③ 调查的具体方法不同。典型调查只能是面对面的直接调查；重点调查则可以是直接调查，也可以是通过电话、问卷、表格等方式进行的间接调查。

3. 抽样调查

抽样调查是从全部调查研究对象中，抽选一部分单位进行调查，并据此对全部调查研究对象作出估计和推断的一种调查方法。根据抽选样本的方法，抽样调查可以分为概率抽样和非概率抽样两类。

概率抽样是按照概率论和数理统计的原理从调查研究的总体中，根据随机原则来抽选样本，并从数量上对总体的某些特征作出估计推断，对推断出可能出现的误差可以从概率意义上加以控制。非概率抽样就是调查者根据自己的主观意志去抽取样本的方法。

非概率抽样不是严格按随机抽样原则来抽取样本，所以失去了大数定律的存在基础，也就无法确定抽样误差，无法正确地说明样本的统计值在多大程度上适合于总体。虽然根据样本调查的结果也可在一定程度上说明总体的性质、特征，但不能从数量上推断总体。

因此，我们将重点讨论概率抽样的方法。概率抽样有以下几种常用方法：

(1) 简单随机抽样。简单随机抽样是最简单的一种抽样方法。它是从总体中随机选择出抽样单位，每个样本均有同等被抽中的概率。这种抽样方法误差分析比较容易，但是需要的样本容量较大，因此适用于个体之间差异较小的情况。常用的简单随机抽样方法有：① 直接选取法，是从调查总体中直接随机抽取样本进行调查，这种方法适合对集中于某个空间的总体进行抽样；② 抽签法，是将所要调查的全部个体进行编号，然后写在纸上，任意抽出所需要的样本数目；③ 乱数抽样，又叫做随机数码表抽样，是将要调查的个体进行编号，然后利用乱数表随意选取样本。

(2) 分层抽样。分层抽样是将总体对象按照其特征或调研目的，分为若干组，每一组为一层，每层中的群体所含的要素是同质的，各层的要素之间是异质的，然后在每组中随机地抽取一部分个体作为样本。

(3) 系统抽样。系统抽样又称为机械抽样、等距抽样，是将整体中的单位按照某种顺序排列，在规定的范围内随机抽取起始单位，然后按一定的规则确定其他样本单位的一种抽样方法。

(4) 整群抽样。整群抽样是先将总体单元分群，可以按照自然分群或按照需要分群，例如在交通调查中可以按照地理特征进行分群，然后随机选择群体作为抽样样本，调查样本群中的所有单元。整群抽样样本比较集中，可以降低调查费用。这种方法的优点是组织简单，缺点是样本代表性差。

五、市场调研问卷设计

问卷又称调查表，是市场调查中用来收集资料的一种工具，它是指一系列事先精心设计的、系统的、严密的、需要调查对象书面或口头回答的问题表格。问卷是一种收集数据的结构化技术，设计问卷是问卷调查的关键环节。问卷可以是纸质的，也可以是电子化的。现在越来越多的企业使用网络在线问卷调查，方便快捷，便于统计，并且能够节省人力物力。另外，一些专业的问卷网站还提供样本服务。

(一) 问卷的结构

一份完整的问卷通常由前言、主体和结束语三部分组成。

前言主要包括问卷标题、调查说明以及填表要求。前言部分文字需要简明扼要，通俗易懂，并且能够引起被调查者的兴趣。

主体是问卷调查所要收集的主要信息，它由一系列问题及相应的选项组成。通过主体部分问题的设计和被调查者的答案，市场调查者可以对被调查者的个人基本情况和对某一特定事物的态度、意见倾向以及行为有较充分的了解。

结束语主要表示对被调查者合作的感谢，记录下调查人员姓名、调查时间、调查地点等。结束语要简短明了，该部分不是必须内容，有些问卷里会省略。

（二）问卷的设计

1. 问题的主要类型

(1) 开放式问题。开放式问题是指被调查者可以自由回答的问题，这类问题调查者事先不规定答案，被调查者可以根据自己的理解不受任何限制地作出回答。

开放式问题一般分为填空式和自由回答式两种。

① 填空式。虽然没有规定答案，但是对答案的格式或者数量做了一定的引导。

例如：您的家庭住址是：

__________省__________市__________区(县) __________镇(乡、街道)

您喜欢的洗发水品牌是：

A. __________　B. __________　C. __________　D. __________

② 自由回答式。这是开放式问题中最常见的形式，对答案完全不做任何限制。

例如：您对我们本次调研工作有什么意见和建议？

(2) 封闭式问题。封闭式问题是由调查者事先设计好问题的各种可能答案，被调查者只能从中选定一个或几个预设好的答案。这种问题的表达形式有很多种，常见的有是非式、选择式、排序式、过滤式、矩阵式和表格式。

① 是非式。是非式问题只允许被调查者在给定的两个性质相反的备选答案中选取其一，例如“是”与“否”，“有”与“无”，“喜欢”与“不喜欢”等。

例如：您是否购买过我公司的产品？

是□否□

② 选择式。选择式问题需事先给出三个或三个以上的备选答案，被调查者根据要求，结合实际情况从中选择一个或者几个答案。选择式问题又分为单项选择题和多项选择题。

例如：(单选题)您的月收入在以下哪一组？

A. 1500 元以下　B. 1500～3000 元　C. 3000 元～5000 元　D. 5000 以上

(多选题)您在哪里购买过 XX 牌矿泉水？

A. 大型超市　B. 便利店　C. 小卖部　D .路边摊

③ 排序式。排序式问题要求被调查者根据自己的偏好判断所列出的答案的重要程度，并按顺序排列答案。

例如：请根据您的喜好程度对下列果汁进行排序。

A. 苹果汁　B.葡萄汁　C. 橙汁　D. 草莓汁　E. 西瓜汁

④ 过滤式。问卷虽然是针对所有被调查者设计的，但并不意味着每一个问题都适用于全体被调查者。过滤式问题是在问题前面设置一个过滤问题，回答“是”者回答这一类问题，回答“否”者回答另一类问题。

例如：您是否参加过类似培训：

A．参加过(　　　)(　　　次)

B．没有参加过(　　　)(请跳转到第 5 题)

⑤ 矩阵式。当有多个问题，同时又有多个备选答案，且每个问题可以用相同的答案时，就将其设置为矩阵格式。

例如：请您对下列问题按关注程度在合适的栏内打“√”。

项　　目	非常关注	关注	一般	不大关注	不关注
平等受教育权利					
平等就业机会					
同工同酬					
男女同龄退休					
福利保障					

⑥ 表格式。如果调研的目的是对某一事物的若干个特征进行程度比较，则可以将特征与反映特征的程度排列成表格的形式，由被调查者在表格中确定得分。

例如：您认为 XX 牌啤酒与您认为最好的啤酒相比应得的分数(在您认为的程度上划“√”)。

特征	理想	较理想	一般	不太理想	不理想
	5	4	3	2	1
口味					
泡沫					
纯净					
包装					
价格					
购买方便					

2. 问题答案的设计原则

(1) 穷尽原则。穷尽原则是指问题的备选答案应包括所有可能的答案。这是为了使所有被调查者都能在给定的备选答案中至少选出一项符合自己的答案，不至于因为所列答案中没有合适的答案而放弃回答。

(2) 互斥原则。互斥原则是指问题中所有备选答案必须互不相容、互不重叠。互斥原则是为了避免被调查者在选择时出现双重选择的现象。

3. 问题顺序的编排规则

问卷的编排必须站在被调查者能够并且愿意回答的立场上，设计出容易回答的问卷。问题编排的先后顺序会影响被调查者对答案的选择和对问卷的兴趣以及答案的质量。因此，设计问卷时，如何合理编排问题的顺序是非常重要的。问题顺序的编排一般有以下原则：

(1) 问题的安排应有逻辑性。从问题的总体顺序上考虑，可按时间顺序排列，也可按空间顺序排列；可按类别顺序排列，也可按性质顺序排列；可按内容顺序排列，也可按功能顺序排列。

(2) 问题的安排应先易后难。一般要将较容易回答的问题放在前面，较难回答的问题放在稍后；将被调查者较熟悉的问题放在前面，被调查者较生疏的问题放在后面；将一般性的问题放在前面，将敏感性或困窘性的特殊性问题放在后面。

(3) 把能引起被调查者兴趣的问题放在前面。放在问卷前面的问题应当能够吸引被调查者的兴趣，而容易引起被调查者紧张、顾虑的问题应当放在后面；事实行为方面的问题

先问，观念、情感、态度方面的问题后问。

(4) 开放式问题放在最后。从问题的类型上来看，一般应将封闭式问题放在前面，开放式问题放在后面。但是这个原则不是固定不变的，设计者应当根据具体问题，灵活设计。例如有时在问卷的开头设置几个开放式问题，反而能够引导被调查者多发表意见，但是要注意，放在开头的开放式问题一定要容易回答，否则会引起被调查者的排斥。

4. 问卷设计中需要注意的问题

(1) 避免使用不确切的词语和含糊不清的问句。问卷中的文字要简洁易懂、意思明确，不能似是而非、模棱两可，避免使用“通常”、“一般”等界定不清的词语。另外，问句中不要出现一题两问的情况，例如，“您认为自己的文化水平和生产技术能够满足现在工作的需求吗？”这实际上是问了两个内容，应当分成两个问题设计。

(2) 避免诱导性和倾向性问题。问卷中的每个问题都应该是中立的、客观的，不应该带有某种倾向性和诱导性，应该让被调查者自己去选择答案。例如，在“您认为我市职工的平均工资水平是否应该提高？”这个问题中，“是否应该提高”带有明显的肯定倾向。一般来说，问句中含有“……应该这样……”等字眼，就容易出现肯定答案；问句中含有“您不认为……”等字眼，就容易出现否定答案。

(3) 避免否定形式提问。否定式提问也称假设性提问，指对有些要提的问题，先作出某种假设，以此为前提让被调查者作出单项或多项的选择。例如，“您是否同意把XX城市建设成为花园城市？”这种问题一般都会得到肯定答案，因此调查就失去了意义。

(4) 避免提断定性问题。有些问题是先判定被调查者已有某种态度或行为，基于此进行提问的。例如，“您每天抽多少支香烟？”事实上该被调查者可能根本就不抽烟。所以，在这样的问题前面应该加一条过滤性问题“您是否抽烟？”。

(5) 避免直接提出敏感性问题。敏感性问题是指关于个人隐私方面的问题和一些不为一般社会公德所接纳的行为或态度类的问题。对这类问题如果直接提问往往引起被调查者的反感和拒绝或是得到不真实的回答。如果一定要调查这类问题，最好用间接的提问方法，语气也要非常委婉。

(6) 避免问题与答案不一致。这是一个容易被设计者忽视的常见错误。例如：您愿意和老师交流吗？

A. 经常　B. 有时　C. 偶尔　D. 几乎不交流　E. 从未交流过

这个问题的答案应当是非常愿意、愿意、一般、不愿意和很不愿意，而备选答案是与老师的交流情况。

5. 问卷设计样例

福安康公司对中青年人发放的问卷：

西安老年玩具市场状况调研问卷

您好！我们是福安康公司的市场调研人员，为给公司生产和销售有益于老年人身心健康的玩具产品提供帮助，正在对西安老年玩具的市场进行调研，需要您的帮助，您的建议对我们非常重要。此项活动采用匿名方式，不会给你的生活造成任何的影响，敬请放心。谢谢您的帮助，祝您阖家欢乐，幸福安康！

------------------------基本信息------------------------------

1. 您的年龄？

□20～35 岁□35～50 岁

2. 您家中或亲友中是否有老人？

□是□否

------------------------问卷内容------------------------------

1. 请问您了解老年玩具吗？

□非常了解(跳转问题 2)□比较了解(跳转问题 2)

□不太了解(跳转问题 3)□根本不了解(跳转问题 3)

2. 请问您是通过什么途径了解到老年玩具的？(可多选)

□老年亲友□朋友介绍□电视广告

□网络广告□报纸杂志□其他

3. 请问您愿意购买老年玩具吗？

□非常愿意(跳转问题 4)□比较愿意(跳转问题 4)□一般

□不怎么愿意(跳转问题 9)□不愿意(跳转问题 9)

4. 您购买老年玩具的原因是？(可多选)

□老人喜欢、要求的□自己认为老人喜欢，主动买的

□被广告宣传所打动□被朋友的推荐所打动

5. 您愿意为老人购买哪种类型的老年人玩具？

□休闲娱乐类□益智类□锻炼类

6. 您愿意在以下哪种时间选择购买老年玩具产品？

□日常看望父母时□重要节日时

□探望住院的老年亲友时□其他

7. 请问您购买老年玩具的频率是？

□一个月一次或几次□几个月一次

□一年一次□几年一次

8. 请问您更喜欢通过哪种途径购买老年玩具？

□超市、百货商场货架陈列□专卖店人员讲解推销

□网购□相关展销会

□销售人员上门推销

9. 您希望老年玩具生产厂商为您提供怎样的便利服务？

□送货上门□使用讲解

□优惠活动通知□其他

10. 您不愿意购买老年玩具的原因可能是？(可多选)

□对产品很陌生，无购买意向□没有找到购买渠道

□对产品质量、使用方法不了解□价格太高

□商家服务质量不好□其他

11. 请您将 100 点在下列属性中进行分配，这 100 个点代表了每个属性的相对重要性。(点数越多表示您认为属性越重要)

价格	
品牌	
美观	
耐用性	
重量、体积	
使用方便性	
售后服务	
总分	100

12. 请根据您的认识，对以下品牌进行排序。(1 为最好，2 次之，依次类推)

福安康	
济南天天笑	
武汉优智	
石家庄好玩具	

13. 您对我们本次调研工作的意见、建议？

再次感谢您对我们工作的支持与帮助！祝您工作顺利，生活愉快！

调研人员：　　　　　　　　填表日期：

六、市场调研的方法

进行市场调查需要运用科学的方法。常用的市场调查方法有 3 类。

1. 询问法

询问法是调查者先拟定出调查提纲，然后向被调查者提出问题，通过被调查者的答案获取有关的信息资料。按调查人员与被调查者接触方式的不同，可分为访谈法、邮寄调查法和电话调查法 3 种。

(1) 访谈法。即调查人员直接与被调查者面谈，以获得所需的情报、信息，可以是一次，也可以是多次；可以是调查人员外出对调查对象进行面谈调查，也可以是被调查者来企业进行生产现场参观和面谈。这种方法的优点是：① 可以马上得到调查结果，回收率 100%；② 可以随时解释或纠正偏差；③ 可以同时搜集调查问题以外的重要资料；④ 具有弹性；⑤ 具有激励效果；⑥ 能控制程度高。缺点是：① 调查费用较高；② 被调查者可能会受调查人员的诱导而提供不真实的答案；③ 调查对象有时缺乏代表性。根据不同的调查内容，访谈调查可以用个人访谈、小组座谈、一次访谈、多次访谈以及深层访谈等形式进行。

(2) 邮寄调查法。即调查人员将设计好的问卷寄给被调查者，请其按调查的内容填写并按时寄回。这种方法的优点是：① 调查区域广；② 成本低；③ 被调查者有充分的时间思考；④ 被调查者不会受调查员偏见的影响。缺点是：① 回收率低；② 被调查者可能误解问卷题意，产生偏差；③ 时间较长；④ 可能遇到不负责者随意填写答案，易发生误差等。

(3) 电话调查法。即调查人员按照抽样要求，用电话征询对方意见。这种方法的优点是：① 可在短时间内调查较多调查者；② 成本较低；③ 可及时纠正被调查者理解上的错误。缺点是：① 无法获得图表之类的观察资料；② 难以询问比较复杂的问题；③ 无法获得较深层的信息。

2. 观察法

即由调查人员直接或使用仪器在现场观察调查对象的一种方法。它主要用于对店铺内顾客活动的观察调查、对广告效果的观察调查、对新产品投放市场的观察调查以及对顾客流量的观察调查等。观察法的优点是可以客观地取得所需情况，也可以实地了解到当前使用产品的条件和技术要求，从中得到未来新产品的发展启示。缺点是不能了解到一些内在因素，如消费者的内心活动，而且常需观察较长时间才能发现某些规律性。因此，观察法一般与访问法结合使用，才能够收到更好的效果。

3. 实验法

即通过小规模的销售活动测验某种产品或某项营销措施的效果，以确定扩大销售规模的必要性。实验法又可以分为实验调查法和现场实验两种。实验法是因果关系调查的主要方法。其应用范围较广，凡是改变与产品销售有关的因素，例如品种、质量、装备、包装、式样、价格、广告等，都可用实验法了解用户反应，确定其是否合适和有效。实验法的优点是：① 反应灵敏；② 能获得客观真实的信息资料；③ 能揭示事物间的因果关系；④ 应用范围广。缺点是：① 费用高；② 时间长；③ 对实验人员要求高；④ 实施困难。

以上介绍的市场调查方法不是互相排斥的，常常是某一类市场调查可分别采用不同的方法或某一种市场调查方法可适用于多类市场调查。而且各种调查方法使用时也不是互相排斥的，在许多情况下互相结合使用或交替使用，均可收到更好的效果。

第三节 市 场 预 测

市场调查与市场预测有着密切的联系。市场调查是为了了解市场情况，认识市场本质；市场预测则是在掌握市场情况和本质的基础上对未来的不确定性进行推测。

一、市场预测概述

(一) 市场预测的含义

所谓预测，就是根据过去和现在已有的材料和知识来推测未来。市场预测是在对影响市场供求变化的诸多因素进行系统的调查研究和掌握信息资料的基础上，运用科学的方法，对未来市场的供求发展趋势以及有关的各种变化因素进行分析、预见、估计和推断，并作出一种合乎逻辑的解释说明。

(二) 市场预测的类型

市场预测，从不同的角度划分，可以分为以下几种类型：

1. 按市场预测的范围可以分为宏观市场预测和微观市场预测

(1) 宏观市场预测。宏观市场预测是指根据预测目的，从全社会出发，对大系统总体的、综合的市场发展趋势的预测，一般是指整个国民经济活动的总图景及相应经济变量的全社会综合数值的预测。宏观市场预测提供的预测值有国内生产总值及其增长率、人均国内生产总值及其增长率、物价总水平和社会商品零售总额、工资水平和劳动就业率等。

(2) 微观市场预测。微观市场预测是指从企业出发，对影响单个经济单位的经济行为及相应经济变量的预测。例如对一个企业产品的市场需求量、销售量、市场占有率、价格变化趋势、成本以及效益指标等的预测。

2. 按市场预测的时间可以分为短期预测、近期预测、中期预测和长期预测

(1) 短期预测。短期预测是以日、周、旬、月为时间单位，对半年以内的市场发展前景进行的预测。它主要是为企业日常经营决策服务，讲究预测时效性。

(2) 近期预测。近期预测是以月或季为时间单位，对半年以上至两年以下的市场发展前景的预测。它为制定年度计划、季度计划、组织货源、安排本年度生产经营活动提供依据。

(3) 中期预测。中期预测是以年为单位，对三年以上至五年以下的市场发展前景进行的预测。它主要服务于中期经营发展战略决策及为经济发展五年计划提供参考依据。

(4) 长期预测。长期预测是以年为时间单位，对五年以上的市场经济发展前景的预测。它主要是为企业制定发展的长期规划提供依据。

3. 按市场预测的方法可以分为定性预测和定量预测

(1) 定性预测。定性预测是预测人员根据一定的经济理论，凭借知识、经验和判断能力，对市场未来的状态与趋势作出的综合判断。这种方法一般用于缺乏完整的统计资料，市场环境变幻莫测，影响市场的因素复杂，难以进行定量分析的情况。例如预测某商品在市场上所处的阶段是投入期、成长期、成熟期或是衰退期等。

(2) 定量预测。定量预测一般是从历史数据资料入手，使用一定的统计方法和数学方法建立数学模型来进行推算和估计预测值的方法，对预测对象目标运动的规律进行描述，据此预测未来量的变化程度。

(三) 市场需求预测

市场预测的主要内容包括市场需求预测、市场供给预测、市场环境预测和市场行情预测。这里我们重点讨论市场需求预测。某一产品的市场需求，是指在一定的营销努力水平下，一定时期内在特定地区、特定营销环境中、特定顾客群体可能购买的该种产品总量。市场需求预测，是对未来市场的需求潜量进行推断和估计。

1. 影响市场需求的因素

在不同的地区、不同的时期，给定商品的市场需求会有变化，这是由有关购买者所面临的生活环境、受到外界刺激和自身因素的变化造成的。影响市场需求的因素主要有外界环境、消费习惯、顾客群体构成和营销努力等。

(1) 外界环境。市场需求受到众多环境因素的影响，例如，空调的普及造成了电风扇市场需求的下降。

(2) 消费习惯。消费习惯决定着顾客群体或每个顾客对某种商品的消费方式和消费数量。例如，城镇居民对鲜牛奶的爱好已逐渐变成天天饮用鲜牛奶的习惯，使得鲜牛奶的市场需求大大增长。

(3) 顾客群体的构成。顾客群体的人口数量、各收入层次的构成对于市场需求也是有影响的。例如，对于食品、饮料、服装等日常生活用品，人口数量越多，市场需求量就越大。

(4) 营销努力。企业的营销行为能够影响它们的产品的市场需求。例如，产品改良、价格变动、促销和分销方式都可能改变人们的购物兴趣和欲望。

市场需求与企业的营销努力程度具有一定的对应关系，可以用一个曲线图来直观地说明，如图 3-3 所示。

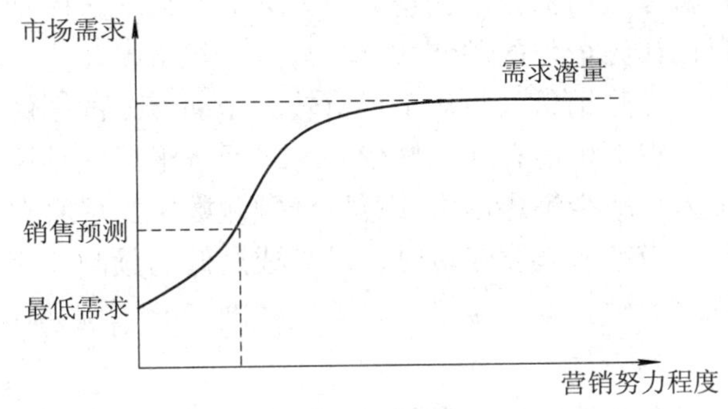

图 3-3　市场需求与营销努力程度之间的关系

从图 3-3 中可以看到，市场需求曲线是从最低需求逐步上升的，最大能达到的需求水平称为需求潜量。

2. 市场需求的估计

一般来说，在某个地区，一定时期内，某种商品的市场需求量可以用以下公式来估算：

$$Q = nqp$$

其中，Q 为市场需求量，以顾客购买的商品价值量表示；n 为购买者人数；q 为人均年购买量；p 为商品平均价格。

例如，假设某地区有 2 亿消费者购买酸奶，每人每年购买 100 瓶，平均价格为 3 元。于是可计算出，该地区近年来每年对酸奶的市场需求量是：

$$Q = 2 \times 100 \times 3 = 600(\text{亿元})$$

一般来说，一个地区的消费者人数、每人每年的购买量、平均价格等数据资料，必须通过调查取得，而且要求准确。如果这些数据不准确，对于市场需求的计算将会出现很大的误差，失去计算市场需求的意义。

二、市场预测的方法

(一) 定性市场预测法

定性预测，又称判断预测，是由预测人员凭借知识、经验和判断力对市场的未来变化趋势作出性质和程度的预测。这种预测一般用于企业缺乏完整的统计资料、市场环境变化莫测、影响市场的因素复杂、难以进行定量分析的情况。具体方法有：

1. 消费者意见调查预测法

这种方法是询问消费者的购买意向和意见，加以综合分析作出预测的方法。一般适用于满足以下条件的情况：① 消费者的购买意向明确清晰；② 这种意向会转化为消费者的购买行为；③ 消费者愿意把其意向告诉调查者。

这种方法预测非耐用品需求的可靠性比较低，因为消费者很难准确地说出自己将来会购买什么和购买多少；预测耐用品需求的可靠性会稍高一些；预测产业用品需求的可靠性最高。

2. 销售人员意见综合预测法

这种方法是在企业的高层决策者向全部销售人员介绍预测期的市场形势或在给予有关未来经济环境变化的资料参考后，要求销售人员发表对今后一定时期内商品销售情况的看法和意见，提出一个自己认为最佳的预测数字，再进行综合，作为企业的销售预测结果的一种方法。这种方法的优点是销售人员对市场有较为全面深刻的了解，并且对待调查态度认真。缺点是销售人员主观上可能存在某些偏差，对经济形式的预测没有足够的知识和能力，并且有的销售人员为了减少销售压力故意压低预测数字。尽管存在一些不足，但是这是一种常见的预测方法。当销售人员较多时，过高或过低的预测会相互抵消，从而使预测结果趋于合理。

3. 专家意见法

调查者有时会求助于企业外部的专家预测市场需求，这些专家包括分销商、供应商、营销咨询顾问以及贸易协会成员等。也有一些企业向专业的经济预测公司购买有关宏观经济趋势和行业发展的情报。专门从事市场调研预测的公司比一般厂商掌握了更多有价值的情报资料、拥有更多的预测专家。因此，对市场需求的发展可能会提供更全面的信息。

专家意见法可以分为三种类型：① 小组讨论法。一些企业组成特别专家小组对某项特殊问题进行预测，把专家们聚集在一起互相交换意见，得出整个小组的结论；② 单独预测集中法。要求小组内每位专家单独提出个人预测，然后由专项负责人员将各个专家的意见综合起来得出一个结论；③ 德尔菲(Delphi)法。由每位专家分别提出个人预测，然后由专项负责人员综合修正后发回各个专家再进行个人预测，专项人员再修正，如此循环往复，直到得出接近统一的结论为止。

4. 类比预测法

类比预测法是指根据一个事物与另一事物在发展变化方面的相似性，借助其中某个事物的已知变化来推测另一事物的未知变化水平的预测方法。例如，家用洗衣机的市场需求量变化与电冰箱的市场需求量变化具有一定的相似性。因为这两种商品的购买者群体大体相同，平均购买量很接近。在对某种事物缺乏历史资料，无法直接进行预测时，就可以利用事物之间的相似性，采用类比预测法进行预测。

（二）时间序列市场预测法

时间序列预测法属于定量预测方法的一种。时间序列是指按照时间前后顺序罗列的有关经济变量的一组数据。一般来说，用于需求预测的时间序列数据是一组时间间隔相等、不间断的历史数据，也称为观察值序列。根据事物变化发展的连贯性原理，通过对时间序列数据的分析，可以找出某种经济变量或市场需求的变化规律。时间序列法就是利用分析时间序列数据所取得的规律来进行预测的方法。具体方法有直线趋势法、移动平均法和指数平滑法等。

1. 直线趋势法

该方法是运用最小平方法，以直线斜率表示增长趋势的外推预测方法。其公式为：

$$Y = a + bX$$

公式中，a 为直线在 Y 轴上的截距；b 为直线斜率，反映年平均增长；Y 为销售预测趋势值，X 为时间。其中：

$$a = \frac{\sum Y}{n}，\ b = \frac{\sum XY}{\sum X^2}$$

例如，假设某公司 2012～2016 年的销售额分别为 840 万元、1050 万元、1240 万元、1480 万元、1680 万元，运用直线趋势法预测 2017 年的销售额。

由于 $n = 5$ 是奇数，且间隔为 1，所以 $\sum X = 0$。设在 2014 年，X 的值依次为 −2、−1、0、1、2，XY 依次为 −1680、−1050、0、1480、3360，X^2 依次为 4、1、0、1、4，所以：

$$\sum Y = 6290，\ \sum XY = 2110$$

将 $\sum X^2 = 10$ 代入公式，得

$$Y = \frac{6290}{5} + \frac{2110}{10} \times X = 1258 + 211X$$

预测 2017 年的销售额，将 $X = 3$ 代入上式，得：

$$Y = 1258 + 633 = 1891(万元)$$

2. 移动平均法

该方法是以第 t 期的步长为 N 的移动平均值 M_t 作为第 $t+1$ 期的预测值。相对简单平均法来说，移动平均法采用的时间序列数据可以少一些，或者说，移动平均法只是重视近期观察数据反映的市场需求变动趋势，忽视较早的时间序列反映的变动趋势。

设给定时间序列观察值：

$$x_1, x_2, \ldots, x_t (t \geq N)$$

设定步长为 N，则第 t 期的移动平均值

$$M_t = \frac{x_t + x_{t-1} + \ldots + x_{t-N+1}}{N}$$

预测方程：

$$\hat{y}_{t+1} = M_t$$

3. 指数平滑法

该方法是重视近期观察值(给予较大权数)的加权平均法的改良预测方法。其加权权数是一个等比级数，即规定自当前期向前，各期观察值的权重按指数规律下降。具体来说，对应于观察值：

$$x_t, x_{t-1}, x_{t-2}, \cdots$$

权重依次为：$\alpha, \alpha(1-\alpha), \alpha(1-\alpha)^2$，…

满足条件：$0<\alpha<1$

$$\alpha+\alpha(1-\alpha)+\alpha(1-\alpha)^2+\cdots=1$$

采用上述权数的加权平均数是：

$$S_t=\alpha x_t+\alpha(1-\alpha)x_{t-1}+\alpha(1-\alpha)^2 x_{t-2}+\cdots$$

由于

$$S_{t-1}=\alpha x_{t-1}+\alpha(1-\alpha)x_{t-2}+\alpha(1-\alpha)^2 x_{t-3}+\cdots$$

因此有

$$S_t=\alpha x_t+(1-\alpha)S_{t-1}$$

其中：α 为平滑系数，S_t 为第 t 期指数平滑值。

指数平滑法的基本预测公式是：

$$\hat{y}_t=S_t$$

递推公式是：

$$\hat{Y}_{t+1}=\alpha x_t+(1-\alpha)\hat{y}_t$$

递推公式表明，采用指数平滑法进行预测，只要有一个观察数据就够了。

本 章 小 结

市场营销信息系统的基本任务是收集、挑选、分析、评估和分配适当地、及时地、准确地信息，供市场营销决策者用于制定或修改市场营销计划，执行和控制市场营销活动。一般由内部报告系统、营销情报系统、营销调研系统、营销决策支持系统四个子系统构成。

市场调研和预测也被称为市场研究，是现代市场营销活动中必不可少的一个环节。企业通过市场调研与预测，可以得到相关的信息资料，了解市场现状，从而预测市场未来的发展变化趋势，为企业的经营决策提供科学依据。

市场调研是指通过有目的地对一系列资料、情报、信息的判断、收集、筛选、解释、传递、分类和分析，来了解现有的和潜在的市场，并以此为依据作出经营决策，从而达到进入市场、占有市场并取得预期效果的目的。市场调研的组织方式包括全面调查和非全面调查，例如典型调查、重点调查和抽样调查。问卷设计是问卷调查活动中非常重要的一个环节，需要遵循一定的原则和方法。进行市场调查的方法有询问法、观察法和实验法。

市场需求预测，是对未来市场的需求潜量进行推断和估计。定性预测，又称判断预测，是由预测人员凭借知识、经验和判断力对市场的未来变化趋势作出性质和程度的预测。这种预测一般用于企业缺乏完整的统计资料、市场环境变化莫测、影响市场的因素复杂、难以进行定量分析的情况。具体方法有消费者意见调查预测法、销售人员意见综合预测法、专家意见法和类比预测法。时间序列预测法属于定量预测方法的一种。具体方法有直线趋势法、移动平均法和指数平滑法等。

研究与讨论

(1) 市场营销信息系统由哪几个系统构成？

(2) 市场营销调研的内容有哪些？

(3) 市场营销调研过程分为哪些步骤？

(4) 询问法可分为哪些类型？

(5) 怎样估计市场需求？

(6) 怎样运用销售人员意见综合预测法预测市场需求？

▶▶ 案例分析

可口可乐公司推出“新可乐”的失败

1985 年，可口可乐公司秘密进行了代号为“堪萨斯工程”的市场调查行动，它出动了约 2000 名市场调查员在 10 个主要城市调查顾客是否能接受一种全新的可口可乐，问题包括可口可乐配方中将增加一种新成分使消费者感到更柔和，你愿意吗？可口可乐将与百事可乐口味相仿你会感到不安吗？你想试试一种新饮料吗？

调查结果表明，只有 10%～20%的顾客对新口味可口可乐表示不安，而且其中一半表示会适应新的可口可乐，这表明顾客们愿意尝试新口味的可口可乐。

在新可乐的样品出来后，可口可乐公司组织了品尝测试，在不告知品尝者品牌的情况下，请他们说出哪一款饮料更令人满意，测试的结果令可口可乐公司兴奋不已。顾客对新可乐的满意度超过了百事可乐，市场调查人员认为，这种新配方的可口可乐可以将可口可乐的市场占有率提高 1%～2%，这就意味着增加 2～4 亿美元的销售额。

为了确保万无一失，可口可乐公司斥资 400 万美元进行了一次规模更大的口味测试。13 个最大城市的超过 19 万名顾客参加了测试，55%的品尝者认为新可乐在口味方面胜过了传统配方的可口可乐，而且在这次口感测试中新可乐两次击败了对手百事可乐。

根据这次调查的结果和慎重的考虑，1985 年 4 月 23 日，可口可乐董事长罗伯特·戈伊朱埃塔宣布了一项惊人的决定。他宣布，经过 99 年的发展，可口可乐公司决定放弃它一

成不变的传统配方，原因是现在的消费者偏好口味更甜的软饮料。为了迎合这一需要，可口可乐公司决定更改配方，调整口味，推出新一代可口可乐。

可口可乐公司做出改善口味的决定，是希望借此将其饮料王国的强劲对手置于死地。在20世纪80年代，可口可乐在饮料市场的领导地位受到了挑战，其销售量的增长速度从每年递增13%下降到只有2%，原因是竞争对手百事可乐来势汹汹，它推出了百事新一代的系列广告，将促销的锋芒直指饮料市场最大的消费群体——年轻人。

可口可乐新的领导者戈伊朱埃塔认为，尽管可口可乐公司广告开销巨大，分销手段先进，网点覆盖面广，但市场占有率却还是一直在下滑，其重要的原因是可口可乐那曾经是神圣不可侵犯的、已经使用了99年的配方，似乎已经不能满足今天消费者的口感要求了。

可口可乐公司技术部门决定开发出一种全新的口感更惬意的可口可乐，并且最终研制出了样品，这种新可乐比可口可乐更甜、气泡更少，因为它采用了比蔗糖含糖量更多的谷物糖浆，它的口感柔和且带胶黏感。

就这样，新的可乐诞生了。

新可乐即将投产之时面临的问题是究竟是为新可乐增加新的生产线，还是用新可乐彻底全面取代传统的可口可乐呢？可口可乐的决策层认为，新增加生产线会遭到遍布世界各地的瓶装商的反对，公司最后决定以新可乐全面取代传统可口可乐，停止传统可口可乐的生产和销售。

在新可乐全面上市的初期，市场的反应相当好，1.5亿人在新可乐面世的当天就品尝了它，但很快情况有了变化。

在新可乐上市后的1个月，可口可乐公司每天接到超过5000个抗议电话，此外还有雪片般飞来的抗议信件，可口可乐公司不得不开辟了83条热线，雇用了更多公关人员来处理这些批评抱怨。有的顾客称可口可乐是美国的象征，有的顾客威胁说将改喝茶水永不再买可口可乐公司的产品，更有忠于传统可口可乐的人们组成了“美国老可乐饮者”的组织，发动全国抵制新可乐的运动，而且许多人开始寻找已停产的传统可口可乐。一方面，老可乐的价格一涨再涨；另一方面，面世后2个月，新可乐的销量远远低于公司预期值，不少瓶装商强烈要求改回销售传统可口可乐。

公司的市场调查部门进行了紧急的市场调查，1个月前还有53%的消费者声称喜欢新可乐，可现在一半以上的人说他们不喜欢新可乐，再过1个月，认可新可乐的人只剩下不到30%。

新可乐面市后的3个月前销量仍不见起色，而公众的抗议却愈演愈烈.最终可口可乐决定恢复传统配方的生产，其商标定名为“可口可乐古典”，同时继续保留和生产新可乐，其商标为“新可乐”。但是可口可乐公司已经在这次行动中遭受了巨额的损失。

思考：

(1) 假设你是可口可乐公司的一名营销人员，在新可乐遭受失败之际，你会给公司提出什么样的解决方案？

(2) 从新可乐决策失误的教训中，你可以得到哪些启示？

第四章　市场与购买行为分析

学习目标

(1) 了解消费者市场的概念、特点及其购买行为模式，弄清影响消费者行为的各项因素；

(2) 能够针对消费者的不同购买行为类型作出相应的营销决策和反应，能够掌握消费者购买行为的决策过程；

(3) 了解组织市场与消费者市场的区别，弄清组织市场的分类、特点及其购买的行为模式；

(4) 了解影响产业购买行为的因素，掌握产业类型和参与者，并能够作出相应的决策和措施，掌握产业购买的决策过程。

案例导入

恰到好处的心理营销

北京西乐日用化工厂是北京市海淀区四季青乡化轻公司下属的一个乡办化妆品生产企业。它的前身是一个修补轮胎的手工作坊。1984年，该厂根据社会对日用化妆品需求不断增长的趋势，正式转产护肤霜。几年来，西乐厂坚持依靠科技、不断开发适销对路的新产品、继1984年投产(当年产值达20万)后，销售额连年翻番，到1990年已突破900万元。这家只有200多名职工的乡办企业目前已开发出6个系列42个品种的产品，每年为国家创利税上百万元。产品不仅在激烈的市场竞争中占有一席之地，而且已经在我国北部地区广为流行、走俏。

北京西乐日用化工厂之所以取得如此好的成绩，其中一个极为重要的原因就是该厂抓住了消费者对日用化妆品的消费心理，展开了心理营销。

一、抓住顾客的求新求美心理

随着化妆品消费需求的发展，消费者不再仅仅追求化妆品的美容需要，更加重视其护肤、保健等多种功能。西乐厂在开发过程中意识到了这一点。1984年，西乐厂引进了北京协和医院开发的硅霜生产技术，并把这种经过临床医疗试验证明具备护肤、治疗良效的专用技术，用来开发新型的化妆品，当年9月通过硅霜工业化生产的技术鉴定后，很快就生产出以“斯丽康”命名的护肤霜投入市场。这种化妆品与传统护肤霜的不同之处，在于它以硅油代替了以往常用的白油或动物油脂。这种硅油擦抹在皮肤上，能形成

一种薄膜，一方面能阻止皮肤表面因水分丧失而引起皮肤干燥的作用，另一方面又能维持皮肤细胞的正常新陈代谢。因此，斯丽康护肤霜使用了硅油可起到美容、增白、洁肤的作用。长期使用硅油化妆品，不但无害，而且还可使使用者的皮肤滑润、弹性好。几年来，该厂陆续推出的“斯丽康高级护肤霜”、“斯丽康增白粉蜜”以及化妆用的“底霜”、婴儿用的“宝宝霜”等多种新产品，已经受到了经常需要化妆品的顾客以及寒冷干燥地区消费者的青睐。西乐化妆品企业在满足消费者的这些求新求美心理中，不断挤占着新的市场。

二、抓住顾客的求实心理

对于化妆品消费者来说，最大的担心是化妆品的副作用。例如害怕导致皮肤过敏，担心长期使用会患皮肤病，会影响身体健康。针对这一点，西乐厂牢牢把握产品质量关，并努力让消费者信赖该产品的质量。他们抓住消费者求安全动机这一心理特征，在推销化妆品过程中，必带“三证”，即生产许可证、卫生许可证和质量合格证，以取得用户对产品质量的信赖。该厂还主动邀请质量监督部门、卫生管理部门来厂检查、评定。由于该厂重视科技开发，严格把控质量，注重厂容，文明生产，因此，先后得到北京市经济委员会和农业部颁发的西乐牌斯丽康高级护肤霜、斯丽康增白粉蜜等优质产品证书，在检测、卫生评比中也多次受到肯定。通过这些上级主管部门的肯定性评价，提高了企业的声誉和形象。

为了推销新产品，西乐厂还经常派出技术人员参加展销会、订货会，由科技人员用医学道理，深入浅出地讲解皮肤的结构和斯丽康特有的功效，用科学道理解除用户的疑虑和误解。他们还通过直接演示法通俗易懂地说明硅油化妆品对皮肤的保护作用。

三、抓住顾客的求名心理

西乐厂化妆品之所以很快在市场上走俏，这与该厂选用“斯丽康”(SLK)这个牌子不无关系。“斯丽康”这个从有机硅的英文 Silicone 音译而来的名字，发音响亮，并带有一点儿“洋味”，在一定程度上能够满足部分消费者追求高档、进口、名牌化妆品的心理需求。当广告上出现“斯丽康高级化妆品”的宣传时，广大消费者并没有把这个名字与乡镇企业联系起来。由于种种原因，当时社会上对乡镇企业产品抱有质差档低的成见，相反，认为高档的化妆品应是进口产品或合资企业的产品。针对部分化妆品消费者这一心理，西乐厂在广告宣传时，采取着重宣传产品特色，而不是宣传企业自身的促销策略，随着“斯丽康”产品的推出，当“斯丽康护肤霜”深入人心，在北京家喻户晓的时候，人们并未想到享有盛誉的“斯丽康”化妆品出自一个乡办企业。一直到了斯丽康化妆品相当走俏时，北京西乐日用化工厂的名字才逐渐为顾客知晓。

市场上的购买者有两大类：消费者和组织。根据购买主体的不同，可以将市场分为两大市场：消费者市场和组织市场。消费者市场，其购买主体是个人或家庭，购买商品的目的是为了满足个人或家庭成员的生活消费需要。

组织市场的购买主体是团体或组织，包括生产企业、商业企业、服务企业、政府机构、民间团体和各种非营利机构等。组织市场是由各种组织机构形成的对企业产品和劳务需求的总和。组织市场可以分为产业市场、中间商市场和政府市场。

第一节　消费者市场与购买行为分析

一、消费者市场的特点和购买行为模式

（一）消费者市场的特点

消费者市场是市场体系的基础，也是现代市场营销理论研究的主要对象之一。成功的市场营销者是那些能够有效地发展对消费者有价值的产品，并运用富有吸引力和说服力的方法将产品有效地呈现给消费者的企业和个人。因而，研究影响消费者购买行为的主要因素及其购买决策过程，对于开展有效的市场营销活动至关重要。

消费者市场有以下几个特点：

(1) 消费者的购买绝大多数属小型购买。在现代社会中，家庭规模日益缩小，由父母、少数子女组成的“核心家庭”，已经成为最常见的家庭模式。受消费单位规模缩小的制约，消费者的购买呈现出小型购买的特点。针对这一特点，消费品包装、产品规格也必须适当缩小，以适应消费者的需要。

(2) 消费者的购买属多次性购买。这一特点与上述小型购买的特点相关。由于消费者家庭日趋缩小，住宅储藏量也有限，消费者购买量小，必然要经常重复购买。

(3) 消费者市场差异性大。消费者市场包括每一个社会成员，地域广、人数多，每个消费者因为年龄、收入、地域、文化教育、心理状况等的不同而呈现很大的差异性。因此企业在生产和营销中，必须根据消费者差异细分市场。

(4) 消费者市场属非专业购买。大多数消费者购买商品都缺乏专门知识，尤其在电子产品、机械产品、新型产品层出不穷的现代市场，一般消费者很难判断各种产品的实际质量是否与价格相当，他们很容易受广告宣传或其他促销方法的影响。因此，企业应该重视促销手段的运用，但要避免过度宣传而忽略产品质量的提升。

（二）消费者购买的行为模式

行为心理学的创始人约翰·沃森(John B.Watson)提出的“刺激-反应”理论认为，人类的复杂行为可以被分解为两个部分：刺激和反应。人的行为是受到刺激后的反应。刺激来自两个方面：身体内部的刺激和体外环境的刺激，而反应总是随着刺激而呈现的。

消费心理学揭示，消费者购买行为的发生，也是一个“刺激-反应”的过程。也就是说，消费者个体接受刺激，经过心理活动，最后产生反应。消费者购买行为模式如图 4-1 所示。

消费者购买行为模式表明，所有消费者的购买行为都是由刺激引起的。这种刺激既包括来自于外界人口、经济、自然、科技、政治、文化等不可控因素的刺激，也包括来自企业的品牌、产品、服务、价格、渠道、促销等可控因素的刺激。这些刺激经由复杂的心理活动过程，并受到消费者自身来自文化、社会、个人和心理等多元视角表现出的特征的影响以及消费者起始于需要驱动的购买决策过程，心理学家称之为“暗箱”或“黑箱”。最终产生市场上的购买行为，包括购买主体、购买对象、购买动机、购买方式、购买时机、

购买地点及购买数量等。

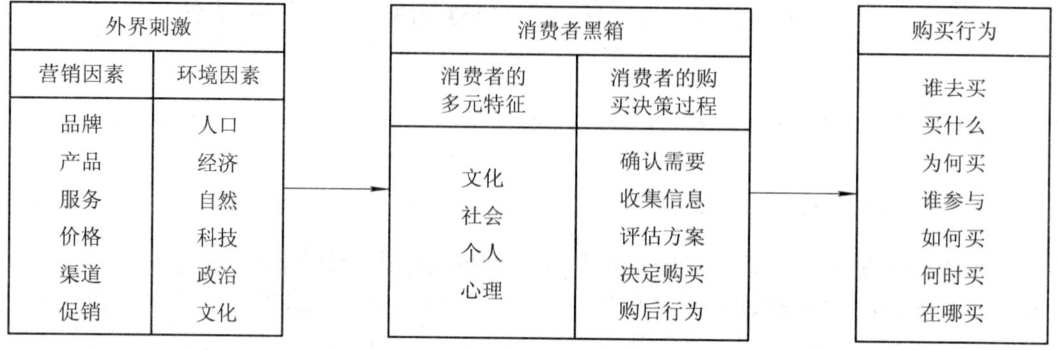

图 4-1　消费者购买行为模式

消费者购买行为的一般模式，是营销部门制订营销计划、扩大商品销售的依据。它能帮助营销部门认真研究和把握购买者的个体特征，认识消费者的购买行为规律，并根据本企业的特点，向消费者进行有效的“刺激”，使外在的刺激因素与消费者的个体特征发生整合作用，以便形成购买决策，采取购买行动，实现满足需要、扩大销售的目的。

有学者将消费者的购买行为，即模式中的“反应”用以下 7 个主要问题来刻画：

(1) 消费者市场由谁构成?(Who)

(2) 消费者市场购买什么?(What)

(3) 消费者市场为何购买?(Why)

(4) 消费者市场购买活动有谁参与?(Who)

(5) 消费者市场怎样购买?(How)

(6) 消费者市场何时购买?(When)

(7) 消费者市场何地购买?(Where)

以上 7 个问题的研究被称为“7W”研究法。

二、影响消费者行为的因素

消费者的购买行为很大程度上受到文化因素、社会因素、个人因素和心理因素的影响。

(一) 文化因素

文化因素对消费者行为的影响最难识别，但又是最广泛、最深远的。文化是人类欲望和行为最基本的决定因素，其中最主要的有文化、亚文化和社会阶层三个方面。

1. 文化

文化包括语言、法律、风俗习惯、音乐、艺术、工作方式以及其他给社会带来独特影响的人为现象。文化是对某一特定社会成员消费行为直接产生影响的信念、价值观和习俗的总和。低等动物的行为主要受本能的控制，而人类的行为则大部分是后天学习来的，是儿童在社会中成长，受到家庭和其他主要社会机构的潜移默化的影响后学习到的基本的价值观念、洞察能力、偏爱与行为。

2. 亚文化

任何文化都包含着更小的亚文化。亚文化是因相同的生活经历和背景而具有的共同价值体系。这一群体以特定的认同感和社会影响力将各成员联系在一起，他们持有特定的价值观念、生活格调与行为方式。亚文化包括民族亚文化、宗教亚文化、种族亚文化和地理亚文化。例如，我国华南地区与西北地区，沿海地区与内地偏远地区，都有着不同的生活方式和时尚，从而对商品的购买也有很大的不同。许多亚文化形成了重要的细分市场，营销人员需要根据他们的特点和需求设计产品并制定相应的营销计划。

3. 社会阶层

社会阶层是一个社会中因具有相同的价值观念、兴趣和行为而稳定存在的、有序的群体。社会阶层不是由单一因素如收入造成的，而是由收入、职位、教育、财富和其他变量共同作用的结果。同一阶层的成员，行为大致相似；而不同阶层的人，无论在购买行为还是购买种类上都有着明显差异。个人的社会阶层也不是一成不变的，人们可能会上升或下降自己所处的阶层，因而购买行为也会产生相应的变化。

(二) 社会因素

消费者的行为也受到社会因素的影响，诸如消费者周围的相关群体(即参照群体)、家庭、社会角色与地位。

1. 参照群体

参照群体，就是能直接或间接影响个人态度、行为和价值观的群体。参照群体分为直接参照群体和间接参照群体。直接参照群体是指人们所属的、相互影响的群体。直接参照群体又分为：① 首要参照群体，指个人直接接触、经常接触的群体，例如家庭成员、亲戚、朋友、同事、邻居等；② 次要参照群体，指对个人影响并不频繁的群体，例如职业协会、宗教组织等。间接参照群体是指个人并不属于群体中的一员，但行为受其影响的一群人。例如，某产品邀请明星做代言，崇拜这一明星的人就会效仿其行为，购买该产品。

2. 家庭

家庭对消费者购买行为的影响是最为强烈的。个人一般要经历两个家庭，一个是自己和父母的原生家庭，另一个是和配偶、子女组成的新家庭。在原生家庭中，个人会受到父母的直接教导和潜移默化的影响，例如宗教、政治、经济以及个人的抱负、爱憎、价值观等。甚至有许多人虽然不与父母在一起生活，父母对其潜意识行为的影响仍然很强烈。而个人的新家庭对个人日常购买行为的影响更加直接。与配偶、子女组成的家庭是社会上最重要的消费者购买组织，并早已受到广泛的重视与研究。

对不同的产品而言，夫妻在不同购买阶段的参与程度差别很大。一般来说，妻子在食品、家居用品、服装方面是家庭的主要购买者；而一些具有技术性的产品和耐用品多是由丈夫进行采购。当然，随着女性在家庭结构中地位的改变，这一情况也在发生改变。另外，孩子在家庭中也对决策有重要影响，例如孩子喜欢到哪里就餐、想去哪里度假等。

3. 社会角色与地位

每个人可能都同时归属于多个群体，例如家庭、协会以及其他各种组织机构。个人在

群体中的位置由社会角色与地位决定。例如，一位企业的女性高管，在公司，她是企业的管理者；在家庭中，她是妻子和母亲；在她参加的书法协会里，她是书法爱好者。因此，作为企业高管，她需要购买职业干练的服饰；而作为书法爱好者，她往往会购买舒适、古朴的服装。

每一种社会角色与地位都包含着一组由自己及周围的人所期望的行为活动。因此人们常常购买某些与自己的角色和地位相称的商品来表明自己的身份。针对这些，市场营销人员需要弄清哪些产品有变成地位标志的可能性，以便采取相应的市场营销策略打入新市场或提高原有市场的占有率。

（三）个人因素

个人因素是消费者购买行为中最直接的影响因素。消费者购买决策受其年龄和生命周期阶段、职业、经济状况、生活方式以及个性和自我观念的影响。

1. 年龄和生命周期阶段

年龄不同的消费者，需要和欲望有很大的不同，即使相同，其需求量的差别也很大。以食物为例，在婴儿阶段，能够吃的只有奶粉和少数辅食；长大后，大部分食品都可以吃，而且需求量大大增加；到了老年，则有很多东西不宜或不能吃。年龄和生命周期阶段不仅影响一个人的购买决策，而且还关系到自己有无配偶和子女，进而影响到家庭中的个人购买决策。

2. 职业

一个人的职业也影响着其对产品和服务的需求。例如蓝领工人和公司经理的需求存在很大差异。因此，市场营销人员有必要对各种不同的职业群体的需求进行深入的调查研究，以选择适合的营销策略，甚至为某一职业群体生产专门的产品。

3. 经济状况

经济状况包括个人可支配的收入、存款与资产、借债能力以及对储蓄与消费的态度。消费者的经济状况既与个人能力有关，也与整个社会的经济形式有关。个人的经济状况通常会大大影响其所考虑或打算购买的产品和服务。因此，经营那些对于收入反应较敏感的产品的企业，应该经常注意消费者个人收入、储蓄及存款利率的变化，根据整个社会经济状况的变化可能涉及个人经济状况的趋势，采取适当的步骤来重新设计产品，重新定价，增加或减少生产和存货，重新确定目标市场以及采取其他相应的措施来维持或提高自己产品的销售量。

4. 生活方式

生活方式就是人们在活动、兴趣和思想见解上表现出的生活模式。虽然有些人来自相同的亚文化、相同的社会阶层，甚至从事相同的职业，但其生活方式却有可能完全不同，例如有些人崇尚奢华的生活方式，而有些人喜欢极简的生活方式，这与收入并没有直接的关系。人们的生活方式勾画了人与环境相互作用后形成的更完整的人，它比单独的社会阶层或职业所表达的特性完整、深邃得多。消费者对产品和品牌的选择，也是一个人生活中具体所思、所做的重要表现。因此，企业在制定市场营销策略时，应该探明产品或品牌与生活方式之间的相互关系，并对目标消费者的生活方式有清晰的把握，然后才能适应消费者各种不同生活方式的商品需求和服务需求，在整体市场营销活动中作出相应的决策，以便尽可能吸引相关生活方式下消费者的注意和购买。

5. 个性和自我观念

消费者的购买行为都受到其独特个性的影响。个性是指一个人或一群人区别于其他人或群体的独特心理特征，例如自信、热情、刚强、自主、保守、谦逊和孤僻等。品牌也存在个性，消费者更倾向于选择与自身个性相符的品牌。因此，在分析消费者行为时，对个性的研究是很重要的。例如，一家啤酒公司发现，啤酒引用量较大的人都比较外向、自强。公司根据这种情况，就可建立一种能吸引这类消费者的品牌形象，通过广告大力宣传与这些人性格要求相符的产品特色，使得这些喜欢饮用啤酒的人有亲近感，觉得这正是属于他们的品牌。

现在，不少市场营销人员还运用了另一个与性格相关的观念，叫做自我观念或自我形象。自我观念是描述我们如何看待自己或别人如何看待自己的一幅复杂心灵描绘。每一个人都会自认为自己是属于什么类型的人或认为别人会把自己看做是属于什么类型的人，因而在行为表现上应与自己的身份相符。因此，市场营销人员所塑造的产品形象，必须与目标市场消费者的自我形象相符，否则人们是不会选择那些不符合自我观念的产品和品牌的。

（四）心理因素

消费者的购买行为还受到心理因素的影响，分别是动机、感知、学习以及信念和态度。

1. 动机

动机是引起人们为满足某种需要而采取行动的驱动力量。动机产生于未满足的某种需要，这时心理上就会产生一种紧张感，驱使人们采取某种行动以消除这种紧张感。行为科学认为，缺乏的需要常常是行为的主要动机。因此，关于消费者动机的研究主要集中于对需要的研究，其中最著名的是马斯洛的“需求层次论”。

马斯洛理论把需求分成生理需求、安全需求、爱和归属感、尊重和自我实现五类，依次由较低层次到较高层次排列。在自我实现需求之后，还有自我超越需求，但这一需求通常不作为马斯洛需求层次理论中必要的层次，大多数时候会将自我超越合并至自我实现需求当中。通俗地理解，假如一个人同时缺乏食物、安全、爱和尊重，通常对食物的需求是最强烈的，其他需求则显得不那么重要。此时人的意识几乎全被饥饿所占据，所有能量都被用来获取食物。在这种极端情况下，人生的全部意义就是吃，其他什么都不重要。只有当人从生理需求的控制下解放出来时，才可能出现更高级的、社会化程度更高的需求如安全的需求。

(1) 第一层次：生理的需求。

这一层次的需求包括呼吸、水、食物、睡眠、生理平衡等。如果这些需求中任何一项得不到满足，人类个人的生理机能就无法正常运转。从这个意义上说，生理需求是推动人们行动最首要的动力。马斯洛认为，只有这些最基本的需求满足到维持生存所必需的程度后，其他的需求才能成为新的激励因素，而到了此时，这些已相对满足的需求也就不再成为激励因素了。

(2) 第二层次：安全的需求。

这一层次的需求包括人身安全、健康保障、财产所有性、工作职位保障以及家庭安全等。马斯洛认为，整个有机体是一个追求安全的机制，人的感受器官、效应器官、智能和其他能量主要是寻求安全的工具，甚至可以把科学和人生观都看成是满足安全需求的一部分。当然，当这种需求一旦相对满足后，也就不再成为激励因素了。

(3) 第三层次：爱和归属感的需求。

这一层次的需求包括友情、爱情、亲密关系等。人人都希望得到相互的关心和照顾。感情上的需求比生理上的需求来得细致，它和一个人的生理特性、经历、教育、宗教信仰都有关系。

(4) 第四层次：尊重的需求。

这一层次的需求包括自我尊重、信心、成就、对他人尊重和被他人尊重。人人都希望自己有稳定的社会地位，要求个人的能力和成就得到社会的承认。尊重的需求又可分为内部尊重和外部尊重。内部尊重是指一个人希望在各种不同情境中有实力、能胜任、充满信心、能独立自主。内部尊重就是人的自尊。外部尊重是指一个人希望有地位、有威信，受到别人的尊重、信赖和高度评价。马斯洛认为，尊重需求得到满足，能使人对自己充满信心，对社会满腔热情，体验到自己活着的用处价值。

(5) 第五层次：自我实现的需求。

这一层次的需求包括道德、创造力、自觉性、问题解决能力、公正度和接受现实的能力等。自我实现的需求是最高层次的需求，是指实现个人理想、抱负，发挥个人的能力到最大程度，达到自我实现境界的人，接受自己也接受他人，解决问题能力增强，自觉性提高，善于独立处事，要求不受打扰地独处，完成与自己的能力相称的一切事情的需求。也就是说，人必须干称职的工作，这样才会使他们感到最大的快乐。马斯洛提出，为满足自我实现需求所采取的途径是因人而异的。自我实现的需求是在努力实现自己的潜力，使自己越来越成为自己所期望的人物。

(6) 更高需求。

自我超越的需求是马斯洛需求层次理论的一个模棱两可的论点，通常被合并至自我实现需求中。1954 年，马斯洛在《激励与个性》一书中探讨了他早期著作中提及的另外两种需求：求知需求和审美需求。这两种需求未被列入到他的需求层次排列中，他认为这二者应居于尊敬需求与自我实现需求之间。

一般来说，五种需求像阶梯一样从低到高，按层次逐级递升，但这种次序不是完全固定的，可以变化，也有一些例外情况。某一层次的需求相对满足了，就会向高一层次发展，追求更高一层次的需求就成为驱使行为的动力。相应的，获得基本满足的需求就不再是一股激励力量。把握顾客的不同需求，就是把握了商机。例如，菲涅克是一名美国商人。在一次休假旅行中，小瀑布的水声激发了他的灵感。他带上立体声录音机，专门到一些人烟稀少的地方，录下了小溪、小河流水、鸟鸣等大自然的声音。然后回到城里制作出录音带，高价出售。结果他的生意十分兴隆，尤其买水声的顾客络绎不绝。许多城市的居民饱受各种噪声干扰的痛苦，却又无法摆脱，而这种奇妙的商品能把人带入大自然的美妙境界，使那些久居闹市的人们暂时忘却了尘世的烦恼，还可以使许多失眠者在水声的陪伴下安然进入梦乡。

2. 感知

人们依靠自己的五官来了解身边的信息，分别是视觉、听觉、嗅觉、触觉和味觉。感知，是人们通过收集、整理并解释信息，形成有意义的世界观的过程。每个人接受和解释感官信息的方式各不相同，对相同的刺激也会产生不同的感知。这是由于存在选择性关注、选择性曲解和选择记忆这三种加工处理程序的原因。

(1) 选择性关注。

每一个消费者每天都会接受大量的信息。例如在开车上班的路上，会在路边看到各式各样的广告牌，从广播中听到新闻、评论和广告，听到身边家人谈论许多商店和商品。很显然，一个人不可能全部接收身边所有的信息，于是就产生了选择性关注。选择性关注是指消费者不自觉地控制是否关注某一信息。一般说来，影响消费者选择关注信息的原因有：消费者的眼前需求，消费者容易关注那些有助于满足眼前最紧迫的需求的信息；消费者所持的态度与看法，一般情况下，消费者会选择那些符合或补充、加强其现有态度和看法的信息，而拒绝那些与其态度和看法相冲突的信息；消费者不知道或缺乏知识的领域，消费者对于有关这些方面的信息一般也较关心和注意接收。

(2) 选择性曲解。

有些信息虽然被消费者关注和接收，但其影响作用不一定与信息发布者原来所预期的一致。因为在消费者对其所关注信息进行加工处理的过程中，每个人都会按照自己的一套方法加以组织和解释。也就是说，消费者一旦将信息接收过来，就会将它扭曲，使其与自己的观点和以前接收的信息协调一致。因此，就使得接收到相同信息的消费者有不同的感觉。

(3) 选择记忆。

人们对其接触、了解过的许多东西常常会遗忘，仅记得那些与其观点、想法一致的信息，即消费者往往会记住自己喜爱品牌的优点，而忘掉其他竞争品牌的优点。

由于上述三种感觉加工处理程序，使得同样数量和内容的信息对不同的消费者会产生不同的反应，而且都会在一定程度上阻碍消费者对信息的接收。这就要求市场营销人员必须采取相应的市场营销策略，例如大力加强广告宣传，不断提高和改善商品的质量和外观造型、包装等，以打破各种感知障碍，使商品信息更易为消费者所关注、了解和接收。

3. 学习

学习是指由经验而引起的个人行为的改变。它既可以表现为公开行为的改变，也可以表现为言语上和思想上的改变。学习是通过驱动、刺激物、诱因、反应和强化的相互影响而产生的。

驱动是一种引发行为的内在动力；刺激物是可以满足内在驱动的物品；诱因是决定人们何时、何地、如何作出选择的外在因素；反应是消费者为满足某一目的所作出的选择；强化是通过某一事物增强或避开某种行为的过程。例如，第一次喝某品牌的白酒，感觉特别好，下次还会再购买；如果第一次喝某品牌的白酒，觉得很难受，下次就不会再购买了。这就是正强化与负强化。市场营销环境不断变化，新产品、新品牌不断涌现，消费者必须在经过多方收集信息后，才作出购买决策，这本身就是一个学习的过程。

4. 信念和态度

信念是个人对事物持有的具体的、描述性的看法。例如，有的摄影爱好者认为佳能相

机最好，而有的人认为尼康相机更好。态度是个人对事物或观念相对稳定的评价、感觉和偏好。态度是由许多相关的信念构成的，因而比信念更复杂、更持久。态度导致人们对某一事物产生好感或厌恶、亲近或疏远的心情。一个人的态度呈现出稳定一致的模式，因为人们没有必要对每一件事物都用新的方式作出解释和反应。因此态度使人们对相似的事物产生相当一致的行动，并且较难改变。针对这一特点，企业应该使自己的产品适合消费者既有的态度，而不是试图改变他们的态度。

三、消费者购买决策过程

（一）消费者购买行为类型

消费者对不同类型产品的购买行为各不相同。越复杂的产品往往包含越多的购买参与者，购买也越慎重。根据购买者的介入度以及品牌间的差异度，可以将消费者购买行为分为四种类型，如图 4-2 所示。

	高介入	低介入
品牌间差异显著	复杂的购买行为	寻求多样化的购买行为
品牌间差异较小	降低失调的购买行为	习惯性的购买行为

图 4-2　消费者购买行为类型

1. 寻求多样化的购买行为

寻求多样化的购买行为是一种品牌间差异显著、消费者介入度低的购买行为。有些产品的品牌差异很明显，但是消费者不愿花太多精力去选择和估价，而是会不断变换所购产品的品牌。这样做并不是因为对产品不满意，而是为了寻求多样化。例如，购买饮料，消费者很少去仔细评价哪种饮料更好，而是不断尝试新的品牌和口味。针对这种购买行为类型，市场营销人员可采用促销的方式和占据有利货架位置等办法，吸引消费者购买。

2. 习惯性的购买行为

习惯性的购买行为是一种品牌间差异较小、消费者介入度低的购买行为。有些产品品牌差异很小，而且价格低廉、需要经常购买，消费者不需要花费太多精力去选择，更不需要经过信息搜集、反复对比评价等复杂的过程。消费者只是被动接受信息，出于熟悉和习惯来购买。例如，大米、面粉等，各品牌产品之间的差异并不大，有些甚至没有品牌，消费者也往往是根据经常购买的品牌选择继续购买。对于这类购买行为，市场营销人员可以通过价格优惠、广告宣传、独特包装等方式鼓励消费者购买或续购其产品。

3. 降低失调的购买行为

降低失调的购买行为是一种品牌间差异较小、消费者介入度高的购买行为。有些产品的品牌差异并不十分明显，消费者不经常购买，但是购买时有一定的风险，所以消费者一般要进行比较和评估，不过在评估后发现品牌差异不大而迅速作出购买决策。例如，家里购买一块羊毛地毯，因为羊毛地毯的价格较高，消费者往往会货比三家，但是发现各品牌间差异不大，只要价格合理、购买方便，就会决定购买。购买以后，消费者也许会感到不够满意，就会经历购买后的不协调，然后寻求各种理由来降低这种不协调的感觉，以证明自己的决策是对的。针对这种购买行为，市场营销人员应当注重售后服务，提供给消费者相信自己的购买决策没有错的证据和支持。

4. 复杂的购买行为

复杂的购买行为是一种品牌间差异显著、消费者介入度高的购买行为。当消费者购买一件贵重的、不常买的、有风险的而且又有意义的产品时，由于品牌差异大，消费者对产品缺乏了解，因而需要有一个学习的过程来广泛了解产品的性能和特点，从而对产品产生某种看法，然后决定是否购买。例如，购买汽车，消费者都会经过对汽车各项性能指标的了解和学习，才会决定购买。对于这类的购买行为，市场营销人员应采取有效措施帮助消费者了解产品性能及其重要性，并介绍产品优势以及给购买者带来的利益，从而影响消费者的最终选择。

(二) 消费者购买决策过程

消费者购买决策过程分为五个阶段：确认需求、收集信息、评估方案、决定购买和购后行为，如图 4-3 所示。

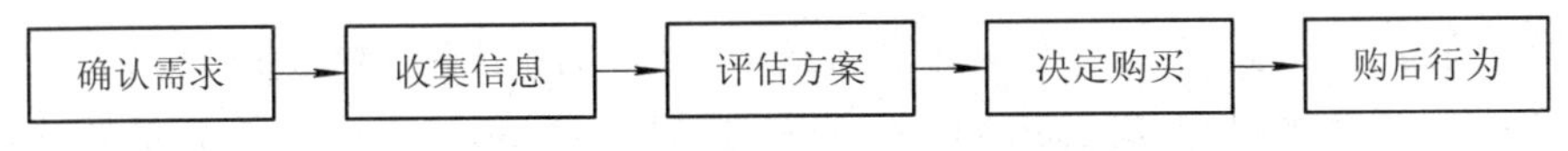

图 4-3　消费者购买决策过程

通过整个购买决策过程的速度可能很快，也可能很慢。在经常性购买中，消费者常常跳过或颠倒某些阶段的顺序，这与消费者的特点和产品的属性相关。例如，男士在购买洗面奶时可能会跳过收集信息和评估方案的阶段，直接进入决定购买环节。

1. 确认需求

消费者的购买过程要从确认某一问题或需求开始。消费者需求往往由两种刺激引起：一是内在刺激，例如一个人饥饿到某种程度时，就成了一种内在驱动力；二是外在刺激，例如观看某手机的新品发布会，就会考虑换一台该品牌的新手机。市场营销人员应该对消费者需求进行研究，识别出引起消费者某种需求的原因，从而引导消费者去关注能够帮助他们解决问题、满足需求的产品。

2. 收集信息

消费者确认了自己的需求后，就进入到收集信息的阶段。消费者的信息来源主要有个人来源(家庭、朋友、邻居、熟人)、商业来源(广告、推销员、经销商、包装、展览会)、公共来源(大众媒体、消费者评比机构)和经验来源(处理、检查和使用产品)等。市场营销人员应对消费者使用的信息来源认真加以识别，并评价其各自的重要程度以及询问消费者最初接到品牌信息时有何感觉等。针对这个阶段，企业营销的关键是要能掌握消费者在收集信息时会求助于哪些信息源，并能通过这些信息源向消费者施加影响力。

3. 评估方案

消费者评估购买方案往往根据消费者的特点和所购产品的属性表现出不同的特征。例如，有时消费者会精打细算、货比三家，有时又会不加思考、冲动购买；有时消费者会自行决策，有时又会考虑家人、朋友或销售人员的建议。消费者对购买方案的评价一般要涉及产品属性(即产品能够满足消费者需要的特性)、属性权重(即消费者对产品有关属性所赋予的不同的重要性权数)、品牌信念(即消费者对某品牌优劣程度的总的看法)、效用函数和评价模型等问题。因此，市场营销人员应该研究消费者评估方案所考虑的因素，采取措施去影响消费者的选择。

4. 决定购买

评价方案会使消费者对可供选择的产品和品牌形成某种偏好，从而形成购买意图，进而决定购买。但是，在购买意图和决定购买之间，有两种因素会产生影响：一是别人的态度，二是意外情况。例如，某人本来看中了某品牌的电脑，但在决定购买之前，看到了网上有使用过该电脑的网友抱怨这款电脑的缺点，又或者家里有突发状况需要急用这笔钱，都可能导致取消购买决定。所以，偏好和购买意图并不总能导致实际购买，尽管二者对购买行为有直接影响。消费者修正、推迟或者回避作出某一购买决定，往往是受到了可觉察风险的影响。市场营销人员必须了解引起消费者有风险感的那些因素，进而采取措施来减少消费者的可觉察的风险。

5. 购后行为

产品购买后，营销人员的工作也并没有结束。因为消费者在购买产品后会产生某种程度的满意感或不满意感，也就是购后行为，营销人员同样对此予以关注。消费者对其购买活动的满意感与其对产品的期望和该产品可察觉的性能相关。如果期望大于产品可察觉性能，消费者就会感到不满意；如果期望等于产品可察觉性能，消费者就会感觉满意；如果期望小于产品可察觉性能，消费者就会非常满意。期望和可察觉性能之间的差距越大，消费者的不满意感也就越强烈。所以，市场营销人员应使其产品真正体现出其可觉察性能，以便使消费者感到满意。事实上，那些有保留地宣传其产品优点的企业，反倒使消费者产生了高于期望的满意感，并树立起良好的产品形象和企业形象。

第二节　组织市场与购买行为分析

一、组织市场的类型、特点和购买行为模式

(一) 组织市场的类型

组织市场可以分为产业市场、中间商市场和政府市场。产业市场是指所有购买产品和服务，并将其用于生产其他产品和服务，以供销售、出租或供应给其他的人的个人和组织。它是组织市场中规模最大的一种市场类型。中间商市场是指将购买的产品再度出售或出租，以获得利润的个人和组织。政府市场是指那些执行政府的主要职能而采购或租用商品的各级政府单位。

（二）组织市场的特点

组织市场规模巨大，所涉及的销售金额和产品项目数量其实远远大于消费者市场。组织市场与消费者市场在某种程度上类似，两者都涉及为满足需求而承担购买角色和制定购买决策的人。但是，组织市场又在许多方面与消费者市场不同，主要体现在市场结构和需求特征、购买单位的性质、决策类型和决策过程等方面。

1. 市场结构和需求特征

组织市场的购买者通常人数较少，而规模较大。组织市场在地理位置上比较集中。组织市场的需求是引申的需求，即组织购买者对产品的需求归根到底是从消费者对消费品的需求引申而来的。组织市场的需求是缺乏弹性的，也就是说，价格的变动对组织市场总需求量的影响不大，特别是在短期的情况下。组织市场的需求波动性较大，即许多工业产品或服务的需求比消费品需求变动大。当消费者的需求小幅增加时，工业产品需求会大幅度增加。

2. 购买单位的性质

与消费品采购相比，组织采购中参与购买的人数更多，并且更为专业化。由于组织市场中的产品，特别是一些生产用设备都是技术性非常强的，因此需要专业人员负责采购工作。

3. 决策类型和决策过程

组织采购通常涉及较大的金额，技术和经济上的考虑也更复杂。购买者组织中各个层级和部门的许多人员之间都会有复杂的相互影响。因此组织购买决策要比消费者购买决策复杂得多。

组织购买过程通常比消费者购买过程更加正式。大机构的采购通常要求详细的产品规格、书面的订购单、审慎寻求供应商和正式的批准。

最后，在组织购买过程中，购买者和销售者通常需要相互依赖。组织市场的营销人员在购买过程的所有阶段中，都需要与顾客通力合作，从协助顾客确定问题、给出方案，到售后服务。公司除了要满足顾客现有的需求以外，还应该考虑顾客未来的需求，以建立持续不断的长期关系。

4. 其他特点

组织购买者通常直接向生产者购买，而不经过中间商购买，尤其是那些价格昂贵、技术含量较高的产品。

由于组织采购的产品多是价格高的产品，例如某些机械设备、车辆等。组织购买者常常倾向于租赁的方式，而不是直接购买的方式。

（三）组织购买行为模式

组织市场的购买也是一个“刺激-反应”的过程，如图 4-4 所示。

由图 4-4 可见，由营销和其他刺激因素影响组织购买者，进而引起购买者反应。

各种因素的刺激是组织购买者决策的先导因素，B2B 市场营销者需要重视研究采用哪

些有效的刺激措施，能够引起对营销者有利的购买反应。

在组织购买者中，购买行为取决于两个因素：一是采购中心；二是采购决策过程。这两个因素既受到组织因素、人际因素、个人因素的影响，也受到外部因素的影响。

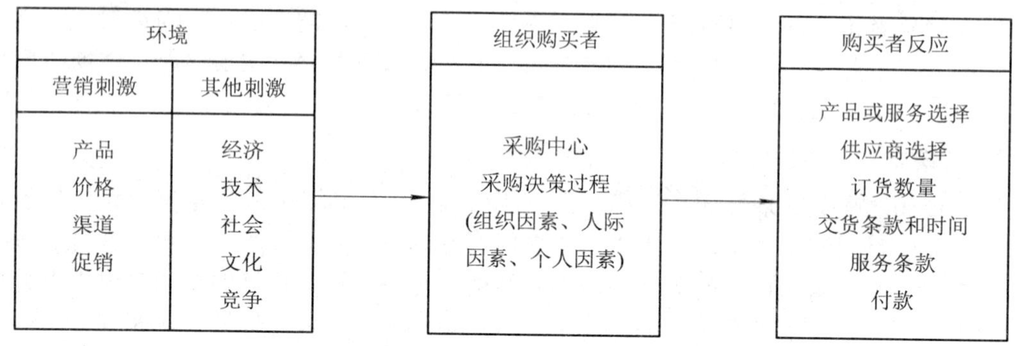

图 4-4　组织购买者行为模式

二、影响产业购买行为的因素

产业购买者在做购买决策时会受到许多方面的影响，其中最重要的是环境因素、组织因素、人际因素和个人因素。

1. 环境因素

产业购买深受公司目前和未来的经济环境的影响，例如生产水平、投资额度、经济前景和资金成本等。在经济不景气时，产业购买者将不再进行厂房和设备的新投资。当前一个越来越重要的环境因素是某些重要原材料的短缺，例如石油、煤等，因此现在许多企业都会购买和掌握稀缺原材料的存货。产业购买者同时也受技术、社会、文化习俗和竞争环境的影响。产业市场的营销人员应该随时注意这些因素，了解在新的环境下如何影响购买者，将问题变成机会。

2. 组织因素

每个组织都各有其目标、政策、程序、组织结构和制度。产业市场营销人员应该尽量了解各种采购组织。具体来说，应该了解有多少人参与购买决策，他们是哪些人，他们的评判标准是什么，购买者公司的政策和限制是什么。产业市场的营销人员还应该注意采购方面的组织发展趋势。例如，由于原材料的短缺，许多公司在不断提升采购部门的地位，有些集团类的大型企业甚至专门设立了采购公司。企业采购逐渐出现了集中采购的趋势，即由总部或采购公司统一采购，进行集中管理和分配。越来越多的产业购买者要求订立长期合同，而不愿意签订短期合同。

3. 人际因素

采购组织中通常包括许多参与者，这些人有不同的职位、地位、利益、说服力等，并且彼此相互影响。参与者具有影响力的原因，可能是因为其控制奖励和惩罚，或是具有一定地位，或是具有专业知识，或是与公司高层有裙带关系等。人际因素往往非常微妙，产业营销人员应该具有敏感度，能够通过观察购买者的决策过程，意识到所涉及的人际关系，并设计能有效地应对这些因素的策略。

4. 个人因素

在购买决策过程中，每个参与购买决策的人总不免掺入个人动机、知觉和偏好因素。这些个人因素受年龄、收入、教育程度、个性和对待风险的态度所影响。也就是说产业购买者进行采购时，除了理智的需要，也需要满足个人情感上的需要。

三、产业购买决策过程

(一) 产业购买行为类型

产业购买者的购买决策通常可分为三种类型，每一类型都面临一系列的决策选择，但具体决策选择的数目是不同的。按其所需决策选择数目从少到多，可以分为直接重购、修正重购和新购三种类型。

1. 直接重购

直接重购是一种最直截了当，所需决策选择数目最少的采购类型。这种采购往往只由采购部门级别较低的人员按照过去的订货目录再次购买。直接重购的产品也往往是那些最频繁购买而且需不断补充使用的产品，例如一直使用的生产原材料、频繁采购的办公用品等。负责此项采购的人员在这些产品的库存量低于预定的水平时便简单地进行再订购，而且通常都向同一供应商订购，除非是供应商方面出了什么问题或出现了新的潜在供应者，并且新的供应商在供货条件、质量、价格等方面有更大的吸引力，才会使原购买决策者觉得有必要再考虑改变供应者。因此，原来的供应商必须尽最大的努力保持产品和服务的质量，并争取与客户达成运用自动订货系统的安排，一方面可以使采购者节省订货时间，另一方面也可以使自己加强与采购者之间的关联。

2. 修正重购

修正重购通常是直接重购的延伸，是对原先购买的产品规格、价格和交货期等进行修正的采购类型。由于要作上述这几方面的改变，就有可能要改变供应商或与原供应商协商某些新的条款。这样原来的供应商便会感到紧张，并且会全力以赴地保持这笔交易，而原先落选的供应商则认为这是重新获得这笔交易的大好机会。这种情况使得买卖双方都需要一定的决策过程，有更多的决策人员参与。适于这类购买情况的产品一般是小型手工工具、零配件、物料等。

3. 新购

新购是指产业购买者第一次购买某种产业用品。由于原材料、零部件、办公用品等一般都为频繁购买的产品，不存在新购的问题。因此新购的产品一般都是不常购买的产品，例如机械设备、计算机、新的厂房和仓库等。产业购买者执行这种采购任务时，通常都有一整套能满足企业要求的衡量标准，并且会考虑多家能够满足要求的供应者。这些供应者则力图说服购买者相信他们的产品和服务是性能最好或成本效益最佳的。由于新购的成本和风险较大，因此其所需决策选择数目也最多，采购过程也较复杂，它也是三种购买类型中最应该重视的一种。

（二）产业购买行为的参与者

在产业购买中，一般是由一个团体共同作出购买决策，只有极少数情况会由某一个人进行决策，大多数情况是许多来自不同领域和具有不同身份的人员直接或间接参与产业采购过程而作出有关决策。这样的一群人组成的团体称为决策单位或采购中心，他们在决策过程中怀着共同的目标并分担共同的风险。企业的采购中心通常包括五种角色，即使用者、影响者、采购者、决策者和信息控制者。这五种角色并非必须五个人来承担，有时可能会出现一个人承担多个角色的情况，但即使五种角色由同一人承担，也仍将其视为一个决策单位。

1. 使用者

使用者是组织机构内使用所购买产品和服务的成员，他们往往是采购过程的发起者，甚至在很多情况下由他们提出技术上的购买要求。如果产品使用后达不到预定的标准，使用者所受损失也最大，因此在采购中心中他们被赋予一定行政上的权力，并在决策过程中受到其他同事的尊重。当他们拒绝接受或使用某一供应商所供应的某些具体产品时，是最不容易妥协的。

2. 影响者

影响者是直接或间接参与购买过程并在采购中心中发挥一定行政威力的人员。他们可以运用自己的技术知识施加压力，例如强调保持生产进度、维持设计要求，然后施展他们在定价、买卖方面的专业知识，对购买决策人员施加影响。例如，分管生产部门的经理在生产设备和原材料的购买上虽然不是直接使用者，也不是决策者，但却是有相当影响力的影响者。

3. 采购者

采购者通常是有权并具有相应知识进行谈判和替组织进行采购的采购代表或采购员。采购者有时也在采购决策中起某些作用，例如协助决定产品规格等，但他们的主要职责还是选择供应商和进行谈判。如果采购过程比较复杂，采购员里还会包括专门的谈判人员。

4. 决策者

决策者是机构中具有正式和非正式权力作出最后决策的人员，他对采购中心的其他成员的意见具有否决权。作为产业市场上的供应商，必须要清楚谁是客户采购中心的决策者，以便以决策者的需要为目标，有效地达成交易。

5. 信息控制者

信息控制者是那些可控制信息流传入决策单位的人员。当采购中心其他成员侵犯采购经理的职权或越过采购程序时，采购经理常常起到这种作用，他可拒绝或阻止某些推销商或某些价格信息与采购中心成员接触。

（三）产业购买决策过程

产业购买决策过程分为八个阶段：确认问题、描述一般需求、确定产品规格、寻找供应商、征求方案、选择供应商、正式订购和评估使用结果，如图 4-5 所示。

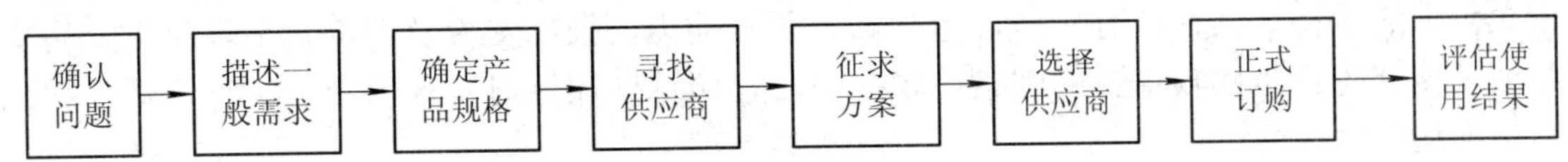

图 4-5　产业购买决策过程

1. 确认问题

当公司内部有人发现，购买某产品或服务可以解决某个问题或者满足某种需要时，这就是购买过程的开始。确认问题可以是由公司内部或公司外部的刺激而产生的。例如，在公司内部，决定推出一款新产品而需要采购新的原材料和机械设备，采购经理对现行供应商的供货质量和价格产生质疑而要寻找新的供应商；在公司外部，采购者接到了某一产品的推销电话或是参加了某个展销会，从而要采购所需要的产品。

2. 描述一般需求

一旦确认了问题，接下来就要准备一般需求说明书，以确定产品的一般需求和数量。对标准化的产品，这不是大问题，但是对于复杂的产品，采购人员必须与公司内部其他部门的人员商量。他们必须评估产品的耐用性、可靠性、价格和其他属性的重要性。在这个阶段，卖方可以提供很多帮助，因为买方往往不了解各种产品的详细特点和价值，积极的营销者可以帮助买方描述公司的需求。

3. 确定产品规格

这一阶段，购买者要确定产品的技术规格，这项工作往往是在价值分析工程小组的协助下完成的。价值分析是一种降低成本的分析方法，它仔细研究产品的各个元件是否重新设计、实行标准化或者使用更便宜的方式生产。价值分析工程小组会决定适当的产品特性并确定其规格，将其要求列入说明书中，作为采购选择的依据。

4. 寻找供应商

购买者为寻求适当的供应商，可以查阅工商企业名录、网络资料或者征询其他公司的意见，然后剔除一些无法充分供应或者交货与信誉不佳的供应商，形成一张人数较少的合格供应商名单。购买任务越新，项目越复杂、越昂贵，耗费在寻求供应商上的时间就越多。供应商必须将自己的资料展示在网络等公开渠道上，并且在市场上建立良好的声誉。

5. 征求方案

一旦确定几名供应商，必须尽快请他们提出方案和报价。对于复杂和昂贵的产品项目，买方可能会要求详细的计划书，然后在其中挑选部分公司开会介绍详细计划，以便进一步评估。产业市场营销人员必须精于研究、撰写计划书和介绍演讲。计划书应该是营销文件而不是技术文件。这种文件必须能够令人产生信心，要使本公司胜过竞争者，成为潜在客户的理想供应商。

6. 选择供应商

在此阶段，采购中心的成员将审核提交上来的计划书，并进行供应商分析，从而选择供应商。他们考虑的不仅是产品的质量和价格，还要考虑交货时间、付款条件、售后保障等其他因素。通常，采购中心会列出一份有关供应商属性及其重要性的清单，一般被认为是最重要的属性有：优质的产品和服务，按时交货，有道德的公司行为，诚实的通报及具

有竞争力的价格。其他还有一些，像维修、服务能力，技术支援及咨询，地理位置，历史业绩及信誉等也是比较重要的因素。采购中心按照这些属性对备选供应商进行评估，挑选出最合适的供应商。

7. 正式订购

买方确定供应商之后，必须向供应商发订购单，说明产品的规格、数量、希望的交货时间、退货条件和产品保证等，订立一揽子采购合同。供应商必须承诺在一定时间内，根据合同价格随时向买方供应所需产品。这是一种长期关系，存货存储在卖方手里。这种方式增加了向单一供应商购买产品的可能性。供应商与买方可以建立稳定的关系，减少其他供应商的可乘之机。

8. 评估使用结果

在这个阶段，采购单位会评估向某供应商采购的成果。采购单位将请使用单位根据满意程度对供应商予以评分。结论将影响公司与供应商的关系。供应商应该注意采购者评估绩效的各项指标，确保客户能够得到预期的满足。

本 章 小 结

消费者市场，其购买主体是个人或家庭，购买商品的目的是为了满足个人或家庭成员的生活消费需要。消费者市场的主要特点是：

(1) 消费者的购买绝大多数属小型购买；

(2) 消费者的购买属多次性购买；

(3) 消费者市场差异性大；

(4) 消费者市场属非专业购买。

消费者购买行为的发生，是一个“刺激-反应”的过程。这种刺激既包括来自于外界人口、经济、自然、科技、政治、文化等不可控因素的刺激，也包括来自企业的品牌、产品、服务、定价、渠道、促销等可控因素的刺激。

消费者的购买行为很大程度上受到文化因素、社会因素、个人因素和心理因素的影响。根据购买者的介入度以及品牌间的差异度，可以将消费者购买行为分为四种类型：寻求多样化的购买行为、习惯性的购买行为、降低失调的购买行为和复杂的购买行为。消费者购买决策过程分为五个阶段：确认需求、收集信息、评估方案、决定购买和购后行为。

组织市场与消费者市场不同，主要体现在市场结构和需求特征、购买单位的性质、决策类型和决策过程等方面。组织市场的购买也是一个“刺激-反应”的过程。在组织购买者中，购买行为取决于两个因素：一是采购中心；二是采购决策过程。这两个因素既受到组织因素、人际因素、个人因素的影响，也受到外部因素的影响。

组织市场可以分为产业市场、中间商市场和政府市场。产业市场是指所有购买产品和服务，并将其用于生产其他产品和服务，以供销售、出租或供应给其他的人的个人和组织。它是组织市场中规模最大的一种市场类型。

影响产业购买行为的因素有：环境因素、组织因素、人际因素和个人因素。产业购买者的购买决策通常可分为三种类型，即直接重购、修正重购和新购三种类型。在产业购买中，一般是由一个团体共同作出购买决策，这一群体称为决策单位或采购中心。企业的采购中心通常包括五种角色，即使用者、影响者、采购者、决策者和信息控制者。产业购买决策过程分为八个阶段：确认问题、描述一般需求、确定产品规格、寻找供应商、征求方案、选择供应商、正式订购和评估使用结果。

研究与讨论

(1) 消费者市场有哪些特点？
(2) 影响消费者行为的因素有哪些？
(3) 动机产生的条件是什么？马斯洛需求层次论怎样应用于企业营销活动？
(4) 说明消费者不同购买行为类型的产生条件以及相应的营销策略。
(5) 同消费者市场相比，组织市场有什么特征？
(6) 简述产业购买决策过程。

▶▶ 案例分析一

怎样成为跨国零售巨头的供应商

对于中国企业来说，如果能成为跨国零售商的供应商，就意味着自己的产品能够通过它们的供货渠道，走出国门，得到在世界各国的舞台上展示的机会。

国内企业如何成为跨国零售企业的供应商呢？家乐福(中国)公司有关人士表示，它们主要是采取一种“政府搭台，企业唱戏”的方式，即通过政府推荐可选择的企业，在家乐福举办的大型订货会上达成交易意向。

家乐福选择供应商又有哪些标准呢？家乐福的有关人士表示，家乐福选择供应商不只看规模，更注重产品质量。如果企业规模小，但是产品具有不可替代性，那么家乐福也会把他们考虑在内。要成为家乐福全球采购供应商，必须具备以下条件：有出口权的直接生产厂商或出口公司；有价格竞争优势；有良好的质量；有大批生产的能力；有迅速的市场反应能力；有不断学习的精神；能够准时交货。企业通过家乐福公司的审核，即能加入家乐福的全球采购系统，把产品出口到全球的 30 多个国家。

在以上条件中，家乐福尤其看中产品的质量。同时，随着人们对环保的要求越来越高，家乐福在产品品质方面也对供应商有着更详细的要求。一旦通过家乐福的审核，家乐福将对企业在改进产品外包装和设计等方面给予指导和帮助。

沃尔玛新成立的全球采购办事处列举了成为沃尔玛供应商的条件。例如，提供有竞争力的价格和高质量的产品、供货及时、理解沃尔玛的诚实政策、评估自己的生产和配额能力是否能接受沃尔玛的订单(因为通常沃尔玛订单的数量都比较大)等。此外，沃尔玛需要供货商提供其公司的概括，其中包含完整的公司背景和组织材料以及供应商工厂的资料，包括每年的库存周转率、生产能力、拥有的配额、主要的客户有哪些等。

零售业的采购环节都有一个不可避免的问题，即有些供应商会想方设法通过一些“灰色手段”贿赂采购员。对此，家乐福(中国)公司的人士表示，即使产品通过灰色手段进入

了家乐福全球采购系统，如果没有价格上的优势，也会被自然淘汰。家乐福会尽量与供应商建立健康的联系。而沃尔玛打算引进到中国来的技术中包括一套“零售商联系”系统，这个系统使沃尔玛能够和主要的供应商实现业务信息的共享。

中国的超市零售商在传统上就是通过向供应商收取进店费、陈列费、促销费和年度销售返利来挣钱的。换句话说，从传统上而言，中国的零售商没有，而且也无法通过提供增值服务和在商品上加价来赚钱。但是，家乐福与康师傅以及中国国内知名企业如中粮集团和九三粮油等供货商之间爆发的高调冲突也从另一个侧面反映出零售商与供应商关系之间微妙的变化。毋庸置疑，中国零售业市场激战正酣。中国连锁经营协会的报告显示，中国本土的百联集团在快速消费品零售行业中位居榜首。在中国市场的外资零售企业中，总部位于台湾，大股东为法国零售商欧尚集团的大润发独占鳌头，家乐福排名第二，而沃尔玛则紧随其后。

思考：

(1) 跨国零售巨头的采购方式有哪几种？

(2) 跨国零售巨头是根据哪些变量或属性来评价和选择它们的供应商？

(3) 进入跨国零售巨头的全球采购系统对组织有何重要意义？

(4) 国内企业怎样做才能成为跨国零售巨头的供应商？

▶▶ 案例分析二

针对女性消费的产品策略

消费者对一种产品既有生理性的需要，也有心理性的需要。从某种程度上讲，女性购买产品，更多的是出于心理性需求。因为女性的情感世界丰富多彩，想象力丰富，且对各种新事物非常敏感，对美的追求比较强烈。通过购买和使用一种产品，可以寄托自己的某种感情，展示自己的个性，获得某种心理满足和精神享受。这就对制造商提出了更高的要求，从前那种花色品种单一、设计包装呆板、大批量生产的产品已远远不能满足女性消费者的需要，产品必须从功能、质量、设计、包装、服务等方面去迎合女性消费者。

(1) 突出女性消费者关心的要点。有人说“女人就是认死理”，有时候为了找到自己所喜爱的产品，不惜跑遍整个城市，你的产品质量再好、功能再全，如果没有突出强调女人关注的要害，那么一切都是毫无意义的。营销理论指出，“顾客满意是最好的质量”。因此，深入了解女性消费群的心理特点、消费行为特点及变化趋势，开发、生产出适销对路的产品，是企业成功的第一步。

(2) 用精美的包装吸引女性消费者。包装是指产品本身的包装，也指百货商店或零售店的包装纸或购物袋，例如衣袋等，一般随物赠送。“一个没有牌子和包装的商品，只能算半成品”，这句话充分强调了包装在企业的产品经营和销售中的重要作用，对于女性尤其如此。因为女性购买商品比较多地强调“美感”，容易受感情作用而产生购买行为。精美的包装满足了女性消费者对美的敏感、爱美的心理，从而使她们对商品或服务产生好感。包装在某种程度上抬高了商品的身价，使消费者产生荣誉感，满足了女性消费者的虚荣心。有些包装具有重复使用的价值，诸如精美结实的购物袋之类，作为商品的“免费”附加物，满足了女性消费者精打细算的心理，极受她们的欢迎，有利于培养她们的购买习惯。

(3) 保证提供优质服务。女性在购买过程中既追求生理满足，也追求心理满足，对销售服务特别重视。因此，努力改进服务，增加服务项目，扩大服务范围，延长服务时间，提高服务水平，坚持做好售前、售中、售后服务，是争取女性消费者的有效途径。

(4) 树立并培育良好的品牌形象。21 世纪，女性在消费生活中不再停留于简单的衣、食、住、行上，而是追求更高层次的欲望，简单来说，就是希望生活除了物质上的满足外，在精神或心灵上也能够更丰富多彩。一个最突出的表现就是购物的品牌化趋势，即能代表“购买者身份”(阶层、性别、职业、文化修养等)的商品越来越受到女性的青睐。

女性对产品的要求，将不止于功能上和质量上的满足，还希望通过品牌来显示自我，表现自己的经济地位、品位和气质。女性越来越重视产品的品牌知名度、社会影响力。在同类竞争品牌中，不管质量、价格如何，只要是知名品牌产品，能超越产品功能而给她们带来种种感官、精神上的满足，很可能就会成为她们的首选。她们愿意付更多的金钱来换取这些额外的重要价值。因此，商家应从产品、包装到宣传、销售渠道，全方位培育具有高附加值的高档品牌。

思考：

(1) 本文所提的针对女性消费的产品策略，是否切中要害？有何独到或精辟之处？还有什么地方需要补充或修正？

(2) 请按女性消费的特性，提出一些相应的促销策略。

第五章　市场竞争战略

学习目标

(1) 了解三种基本竞争战略；
(2) 了解并掌握市场领导者的战略、市场挑战者的战略；
(3) 了解并掌握市场追随者与市场利基者战略；
(4) 学会识别和分析竞争者，能够运用五力模型分析行业竞争结构；
(5) 能够制定各种竞争性战略。

案例导入

朝日挑战麒麟

2002 年发布的数据表明，多年雄踞日本啤酒类制品储量第一的麒麟让位给了老对手朝日。1976 年，麒麟啤酒是曾经占有日本啤酒销售量 64%的垄断企业，朝日啤酒却曾经险些连行业第三的位置也保不住。时隔二十多年后，一个弱小的企业竟然在竞争中越战越强，销量跃居第一。这一进一退，引起了日本经济界的关注。《日本经济新闻》发表社论，题目是“啤酒业界的首位交替的教育”。文中指出：“弱小企业战胜强大竞争对手，必须具备下述三个条件：其一，挑战者的技术革新；其二，有适合这一企业努力的自由市场机制；其三，竞争对手的失误。”

回顾日本啤酒业的发展史会发现：在市场发生大的变化时期，抓住消费结构变化和市场结构变化的机会是企业腾飞的重要因素。然而，能不能及时地洞察、把握这种市场变化，是能否抓住发展机会的决定性要素。战前，大日本麦酒独步天下，麒麟要弱小得多。战后，麒麟是靠抓住消费结构变化机会起飞的，也是因为未能洞察消费结构变化、被朝日捷足先登开始走下坡路的。

在战后的相当长的时间内，朝日啤酒由于允许三得利公司运用自己的特约店销售系统，销售额每况愈下。到 1980 年，几乎连啤酒行业第三位的位置也保不住了。朝日啤酒真正由退却转向进攻战略是在 1986 年，这一年，樋口广太郎担任了朝日啤酒的社长，在生产上采用了非加热技术生产，提高原材料质量并开始发起大规模的广告攻势。同时，花费 15 亿日元全面回收朝日的陈旧啤酒，给朝日带来了新的面貌。次年，朝日啤酒迈出了决定性的一步，推出了“舒波乐”品牌。“舒波乐”的开发，推出了“干啤”这一啤酒新观念，把握了随着食品构成的变化而来的消费者嗜好的变化，给没有强势品牌的日本啤酒业带来了革命性的冲击，掀起了日本啤酒业的品牌之战。

(一) 挑战者的战略——鲜度经营

樋口广太郎担任了朝日啤酒的社长，在生产上采用了非加热技术生产，提高原材料质量。朝日推出“舒波乐”的第一年度，销售额比上一年度增加了33%。看到了成功的朝日啤酒迅速地扩大了生产规模，在消费者热情的支持下，朝日啤酒的市场份额开始迅速回升，从1986年的10%左右上升为1988年的20.6%。

1993年朝日啤酒新任社长濑户雄三决定实施“鲜度经营”战略，这是他挑战日本啤酒行业第一的方略，那就是在“舒波乐”品牌上集中经营资源、挑战第一的大战略。濑户首先对“舒波乐”和朝日的其他品牌进行了定位，他认为朝日的其他品牌与“舒波乐”相比，只是“行星”，“舒波乐”才是太阳。而朝日当时作为第二位的企业，在经营资源的数量和质量上，都要略逊于第一位的企业。濑户反复地强调“第二位的企业要挑战第一位企业是有方法的”，那就是“集中经营资源”。在“集中经营资源”的指导思想下，朝日啤酒把经营资源集中到了通过“鲜度经营”增加了能量的“舒波乐”品牌上，把广告费用集中投向“舒波乐”品牌，彻底强调“舒波乐”品牌的“杀口”、“爽快”和“鲜度”三大特点，开始了夺取第一的挑战。

濑户雄三用“更为执着的鲜度追求”来概括后来的鲜度战略，他回顾朝日挑战鲜度的历史时说了下述这样一段话：公开了“生啤No.1宣言”之后，我趁势进一步追求“啤酒就靠鲜度”这一近乎偏执的概念。职员们的慢吞吞的想法是“一点点地增加鲜度就行了”，我却大声疾呼：“一鼓作气干到底”。迄今为止，啤酒从成品到送到顾客手里要花15天，我却说：“10天以内送到！”要做到这一点，不改变包括各种条件的整个系统是办不到的。大家的反应是“办不到”。这时候就要看主帅的领导能力了。我只有一句话：“干！”花了一年，这个目标大致实现了。我又说了，“只要干不就实现了？再缩短点！”当时，从成品到出厂4天，从工厂到销售店7天，所以最初认为不可能的10天目标大致实现以后，9.5天、8天、7天，逐渐缩短。我现在强调的是“从成品到销售店缩短到4天”，追求是没止境的！

(二) 麒麟犯了错误

《日本经济新闻》的社论指出：“居于首位的企业，在收集的市场信息量和人才等经营资源的动员能力上，都比处于较低地位的企业有很大的优越性。如果他们不犯错误，是没有可乘之机的。”那么，麒麟有没有战略上的错误呢？当然有。

1993年朝日啤酒在电视上播出了“生啤酒销量No.1舒波乐”的广告。这个举动引起了竞争对手麒麟啤酒的恐慌，也引发了对手战略上的错误。1996年麒麟啤酒公司轻易地把自己深受消费者爱戴的强势品牌“麒麟lager”改成了非加热制造，犯了在自己不熟悉的领域与对手决战的兵家大忌，最终失去了传统消费者的支持，销量急落。

在销售战略上，一向处于优势的头号厂商给零售商的回扣和用于赠送顾客的礼品是最少的，虽然自己的特约批发商可以搞专营，但零售商那里却是要顺应顾客要求的，同样的销售条件下，回扣和礼品多的厂商自然会赢得零售商的欢迎。应该说：作为第一大厂商麒麟的跋扈是导致战略失误的根本原因。

从这一年起，“舒波乐”上升为日本啤酒品牌中名副其实的第一品牌。1998年，在“舒波乐”品牌诞生10年以后，终于登上了啤酒市场份额第一的宝座。

如前所述，日本啤酒行业历来没有价格竞争，1994年以后，随着泡沫经济崩溃后的萧条长期化，日本消费者期待低价格商品的心理逐渐表现出来，三得利的发泡酒打响了价格战的第一枪，札幌和麒麟相继加入，“麒麟淡丽”品牌的诞生扭转了发泡酒作为廉价啤酒的形象，使之商品价值大大提高，发泡酒成为啤酒最有力的替代商品。当时，朝日为了集中经营资源把“舒波乐”市场扩展到顶峰，一直宣称不搞发泡酒。2000年下半期，由于长期萧条、国民收入下降的影响，“舒波乐”的市场扩展暂时告一段落，朝日开始集中经营资源突破发泡酒，“朝日本生”品牌、味觉、宣传都给人以耳目一新的感觉，销量突飞猛进，一举把朝日啤酒推上了啤酒制造厂商单独结算销售额第一的地位。

第一节　竞争者分析

仅了解自己的顾客远远不能满足当前激烈市场竞争的需要，尤其是20世纪90年代以后，为了计划有效的竞争性市场营销策略，公司需要尽可能多找出有关竞争对手的资料，必须经常与那些实力相当的竞争者在产品、价格、渠道和促销上做比较。这样公司才能找出自己潜在的优势与劣势，做到知己知彼，才能对竞争对手施以更有效的市场营销攻击，才能够防御较强竞争者的“攻击”。

因此，公司需要了解掌握谁是竞争者，他们的经营策略手段是什么及其反应模式。对竞争者的分析，大致要经过以下步骤：

一、识别竞争者

对于一个企业来说，广义的竞争者是来自于多方面的。企业与自己的顾客、供应商之间，都存在着某种意义上的竞争关系。狭义地讲，竞争者是那些与本企业提供的产品或服务相类似、并且所服务的目标顾客也相似的其他企业。例如，可口可乐公司与百事可乐公司互为竞争者。竞争者既有潜在的，也有现实的，识别竞争者并非易事。我们可以从不同的角度来划分竞争者的类型：

（一）从行业的角度来看

1．现有厂商

现有厂商指本行业内现有的与企业生产同样产品的其他厂家，这些厂家是企业的直接竞争者。

2．潜在加入者

当一行业前景乐观、有利可图时，会引来新的竞争企业，使该行业增加新的生产能力，并要求重新瓜分市场份额和主要资源。另外，某些多元化经营的大型企业还经常利用其资源优势从一个行业侵入另一个行业。新企业的加入，将可能导致产品价格下降，利润减少。

3．替代品厂商

与某一产品具有相同功能、能满足同一需求的不同性质的其他产品。属于替代品。随着科学技术的发展，替代品将越来越多，某一行业的所有企业都将面临与生产替代品的其他行业的企业进行竞争的局面。

(二) 从市场方面来看

1. 品牌竞争者

企业把同一行业中以相似的价格向相同的顾客提供类似产品或服务的其他行业称为品牌竞争者。如家用空调市场中，生产格力空调、海尔空调、三菱空调等厂家之间的关系。品牌竞争者之间的产品相互替代性较高。因而竞争非常激烈，各企业均以培养顾客品牌忠诚度作为争夺顾客的重要手段。

2. 行业竞争者

企业把提供同种或同类产品，但规格、型号、款式不同的企业称为行业竞争者。所有同行业的企业之间存在彼此争夺市场的竞争关系。如家用空调与中央空调的厂家、生产高档汽车与生产中档汽车的厂家之间的关系。

3. 需要竞争者

提供不同种类的产品，但满足和实现消费者同种需要的企业称为需要竞争者。如航空公司、铁路客运、长途客运汽车公司都可以满足消费者外出旅行的需要，当火车票价上涨时，乘飞机、坐汽车的旅客就可能增加。

4. 消费竞争者

提供不同产品，满足消费者的不同愿望，但目标消费者相同的企业称为消费竞争者。如很多消费者收入水平提高后，可以把钱用于旅游，也可用于购买汽车，或购置房产，因而这些企业间存在相互争夺消费者购买力的竞争关系，消费支出结构的变化，对企业的竞争有很大影响。

(三) 从企业所处的竞争地位来看

1. 市场领导者

市场领导者(Market Leader)指在某一行业的产品市场上占有最大市场份额的企业。如宝洁公司是日化用品市场的领导者，可口可乐公司是软饮料市场的领导者等。市场领导者通常在产品开发、价格变动、分销渠道、促销力量等方面处于主宰地位。市场领导者的地位是在竞争中形成的，但不是固定不变的。

2. 市场挑战者

市场挑战者(Market Challenger)指在行业中处于次要地位(第二、第三甚至更低地位)的企业。如高露洁是日化用品市场的挑战者，百事可乐是软饮料市场的挑战者等。市场挑战者往往试图通过主动竞争扩大市场份额，提高市场地位。

3. 市场追随者

市场追随者(Market Follower)指在行业中居于次要地位，并安于次要地位，在战略上追随市场领导者的企业。在现实市场中存在大量的追随者。市场追随者最主要的特点是跟随。在技术方面，它不做新技术的开拓者和率先使用者，而是做学习者和改进者。在营销方面，

不做市场培育的开路者，而是搭便车，以减少风险和降低成本。市场追随者通过观察、学习、借鉴、模仿市场领导者的行为，不断提高自身技能，不断发展壮大。

4．市场补缺者

市场补缺者(Market Niche)多是行业中相对较弱小的一些中小企业，它们专注于市场上被大企业忽略的某些细小部分，在这些小市场上通过专业化经营来获取最大限度的收益，在大企业的夹缝中求得生存和发展。市场补缺者通过生产和提供某种具有特色的产品和服务，赢得发展的空间，甚至可能发展成为“小市场中的巨人”。

二、确定竞争者的目标

确定了谁是企业的竞争者之后，还要进一步搞清每个竞争者在市场上追求的目标是什么？有些企业追求的是“满意”的利润而不是“最大”的利润；有些企业考虑的是目标组合，如获利能力、市场占有率、技术领先等。企业还要了解每个竞争者的重点目标是什么？估计他们对不同的竞争行为将作何反应？企业还必须注意监视和分析竞争者的行为，如果发现竞争者开拓了一个新的细分市场，那么，这可能是一个新的市场营销机会；或者发现竞争者正试图打入属于自己的细分市场，那么，就应该抢先下手，予以回击。

三、确定竞争者的战略

各企业采取的战略越相似，它们之间的竞争就越激烈。在多数行业中，根据所采取的主要战略的不同，可将竞争者划分为不同的战略群体。一是不同战略群体进入的难易程度不同；二是当企业决定进入某一战略群体，首先要明确谁是主要的竞争对手，然后决定自己的竞争战略。除了同一战略群体内存在激烈竞争外，在不同战略群体之间也存在竞争。企业需要估计竞争者的优势和劣势，了解竞争者执行各种既定战略的情报是否达到了预期目标。为此，需搜集过去有关竞争者的情报和数据。既要看到竞争者的优势，也要利用对手的劣势，出其不意，攻其不备。

四、判断竞争者的反应

竞争者的目标、战略、优势和劣势决定了它对降价促销、新产品投放等市场竞争战略的反应。当企业采取某些措施和行动之后，竞争者会有不同的反应。主要有以下几种反应模式：

(1) 从容不迫型竞争者。有些竞争者对其他企业的行动不做出迅速反应或反应不强烈。也许是他们觉得其顾客很忠诚；也许是他们对其他企业的行动缺乏观察力，反应迟钝；也许是他们没有作出反应的资金。

(2) 选择型竞争者。有些竞争者只对某些类型的攻击做出反应，而不理睬其他类型的攻击。比如，可能是对降价做出反应，以证明自己在这方面的抗衡能力，阻止对于降价策略的进一步实施。但对对手增加广告费用的行动，他们可能不在意，相信这对自己没多大的威胁。

(3) 凶狠型竞争者。有些竞争者对所有的攻击都做出迅速反应。他们的用意在于向整个市场的竞争对手显示自己的实力与奋战到底的决心，使对手望而却步。

(4) 随机型竞争者。有些竞争者并不表现出固定的反应模式，即他们对于其他企业的攻击行动可能做出反应，也可能不做出反应，而且无论从经济、历史或其他方面分析，我们都很难找到他们做出反应的规律、预料他们将如何行事。

第二节　竞争力量与竞争战略

一、竞争力量分析

迈克尔·波特(Michael Porter)于 20 世纪 80 年代初提出的五种力量模型，将大量不同的因素汇集在一个简便的模型中，以此分析一个行业的基本竞争态势。五种力量模型确定了竞争的五种主要来源，即供应商和购买者的讨价还价能力、潜在进入者的威胁、替代品的威胁以及来自目前在同一行业的公司间的竞争。一种可行战略的提出首先应该包括确认并评价这五种力量，不同力量的特性和重要性因行业和公司的不同而变化，如图 5-1 所示。

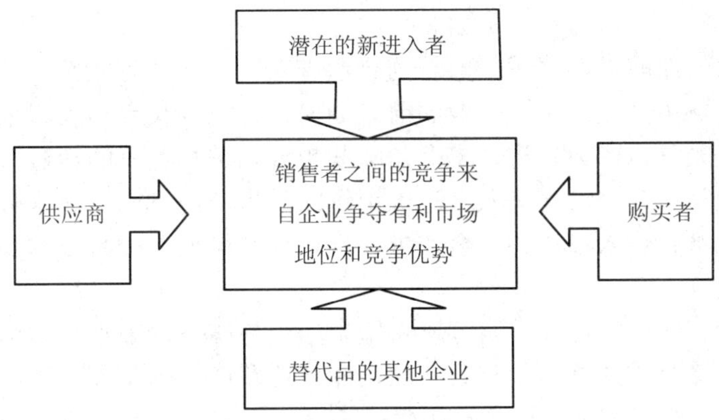

图 5-1　五种竞争力量模型

1. 供应商的讨价还价能力

供应商影响一个行业竞争者的主要方式是提高价格(以此榨取买方的盈利)，降低所提供产品或服务的质量，下面一些因素决定了它的影响力：

(1) 供应商所在行业的集中化程度；

(2) 供应商产品的标准化程度；

(3) 供应商所提供的产品成本在企业整体产品成本中的比例；

(4) 供应商提供的产品对企业生产流程的重要性；

(5) 供应商提供产品的成本与企业自己生产的成本之间的比较；

(6) 供应商提供的产品对企业产品质量的影响；

(7) 企业原材料采购的转换成本；

(8) 供应商前向一体化的战略意图。

2. 购买者的讨价还价能力

与供应商一样，购买者也能对行业盈利性造成威胁。购买者能够强行压低价格，或要求更高的质量或更多的服务。为达到这一点，他们可能使生产者互相竞争或者不从任何单

个生产者那里购买商品。购买者一般可以归为工业客户或个人客户，购买者的购买行为与这种分类方法一般是不相关的。有一点例外是，工业客户是零售商，他可以影响消费者的购买决策，这样，零售商的讨价还价能力就显著增强了。以下因素影响购买者集团的议价能力：

(1) 集体购买；

(2) 产品的标准化程度；

(3) 购买者对产品质量的敏感性；

(4) 替代品的替代程度；

(5) 大批量购买的普遍性；

(6) 产品在购买者成本中占的比例；

(7) 购买者后向一体化的战略意图。

3. 新进入者的威胁

一个行业的新进入者通常带来大量的资源和额外的生产能力，并且要求获得市场份额。除了完全竞争的市场以外，行业的新进入者可能使整个市场发生动摇。尤其是当有步骤、有目的地进入某一行业时，情况更是如此。

新进入者威胁的严峻性取决于一家新的企业进入该行业的可能性、进入壁垒以及预期的报复。其中第一点主要取决于该行业的前景如何，行业增长率高表明未来的赢利性强，而眼前的高利润也颇具诱惑力。进入壁垒是那些想成功进行竞争的新进入者所必须克服的障碍。进入壁垒通常会延缓潜在进入者进入市场的时机，但不会构成永久的障碍。进入壁垒通常包括规模经济、进入市场的资金要求、进入分销渠道、经验、预期的报复、立法、政府行为及差异化等。

对于以上两种威胁，客户需要研究进入壁垒的难易的条件因素，如钢铁业、造船业、汽车工业，规模经济是进入壁垒的重要条件，此外还有产品的差异条件，如化妆品及保健品业产品的差异条件是进入壁垒的主要条件之一。

4. 替代品的威胁

替代品是指那些与客户产品具有相同功能或类似功能的产品。如糖精从功能上可以替代糖，飞机远距离运输可能被火车替代等，那么生产替代品的企业本身就给客户甚至行业带来了威胁，替代竞争的压力越大，对客户的威胁越大，决定替代品压力大小的因素主要有：

(1) 替代品的盈利能力；

(2) 替代品生产企业的经营策略；

(3) 购买者的转换成本。

行业中的每一个企业或多或少都必须应付以上各种力量构成的威胁，而且客户必须面对行业中的每一个竞争者的举动。除非认为正面交锋有必要而且有益处，例如要求得到很大的市场份额，否则客户可以通过设置进入壁垒，包括差异化和转换成本来保护自己。

5. 行业内现有竞争者的竞争

大部分行业中的企业，相互之间的利益都是紧密联系在一起的，作为企业整体战略一部分的各企业竞争战略，其目标都在于使得自己的企业获得相对于竞争对手的优势，所以，在实施中就必然会产生冲突与对抗现象，这些冲突与对抗就构成了现有企业之间的竞争。

现有企业之间的竞争常常表现在价格、广告、产品介绍、售后服务等方面，其竞争强度与许多因素有关。

一般来说，出现下述情况将意味着行业中现有企业之间竞争的加剧，这就是行业进入壁垒较低，势均力敌的竞争对手较多，竞争参与者范围广泛；市场趋于成熟，产品需求增长缓慢；竞争者企图采用降价等手段促销；竞争者提供几乎相同的产品或服务，用户转换成本很低；一个战略行动如果取得成功，其收入相当可观；行业外部实力强大的公司在接收了行业中实力薄弱的企业后，发起进攻性行动，结果使得刚被接收的企业成为市场的主要竞争者；退出障碍较高，即退出竞争要比继续参与竞争代价更高。在这里，退出障碍主要受经济、战略、感情以及社会政治关系等方面考虑的影响，具体包括资产的专用性、退出的固定费用、战略上的相互牵制、情绪上的难以接受、政府和社会的各种限制等。

小资料：

用波特的“五力模型”全面分析耐克和阿迪达斯

一、分析框架及市场基本状况

美国著名的战略学家迈克尔·波特在其经典著作《竞争战略》中，提出了行业结构分析模型，即所谓的“五力模型”，他认为：行业现有的竞争状况、供应商的议价能力、客户的议价能力、替代产品或服务的威胁、新进入者的威胁这五大竞争驱动力，决定了企业的盈利能力。对比这五种力量的作用，来分析一下美国运动鞋企业的竞争状态。

首先，这个领域存在较高的进入壁垒。美国运动鞋产业由“不用工厂生产”的品牌型公司组成，大公司在广告、产品开发以及销售网络、出口方面都更有成本优势。更重要的是，品牌个性与消费者忠诚度都给潜在的进入者设置了无形的屏障。

其次，供应商的议价能力较弱。因为大多数运动鞋产业的投入都是同质的，特别是在耐克发起了外购浪潮后，超过90%的生产都集中在低工资、劳动力远远供过于求的国家。

第三，运动鞋的终端消费者在意价格，同时对时尚潮流更加敏感，但是对于公司的利润率并没有极为负面的影响。因为如果存在利润的减少，那么这将通过降低在发展中国家的生产来弥补。此外，大多数品牌在产品差异化方面很成功，这阻止了购买者将品牌同不断转换的品牌形象联系起来。

第四，因为其他鞋类都不适宜运动，所以现在还没有运动鞋类的完全替代产品。

第五，美国运动鞋市场被看做具有挑战性并已饱和，充满激烈的竞争且增长缓慢，因此对于新进入者只有很小的空间。耐克、阿迪达斯和锐步，这些主要品牌抢占了超过一半的市场份额并保持相对稳定。

通过分析我们可以看到，一方面，这是一个令人垂涎的市场，不过壁垒高筑，有较低的供应商议价能力，适度的购买者议价能力并且没有知名品牌的替代产品，很难挤出利润。另一方面，当除了高度市场集中但没有任何垄断力量时，区域里的对抗十分激烈。因此，在这个竞争环境中，独立公司的超常利润的持续性在很大程度上依靠他们的策略。

二、耐克和阿迪达斯的市场地位

(一) 耐克的领导地位

耐克起源于1962年，由菲尔·耐特首创，当时命名为“蓝丝带体育”，20世纪70年代正式更名为Nike。1980年占据约50%的美国市场份额，初步超过阿迪达斯在美国运动鞋业内稳坐头把交椅。从那时起，耐克开始实行积极进取的市场活动，签约顶级运动员，并创造了“只管去做(Just Do It)”这一口号。

耐克将它的运动鞋定位为具有创新设计与技术、高价位的高品质产品。耐克凭借丰富的产品类型以及杰出的设计，2000年占据了超过39%的美国运动鞋市场，几乎是阿迪达斯市场份额的两倍。从20世纪70年代开始，耐克就从一家产品导向的公司逐渐转变为一家市场导向的公司。它在全球范围内运营，在公司内部设计高技术和高品质的产品，在低成本的国家生产，再成功地通过营销建立起作为青少年亚文化标志的品牌。耐克的独特资源包括专利产品和商标、品牌声誉，公司文化和公司独特的人力资产。

为了弄清耐克如何在其资源和实力的基础上发展成竞争优势，我们将从生产、销售、市场营销几个方面分析他们的价值链。

(1) 生产环节上，20世纪70年代以后，耐克便把制造环节外包给很多亚洲国家。外包使耐克获得了廉价的劳动力，并从供应商那里得到大量折扣。而且，外包使顾客能更快从市场获得新产品，减少资本投入的风险。

(2) 在销售上，这种“期货”下单计划允许零售商提前5到6个月预先定下运输保证书，保证90%的订货会以确定的价格在确定的时间运到。这个策略成功地将存货减少到最少，并缩短了存货的周转。现在，耐克有三种销售渠道：零售商、耐克城以及电子商务。耐克城建立于20世纪90年代，用来展示耐克最新或最具创意的产品系列，在主干道上做广告，耐克城与其说是一个销售渠道，不如说是一个营销手段。电子商务始于90年代的Nike.com，耐克也允许其他网络公司销售其产品。电子商务策略使耐克重新建立了与消费者之间的直接关系。

(3) 市场营销作为耐克的核心竞争力之一，不仅是做广告，更是吸引并留住顾客。耐克营销团队采用的市场策略始终反映公众意见。在20世纪80～90年代的大部分时期，专业运动员被像英雄一样崇拜，因此耐克投入大量资金，请成功、富有魅力的知名运动员为产品代言。例如，当迈克·乔丹1984年加入耐克团队，“像迈克一样”就成为切合了人们对迈克·乔丹仰慕之情的口号。而当乔丹1999年退役时，耐克无法找到一个运动员可以代替他的位置，因此，耐克转向一个名为“Nike Play”的新活动，这个活动由展示个人成就、鼓励所有人参与的系列短片组成。我们可以看到，市场策略要随着消费者的喜好而变。对市场变化做出快速反应，正是耐克在鞋类市场保持核心竞争力的法宝。

(二) 阿迪达斯扮演的挑战者角色

“为每位运动员提供最好的鞋。”在这个简单而又雄心勃勃的理念的鼓励下，20多岁的阿迪·德斯勒开始做鞋，终于在1948年建立起一家名为“阿迪达斯”的公司。公司生产大量各式各样的高品质的运动鞋，最终在20世纪60年代，成为全世界所有著名赛事的首要运动鞋供应商。60年代后期，阿迪达斯在运动鞋业内稳坐头把交椅。但是，进入70年代，阿迪达斯没有意识到平民运动已经成为一种潮流，还是专注于专业运动鞋。由于对销售预期的错误判断和对市场竞争状况的低估，阿迪达斯的地位受到了挑战，最后在70年代后期被耐克取代。

1997年与所罗门(Salmon)联合之后，1998年到2000年阿迪达斯重建了其市场份额，取得了紧随耐克之后，稳居第二的市场位置。不过，在2002年公司的市场位置又跌至第三，比起耐克40.6%的市场份额，它仅有11.8%，2003年依然保持此位置。

从阿迪达斯的历史来看，它是第一家发起生产外包的鞋类公司。他们的生产公司分布于中国、越南以及拉丁美洲。现在他们的供应链利用3种不同的供应商类型，包括承包商、下级承包商和本地原料公司。他们的外包策略对团体的成功至关重要，并被整个领域仿效。这种策略可以转移风险，降低劳动力成本并可将主要精力集中到阿迪达斯的核心策略——市场营销和研发上。

市场营销是阿迪达斯的两个核心策略之一。1997年，阿迪达斯宣告收购了所罗门公司，组建成为世界领先的体育用品集团公司之一，公司具有突出品牌的股份。这两家公司在产品和地域协调上互为补充。所罗门在北美和日本表现特别强劲，这对阿迪达斯提高在美国的市场份额很有帮助。他们重新聚焦、重新定位阿迪达斯品牌以全面发掘它的市场潜力，将所有产品整合到三个明确的客户组：永恒体育、独创和器械。这种划分在运动、体育和运动生活方式的顾客中，创造了更强大的市场渗透。阿迪达斯始终坚持邀请名人作产品代言人，并赞助体育联赛。科比·布赖恩特、安娜·库尔尼科娃以及贝克汉姆都是阿迪达斯旗下的超凡的天才。在巴塞罗那奥运会、欧洲足球冠军杯赛、法国足球世界杯、美国女子足球世界杯等，阿迪达斯总是最大的赞助商之一。

除了市场营销，研发是阿迪达斯的另一个核心策略。他们建立了一个新的技术创新团队，每年至少投放一个大的创新。2003年，阿迪达斯建立了“大众定制”系统，可以根据顾客脚的不同情况、个人喜好和要求设计特别的鞋，领先者的优势使阿迪达斯在这一领域处于第一位。

三、各自的市场策略

(一) 阿迪达斯，如何挑战领导者?

阿迪达斯在研发方面有着非凡的能力，它需要的是更加以顾客为导向的营销策略。即使阿迪达斯和耐克可以相互模仿，它们也应该在有效的执行和协调方面尽量区别于对方。当耐克的营销和研发队伍更多关注北美消费者的需求时，阿迪达斯主动开始塑造自己的市场区隔(Segmentations)。因为从两者的整体业绩来看，阿迪达斯的总资产回报率(ROA)和耐克是非常接近的，这就意味着从长期来讲，阿迪达斯完全有潜力与耐克一较长短。

1. 产品实施本土化

作为一个德国的体育运动品牌，阿迪达斯应该把它在美国市场上投放的鞋类产品“美国化”。欧洲人喜欢的产品不一定符合美国人的胃口。阿迪达斯应该招纳和培养那些真正了解并且能够预测这个充满活力的市场的人才。这是一种无法模仿的资源。然后就可以根据这些预测的结果来重新塑造市场区隔，这样一方面满足了美国消费者的需求，另一方面也保证在这个细分市场上有独到的优势。美国人更强调个人化，所以在广告方面，阿迪达斯应该把它的形象塑造得更加个性化，而且要减少明星的使用。

2. 巩固质量优势，完善产品系列

一个企业选择怎样的战略决策依赖于它过往所走的路径。从这方面考虑，因为阿迪达斯长期以来就以其严格的质量控制体系而著称，这个体系保证了阿迪达斯产品的高质量，所以这一传统应该保持并且进一步弘扬。还有，在重夺全球霸主地位的战略企图的驱使下，阿迪达斯应该设计能够赢得所谓“动态效率”(Dynamic Efficiency)的新战略。尽管阿迪达斯已经建立了他的补充产品市场，但他们还可以通过强化“网络效应”来超越耐克。比如说，设计全系列的运动服、帽子、围巾和手提包来与他们的运动鞋配套。

3. 发挥专利优势

耐克和阿迪达斯也可以说是一场“专利竞赛”的两个对手。阿迪达斯应该能够估计到耐克的研发投入。另外，在关注欧洲本土市场的同时，因为美国对阿迪达斯来说是一个海外市场，所以公司应该通过把更多的个性化元素引入其未来的产品设计以促进产品的本土化。

4. 借鉴耐克的订货与分销战略

耐克的未来订货项目帮助公司迅速地成长。阿迪达斯应该与它的零售商一起实施类似的订货系统来模仿这一战略，这样能够将他们的库存保持在一个最优的水平。不过，阿迪达斯也必须认识到这一机制的成功运作是以许多条件为基础的，比如准确的销售预测，市场的强劲需求等。另外，和耐克相比，阿迪达斯在电子商务领域做得不够成功。要想打赢这场关键战役，至关重要的就是阿迪达斯必须向耐克学习授权专业的电子商务企业来运作其在线销售。

(二) 耐克，如何维护统治地位？

1. 保持在本土市场的竞争力

阿迪达斯在美国市场上的经营是非常有挑战性的，爱国的美国消费者很可能会倾向于本国产品而不是进口货。耐克在本土管理实践、组织架构、公司治理以及本土资本市场的掌控方面都有优势。如果它们在白热化的本土竞争当中都能生存，它们在国际市场上就会更有竞争力。为了维护它在美国运动鞋市场的统治地位，耐克应该持续地专注于它的核心竞争力：营销与研发。在已有的高度的消费者忠诚、品牌意识和庞大的市场份额基础上，他们还必须在不断开发新产品的同时保持他们的品质标准，实施有效的营销方案以回应市场的变化。

2. 隔离机制

即使阿迪达斯可以模仿耐克的战略，他们也不能简单地复制耐克的那些有企业专用性的竞争手段，比如说专利、品牌和人力资本。耐克可以通过提供丰厚的薪酬来留住它的骨干员工，提升他们对公司的忠诚度，以此来保护公司的人力资本。至于产品模仿，耐克可以采取法律手段，比如说产权、特许权和专利方面的有关规定。但是他们也必须意识到：“保护知识产权并不是要把产品、流程和技术都模式化，在开放的竞争中最好把它们都看做是大海之中散布的岛屿(意即只露出一角而已)。”如果你的秘密根本就没有机会暴露在你的竞争对手有可能接触的环境中，那岂不是更安全？另外，依靠已有的品牌声誉和市场规模，耐克在获取资源和消费者方面显然比竞争对手有太多的优势。还有就是，耐克的独特能力很多时候都包含着一些只可意会不可言传的隐性知识(Tacit Knowledge)，很难为外人所理解。这些东西是它独特的企业历史积淀下来的，而且根植于复杂的社会变迁过程之中。

3. 路线与时俱进

和阿迪达斯相比，耐克历史要短很多，它拥有的是以客户为导向的营销和产品。而且阿迪达斯现在面临销售滑坡，耐克正好利用这个领先优势加大对NikeID鞋的投入。因为消费者期望值很高，再加上它雄厚的财力和能力，这个市场前途无量。相反，阿迪达斯正处在企业第二个生命周期，它正在为提升市场份额而打拼，后面还有虎视眈眈的锐步(Reebok)。因为路径依赖的缘故，阿迪达斯继承了它以往的产品路线，适应比较广泛的市场人群。这一战略是否真的能够为它赢得更广泛的客户基础呢？没有这个战略他们会不会做得更好呢？很难说。路径依赖会约束一个企业的战略选择，限制它的机会。事实上，一个企业要迅速改变它的路线很难，但是如果它想在竞争中生存，在迅速变化的环境面前它的路线也必须与时俱进。总之，作为市场领导者的耐克必须避免平庸、保持创新，这样才能永远屹立在竞争的巅峰。

时下中国的旅游鞋市场同样也是竞争激烈，国内的、国外的，大的、小的品牌琳琅满目，这显然对处于发展、上升过程中的国产品牌形成了巨大压力。在这样的市场环境中，国产品牌除了要积极提炼自身品牌的核心价值外，也需要制定明确的市场品牌战略。只有这样，采取的营销攻势才具有针对性，才能做到有的放矢。遗憾的是，目前大多数国内旅游鞋生产厂家把精力主要集中在广告投放上，虽然这种名人代言的广告能在短期内迅速提高销售业绩，但无益于品牌的长期发展，也无益于保持短期内占领的市场份额。国产旅游鞋品牌要想真正确立自身的长远发展，有必要借鉴一下案例中的耐克和阿迪达斯，规划清晰的战略目标。

二、一般竞争战略

竞争战略是指在正确界定和分析竞争对手和竞争形势后，企业计划在一段较长时期内采用的主要竞争手段。也可以说竞争战略就是确立企业竞争优势的谋划。

美国著名的战略学家迈克尔·波特(Michael E. Porter)在其1980年出版的《竞争战略》一书中指出，企业要获得竞争优势，一般有两条道路：一是在行业中成为成本最低的生产商；二是在企业的产品和服务上形成与众不同的经营特色。基于这两条道路，迈克尔·波特进而提出了可供企业选择的三种基本竞争战略：成本领先战略、差别化战略、目标聚集战略。

1. 成本领先战略

成本领先战略是指企业以低成本作为主要的竞争手段，企图使自己在成本方面比同行业的其他企业占有优势地位。为了实现低成本，企业应发挥规模经济的作用，使生产规模扩大、产量增加，从而降低单位产品的固定成本。此外还要争取做到以较低的价格取得生产所需的原材料和劳动力；使用先进的机械设备，增加产量，提高设备利用率、劳动生产率、产品合格率；强化管理，最大限度地降低和控制成本与管理费用，使企业的总成本低

于竞争对手，以创造和赢得竞争优势。

成本领先可以从以下几个方面给企业带来竞争优势：

(1) 可以获得高于产业平均利润的利润；

(2) 可以有较大的降价空间，可有效地实施价格竞争，提高企业的价格竞争能力；

(3) 可以以较低的价格销售商品，有利于扩大销售，提高市场占有率；

(4) 可以以较低的价格限制潜在竞争者的加入。

美国福特汽车，我国的格兰仕微波炉等企业都曾因成功地实施此战略而赢得竞争优势，并取得巨大成功。但是，当同行企业都采取各种措施使成本最小化达到或接近极限时，这一战略就会失去实用价值。

2. 差异化战略

差异化战略或称标新立异战略就是使企业提供的产品或服务标新立异，有别于竞争者而具有鲜明的个性和特色，以创造和提升企业竞争优势的战略。

差异化可以通过许多方面来体现，如产品的性能、质量、外观、品牌形象、技术、客户服务、经销网络等，企业只要在其中某一方面或某几个方面与竞争者有所不同，并对潜在顾客具有较大的吸引力，就能取得优势地位。

成功地实施差异化战略可带来的优势竞争有：

(1) 使企业减少与竞争对手的正面冲突，取得某一领域的竞争优势；

(2) 利于扩大企业和品牌的知名度，强化顾客的品牌偏好和忠诚度；

(3) 能有效地将顾客的注意力吸引到企业鲜明的个性和特色上，降低顾客对价格的敏感性，从而有利于企业抵御价格竞争的冲击，增加企业利润；

(4) 具有特色的产品还能有效地防止替代品的威胁。

但实施这种战略可能以付出较高的成本为代价，当较多的顾客没有能力或不愿意为差异化的产品支付高价格时，企业的市场占有率就很难提高；此外，企业在某些方面的经营特色也可能被其他企业打破。因此，企业采用这一战略时需要有不断创新的精神。

3. 目标聚集战略

目标聚集战略是企业将经营重点集中在某一特定的顾客群体、某产品系列或某一特定的地区市场上，力争在局部市场取得竞争优势。

具备以下 4 种条件，采用集中化战略是适宜的：

(1) 具有完全不同的用户群，这些用户或有不同的需求，或以不同的方式使用产品；

(2) 在相同的目标细分市场中，其他竞争对手不打算实行重点集中战略；

(3) 企业的资源不允许其追求广泛的细分市场；

(4) 行业中各细分部门在规模、成长率、获利能力方面存在很大的差异，致使某些细分部门比其他部门更有吸引力。

此外，目标聚集战略一方面能满足某些消费者群体的特殊需求，具有与差异化战略相同的优势；另一方面因可以在较窄的领域里以较低的成本进行经营，又兼有与低成本战略相同的优势。

五种竞争力量与一般竞争战略之间的关系见表 5-1。

表 5-1　波特"五力模型"与一般竞争战略的关系

行业内的五种力量	一般战略		
	成本领先战略	差异化战略	目标聚集战略
进入障碍	具备杀价能力以阻止潜在对手的进入	培育顾客忠诚度以挫伤潜在进入者的信心	通过集中战略建立核心能力以阻止潜在对手的进入
买方砍价能力	具备向大买家提供更低价格的能力	因为选择范围小而削弱了大买家的谈判能力	因为没有选择范围使大买家丧失谈判能力
供方砍价能力	更好地抑制大卖家的砍价能力	更好地将供方的涨价部分转嫁给顾客方	进货量低，供方的砍价能力就高，但集中差异化的公司能更好地将供方的涨价部分转嫁出去
替代品的威胁	能够利用低价抵御替代品	顾客习惯于一种独特的产品或服务因而降低了替代品的威胁	特殊的产品和核心能力能够防止替代品的威胁
行业内对手的竞争	能更好地进行价格竞争	品牌忠诚度能使顾客不理睬你的竞争对手	竞争对手无法满足集中差异化顾客的需求

第三节　位势竞争战略

位势竞争战略就是在市场竞争结构中，明确本企业的竞争地位，对处于不同位势的竞争对手采取相应的竞争策略。随着市场竞争的激化，企业有必要采取位势竞争战略来取胜。现将位势竞争战略分述如下：

一、市场领导者战略

市场领导者指占有最大的市场份额，在价格变化、新产品开发、分销渠道建设和促销战略等方面对本行业其他公司起着领导作用的公司。占据着市场领导者地位的公司常常成为众矢之的。因此，企业必须随时保持警惕并采取适当的措施。一般来说，市场领导者为了维护自己的优势，保持自己的领导地位，通常可采取三种策略：一是设法扩大整个市场需求；二是采取有效的防守措施和攻击战术，保护现有的市场占有率；三是在市场规模保持不变的情况下，进一步扩大市场占有率。

1. 扩大市场需求总量

一般来说，当一种产品的市场需求总量扩大时，受益最大的是处于市场领导地位的企业。因此，市场领导者应努力从以下 3 个方面扩大市场需求量：

(1) 发掘新的使用者。每一种产品都有吸引顾客的潜力，因为有些顾客或者不知道这种产品，或者因为其价格不合适或缺乏某些特点等而不想购买这种产品，这样，企业可以从三个方面发掘新的使用者，以香水制造商为例，可设法说服不用香水的妇女使用香水(市

场渗透策略)；说服男士使用香水(新市场策略)；或者向其他国家或地区推销香水(地理扩张策略)。

在发掘新使用者方面，一个非常成功的范例是庄臣公司的婴儿洗发精。由于美国20世纪60年代以后出生率下降，婴儿用品市场逐步萎缩，为摆脱困境，庄臣公司决定针对成年人发动一场广告攻势，向成年人推销婴儿洗发精，此举取得了良好效果。不久以后，该品牌的婴儿洗发精就成为了整个洗发精市场的领导者。

(2) 开辟产品新用途。公司也可通过发现并推广产品的新用途来扩大市场。杜邦公司的尼龙就是这方面的典范。每当尼龙进入产品生命周期的成熟阶段，杜邦公司就会发现新用途。尼龙首先是用作降落伞的合成纤维；其次是用作女袜的纤维；再次是作为男女衬衫的主要原料；之后又成为汽车轮胎、沙发椅套和地毯的原料。每项新用途都使产品开始了一个新的生命周期。这一切都归功于该公司为发现新用途而不断进行的研究和开发计划。

同样，顾客也是发现产品新用途的重要来源，例如凡士林刚问世时是用作机器润滑油的，但在使用过程中，顾客发现凡士林还有许多新用途，如用作润肤脂、药膏和发蜡等。因此，公司必须要留心注意顾客对本公司产品使用的情况。

(3) 扩大产品的使用量。促使使用者增加用量也是扩大需求的一种重要手段。例如牙膏生产厂家劝说人们每天不仅要早晚刷牙，最好每次饭后也要刷牙，这样就增加了牙膏的使用量。再如宝洁公司劝告用户，在使用海飞丝洗发精洗发时，每次将使用量增加一倍，效果更佳。

2. 保护市场占有率

处于市场领导地位的企业，在努力扩大整个市场规模时，必须注意保护自己现有的业务，防备竞争者的攻击。例如，可口可乐公司必须对百事可乐公司常备不懈。

市场领导者如何防御竞争者的进攻呢？最有建设意义的答案是不断创新。领导者不应满足于现状，必须在产品创新、提高服务水平和降低成本等方面，真正处于该行业的领先地位，同时，应该在不断提高服务质量的同时，抓住对方的弱点主动出击，此所谓“进攻是最好的防御”。

市场领导者即使不发动进攻，至少也应保护其所有战线，不能有任何疏漏。IBM公司之所以决定生产个人电脑，其部分原因就是为了防止其他公司乘虚而入、站稳脚跟后发展壮大。堵塞漏洞要付出很高的代价，但放弃一个产品或细分市场，“机会损失”可能更大。由于资源有限，领导者不可能保有他在整个市场上的所有阵地，因此，他必须善于准确地辨认哪些是值得耗资防守的阵地，哪些是可以放弃而不会招致风险的阵地，以便集中使用防御力量。防御策略的目标是要减少受到攻击的可能性，将攻击转移到威胁较小的地带，并削弱其攻势。

小资料：

六种防御策略

(1) 阵地防御(Position Defense)。阵地防御就是在现有阵地周围建立防线，这是一种静态的消极防御，是防御的基本形式，但是，不能作为唯一的形式。对于营销者来讲，单纯防守现有的阵地或产品，就会患“营销近视症”。当年，亨利·福特便对他的T型车的近视症付出了沉重的代价，使得年营利10亿美元的福特公司从顶峰跌至濒临破产的边缘。与此相对比的是，现在可口可乐公司虽然已经发展到年产量占全球饮料半数左右的规模，但仍然积极从事多角经营，如打入酒类市场，兼并水果饮料公司，从事塑料和海水淡化设备等工业。总之，遭受攻击的领导者如果集中全部资源，一味防御，那将是十分愚蠢的。

(2) 侧翼防御(Flanking Defense)。侧翼防御是指市场领导者除保卫自己的阵地外，还应建立某些辅助性的基地作为防御阵地，或必要时作为反攻基地。特别要注意保卫自己较弱的侧翼，防止对手乘虚而入。例如，20世纪70年代美国的汽车公司就是因为没有注意侧翼防御，遭到日本小型汽车的进攻，失去了大片阵地。

(3) 先发防御(Preemptive Defense)。这种更积极的防御策略是在敌方对自己发动进攻之前，先发制人抢先攻击。具体做法是，当竞争者的市场占有率达到某一危险的高度时，就对它发动攻击；或者是对市场上的所有竞争者全面攻击，使得对手人人自危。有时，这种以攻为守是种心理作用，并不一定付诸行动。如市场领导者可发出市场信号，迫使竞争者取消攻击。一家美国大型制药厂是某种药品的领导者，每当它听说一个竞争对手要建立新厂生产这种药时，就放风说自己正在考虑将这种药降价，并且要考虑扩建新厂，以此吓退竞争者。

当然，企业如果享有强大市场资产——品牌忠诚度高、技术领先等，面对对手挑战，可以沉着应战，不轻易发动进攻。如美国亨氏公司对汉斯公司在番茄酱市场上的进攻，就置之不理，结果是后者得不偿失，以败阵告终。

(4) 反攻防御(Counteroffensive Defense)。当市场领导者遭到对手降价与促销攻势，或改进产品、市场渗透等进攻时，不能只是被动应战，应主动反攻。领导者可选择迎击对方的正面进攻、迂回攻击对方的侧翼，或发动钳式进攻，切断从其根据地出发的攻击部队等策略。例如，当美国西北航空公司最有利的航线之一——明尼阿波里斯至亚特兰大航线受到另一家航空公司降价和促销进攻时，西北航空公司采取的报复手段是将明尼阿波里斯至芝加哥航线的票价降低，由于这条航线是对方主要收入来源，结果迫使进攻者不得不停止进攻。

(5) 运动防御(Mobile Defense)。运动防御要求领导者不但要积极防守现有阵地，还要扩展到可作为未来防御和进攻中心的新阵地，它可以使企业在战略上有较多的回旋余地。市场扩展可通过两种方式实现：市场扩大化和市场多角化。

① 市场扩大化(Market Broadening)。这是企业将其注意力从目前的产品转移到有关该产品的基本需要上，并全面研究与开发有关该项需要的科学技术。例如，把“石油”公司转变为“能源”公司就意味着市场范围扩展到石油、煤炭、核能、水利和化学等工业。但是市场扩大化必须有一个适当的限度，否则就违背了两条基本的军事原则：即目标原则(确定明确可行的目标)和优势集中原则(集中优势兵力打击敌军薄弱环节)。

② 市场多角化 (Market Diversification)。这是向彼此不相关联的其他行业扩展，实行多角化经营。例如，美国雷诺和菲利浦·摩尔斯等烟草公司认识到社会对吸烟的限制正在加强，而纷纷转入酒类、软饮料和冷冻食品这样的新行业，实行市场多角化经营。

(6) 收缩防御(Contraction Defense)。有时，在所有市场阵地上进行全面防御会力不从心，

从而顾此失彼，在这种情况下，最好的行动是实行战略收缩——收缩防御，即放弃某些薄弱的市场，把力量集中用于优势的市场阵地中。例如，美国西屋电器公司将其电冰箱品种由 40 种缩减到 30 种，占其销售额的 85%。

3. 提高市场占有率

市场领导者设法提高市场占有率，也是增加收益、保持领导地位的一个重要途径。在美国许多市场上，市场份额提高一个百分点就意味着数千万美元的收益。如咖啡市场份额的一个百分点就值 4800 万美元，而软饮料市场的一个百分点就是 12 亿美元。美国的一项称为“企业经营战略对利润的影响”(PIMS)的研究表明，市场占有率是影响投资收益率最重要的变数之一，市场占有率越高，投资收益率就越大，市场占有率高于 40% 的企业其平均投资收益率相当于市场占有率低于 10% 的企业的 3 倍。因此，许多企业以提高市场占有率为目标。例如，美国通用电气公司要求它的产品在各自市场上都要占据第一或第二位，否则就要撤退。该公司就曾将电脑和空调机两项业务的投资撤回，因为它们在其中无法取得独占鳌头的地位。但是，有些学者对该项研究提出不同意见。他们在对某些产业的研究中发现，有些企业其市场占有率虽然较低，但其利润率高，它们的特点是产品质量较高，相对其高质量来说价格中等或偏低，产品经营范围狭窄，其中大部分企业都是生产常用的工业部件或原材料，对其产品很少改动。对有些行业的研究结果表明，市场占有率和利润率之间存在着一条“V”形关系曲线。在“V”形曲线上，大企业趋于追求占领整个市场，并通过实现规模经济而获得较高的利润回报率。弱小的竞争者可集中经营某些较窄的业务细分市场，制定专用于该细分市场的生产、市场营销和配销的策略方针，通过建立专业化竞争优势也能获得较高的利润率。而在“V”形曲线底部的中等竞争者，既不能获得规模经济效益，又不能获得专业化竞争优势，因此利润回报率最低。

那么，以上两种观点如何才能一致呢？PIMS 研究结果表明：随着企业在其所服务的市场上获得的市场占有率超过其竞争者，盈利就会增加。奔驰公司获得高额利润，是因为它在其所服务的豪华汽车市场上是一个占有率高的公司，尽管它在整个汽车市场上占有率并不是很高。不过，公司切不可认为在任何情况下市场占有率的提高都意味着收益率的增长，这还要取决于为提高市场占有率所采取的营销策略是什么。有时为提高市场占有率所付出的代价会高于它所获得的收益，因此，企业在提高市场占有率时应考虑以下 3 个因素：

(1) 引起反垄断诉讼的可能性。许多国家为维护市场竞争，制定有反垄断法，当企业的市场占有率超过一定限度时，就有可能受到反垄断诉讼和制裁。

(2) 经济成本。当市场份额已达到一定水平时，再提高一步的边际成本非常大，甚至得不偿失。

(3) 企业在争夺市场占有率时所采用的营销组合策略。有些营销手段对提高市场占有率很有效，但却未必能提高利润。只有在下列 2 种情况下，市场占有率才同收益率成正比：

① 单位成本随着市场占有率的提高而下降。福特汽车公司在 20 世纪 20 年代销售 T 型车便是采取了这种策略。

② 公司在提供优质产品时，销售价格的提高大大超过为提高质量所投入的成本。美国学者克罗斯比(Crosby)认为：质量是免费的，因为质量好的产品可减少废品损失和售后服务的开支等，这就节约了成本。但是，其产品应投消费者之所好，这样消费者就愿意支付超

出成本的高价。

二、市场挑战者战略

1. 确定战略目标与竞争对手

市场挑战者指在行业中占据第二位及以后位次，有能力对市场领导者和其他竞争者采取攻击行动，希望夺取市场领导者地位的公司。市场挑战者首先必须确定其战略目标。大多数市场挑战者的战略目标是增加自己的市场占有率，并且认为增加市场占有率将会获得更大的利益。

一个竞争者可在下列 3 种类型的企业中选择一种进行攻击：

(1) 攻击市场领导者。这是一种具有高风险但是又具有潜在高报酬的策略，而且如果市场领导者“并非真正的领导者”，且无法为市场服务时，这种策略就更具有意义。挑战者应该了解消费者的需要或者是不满之处，如果有一种实质的需要尚未被满足或者未能获得完全满足时，则就给挑战者提供了一个战略性的目标市场。

(2) 攻击那些与自己规模相当，但经营不良且财务状况不佳的公司。攻击者必须时时刻刻的调查消费者的满意程度以及潜在的创新机会。假如其他企业资源有限，那么即使采取正面的攻击亦能奏效。

(3) 攻击地方性的或者区域性的营运与财务状况均不佳的企业。很多大公司之所以有今日的规模，并非靠彼此争夺顾客而来的，主要是靠着争取一些 “小企业”或者“小公司”的顾客而日渐壮大的。由此可知，选择竞争者与选择目标是相互关联的。如果攻击的对象是针对市场领导者的，则其目标可能是夺取某些市场占有率。若所攻击的对象是地方性的小企业，则其目标可能是将一些小企业逐出市场。不论是在何种情况下，最重要的原则依然是：每一项战略行动都必须指向一个明确规定的、决定性的以及可以达到的目标。

2. 选择挑战战略

在确定了战略目标和进攻对象之后，挑战者要考虑进攻的策略问题。其原则是集中优势兵力于关键的时刻和地方。总的来说，挑战者可选择以下 5 种战略：

(1) 正面进攻(Frontal Attack)。正面进攻就是集中兵力向对手的主要市场发动攻击，打击的目标是敌人的强项而不是弱点。这样，胜负便取决于谁的实力更强，谁的耐力更持久，进攻者必须在产品、广告、价格等主要方面大大领先对手，方有可能成功。

进攻者如果不采取完全正面的进攻策略，也可采取一种变通形式，最常用的方法是针对竞争对手实行削价。通过在研究开发方面大量投资，降低生产成本，从而在低价格上向竞争对手发动进攻，这是持续实行正面进攻策略最可靠的基础之一。日本企业是实践这一策略的典范。

(2) 侧翼进攻(Flanking Attack)。侧翼进攻就是集中优势力量攻击对手的弱点，有时也可正面佯攻，牵制其防守兵力，再向其侧翼或背面发动猛攻，采取“声东击西”的策略。侧翼进攻可以分为两种：一种是地理性的侧翼进攻，即在全国或全世界寻找相对薄弱的地区发动攻击。例如，IBM 公司的挑战者就是选择一些被 IBM 公司忽视的中小城市建立强大的分支机构，获得了顺利的发展。另一种是细分性侧翼进攻，即寻找市场领导企业尚未很

好满足的细分市场。例如，德国和日本的汽车生产厂商就是通过发掘一个尚未被美国汽车生产厂商重视的细分市场，即对节油的小型汽车的需要，而获得极大发展。

侧翼进攻不是指在两个或更多的公司之间浴血奋战来争夺同一市场，而是要在整个市场上更广泛地满足不同的需求。因此，它最能体现现代市场营销观念，即“发现需求并且满足它们”。同时，侧翼进攻也是一种最有效和最经济的策略，较正面进攻有更多的成功机会。

(3) 围堵进攻(Encirclement Attack)。围堵进攻是一种全方位、大规模的进攻策略，它在几个战线发动全面攻击，迫使对手在正面、侧翼和后方同时全面防御。进攻者可向市场提供竞争者能供应的一切，甚至比对方还多，使自己提供的产品无法被拒绝。当挑战者拥有优于对手的资源，并确信围堵计划的完成足以打垮对手时，这种策略才能奏效。日本精工表在国际市场上就是采取这种策略。在美国，它提供了约 400 个流行款式、 2300 种手表，占据了几乎每个重要钟表商店，通过种类繁多、不断更新的产品和各种吸引消费者的促销手段，精工表取得了很大成功。

(4) 迂回进攻(Bypass Attack)。这是一种最间接的进攻策略，它避开了对手的现有阵地而迂回进攻。具体办法有三种：一是发展无关的产品，实行产品多元化经营；二是以现有产品进入新市场，实现市场多元化；三是通过技术创新和产品开发，以替换现有产品。例如美国高露洁公司在面对强大的宝洁公司的竞争压力下，就采取了这种策略：即加强高露洁公司在海外的领先地位，在国内实行多元化经营，向宝洁没有占领的市场发展，迂回包抄宝洁公司。该公司不断收购纺织品、医药产品、化妆品及运动器材和食品公司，结果获得了极大成功。

(5) 游击进攻(Guerrilla Attack)。游击进攻主要适用于规模较小力量较弱的企业，目的在于通过向对方不同地区发动小规模的、间断性的攻击来骚扰对方，使之疲于奔命，最终巩固永久性据点。游击进攻可采取多种方法，包括有选择地降价，强烈地突袭式的促销行动等。应予指出的是，尽管游击进攻可能比正面围堵或侧翼进攻节省开支，但如果想打倒对手，光靠游击战不可能达到目的，还需要发动更强大的攻势。

从以上战略可以看出，市场挑战者的进攻策略是多样的。一个挑战者不可能同时运用所有策略，但也很难单靠某一种策略取得成功，通常是设计出一套策略组合，通过整体策略来改善自己的市场地位。

三、市场追随者与市场利基者战略

1. 市场追随者战略

市场追随者指那些在产品、技术、价格、渠道和促销等大多数营销战略上模仿或跟随市场领导者的公司。并非所有的位居第二的公司都会向市场领先者挑战，领先者在一个全面的战役中往往会有更好的持久力，除非挑战者能够发动必胜的攻击，否则最好追随领先者而非攻击领先者。不过，追随者并非仅是被动的模仿领导者；相反的，追随者必须自行决定一条不会引发报复的成长途径。

市场追随者营销战略的一个重要特征是追随领导企业的经营行为，提供类似的产品或者服务给购买者，尽力维持行业市场占有率的稳定。追随者也应当制定有利于自身发展而不会引起竞争者报复的战略，具体可分为3类：

(1) 紧密跟随。指在各细分市场和产品、价格、广告等营销组合战略方面模仿市场领导者，不进行任何创新的公司。有些追随者甚至可能被说成是寄生者，他们在刺激市场方面很少有主动的动作，而是靠紧密追随领导者而获利。

(2) 距离跟随。指在基本方面模仿领导者，但是在包装、广告和价格上又保持一定差异的公司。只要有距离的追随者没有积极地进攻领导者，领导者就会十分欢迎这种追随者，乐意让给他们一些市场份额，使自己免遭市场的指责。

(3) 选择跟随。指在某些方面紧跟市场领导者，在某些方面又自行其是的公司。这类企业也会选择不同的市场规划，以避免直接与领导者发生冲突，这类企业常常会成为未来的挑战者。

2. 市场利基者战略

市场利基者也称市场补缺者，指专门为规模较小的或大公司不感兴趣的细分市场提供产品和服务的公司。规模较小且大公司不感兴趣的细分市场称为利基市场。

有利的市场位置(利基)不仅对于小企业有意义，而且对某些大企业中较小的业务部门也有意义，他们也常设法寻找一个或多个既安全又有利的利基。一般来说，一个理想的利基具有以下几个特征：

(1) 有足够的市场潜量和购买力；

(2) 市场有发展潜力；

(3) 对主要竞争者不具有吸引力；

(4) 企业具备有效地为这一市场服务所必需的资源和能力；

(5) 企业已在顾客中建立起良好的信誉，足以对抗竞争者。

那么，一个企业如何取得利基呢？进取利基的主要策略是专业化，公司必须在市场、顾客、产品或渠道等方面实行专业化：

(1) 按最终用户专业化，即专门致力于为某类最终用户服务。例如书店可以专门为爱好或研究文学、经济、法律等的读者服务；

(2) 按垂直层次专业化，即专门致力于为生产——分销循环周期的某些垂直的层次经营业务。如制铝厂可专门生产铝键、铝制品或铝质零部件；

(3) 按顾客规模专业化，即专门为某一种规模(大、中、小)的客户服务。许多利基者专门为大公司忽略的小规模顾客服务；

(4) 按特定顾客专业化，即只对一个或几个主要客户服务。如美国一些企业专门为西尔斯百货公司或通用汽车公司供货；

(5) 按地理区域专业化，即专为国内外某一地区或地点服务；

(6) 按产品或产品线专业化，即只生产一大类产品，如日本的YKK公司只生产拉链这一类产品；

(7) 按客户订单专业化，即专门按客户订单生产预订的产品；

(8) 按质量与价格专业化，即选择在市场的底部(低质低价)或顶部(高质高价)开展业务；

(9) 按服务项目专业化，即专门提供一种或几种其他企业没有的服务项目，如美国一家银行专门承办电话贷款业务，并为客户送款上门；

(10) 按分销渠道专业化，即专门服务于某一类分销渠道，如生产适用超级市场销售的产品。

市场利基者要承担较大风险，因为利基本身可能会枯竭或受到攻击，因此，在选择市场利基时，营销者通常选择两个或两个以上的利基，以确保企业的生存和发展。不管怎样，只要营销者善于经营，小企业也有机会为顾客服务并赢得利润。市场利基者是弱小者，面临的主要风险是当竞争者入侵或目标市场的消费者习惯变化时有可能陷入绝境。因此，它的主要任务有3项：

(1) 创造利基市场。敏锐捕捉消费者的需求信息；善于寻找和利用竞争对手的弱点。

(2) 扩大利基市场。扩大产销量；扩大服务对象。

(3) 保护利基市场。树立差异化优势；以技术创新构筑竞争壁垒；勇于向自己挑战。

小资料：

国内饮料行业的基本竞争规则

国内饮料行业以巨大的市场为基础和依托，具有极大的成长空间。可以说，饮料行业是永恒的朝阳产业。近年来，饮料行业产值增长速度均超过GNP的增长速度。良好的发展前景，加之整个行业市场化程度较高，吸引了国际饮料巨头纷纷进入，竞争非常激烈。概要地说，饮料行业的基本竞争规则是：

第一，产业平均竞争门槛提高。目前饮料行业的竞争已处于新的平台之上，是巨头们(包括“可口可乐系”、“百事可乐系”、“达能系”、“台资系”以及“本土系”等)之间的“博弈”，是多种要素和综合实力的比拼。资源条件、研发能力、制造基础、市场营销水平等，“一个都不能差”。此外，各品类均已出现较高的市场集中度，使得新进入者很难突破，成功的机会减少。换句话说，非大投入、大手笔、高起点不能取得优势。

第二，广告宣传的边际效用递减。广告“强轰”拉动市场的运作方式已经开始不适用了——这一方面是因为，随着价格下降，各企业用于广告的资源有限；另一方面，消费者在广告“信息爆炸”的环境中有些麻木了，并且趋于理性。如何用新的运作方式维护品牌形象，促使品牌增值，是每个企业市场营销方面面临的主要挑战。

对现有推广“瓶颈”的突破，意味着新的推广方式的酝酿和产生。未来品牌运作及市场推广的突破方向，在内容上将更加注重沟通的深度和融合，在形式上将更加注重直接、主动，融入消费者生活的事件营销将成为主流。

第三，产品本身的竞争地位提高。在渠道结构稳定、市场推广大同小异之后，产品的差异化是竞争的主要途径。各品类(如水、茶、牛奶、果汁等)内部品种均有细分趋势，产品线日趋密集，体现了市场深化的特色。其内涵(内在的品质)与外秀(外在的审美风格和文化含量)是市场优势的主要源泉。这对各企业研发能力和研发投入提出了更高的要求。此外，饮料产品的“品牌联想”(特定品牌与特定“概念”之间的心理关联)较其他消费品更加先入为主，加之饮料消费主体(新生代)偏好的快速游移，因此新产品开发的准确性和速度尤为重要。速度营销，强调运作的节奏，是饮料业的竞争规则之一。

第四，得终端者得天下。掌控终端，提高终端竞争力(表现在铺货率、主推率等指标以及终端服务、推广能力等方面)是各企业的基本策略倾向。营销的优势，已从品牌运作转向渠道模式、结构与渠道管理。渠道资源尤其是终端资源成为各企业争夺的“焦点”。坚固、通畅的道路是企业多元化发展的基础和平台。掌控终端的深度分销模式，意味着区域的密集式开发，这对各企业的人力资源管理能力和企业文化建设能力提出了新的、更高的要求。

第五，价格将长期成为竞争的焦点。但不同品类价格竞争的激烈程度不同。可乐产品、瓶装水产品由于产品同质以及密集式分销等原因，价格已几乎是底部，而茶、牛奶、果汁等品类，由于竞争结构尚不稳定，价格仍是改变行业格局的利器。

(资料来源：施炜. 国内饮料行业的基本竞争规则[J]. 总裁，2003(4))

本章小结

准确地识别竞争者是企业正确制定市场竞争战略和实现营销目标的前提。

五种力量模型确定了竞争的五种主要来源，即供应商和购买者的讨价还价能力，潜在进入者的威胁，替代品的威胁，以及来自目前在同一行业的公司间的竞争。

在同一目标市场上竞争的企业，一般可采取三种竞争战略：成本领先战略、差异化战略和目标集聚战略。市场领导者是市场上最有实力的企业，要根据自身的特点，制定出正确的竞争战略，以维护自己的地位和市场份额。市场挑战者作为仅次于市场领导者的企业，在制定竞争战略时，必须先确定自己的战略目标和竞争对手，然后选择挑战战略。市场追随者是挑战者的主要攻击目标，只有保持低成本和高质量才能立足。作为市场补缺者最要紧的是找到一个或多个安全、有利可圈的补缺点，以便求得生存。

在市场竞争结构中，明确本企业的竞争地位，对处于不同位势的竞争对手采取相应的竞争策略。位势竞争战略主要有市场领导者战略，市场挑战者战略，市场追随者战略及市场利基者战略。

研究与讨论

(1) 五种竞争力量和三种基本竞争战略是什么?

(2) 市场领导者为保护市场份额应采取什么样的竞争战略?

(3) 市场挑战者应采取什么样的进攻战略?

(4) 市场追随者应采取什么样的跟随战略?

(5) 市场利基者应选择怎样的竞争战略?

▶▶ 案例分析

可乐争霸战

在饮料行业中，可口可乐和百事可乐一个是市场领导者，一个是市场挑战者。世界上第一瓶可口可乐于 1886 年诞生于美国，距今已有一百多年的历史。这种神奇的饮料以它

不可抗拒的魅力征服了全世界数以亿计的消费者，成为“世界饮料之王”。作为市场后起者，有两种战略可供选择：向市场领导者发起攻击以夺取更多的市场份额——挑战者战略；或者是参与竞争，但不让市场份额发生重大改变——追随者战略。显然，经过近半个世纪的实践，百事可乐深刻地意识到，后一种选择连公司的生存都不能保障，是行不通的。于是，百事可乐向可口可乐发起强有力的挑战，并在与可口可乐的交锋中越战越强，最终形成分庭抗礼之势。

1902 年可口可乐公司投下 12 万美元广告费，使可口可乐成为最知名的品牌。次年，可口可乐改变配方，除掉可卡因成分。由于受到广告刺激与禁酒运动的影响，可口可乐快速成长起来。

1915 年，来自印第安纳州霍特市的一位设计师推出了 6.5 盎司的新瓶装，使得可口可乐与其他仿冒品相比，显得不同。此后，这种新瓶装约生产了 60 亿瓶。

百事可乐最早是以 Me-too(我也是)的策略进入市场，你是可乐，我也是可乐。Coca-Cola 的命名是取可乐倒进杯中，喀啦喀啦的声音，Pepsi cola 的命名则是取打开瓶盖可乐冒气“拍嘘”的声音，两种可乐音同而首字不同。

在 1970 年后，可口可乐公司的宣传重点从“清凉顺畅、心旷神怡”的软性诉求，转向“只有可口可乐，才是真正可乐”的防御策略。提醒消费者可口可乐才是真正的创始者，其他都是仿冒品。后来更进一步将 Coca-Cola 浓缩为 Coke 一字，以摆脱百事可乐的同名干扰。这样店老板再也不会搞不清是拿可口可乐还是拿百事可乐。这是领导性品牌围、迫、堵的很好策略。

百事可乐成长于 20 世纪 30 年代经济大衰退时期，由于消费者对价格很敏感，因此 1934 年百事可乐推出了 12 盎司装的瓶子，但与可口可乐 6.5 盎司的价格一样，也是 5 美分。百事可乐利用电台广告大力宣传“同样价格、双倍享受”的利益点。它成功地击中了目标，尤其是年轻人的市场，因为他们只重量不重质。

1954 年可口可乐销售量降低了 3%，百事可乐上升了 12%。1955 年可口可乐不得不发动反击，同时推出 10 盎司、12 盎司及 16 盎司新包装，但为时已晚。可口可乐从 50 年代以 5∶1 的悬殊销售比领先百事可乐，到 60 年代百事可乐已将比例缩小到一半。

百事可乐的另一个成功策略是抓住了“新一代”。从 1961 年开始，广告强调“现在，百事可乐献给自认为年轻的朋友”，1964 年喊出“奋起吧！你是百事的一代”，使这个观念更明确风行，大大影响了年轻人的传统意识。

百事可乐广告的成功，在于充分掌握了年轻人的喜好，使电影和音乐的魅力再现于广告影片中。百事可乐先后以“大白鲨”、“ET”、“回到未来”等主题拍摄饶富趣味的 CF，特别是以流行音乐制作 CM Song，引起广大青年人的共鸣。他们还率先聘请当代知名的摇滚红歌星如迈克尔·杰克逊、莱诺·李奇、蒂拉·透娜等作为电视广告主角，又与《迈阿密风云》男主角唐强生(Don Johnson) 签约演出新 CF，声势更大。这一系列广告影片，风靡了全世界的新一代，使其品牌形象不断上升，甚至有凌驾于可口可乐之上的趋势。

百事可乐不仅在美国国内市场上向可口可乐发起了最有力的挑战，还在世界各国市场上向可口可乐挑战。在美国市场，百事可乐因为可口可乐的先入优势已经没有多少空间。百事可乐的战略就是进入可口可乐公司尚未进入或进入失败的“真空地带”，当时公司的董事长唐纳德·肯特经过深入考察调研，发现前苏联、中国以及亚洲、非洲还有大片空白地区可以有所作为。

1959年，美国展览会在莫斯科召开，肯特利用他与当时的美国副总统尼克松之间的特殊关系，要求尼克松“想办法让苏联领导人喝一杯百事可乐”。于是在各国记者的镜头前，赫鲁晓夫手举百事可乐，露出一脸心满意足的表情。这是最特殊的广告，百事可乐从此在前苏联站稳了脚跟。1975年，百事可乐公司以帮助前苏联销售伏特加酒为条件，取得了在前苏联建立生产工厂并垄断其销售的权力，成为美国闯进前苏联市场的第一家民间企业。这一事件立即在美国引起轰动，各家主要报刊均以头条报道了这条消息。

在以色列，可口可乐抢占了先机，先行设立了分厂。但是，此举引起了阿拉伯各国的联合抵制。百事可乐见有机可乘，立即放弃本来得不到好处的以色列，一举取得中东其他市场，占领了阿拉伯海周围的每一个角落，使百事可乐成了阿拉伯语中的日常词汇。

1970年，可口可乐终于找到了作为领先者的最佳防御策略，即它拥有的领先地位本身就是最佳策略。可口可乐“正宗货”，意味着其他的可乐饮料都是在模仿可口可乐。事实上，其他可乐确实也都是在模仿可口可乐。

20世纪70年代末，印度政府宣布，只有可口可乐公布其配方，才能在印度经销，结果双方无法达成一致，可口可乐撤出了印度。百事可乐因此趁机以建立粮食加工厂、增加农产品出口等作为交换条件，打入了这个重要的市场。

1982年，在纽约的广播音乐大厅，新一轮的营销战役打响了。可口可乐推出了健怡可口可乐(Diet Coke)，这是可口可乐自1886年创始以来以“可口可乐”命名的第一个新产品。

新产品一上市就获得了成功，为此《纽约时报》评论道：“假如在市场营销中有什么产品万无一失的话，看来就是健怡可口可乐了。”《华尔街日报》预言道：“健怡可口可乐成为可口可乐公司历史上第二位最受欢迎的软饮料的形势看好。”《杰西·梅亚斯饮料文摘》的编辑称其为“在最短的时间里最畅销的软饮料”。但冷静地看，实际情况可能是可口可乐正在阻断自己的财路，健怡可口可乐的成功是以其他产品的损失为代价的，健怡可口可乐所获的利润就是泰波可口可乐和可口可乐本身的损失。

在抗击百事可乐的挑战数年后，可口可乐在1984年突然改变配方，赶超百事可乐的甜味。可口可乐公司推出新配方“可口可乐”(New Coca-Cola)，然而新可乐一上市就受到了消费者猛烈的抨击，消费者并不认为新可乐味道更好，反而认为它彻底改变了他们对可乐的钟爱，来自全球的大量抗议涌到公司。新可乐推出不到3个月，可口可乐公司就被迫宣布恢复生产老配方可口可乐，即“经典”可口可乐(Classic Coke)。

新可乐带来了极为明显的后遗症，新老可口可乐销量的总和仍然比不上上一年度老可口可乐的销量。以此事件为契机，百事可乐趁机夺取了美国市场可乐销售的冠军位置。

在与可口可乐角逐国际市场时，百事可乐很善于依靠政界，抓住特殊机会，利用独特的手段从可口可乐手中抢夺市场。

百事可乐与可口可乐的销售差距从1960年的2.5∶1，缩小到1985年的1.15∶1，可口可乐的领导地位首次出现危机。在1985年底，百事可乐的销售额一度超过了可口可乐，到1986年经典可口可乐才夺回宝座。

为了争夺中国这个巨大的市场，他们彼此争斗，互不相让。1978年，在中美宣布建交的当天，可口可乐就宣布自己为首家重返中国的国际消费品公司，并于1981年在北京建立了第一家瓶装厂。二十多年争斗的结果，可口可乐在中国碳酸饮料市场上位居第一，百事

可乐紧随其后。作为竞争对手，百事可乐从没有停止过争夺第一的行动。百事可乐在中国市场分别推出了多种形式的 SP 战术，如世界杯足球赛的拉环、瓶盖换领与换购足球明星奖品活动，音乐巨星换领与换购歌星奖品活动，七喜浪漫小存折换领奖品和澳门旅游活动等。这些活动涉及面广，影响力大，对终端促销、提高销售量起了积极作用。

2003 年 4 月，《福布斯》公布了 2003 年最新全球 500 强排名，百事位居 43 位，可口可乐排名 44 位。在 2002 年百事表现更好，排名 41 位，可口可乐排名 44。虽然百事在整体实力排名上压过可口可乐，但是在利润额上，可口可乐却以 40 亿美元大大超出百事的 33 亿美元。

同时，美国饮料行业公告指出："可口可乐的市场占有率在经历了连续 3 年的原地踏步甚至下降后终于出现了增长，2002 年上升了 0.6%，升至 44.3%，创 1998 年以来的最高水平，销售量达到 29 亿加仑"。而"百事的市场占有率则下降了 0.2 个百分点，降至 31.4%，销售量为 20 亿加仑"。对于世界上最大的两大可乐制造商来说，争夺更大的市场份额将成为他们之间的永恒话题。

思考：

(1) 百年的发展铸就了可口可乐今日的辉煌，可口可乐保持长盛不衰的秘诀是什么？

(2) 可乐大战给我们什么启示？尤其对于在市场上不断崛起的国产饮料企业最应该学习的是什么？

(3) 挑战第一，百事可乐如何对可口可乐发起攻击？

(4) 面对新可乐事件，可口可乐采取了什么样的产品策略？

(5) 对于消费者来说，可口可乐是一种饮料，还是一种文化？

第六章 企业战略

学习目标

(1) 了解企业战略的特征，明确企业战略的层次结构；
(2) 明确企业战略规划的过程与内容；
(3) 掌握市场营销战略的步骤；
(4) 学会制定市场营销方案。

案例导入

一个涂料企业的战略选择

一个生产涂料的小企业，在分析了涂料市场的前景之后，发现这个市场很有吸引力：一方面，这个市场成长很快，规模不断扩大，令许多企业都跃跃欲试地想进入这个市场；另一方面，当时“立邦漆”在市场的份额已经接近50%，非常稳定。经过周密的策划，这家企业做了几件事情，发起了进攻：第一件事是对“立邦漆”的购买者进行分析，分析他们购买的动机和原因是什么，结果发现人们普遍欣赏“立邦漆”的质量和品牌，但对其价格是不太满意的；第二件事是统计分析“立邦漆”的销售情况，结果发现，最畅销的产品只有5种，其他产品销售量远低于这5种产品；第三件事是走访现有“立邦漆”的代理商和那些没有代理“立邦漆”的涂料经销商，了解他们的需要，听取意见，结果发现，由于“立邦漆”的种类多，对资金的需求大，库存确实是一个大问题；第四件事是走访那些没有买“立邦漆”的消费者，问他们为什么不买“立邦漆”，他们说他们更看重的是产品的内在质量，对品牌看得不是很重。经过这些周密细致的市场调研后，这家公司做出了战略选择：第一，生产与“立邦漆”同样质量的产品，并通过权威机构和宣传手段使得消费者认同其质量；第二，只生产市场上5种最畅销的产品，从“立邦漆”的销售状况中得出结论，这样生产线上的管理措施就变得很容易了，品种少，产量大，库存也相应地下降，使得总成本大大降低；第三，价格上的定位是“立邦漆”的2/3，目的是吸引实惠型的消费者；第四，发起强大的市场共识，如果客户买的是本公司生产的5种产品中的一种，则想办法吸引客户以后继续购买本公司生产的其他种类产品。大多数消费者都认定一分价钱一分货，如果一个企业不能给消费者一个满意的说法，消费者是不会轻易相信的。我国目前比较流行的是让利销售，这家公司则考虑如何通过降低成本，而不是考虑如何让利。在市场经济比较发达的环境中，如果企业想通过提价来提高利润，会受到消费者的制约，而如果先通过降价来提高市场占有率，则会受到股东的制约，因为让利给消费者会损害股东的利益。

经过几年的不懈努力，这家公司占有了全国 1/3 的市场，一举成为涂料市场的三巨头之一。

(资料来源：郑玉香. 市场营销学新论[M]. 北京：中国林业出版社，2007.)

第一节　企业战略的特征与层次结构

一、企业战略的特征

企业要在不断变化的环境中生存和发展，必须用长远和系统的眼光看待经营管理问题，必须在目标、资源和市场机会三者之间找到最佳的配合方式，从而赢得竞争优势。企业战略使企业根据外部环境及内部资源和能力状况，为获取竞争优势从而求得企业长期生存和不断发展所做出的总体谋划。具体说来，企业战略是在符合和保证实现企业宗旨的前提下，在充分利用环境中存在的各种机会和创造新机会的基础上，确定企业同环境的关系，规定企业从事的经营范围、成长方向和竞争对策，合理地调整企业结构和配置资源，以获得某些竞争优势，从而使企业不断成长。

企业战略具有以下特征：

(1) 全局性。企业战略要符合整个世界政治、经济、科技的发展趋势；符合所在国的政治、经济、科技的发展趋势；符合企业所在行业的发展趋势；符合本企业的发展趋势。

(2) 长远性。企业战略是为企业的明天而进行抉择，要解决企业在未来几年甚至几十年的生存和可持续发展问题，而并非对外界的短期波动做出反应。

(3) 系统性。企业战略从指导思想、方针、政策到措施，从总体战略、事业部战略到职能战略，从外部环境到内部条件，都要保持统一和协调。

(4) 竞争性。企业战略就是在激烈的竞争中赢得竞争优势，发展和壮大自己。当然，有竞争就有风险，合作也是竞争的一种结果。

(5) 复杂性。企业战略的制定是企业高层领导者价值观的反应，是一种高智慧、复杂脑力劳动及集体决策的结果，是非程序性决策；企业战略的实施也是非常复杂的，既涉及人、财、物，又涉及供、产、销以及客户等。

(6) 创新性。创新源于变化，企业战略只有创新才能适应企业内外环境的变化，墨守成规的战略是无法适应时代要求的。因而，有人称战略就是革命。

(7) 稳定性。企业战略必须在一定时期内保持相对的稳定性，否则就失去了指导意义。但也要根据环境的变化进行相应地调整，以保证战略目标的实现。

二、企业战略的构成要素

企业战略由以下 4 个要素构成：

(1) 经营范围。指企业从事经营活动的领域。它反映出企业与外部环境相互作用的程度，企业应根据所处的行业、市场及产品来确定。

(2) 资源配置。指企业对资源和技能进行配置、整合的能力与方式。资源配置的优劣极大地影响企业战略的实施能力。

(3) 竞争优势。指企业通过经营范围的决策和资源配置模式，在市场上形成的竞争地位。它可以来自产品、品牌及特殊资源。

(4) 协同作用。指在投资、作业、销售、管理等方面相互协调所取得的效果，也就是整合作用。

三、企业战略的层次

一个企业的战略可划分为以下三个层次，如图 6-1 所示。

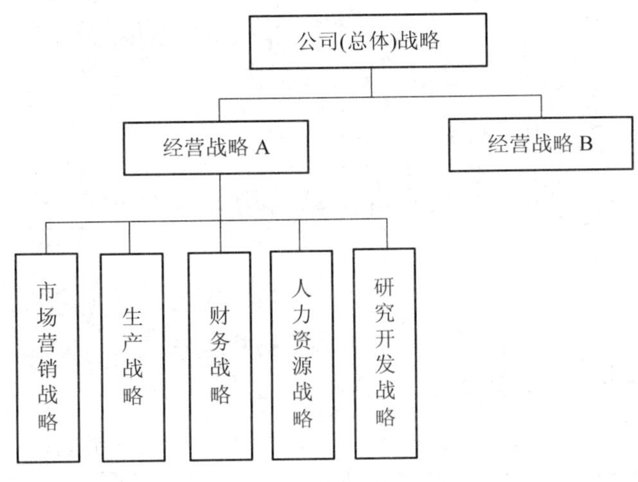

图 6-1　企业的战略层次

(1) 公司战略。它是企业总体的、最高层次的战略。主要从公司全局出发，选择经营领域和有效分配资源，以实现公司整体的战略意图。

(2) 经营单位(事业部) 战略。它是在公司战略范围内如何选择事业部的竞争战略，发挥其竞争优势。战略经营单位通常具有这样一些特征：

① 有自己的业务。可能是一项独立的业务，也可能是一组互相联系，但在性质上可与企业其他业务分开的业务。因为它们有着共同的任务，所以有必要作为一个单位进行管理。

② 有共同的性质和要求。不论是一项业务还是一组业务，都有它们共同的经营性质和要求，否则无法为其专门制定经营战略。

③ 掌握一定的资源，能够相对独立或有区别地开展业务活动。

④ 有竞争对手。这样的战略经营单位才有其存在的意义。

⑤ 有相应的管理班子从事经营战略的管理工作。否则，这样的战略经营单位便形同虚设，没有实际作用。

(3) 职能战略。它是为了贯彻、实施公司战略和经营单位战略而在特定的职能领域制定的战略。如产品、财务、营销等战略。

四、战略管理的作用

战略管理是企业高层管理者为求得企业生存和可持续发展，在分析外部环境和内部条件的基础上，制定和选择达到企业目标的有效战略方案，并付诸实施和加以控制的动态管理过程。战略管理在企业管理中起着十分重要的作用：

(1) 战略管理能够有效地达成企业目标与外部环境和内部条件之间的动态平衡。

(2) 战略管理通过战略分析、战略选择、战略实施与控制系统的不断完善，可以有效地指导管理实践。

(3) 战略管理可以更有效地配置资源，提高各方面的协同效果，提升企业竞争力。

(4) 战略管理更加重视创新和整体努力，可以使变化带来的不利因素和风险降到最低，增强企业的适应性。

第二节 战略规划

一、战略管理的一般过程

战略管理是由战略分析、战略选择和战略实施所构成的相互联系的动态管理过程。

1. 战略分析

战略分析指对企业的战略环境进行调研、分析、评价，并预测其未来走势，尤其是对外部环境中的机会和威胁、内部条件中的优势和劣势以及使命、愿景、目标进行深入细致地分析，为形成战略方案奠定基础。

2. 战略选择

在战略分析的基础上，要对战略方案进行探索、制订、评价和选择。主要解决两个基本的战略问题：一是确定企业的经营领域；二是确定企业的竞争优势。在出现多方案的情况下，就要对各方案进行评价和鉴别，以便选出适合企业的方案。

3. 战略实施

战略方案确定后，企业还要从资源规划与配置、组织结构调整、选择高层管理者等方面来推进战略的实施。在战略具体化和实施过程中，必须对战略的实施加以调控，以保证战略目标的实现。

二、企业战略规划

根据战略管理的一般过程，企业在进行战略规划时可遵循以下步骤，如图 6-2 所示。

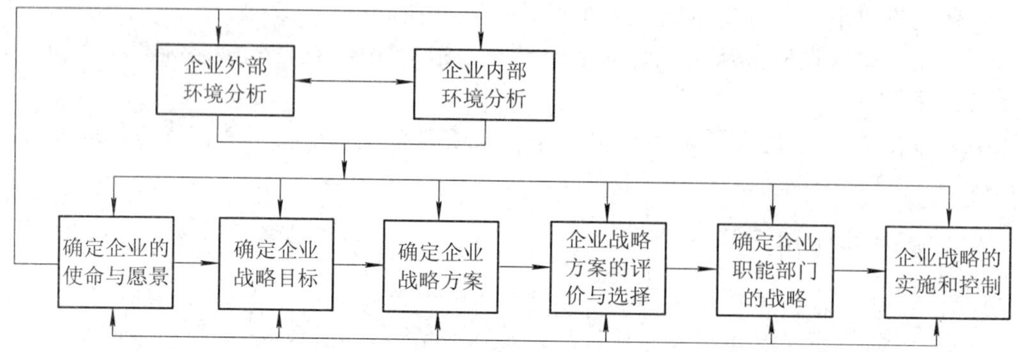

图 6-2 企业战略规划过程

1. 企业外部环境分析

(1) 企业宏观环境分析：分析和预测宏观环境因素的变化，可以使企业战略管理者获得行业和企业的背景知识。宏观环境分析的目的是要确定影响行业和企业的关键因素，预测这些关键因素未来的变化，以及这些变化对企业影响的程度和性质、机遇与威胁。

(2) 企业所处行业及竞争对手分析：主要分析行业竞争结构的五种因素的变化，分析竞争对手实力、战略和行为模式，在基础上确认企业所面临的直接竞争机会与威胁。

2. 企业内部条件分析

(1) 企业价值链分析：主要分析企业内部在进货后勤、生产作业、发货后勤、营销及售后服务等基本活动中存在的优势及劣势。同时还要分析采购、技术开发、人力资源管理及企业基础职能管理等辅助活动对价值链的支持活动，综合价值链的基本活动及辅助活动的分析，确认企业内部管理中存在的优势及劣势。

(2) 企业资源、能力及核心竞争力的分析：从与竞争对手的比较中，分析企业的竞争优势，从竞争优势的可保持性、独特性、延展性及其价值判断其核心竞争力，从核心竞争力与行业特点的匹配判断企业是否需要建立新的核心竞争力或者进入相关行业。

(3) 将外部环境分析与企业内部条件分析两部分整合起来，与寻找有吸引力的行业相匹配或者根据产业演化分析，重新进行产业创新。企业只有掌握了所在产业的命运，才能把握住企业自身的命运，而要掌握产业的命运，关键在于产业创新，它包括：

① 竞争规划创新：现有产业企业之间竞争格局是由该产业领先者决定的，产业挑战者及跟随者只有设法改变产业的竞争规则，才有可能打破现有的竞争格局，成为产业新的领先者。

② 重划产业界线：新出现的产业其界线往往难以划分，如计算机通信业，很难确定它是属于计算机产业还是属于通信产业，只有重新设计产业界线，企业才能认识并发现其竞争对手和合作伙伴，从而找出新的竞争空间。

③ 创造全新产业：通过顾客前瞻式思考，依靠企业核心能力，为顾客提供全新的产品或服务，从而创造一个全新产业，如个人电脑业崛起、沃尔玛商业超市连锁的导入。企业如能创造一个全新的产业，该企业就能主导这个产业的发展走向，决定该产业竞争规则，从而把握企业发展命运。

由于产业创新又往往需要建立新的核心能力，这就需要企业将事业部的核心能力重新整合，例如夏普是以整个企业为一体的方式与东芝、卡西欧、索尼等公司开展竞争，才在平面显示器领域建立起世界领导地位。

3. 确定企业的使命与愿景

企业使命与愿景是对企业存在意义及未来发展远景的陈述，除表明企业长期存在的合法性及合理性外，还要所有者和企业主要利益相关者的价值观或期望一致，它应富有想象，对企业员工有很强的感召力，并能得到社会公众认可；它应用简单、精练的语言来表达。图 6-2 中企业的使命与愿景方面有一条线反馈到企业外部环境及企业内部条件中去，这是指企业外部环境与内部条件分析不是盲目地对任何因素都去进行分析，而是从企业的业务性质及发展愿景出发，分析与之有关的外部环境与内部条件各因素。

4. 确定企业战略目标

企业战略目标通常是与企业使命与愿景相一致的、对企业发展方向的具体陈述。一般情况下，它是定量的描述。

企业战略具体目标是要尽量数量化的指标，如某企业集团到 2018 年营业收入要达到 500 亿元人民币，这就是一个战略目标。企业数量化指标便于分解落实，便于检查，便于动员群众为实现目标而努力奋斗。

5. 企业战略方案的评价与选择

企业高层领导在做战略决策时，应要求战略制定人员尽可能多地列出可供选择的方案，不要只考虑那些比较明显的方案，因为战略涉及的因素非常多，有些因素的影响往往不那么明显，因此，在战略选择过程中形成多种战略方案是战略评价与选择的前提。

高层管理人员对每个战略方案按一定标准逐一进行分析研究，以决定哪一种方案最有助于实现战略目标。战略评估过程要坚持三条基本原则，即适用性、可行性及可接受性。既要使企业资源和能力能够支持战略方案的实现，同时对外界环境的限制条件是在可接受的限度内，也为企业的干部、职工所接受。选择可行战略并不完全是理性推理的过程，更为重要的要取决于管理者对风险的态度、企业文化及价值观的影响、利益相关者的期望、企业内部的权利及政治关系，以及高层管理者的需要及欲望等，因此，战略选择的过程是对各种方案进行比较权衡，进而决定一个较为满意的方案的过程。

6. 企业职能部门战略

根据前述确定的企业战略，进一步具体化做出企业的组织机构战略、市场营销战略、人力资源开发与战略管理、财务管理战略等各职能部门战略，这样才能使企业总战略真正落实。要求各职能部门战略与企业战略保持一致。

7. 企业战略的控制与实施

企业战略实施遵循三个原则，即适度合理性的原则、统一领导与统一指挥的原则、权变的原则。为贯彻实施战略要建立起贯彻实施战略的组织机构，配置资源，建立内部支持系统，发挥好领导作用，使组织机构、企业文化能与企业战略相匹配，处理好企业各方面的关系，动员全体员工投入到战略实施中来，以保证战略目标的实现。

小资料：

企业战略目标与核心价值观的关系

从哲学上说，价值观是关于对象对主体有用性的一种观念，企业价值观是指企业在追求经营成功过程中所推崇的基本信念和奉行的目标，是企业全体或多数员工一致赞同的关于企业意义的终极判断。美国著名管理大师吉姆·柯林斯在长期的企业研究后得出了这样一个结论：真正让企业长盛不衰的，是深深根植于公司员工心中的核心价值观。

有什么样的使命和战略目标，就有什么样的价值观。伟大的科学家爱因斯坦曾经说过："一个人的价值，不在于他取得了什么而是看他贡献了什么"。对于一个企业来说也同样如此。"全面创新、求真务实、以人为本、共创价值"这个核心价值观是中国电信企业使命和战略目标的必然结果，是中国电信在通信行业中追求光荣与梦想的唯一选择。企业使命和战略目标，决定了企业的核心价值观，而企业的核心价值观必须能支撑企业的使命和战略目标，由企业核心价值观的外化而产生企业服务理念和行为准则为企业使命和战略目标提供了强大的行为保证。

中国电信的使命是"共享与世界同步的信息文明"，中国电信的目标是把中国电信建设成为"世界级现代电信企业集团"。要完成这一使命，要实现这一目标，就必须全面创新、求真务实。在"非变革无以图生存，不创新无以谋发展"的情况下，必须全面创新。中国电信全面创新的目的，是加快建立"以市场为导向、以客户为中心、以效益为目标"的新型运营模式，逐步健全现代企业制度，从而增强企业核心竞争力，提升企业经营业绩。求真务实要求我们在经营实践中与时俱进，不断探索，严格按照企业的发展规律制订经营决策，并不折不扣地付诸行动。作为中华民族的优良传统与作风，求真务实既是党中央所大力倡导的基本作风，也是我们多年来的优良传统。全面创新、求真务实是中国电信企业文化的灵魂，不全面创新，不求真务实，"共享与世界同步的信息文明"的使命就无从谈起，而建成"世界级现代电信企业集团"的目标就必然成为无源之水，无本之木，永远只是一个梦想。

中国电信是服务型企业，这就要求企业必须牢固树立"以人为本"的理念：对外以客户为本，使服务更贴近客户、更人性化，使企业全部的工作始于客户需求、止于客户满意；对内以员工为本，建立"以人为本"的企业管理方式和方法，关爱员工，从而形成企业员工"心齐、气顺、劲足"的良好氛围。在经济全球化和信息技术一日千里的时代背景下，以"对内讲求团队合作与员工共创、对外缔结共赢产业链与合作伙伴共创"为主要内容的共创价值是中国电信的必然选择和必由之路。全心全意依靠员工并以团队合作的方式追求整体最优，专注自身核心能力并广泛地与合作伙伴包括竞争对手等合作，是市场竞争的要求也是时代精神的要求，而沿用计划经济时代"大而全、小而全"的老思路、老做法，不但成不了"世界级"，甚至连"中国级"都会成问题!

全面创新和求真务实既是对中国电信过去成功经验的基本概括，更是中国电信未来可持续发展所必须坚持的根本；以人为本和共创价值是中国电信在市场经济和公司化运作的大背景下成长为令人尊重的世界级电信企业，进而与所有利益相关者共享信息文明成果的必然要求。

中国电信的核心价值观是履行企业使命、实现企业战略目标的必然选择，它承接着企业的使命和战略目标，支撑着企业的服务理念和行为准则，正是在价值观这个企业文化核心的支配下，使企业文化的各个方面发挥积极的作用，共同引导我们在服务社会、产业报国的进程中实现"世界级现代电信企业集团"的战略目标，完成"共享与世界同步的信息文明"的庄严使命。

(资料来源：邹亚平. 企业战略目标与核心价值观的关系[EB/OL].
(2006-4-13)[2017-10-20]. http: //i.globrand.com.htm.)

第三节　企业市场营销战略

市场营销战略是在企业营销哲学思想的指导下，在分析内外环境的基础上，对企业市场营销活动作出的总体的、长远的谋划。

市场营销战略作为企业总体战略的重要组成部分，已成为企业营销工作的龙头，是服务于企业总体战略的职能战略，并引导其他职能战略。

市场营销战略规划是一种管理过程，即企业的最高管理层通过规划企业的基本任务、目标以及业务组合，使企业的资源和能力同不断变化着的营销环境之间保持着与战略适应的关系。战略规划的主要内容和过程包括以下几个方面：① 明确企业任务；② 分析战略机会；③ 明确企业目标；④ 安排业务组合；⑤ 规划增长战略；⑥ 形成营销计划。

一、明确企业营销任务

企业的营销任务又称企业营销方向，是指在未来一个相当长的时期内，企业营销工作服务的对象、项目和预期达到的目的。营销任务是企业市场营销的业务和发展方向，要符合企业战略使命的总体要求。它涉及企业的经营范围及企业在社会分工中的地位，并把本企业和其他类型的企业区别开来。营销任务是企业市场营销的首要内容。企业的任务随着内外诸因素的变化而相应变化，一般用任务书来表达。

（一）企业营销任务的内容

企业的营销任务通过规定企业的业务活动领域和经营范围表现出来，主要回答“本企业是干什么的?”、“市场在哪里?”、“顾客的主要追求是什么?”、“企业应该怎样去满足这些需求?”等问题。这些问题具体表现为四个方面的内容：一是企业的服务方向，即企业是为哪些购买者服务的；二是产品结构，包括质量结构、品种结构、档次结构等，即企业拿什么样的产品来为购买者服务；三是服务项目，即企业为购买者提供哪些方面的服务；四是市场范围，即企业服务的市场有多大。

企业的营销任务随着时间的推移和企业内部条件、外部环境的变化而改变，但其具体内容不变。

（二）明确企业营销任务需考虑的因素

在确定企业营销任务时，企业需要考虑以下 5 个方面的主要因素：

(1) 企业过去历史的突出特征；

(2) 企业周围环境的发展变化。企业周围环境的发展变化会给企业造成一些环境威胁或市场机会；

(3) 企业决策层的意图；

(4) 企业的资源情况。这个因素决定企业可能经营何种业务；

(5) 企业的特有能力。

（三）一个有效的任务书应具备的条件

一个有效的任务书应具备以下条件：

(1) 任务书必须明确规定企业的经营范围；

(2) 任务书必须具有激励性；

(3) 任务书要强化企业的优良传统和共同价值；

(4) 任务书必须具备可操作性。

二、分析企业战略机会

分析和判断企业的战略机会是对企业战略规划的制定和企业战略机会的评估。最有效的评估手段就是SWOT分析法。

（一）SWOT分析法的含义

SWOT 是一种分析方法，用来确定企业本身的竞争优势(Strengths)、竞争优势(Weaknesses)、机会(Opportunities)和威胁(Threats)，从而将公司的战略与公司内部资源、外部环境有机结合。因此，清楚地明确公司的资源优势和缺陷，了解公司所面临的机会和挑战，对于制定公司未来的发展战略有着至关重要的意义。

SWOT分析法很有针对性，有利于领导者和管理者在企业的发展上作出较正确的决策和规划。SWOT分析是分析组织的优劣势，面临的机会和威胁，其中，优劣势分析主要是着眼于企业自身的实力及其与竞争对手的比较，而机会和威胁分析将注意力放在外部环境变化及对企业的可能影响上。

（二）SWOT分析的步骤

(1) 罗列企业的优势和劣势，可能的机会与威胁；

(2) 优势、劣势与机会、威胁相组合，形成SO、ST、WO、WT策略；

(3) 对 SO 、ST、WO 、WT 策略进行甄别和选择，确定企业目前应该采取的具体战略与策略。

（三）SWOT分析内容

1. 优势与劣势分析(SW)

当两个企业在同一市场或者说它们都有能力向同一顾客群体提供产品和服务时，如果其中一个企业有更高的盈利率或盈利潜力，那么，我们就认为这个企业比另一个企业更具有竞争优势。换句话说，所谓的竞争优势(S)是指一个企业超越其竞争对手的能力，这种能力有助于实现企业的主要目标——盈利。但值得注意的是：竞争优势并不一定完全体现在较高的盈利率上，因为有时企业更希望增加市场份额，或者多奖励管理人员或雇员。

竞争优势可以是以下几个方面：① 技术技能优势；② 有形资产优势；③ 无形资产优势；④ 人力资源优势；⑤ 组织体系优势；⑥ 竞争能力优势。

竞争劣势(W)是指某种公司缺少或做得不好的东西，或指某种会使公司处于劣势的条

件。可能导致企业劣势的因素有：① 缺乏具有竞争意义的技能技术；② 缺乏有竞争力的有形资产、无形资产、人力资源、组织资产；③ 关键领域里的竞争能力正在丧失等。

2. 机会与威胁分析(OT)

公司面临的潜在机会(O)：市场机会是影响公司战略的重大因素。公司管理者应当确认每一个机会，评价每一个机会的成长和利润前景，选取那些可与公司财务和组织资源匹配、使公司获得竞争优势的潜力最大的最佳机会。

潜在的发展机会可能是：① 客户群的扩大趋势或产品细分市场；② 技能技术向新产品新业务转移，为更大客户群服务；③ 前向或后向整合；④ 市场进入壁垒降低；⑤ 获得并购竞争对手的能力；⑥ 市场需求增长强劲，可快速扩张；⑦ 出现向其他地理区域扩张，扩大市场份额的机会等。

危及公司的外部威胁(T)：① 出现将进入市场的强大的新竞争对手；② 替代品抢占公司销售额；③ 主要产品市场增长率下降；④ 汇率和外贸政策的不利变动；⑤ 人口特征，社会消费方式的不利变动；⑥ 客户或供应商的谈判能力提高；⑦ 市场需求减少；⑧ 容易受到经济萧条和业务周期的冲击等。

当然，SWOT 分析法不是仅仅列出四项清单，最重要的是通过评价公司的优势、劣势、机会、威胁，最终得出以下结论：一是在公司在现有的内外部环境下，如何最优的运用自己的资源；二是如何建立公司的未来资源。

三、确定企业营销目标

企业营销任务确定以后，要将这些任务具体化为企业的营销目标。

（一）企业营销目标的内容

营销目标是企业营销活动的总目标，是企业在一定时期内追求和想要取得的成果。企业的营销目标是一个综合的或多元的目标体系，一般包括四个方面的内容：市场目标、发展目标、利益目标、贡献目标，从不同角度多侧面地反映战略追求及业务活动所要达到的状况。

(1) 市场目标，即企业在市场上竞争能力的提高程度，包括企业内在力量的提高程度和信誉的提高程度。竞争能力的提高指标具体表现为传统市场的渗透和新市场的开拓，市场占有率、销售增长率的提高等。

(2) 发展目标，即企业能力和规模的扩大程度。具体表现为商品和服务的创新能力、经营管理水平的提高程度以及企业的发展、专业化协作而使企业规模扩大程度等。

(3) 利益目标，即企业预定要取得的经济利益。具体表现为利润总额的扩大和资金利润率的提高程度、员工收入增长程度以及职工心理需要的满足程度。

(4) 贡献目标，即企业的营销活动对社会做出的贡献状况。具体表现为向社会提供的商品或服务的数量和质量、自然资源的利用程度、环境保护的状况以及为社会的政治安定和生活提高所做的其他贡献等。

（二）确定企业营销目标的具体要求

一个较大的目标通常要分解为若干较小的、次一级的目标。因此，既要考虑目标体系的层次化，又要考虑目标之间的一致性。既要先进，又要合理。例如，产品品种、产销量、销售额、市场占有率等。

(1) 层次化。企业的最高管理层规定了企业的任务之后，还要把企业的任务具体化为一系列的各级组织层次的目标。各级经理应当对其目标心中有数，并对其目标的实现完全负责，这种制度叫做目标管理。

(2) 数量化。目标还应尽可能数量化。

(3) 适用性。这就是说，企业的最高管理层不能根据其主观愿望来规定目标水平，而应当根据对市场机会和资源条件的调查研究和分析来规定适当的目标水平。这样规定的企业目标才能实现。

(4) 协调一致性。有些企业的最高管理层提出的各种目标往往是互相矛盾的。

四、安排业务组合

在确定了企业任务和目标的基础上，企业的最高管理者还要对业务(或产品)组合进行分析和安排，即确定哪些业务或产品最能使企业扬长避短，发挥竞争优势，从而能最有效地满足市场需要并战胜竞争者。

(一) 划分战略业务单位

企业的最高管理层在制订业务投资组合计划时，首先要把所有业务分成若干“战略业务单位”(Strategic Business Unit，SBU)。一个战略业务单位具有如下特征：它是单独的业务或一组有关的业务；它有不同的任务；它有其竞争者；它有认真负责的经理；它掌握一定的资源；它能从战略计划中得到好处；它可以独立计划其他业务。

(二) 战略业务组合的分析评价

企业的最高管理层在制订业务投资组合计划的过程中还要对各个战略业务单位的经营效益加以分析、评价，以便确定哪些单位应当发展、维持，哪些单位应该减少或淘汰。如何进行分析和评估呢?其中最著名的分类和评价方法有两种：一是美国波士顿咨询集团的方法；二是通用电气公司的方法。

(1) 波士顿咨询集团法(BCG 法)。波士顿咨询集团(Boston Consulting Group)是美国一家著名管理咨询公司，该公司建议企业用“市场增长率-市场占有率矩阵”进行评估，简称BCG法，如图6-3所示。

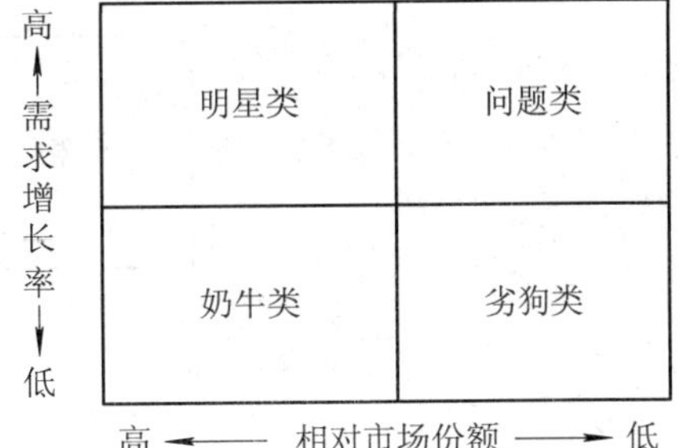

图6-3　市场增长率-市场占有率矩阵

通过分析，可将所有业务单位(或产品)分为四类：明星类；奶牛类；问题类；劣狗类。

各业务单位在矩阵中的位置不是固定不变的，经过一定时间总要发生变化，这种变化有两种可能：一是对企业有利的变化趋势，即按下列顺序变动：问题类→明星类→奶牛类；二是不利的变化趋势，即明星类→问题类→劣狗类。企业决策者应力争有利的变化趋势，避免不利的变化趋势。

在对各业务单位进行分析之后，企业应着手制订业务组合计划，确定对各个业务单位

的投资战略。可供选择的战略有：拓展战略；维持战略；收割战略；放弃战略。

企业通过上述战略可以达到优化业务(或产品)组合的目的。但是，需要指出的是，上述四类战略业务单位在矩阵图中的位置不是固定不变的，任何产品都有其生命周期，随着时间的推移，这四类战略任务单位在矩阵图中的位置就会发生变化。

(2) 通用电气公司法(GE 法)。通用电气公司(General Electric)分析业务或产品组合的方法称为“战略业务规划网络”(Strategic Business Planning，简称 GE 法)。这种方法认为，除市场增长率和相对市场占有率之外，还需要考虑更多的影响因素。

这些因素可分为两大类：一是行业吸引力，其中包括的因素有市场大小、市场年增长率、历史的利润率、竞争强度、技术要求和由通货膨胀所引起的脆弱性、能源要求、环境影响以及社会、政治、法律的因素等；二是企业战略业务单位的业务力量，即战略业务单位在本行业中的竞争能力，其中包括的因素有市场占有率、市场占有增长率、产品质量、品牌信誉、商业网、促销力、生产能力、生产效率、单位成本、原料供应、研究与开发成绩以及管理人员等。企业的最高管理层对上述两大变量中的各个因素都要给出分数，而且各个因素都要加权，就可求出各个变量的加权平均分数。

多因素投资组合矩阵图分为三个地带：左上角地带。这个地带的三个小格是“大强”、“中强”、“大中”；从左下角到右上角的对角线地带，这个地带的三个小格是“小强”、“中中”、“大弱”；右下角地带，这个地带的三个小格是“小弱”、“小中”、“中弱”，如图 6-4 所示。

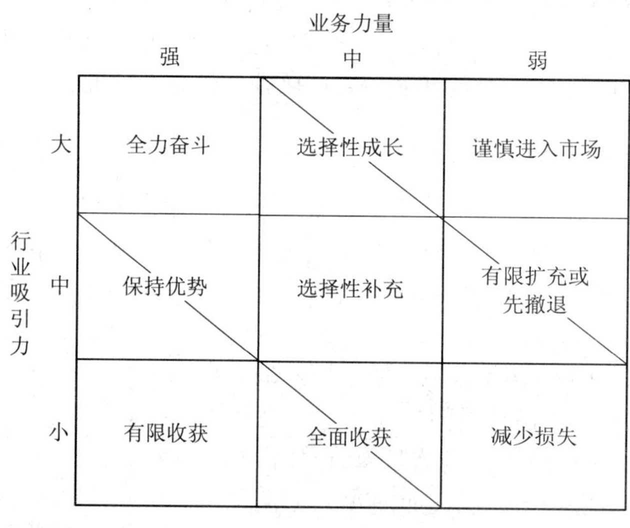

图 6-4　多因素投资组合矩阵

五、规划增长战略

企业的增长战略主要分为三类：密集化增长(Intensive Growth)、一体化增长(Integrative Growth)、多角化增长(Diversification Growth，又叫多元化增长)。每种各自又包括三种具体形式，共九种形式。

1. 密集化增长战略

密集化增长战略是指企业在现有的生产领域内集中力量改进现有产品以扩大市场范围的战略。这样，就形成了密集化发展战略的三种形式：市场渗透战略、市场开发战略和产品开发战略。

(1) 市场渗透战略。市场渗透战略就是企业在原有产品和市场的基础上，通过改善产品、服务等营销手段方法，逐步扩大销售，以占领更大的市场的战略。市场渗透的基本方法有三种：通过增加产品新的用途、在某些地区增设商业网点，借助多渠道将同一产品送达同一市场等方式来增加顾客的购买量；通过创名牌、提高品牌知名度、树立良好企业形象的方法，吸引购买竞争者产品的顾客，转而购买本企业的产品；企业通过改进广告、宣传、展销、赠送样品、加强推销工作等方式来刺激潜在顾客购买。也可采取短期削价等措施，在现有市场上扩大现有产品的销售。

(2) 市场开发战略。市场开发战略是指企业将现有产品投放到新的市场以扩大市场范围的战略。这是当老产品进入成熟期和衰退期后，已经无法在老市场上进一步渗透时所采取的战略。市场开发的方式主要有两种：一是市场面的开发，即开发新的细分市场；二是区域市场的开发，即努力使现有产品打入新的地区市场。

(3) 产品开发战略。产品开发战略就是通过改进老产品或开发新产品的办法来扩大市场范围的战略。其基本方法是增加产品的花色品种，增加产品的新功能或新用途，以满足不同消费者的需求。具体做法是企业可通过增加产品的花色品种、规格、型号等，向现有市场提供新产品或改进产品。

2. 一体化增长战略

一体化增长战略是指企业利用自己在产品、技术、市场上的优势，向企业外部扩展的战略。这是一种利用现有能力向生产的深度和广度扩展的战略。采用这一战略有利于稳定企业的产销，从而使企业在竞争中获胜；也有利于企业扩大生产规模，提高经济效益。因而，它是那些有广阔发展前途的企业，或者是拥有名牌产品的企业，发展自身以扩大其市场占有率的一种增长战略。

根据商品从生产到销售的物资流向，形成了一个从后向前的营销系统，据此，一体化增长战略可分为三种类型：增加与物流方向相反的产品生产经营叫后向一体化；增加与物流方向相同的产品生产经营叫前向一体化；增加处在同一阶段的产品生产经营为水平一体化。

(1) 后向一体化。生产企业通过建立、购买、联合那些原材料或初级产品的供应企业，向后控制供应商，使供应和生产一体化，实现供产结合。

(2) 前向一体化。指生产企业通过建立、购买、联合那些使用或销售本企业产品的企业，向前控制分销系统，实行产销结合。一般来说，这是生产原材料或初级产品的企业实行深加工时采用的战略。如汽车制造商自设分销系统，或制造商通过一定形式控制批发商、代理商或零售商；或自己经营加工业，如木材公司附设家具厂自己生产家具等。采用这一战略，有利于企业扩大生产，增加销售。

(3) 水平一体化。指生产企业通过建立、收买、合并或联合同行业的竞争者以扩大生产规模。

一体化增长战略在实际应用中有三条途径：第一条是企业利用自己的力量，在生产经营中把自己的产品扩大到前向或后向生产的产品中去。这条途径的优点是企业能够掌握扩大再生产的主动权，可以按本企业的要求发展新产品；第二条途径是兼并或购买其他企业，采用这种途径需要企业有畅销的产品和充足的资金；第三条途径是与其他相关的企业联合，共同开发新产品和扩大营销。这条途径的最大好处是可以冲破资金和技术的限制，不用增加投资，可以在较短的时间内形成更大的生产能力，或者生产出单个企业不能完成的产品项目。

在高度发达的市场经济的条件下，上述一体化战略都是在市场竞争中自然实现的。竞争具有一种择优机制，可实现资源的优化组合，达到产业结构的合理化，从而有利于整个社会经济效益的提高。因此，企业在运用一体化战略时，应注意以下几点：一要讲求经济效益。讲求经济效益是企业一切经济工作的核心，也是企业选择市场发展战略的核心问题。否则，再好的战略也是无用的；二要重视产品质量。在企业进行联合时，一定要注意保证产品质量。忽视产品质量，片面上追求规模，不仅不会使企业发展，反而有可能降低企业声誉，造成更大损失；三要避免造成垄断。在实行水平一体化的过程中，不要联合过多的企业，过多就会出现独家垄断的现象。

3. 多角化增长策略

多角化也称“多样化”或“多元化”。多角化增长就是企业通过增加产品种类，跨行业生产经营多种产品和业务，扩大企业的生产范围和市场范围，使企业的特长充分发挥，使企业的人力、物力、财力等资源得到充分利用，从而扩大企业规模，提高经营效益。

(1) 企业实现多角化增长的必要性：第一，原有产品或劳务需求规模与经营规模的有限性；第二，外界环境与市场需求的变化性；第三，单一经营的风险性与多种经营的安全性。

(2) 多角化增长的主要方式：同心多角化。即企业利用原有的技术、特长、经验等发展新产品，增加产品种类，从同一圆心向外扩大业务经营范围；水平多角化。即企业利用原有市场，采用不同的技术来发展新产品，增加产品种类；集团多角化。即大企业收购、兼并其他行业的企业，或者在其他行业投资，把业务扩展到其他行业中去，新产品、新业务与企业的现有产品、技术、市场毫无关系。也就是说，企业既不以原有技术也不以原有市场为依托，向技术和市场完全不同的产品或劳务项目发展。它是实力雄厚的大企业集团采用的一种经营战略。

(3) 企业实行多角化增长战略是以企业的技术、市场为基础条件的，因而实现多角化的途径主要有两条：一是通过企业内部扩展其技术基础来实现；二是通过企业外部合并或联合别的企业来实现。前者是企业在原有技术基础上不断扩展，增添新的设备和技术力量，以适应跨行业经营的需要；后者则是把不同行业的企业进行合并或联合，因而它特别适合于集团多角化增长。

(4) 运用多角化增长战略的注意事项。

运用多角化增长战略，要求企业自身具有拓展经营项目的实力和管理更大规模企业的能力：具有足够的资金支持，具备相关专业人才作为技术保证，具备关系密切的分销渠道作为后盾或拥有迅速组建分销渠道的能力，企业的知名度高，企业综合管理能力强等。显然，并不是所有具备一定规模的企业都拥有上述优势。若企业运用多角化发展战略条件还不成熟，不如稳扎稳打。

具备足够实力和条件的企业在运用多角化增长战略时，也不可盲目追求经营范围的全面与经营规模的宏大。规模和收益的关系既对立又统一，没有规模固然没有好的收益，但也不是规模越大，收益就一定越大。随着规模的扩大，收益的变化一般有三个阶段：一是规模扩大，收益增加，收益增加的幅度大于规模扩大的幅度，这是规模收益递增的阶段；二是收益增加的幅度与规模扩大的幅度相等，这是一个短暂的过渡阶段；三是收益增加的幅度小于规模扩大的幅度，甚至收益绝对减少，这是规模收益递减阶段。因此盲目追求规模是不可取的。

六、形成营销计划

市场营销战略规定了企业营销的任务、目标、业务组合和增长战略后，还要对各业务单位的营销工作如产品、品牌、细分市场、区域市场等制定具体的计划方案，以便更好地指导营销工作的实践。

小资料：

海尔营销战略的演变

“海尔”无疑是当今我国企业界的一颗耀眼的明星，它的成功是由许多因素造成的，但其正确而超前的营销战略则具有决定性作用。海尔从创建之初到今天，营销战略在三个方面发生了根本变化，而且这种变化代表了市场经济走向成熟时企业营销战略的发展方向。

一、营销客体的演变：从“有形具体产品”到“无形企业整体形象”

海尔人最初对营销客体的认识很自然，也很简单，那就是根据消费者的需求把每一件产品做好，满足消费者对高质量产品的要求。这是因为海尔虽然是电冰箱行业国家最后一个定点企业，但当时电冰箱既是奢侈品，又是紧俏商品，只要商品适销对路且质量好，根本不愁卖不掉。在这种客观社会经济环境下，海尔人很自然地以“市场导向”为核心内容的市场营销观念作为自己的经营管理指导思想，因此也便产生了海尔创建之初的一系列旨在提高产品质量的管理标准与措施。其中比较突出的有两个方面：一是制定严格的质量标准。当时他们对电冰箱的各项技术指标的规定均高于国家标准，其中重要的七项指标的实测值均优于发达国家水平。为了满足当时用户对高档家电的特殊需求，对外观、噪音等指标还作出特别要求。如冰箱外观，国家标准要求 1.5 米以内看不出划痕，而他们要求则是 0.5 米以内不得看出划痕。噪音，国家规定为 52 dB，海尔企业内控标准为 50 dB。二是对少数不合格产品的处理措施严厉。如 1985 年，检查出 76 台电冰箱不合格，他们不是简单地降价销售，而是抡起大锤把他们砸碎，以显示海尔人生产一流产品的决心与信心。正因为有了这些严格的产品质量管理标准与措施，才有了 80 年代末的一系列质量优势与声誉，也才有了海尔立足市场、开拓市场、壮大企业的资本与基础。

但是，到了 90 年代，随着企业规模的扩张，产品的日趋多元化，消费者需求的变化和成熟，尤其是随着供过于求逐渐成为我国家电行业市场供求关系的主旋律，这种单纯依靠

纯技术手段管理控制和提高产品质量的方法已越来越不适应市场的需求，海尔人开始逐步认识到“企业只有在经营观念(经营管理指导思想)上领先，才能在市场竞争中领先，即没有思路便没有出路”。海尔人对产品和产品质量问题的认识发生了质的变化。他们着手从理念上、制度上、全员意识上和生产全过程上采取措施，力争在经营观念上有所突破，主要从三方面着手解决产品问题：一是根据自己几年来在产品管理上积累的经验总结提炼出日清日高管理理念(OEC)。所谓 OEC 理念，就是每天所有的事都有人管，做到控制不漏项，所有的人均有管理、控制内容，并依据工作标准对各自控制的事项，按规定的计划执行，每日把实施结果与计划指标对照、总结、纠偏，达到对事物发展过程日日、事事控制的目的，确保向预定的目标发展。具体来说它可以概括为三个基本框架：目标系统、日清控制系统和有效激励系统。而日清日高管理法理念则包括以下几方面内容：高起点，确立名牌战略；否定自己，创造市场；用户是衣食父母；管理借力论；企业如斜坡上的球，不进则退。二是率先引进国际上最先进的全程质量管理标准 ISO9001 系列标准管理法，并于 1992 年在我国电冰箱行业率先通过了国际认证，1994 年又率先通过了 ISO9001-94E 最新版国际认证，欧共体 CE、德国 GS 等国际质量认证，从而把产品从设计、制造到使用全过程的产品管理与控制纳入规范化轨道，为产品质量管理提供制度保证。三是随着人类所面临的生存环境日益恶化，对企业社会责任认识的加深，承担起一个大型国有企业应负的责任，1996 年又率先通过了 ISO14000 系列认证。

此外，为了赋予品牌更丰富的内涵，塑造海尔企业整体形象，他们还采取了一系列策略和措施：服务上，在原来良好服务的基础上推出一条龙六位一体星级服务，即电话咨询上门设计、免费送货、免收材料费、24 小时服务到位、用户跟踪回访，“你只需打个电话，其余的事我们来做”，继而又推出“红地毯”服务，即对因搬运与安装可能给现代家庭居室带来的不便全面承担责任；宣传上，在海尔总形象下，结合海尔国际化趋势，推出海尔广告“国际篇”，打出“海尔，中国造”这一长民族志气、树品牌国际化形象的宣传口号，从而使承载海尔企业形象的企业品牌形象更加丰满，内涵更加丰富；在产品延伸上，根据市场需求不断推出满足不同层次消费者需要与更具个性化的新产品，如他们根据重庆一位吴先生来信“能否为家有幼儿、年迈老人的家庭设计一种能超远距离控制的遥控器”的要求，经过夜以继日的开发、设计、生产，仅用六个月时间，国内首创的大圆弧外形，具备国际一流水准的超级三段式蒸发器、全塑永不生锈室外机壳，具有人机对话智能的“小超人”变频空调就问世了；在多角化和资产重组方面，他们利用海尔品牌形象所代表的企业整体形象作为核心，通过激活“休克鱼”的方式，进军黑色家电市场，在不到一年的时间里海尔电视便在竞争激烈的彩电市场上独树一帜，所向披靡。

1997 年海尔人明确提出了“卖信誉，不卖产品”的口号，这里的“信誉”就是指“无形的企业整体形象”，是企业整体形象最简洁、最直观、最通俗的概括和表达。海尔人终于实现了营销客体从“有形的具体产品”向“无形的企业整体形象”的根本转变。

二、品牌策略的演变：从“名牌产品战略”走向“名牌企业战略”

虽然海尔人从一开始就把实施名牌战略作为自己在市场竞争中的立足点和重要策略，但是今天我们所认识、熟悉，并认同和信赖的驰名海尔企业品牌实际上是海尔人经过几十年痛苦的自我否定之否定，经过不断完善，并伴随着海尔人从“名牌产品战略”逐步走向

“名牌企业战略”而逐渐形成的名牌企业品牌，并最终成为海尔企业整体形象的物质载体和象征的。

海尔集团的前身是1984年由濒临倒闭的两个集团小厂合并成立的“青岛电冰箱总厂”。1985年引进德国“利勃海尔”公司先进技术和设备生产出亚洲第一代“四星级”电冰箱。当时，为体现这是双方合作的成果，也由于受“市场营销观念”的支配，将该产品定名为“琴岛——利勃海尔”，产品标志以德方标志为基础简化而成，当时从电冰箱的装饰性上考虑，成功地设计了象征中德合作的儿童吉祥物。这些视觉识别标志及名称，构成了海尔集团产品的第一代识别标志，它们在广告中的良好运用，对推动企业的发展，开拓市场起到了积极的作用。

但是，随着企业规模的扩张，产品的多元化，产品的畅销，尤其是随着海尔逐步走向国际市场，原来以产品品牌为基础的标志和品牌与德方相似，严重影响了国际市场的开拓，而且，产品品牌的名称、标志与“青岛电冰箱总厂”的企业名称不统一，其弊端越来越多地显露出来。经过几次变更，1991年海尔人把企业名称简化为“青岛琴海海尔集团公司”，产品品牌名称也同步简化为“琴岛海尔牌”，初步实现了企业品牌名称与产品品牌名称的统一。与此同时企业开始有意识地建立自己的企业整体形象识别系统，如此间推出了以“大海上冉冉升起的太阳”为企业理念的新标志，以“海尔蓝”为企业标准色等，这样便逐步形成了海尔集团第二代识别名称与标志。这一次自我否定过程表明海尔人在品牌策略上的一次飞跃。他们开始意识到确立企业品牌，并在企业品牌下建立产品品牌的重要意义与作用。

应该说，经过改进后，海尔人的品牌策略更加明确。但是从技术上说这些标志与名称也存在着不够凝练、整体感不强、技术特征不明显等弱点。伴随着企业的迅猛发展，多角化、国际化经营作为企业发展重点战略的确定与进一步实施，它们又表现出了明显的不适应性，企业需要更为超前的企业整体形象的物质载体。为此，1993年5月，经过深入调研和分析，决定对企业整体形象的物质载体——企业品牌识别系统做根本改造：第一，将企业名称简化为“海尔集团”；第二，将英文“Haier”作为企业品牌主识别文字标志；第三，使产品品牌商标标志与企业品牌简称和标志统一起来。经过这次改造，达到了以下目的：第一，企业品牌与产品品牌名称与标志统一起来了，达到了优化、简化的目标，便于人们对企业品牌的认识、记忆、熟悉，最后走向认识、记忆；第二，由于品牌设计上简洁、稳重、大方、信息更加凝练，也便于社会公众的认识、记忆；第三，建立了自己独立的企业品牌，终于摆脱了当初“引进”的阴影；第四，企业整体形象的物质载体更加明确。现在，经过两次否定之否定后的海尔，企业品牌已成为海尔集团的象征、海尔产品品质的象征、海尔文化的象征、海尔信誉的象征。至此，海尔终于从产品品牌走向了企业品牌，在名牌战略上也从名牌产品战略过渡到了名牌企业战略。

在从“名牌产品战略”到“名牌企业战略”过渡的过程中，海尔在电冰箱的基础上逐渐发展成电冰箱、空调、微波炉、洗衣机、展示柜、小家电等七大类产品，65个系列，2000多个品种，现在又进军黑色家电领域，从而逐步形成了一个大型的集团公司，半年销售收入便超百亿元。而对如此庞大的产品家族，海尔为了既给不同的产品以自己独特的个性，不给人单调乏味的感觉，又能充分利用“海尔”企业品牌这块金字招牌，他们在实施名牌企业战略过程中，采取了以下措施，即把企业品牌作为企业所有产品的总标志，然后根据

不同的产品特征确定具体产品的类别名称和销售识别名(称副品牌)，形成三个层次的主体品牌策略构架。这样做既最大限度地发挥了“Haier 海尔”企业品牌的影响力，可以在促销宣传上利用“海尔”连贯、一致的企业品牌形象，大大降低信息传播成本，提高信息传播效率，维护和完善企业品牌所代表的企业整体形象，为企业进行整合信息传播奠定了基础，又可以突显不同类别和不同规格产品的个性特征，并使二者相得益彰，强化了企业品牌的载体功能和作用。

围绕上述三个层次主体品牌策略构架，海尔集团的电视广告在海尔集团总形象篇下，相继完成了“服务篇”、“技术篇”、“国际篇”等具体形象的宣传，从不同角度和层次诠释、丰富海尔集团总体形象“真诚到永远”的内涵，避免了内容的空洞化。此外，海尔集团在三个层次的整体宣传推广上始终从企业整体形象的角度把握宣传风格，形成一个统一整体个性。在这样的总体思想指导下，当新产品推出时，海尔集团不是孤立地宣传新产品质量与特性，而是给消费者(受众)一个信得过的依据。所以，在操作上他们以多年形成的“海尔——高质量”的集团整体形象做先导与支撑，使新产品具有一个消费者熟悉可信的背景，影响和引导消费者的购买决策行为。“青空牌”空调、“得贝”冰柜、“琴岛——夏普”洗衣机经质量认证后归为“海尔”总品牌后所形成的旺销，足以证明这一点。

今天，“海尔”已成为一种象征，已成为一面旗帜，成为海尔企业整体形象名副其实的物质载体。

三、营销对象的升级：“从目标市场”到“目标社会公众”

最初的海尔与许多企业一样，在“市场营销观念”指导下，以具体产品为营销客体，把营销对象主要定位在目标市场的消费者身上。但是随着海尔人因经营观念变化而导致营销客体变成无形的企业整体形象和名牌企业战略实施的深入发展，从 90 年代开始，海尔人开始把营销对象的选择从目标市场的消费者扩大到目标社会公众，在广泛且可能对企业的经营目标产生影响的目标社会公众中传播、维护和完善目标企业形象，这是海尔经营观念改变的必然结果。在此我们采撷其中两个精彩的片断。

从 1996 年 8 月起，青岛海尔冰箱股份有限公司陆续投入近千万元，为 139 个县的农民兄弟送映一万场电影。据报道，这场激动的 23 场电影首映式，就迎来了 5 万多农民兄弟，最多的一场挤满了 5000 多名观众。海尔冰箱放映队在每场电影放映前总要放一段专题片。该专题中不仅有宣传“海尔”及其产品的有关内容，而且还集中宣传中国民族家电工业的发展道路及其在国际市场竞争中的地位，以教育农民支持民族工业的发展，为国争光。同时，“海尔”还充分利用这一个极好而又难得的机会在农民兄弟心目中传播、维护和完善“海尔”良好的企业形象。在电影场，他们把经特别设计、印刷精美的《农村手册》赠送给农民兄弟。手册中有许多农民熟悉而又陌生的并且是作为一个新时代农民所必须具备的知识。

1997 年 6 月 16 日至 7 月 16 日，海尔冰柜总公司在南京举行“海尔冷柜夏令营欢迎您”活动。全国其他地区也同时开展这一活动。通过这项活动，将推选出 100 名青少年参加 7 月中旬在青岛举办的“海尔冷柜夏令营”活动。在举国欢庆香港回归祖国怀抱的时刻对入营青少年开展以爱国主义为主题的旅游活动，以丰富广大青少年的暑期生活，激活青少年的爱国热情。

面对国内市场冰箱大战、空调大战、彩电大战愈演愈烈的情况，许多厂商都采取降价销售、买“一”送“一”、清仓大甩卖、特价销售等促销手段争取市场。这些促销手段有一个共同的特点，即眼睛只盯着某种具体商品的目标消费者，希望通过这些促销活动在某一特定期限内提高该商品销售额和市场占有率，从而达到增加盈利的目的。这些行为在很大程度上仍然停留在以目标市场中心的“市场营销观念”阶段。相反，海尔集团公司下属的三大公司所开展的每次宣传促销活动则已不是针对某种具体产品而进行，不是以短期内提高某种具体产品的销售额和市场占有率为唯一目标，而是集中于一个共同的目标——在“海尔”的目标社会公众中传播、维护和完善“海尔”良好的企业形象，树“海尔”这块牌子，更重要的是把营销对象扩展到更广泛的范围。

(资料来源：潘成云，宋昌平. 海尔营销战略的演变[J]. 商业研究，2001(2):79-81.)

本章小结

企业战略是在符合和保证实现企业宗旨的前提下，在充分利用环境中存在的各种机会和创造新机会的基础上，确定企业同环境的关系，规定企业从事的经营范围、成长方向和竞争对策，合理地调整企业结构和配置资源，以获得某些竞争优势，从而使企业不断成长。

企业为了更好地适应环境，求得发展，不仅要制定全面的发展战略，还要根据企业战略制定相应的市场营销战略。市场营销战略既是企业总体战略的重要组成部分和延续，又是实现企业战略的基本保证。而市场营销战略的制定和实施是通过市场营销管理过程来实现的。企业市场营销战略规划过程主要包括：明确营销任务、分析战略机会、确定营销目标、安排业务组合、规划增长战略和形成营销计划。

研究与讨论

(1) 什么是“市场增长率、市场占有率”矩阵？
(2) 什么是“多因素投资组合”矩阵？
(3) 市场营销战略规划的过程是怎样的？
(4) 市场营销管理过程包括哪些步骤？
(5) 市场营销组合有哪些特点？
(6) 你认为企业营销战略与营销管理是什么关系？
(7) 试评析我国企业市场营销管理的现状。

▶▶ 案例分析

家电营销模式大比拼

1987 年，黄光裕在北京珠市口一家 100 平方米左右的小门店，成立了国美电器，经营进口合资品牌彩电。

1990 年，张近东成立苏宁电器，当时也只是一家位于南京的专营空调的小公司。

谁也没有想到，这两家毫不起眼的小企业，会在以后的十几年里，改写了中国家电零售市场的格局，掀起了家电零售市场一轮又一轮的惊涛骇浪。在家电零售市场发展的初期阶段，除了传统百货公司外，单类电器经营几乎是唯一业态。最初的家电连锁企业雏形，从严格意义上来说甚至不能称之为家电连锁，但正是这些雏形，加上张近东、黄光裕等人的艰辛努力和历史机遇的眷顾，家电市场孕育出了苏宁、国美、永乐、五星、三联和大中等多家企业。

一、国美

国美电器有限公司成立于1987年1月1日，是一家以经营各类家用电器为主的全国性家电零售连锁企业。本着“创新务实、精益求精”的企业理念，依靠准确的市场定位和薄利多销的经营策略，得以蓬勃发展。

在长期的经营实践中，国美电器形成了独特的商品、价格、服务、环境四大核心竞争力。经销的商品几乎囊括所有消费类电子产品。大单采购、买断、包销、订制等多种适合家电经营的营销手段，保证了国美家电的价格优势。完善的售后服务体系、高素质的售后服务队伍和一整套完善的售后服务制度体系是国美电器规模化经营的基础。

如今的国美电器已是中国驰名商标，并已发展成为中国最大的家电零售连锁企业。在北京、天津、上海、成都、重庆、西安、郑州、沈阳、青岛、济南、广州、深圳、武汉、杭州、昆明、福州、宁波、大连、石家庄、哈尔滨、包头、无锡、长沙、太原、长春25个城市以及香港等地区拥有直营店130余家共10000多名员工，多次蝉联中国商业连锁三甲。国美电器已经成为国内外众多知名家电厂在中国最大的经销商。2003年商务部公布的2003年中国连锁经营前30强，国美电器以177.9亿元位列第二，同时位列家电连锁第一名，继续领跑中国家电零售业。同时位居全球商业连锁第22位。国美电器在连锁化程度、管理水平、经营业绩和企业文化建设等方面已在同行业中遥遥领先，成为中国家电零售业的第一品牌。

在汲取国际连锁超市成功经验的基础上，国美电器结合中国市场特色，确立了“建立全国零售连锁网络”的发展战略。到2004年年底，国美电器基本完成在中国内地地区一级市场的网络建设，同时扩展到较为富裕的二级市场，并致力于用2～4年的时间占有中国家电市场20%的份额；2003年11月，国美在香港开设了第一家分店，迈出了开拓内地以外市场的探索性的第一步，国美电器最终将进入国际市场，逐步树立其国际商业品牌。

二、苏宁

苏宁电器是中国3C(家电、电脑、通信)家电连锁零售企业的领先者。截至2005年12月底，苏宁电器在中国27个省和直辖市，90多个城市拥有近300多家连锁店，员工人数70000多名。据商务部统计数据显示，2005年苏宁电器销售额近400亿元。苏宁电器是商务部重点培育的“全国20家大型商业企业集团”之一。2004年7月21日，苏宁电器(002024)在深圳证券交易所上市，2005年8月4日，苏宁电器股权分直改革方案获公司股东大会通过，苏宁电器高票进入G股时代。2005年上半年在商务部统计的中国连锁三十强企业中，苏宁电器销售额达178亿元，位列前三强。

苏宁电器致力于为消费者提供多品种、高品质、合理价格的产品和良好的销售与售后服务，强调“品牌、价格、服务一步到位”。苏宁电器目前经营的商品包括空调、冰箱、彩电、音响、小家电、通信、电脑、数码八个品类，近千个品牌，20多万个规格型号。苏宁电器一直坚持“专业自营”的服务方针。以连锁店服务为基石，每进入一个地级市以上城市，苏宁都配套建设了物流配送中心、售后服务中心和客户服务中心，为消费者提供方便快捷的零售配送服务、全面专业的电器安装维修保养服务、热情周到的咨询与受理回访服务，苏宁电器竭诚为消费者提供全程专业化的阳光服务。服务是苏宁的唯一产品，提供最优质的服务，赢得顾客、员工、社会满意是苏宁的宗旨。

三、国美VS苏宁

（一）相似点

(1) 两者均创立于20世纪80年代末90年代初，家电销售渠道由多层次批发、计划供给模式向市场模式转轨阶段，两者均为“兄弟携手，十年创业”，并且均发展于传统商业较为发达的中心城市，都在20世纪90年代后期进入向全国高速扩张的阶段。

(2) 新进市场的手法：① 招聘：在完成准备新进入某一市场的可行性研究后，苏宁与国美均在新店开张前1～4个月内在当地媒体多次大幅刊登招聘启事，允以高薪厚禄，造成当地家电从业人员思想上的动荡，借此动摇对手的军心，力求“不战而屈”；② 开业前的媒体炒作；③ 开业活动：关于开业活动的内容，也形成了几套固定模式：A.“来就送”，开业前的第一天对前几十位消费者送价值几十元的购物代金券；B.“赢大奖”，开业几天内，购物满一定金额，获取抽奖券一张，一等奖为价值500元的物品；C.“套餐活动”；D.“超值服务”：对苏宁及国美自身有维修点的商品延长保修期，赠送服务卡，延长免费送货距离；E.“超低价格”：每次开业，苏宁与国美均网罗一批击破消费者心理价位的特价产品。

(3) 两者发展的地域也基本相同，主要集中于一级城市，并推向二、三级城市。

(4) 从扩张模式来看，均采用了“跑马圈地”的快速铺网战略。

(5) 两家费心思搞服务。

(6) 从利润结构上，结合商品销售开展的其他业务带来的利润是两者共同的重要利润来源之一。

（二）相异处

(1) 在布局竞争中，国美和苏宁的战略是相同的，但战术上却是风格迥异。国美的战术是密集性扩张，强调对中心城市和附近区域的快速覆盖；苏宁则是以点带面、步步为营的方式。

(2) 从总体规模和扩张速度来说，国美略胜一筹。表现出家电大跨的一贯风格，不过苏宁近两年扩张也相当迅猛。

(3) 厂商关系：强硬VS温和。但就厂商关系而言，苏宁更具弹性，也能够得到更大的资源支持。

(4) 资金实力：国美腰围更粗。国美与苏宁本质上都是同一类型，其资金来源有两个：一是从股市融资；二是控制和利用经销商资金。但就其融资能力而言，国美比苏宁胜出一筹。

(5) 企业管理：一人独大VS共享舞台。从管理者来看，黄光裕：霸者无疆；张近东：仁者无敌。

(6) 在产品销售结构上，苏宁电器销售的商品中，空调的比重比较高。国美电器影音制品的比重最高。

(7) 购物环境、店面规模不同：国美以高起点、高标准、高档次的“三高”原则，突

出精品形象店的概念和3C家电的流行概念，并强调“一站式”的购物理念。苏宁按照3C信息家电的理念来布置。

(8) 服务体系：苏宁的服务优势：① 苏宁物流：12小时之内可以将顾客购买的商品以质优、快速、满意的服务送到配送区域内任何一个地点；② 苏宁客服：客户服务中心为消费者提供电话咨询、服务查询、投诉受理等一系列服务，极大地方便了消费者；③ 苏宁售后：在行业内率先推出上门设计、免费保养、电话回访、空调无尘安装等服务项目，开创电器售后服务之先河。

(9) 营销策略不同：国美采用低价策略：首先，他们抛开中间商，直接向厂家承诺大销售量的包销和巨额现款采购，以此争取厂家的优惠价格和政策。其次，依靠全国性连锁超市的规模经营，国美做出了快进快出，以销定价。最后，国美采用“大单采购”、“买断”、“定制”等新型营销手段，以此来作为低价的有力保证。

基于苏宁连锁经营理念，苏宁的营销模式是：首先，薄利多销的定制、买断、包销。其次，协同营销的厂商联手：第一，双方合作，进行产品销售；第二，双方共享物流系统；第三，双方采购平台嫁接；第四，双方信息资源共享。最后，普惠营销的天天特价。

四、未来之路

国美与苏宁在很大程度上“貌”似，在文化、成长环境的“神”似的同时，两家公司也存在着相当大的差异。随着两个公司不断发展壮大，这种先天的基因差异，将会决定这两个企业的不同命运。

目前，国内家电流通企业数量超过3.2万家，但市场份额相对分散；美国的家电流通企业不足1000家，但前三大电器零售商却控制高达80%的市场份额。对国美和苏宁等家电连锁企业来说，未来还有相当长的一段路要走。

从外资竞争力来看，沃尔玛、麦德龙等一些零售连锁巨头，目前并没有对中国的家电流通构成威胁，美国的BEST-BUY等也还没有在中国落地，只是通过在中国采购及利用中国市场的优势。但这些外资连锁企业有一个长期的“中国策略”，即在进入中国的初期并没有盈利计划，基本上在零售上搞“倾销”，以国外市场的盈利来贴补中国市场，这必将给本土连锁家电企业带来致命的价格压力，惨烈的价格战应该说在未来5年之内已经等待着本土连锁家电企业。在此局势下，国内流通业只有先强大起来，对家电流通行业进行资源整合，尽快与国际接轨，才是当前最重要的任务。国美、苏宁在境内外上市计划的逐步实现，将有助于提升企业自身的竞争力，改变目前的局面。

(资料来源：杨顺勇等.市场营销案例与实务[M]. 上海：复旦大学出版社，2006)

思考：

(1) 本案例中，国美和苏宁各采取什么营销战略？随着竞争的日益激烈，尤其是国外零售连锁巨头的加入，你认为国美和苏宁的营销战略应做哪些改变？

(2) 国美和苏宁作为目前中国两大家电连锁巨头，他们在总体布局、市场规模、厂商关系、融资能力、企业管理、产品销售结构、店面规模、服务体系、营销策略上有何不同？你是如何评价这两种不同模式的？

(3) 在本案例中，中国家电连锁超市的目标市场是什么？这与国外零售连锁巨头的营销策略有何不同？

第七章　市场细分与目标市场

学习目标

(1) 明确市场细分的内涵及作用；掌握市场细分的原则；
(2) 掌握目标市场的概念和选择模式；
(3) 掌握目标市场营销战略和影响因素；
(4) 掌握市场定位的概念，了解市场定位的方式和步骤；
(5) 掌握市场定位策略的具体思路。

案例导入

汇源果汁的果蔬汁饮料市场开发

在碳酸饮料横行的90年代初期，汇源公司就开始专注于各种果蔬汁饮料市场的开发。虽然当时国内已经有一些小型企业开始零星生产和销售果汁饮料，但大部分由于起点低、规模小而难有起色；而汇源是国内第一家大规模进入果汁饮料行业的企业，其先进的生产设备和工艺是其他小作坊式的果汁饮料厂所无法比拟的。“汇源”果汁充分满足了人们当时对于营养健康的需求，凭借其100%纯果汁专业化的“大品牌”战略和令人眼花缭乱的“新产品”开发速度，在短短几年时间就跃升为中国饮料工业十强企业，其销售收入、市场占有率、利润率等均在同行业中名列前茅，从而成为果汁饮料市场当之无愧的引领者。其产品线也先后从鲜桃汁、鲜橙汁、猕猴桃汁、苹果汁扩展到野酸枣汁、野山楂汁、果肉型鲜桃汁、葡萄汁、木瓜汁、蓝莓汁、酸梅汤等，并推出了多种形式的包装。应该说这种对果汁饮料行业进行广度市场细分的做法是汇源公司能得以在果汁饮料市场竞争初期取得领导地位的关键成功要素。

但当1999年统一集团涉足橙汁产品后一切就发生了变化，在2001年统一仅“鲜橙多”一项产品销售收入就近10亿，在第四季度，其销量已超过“汇源”。巨大的潜力和统一“鲜橙多”的成功先例吸引了众多国际和国内饮料企业的加入，可口可乐、百事可乐、康师傅、娃哈哈、农夫山泉、健力宝等纷纷杀入果汁饮料市场，一时间群雄并起、硝烟弥漫。根据中华全国商业信息中心2002年第一季度的统计显示，“汇源”的销量同样排在“鲜橙多”之后，除了西北区外，华东、华南、华中等六大区都被鲜橙多和康师傅的“每日C”抢得领先地位，可口可乐的“酷儿”也表现优异，显然“汇源”的处境已是大大不利。尽管汇源公司把这种失利归咎于可能是因为“PET包装线的缺失”和“广告投入的不足”等原因

造成，但在随后花费巨资引入数条 PET 生产线并在广告方面投入重金加以市场反击后，其市场份额仍在下滑。显然，问题的症结并非如此简单。

在市场的导入初期，由于客户的需求较为简单直接，市场细分一般是围绕着市场的地理分布、人口及经济因素(如年龄、性别、家庭收入等)等广度范围展开的，与行业分类方法有点相似(注：行业细分一般只是把行业已存在或潜在的市场用容易区分或识别的标准，如年龄、性别、性能、原料、产地等单一要素，最多为二维变量，来划分成更小的子行业)，以便于统计、分析和归纳其特性。

各细分的子行业由于有易于识别的有形标准，相互间往往不交叉，且这种分类标准一经确定后往往多年不变。一般应用在政府、行业协会及社会研究机构等，主要目的是为了从行业整个产业链的角度加以引导和规范使其健康发展。其特征表现在目标细分市场的形象化。也就是说，通过市场的广度细分，其目标细分市场可以直接形象地描写出来。比如说，当企业把市场分割为中老年人，青年人以及儿童等几个目标细分市场时，人们都能形象地知道这些细分市场的基本特征。由于这种“分类”方法简单、易于操作、费用低，大部分企业都可掌握且乐于采用。但只有在市场启动和成长期的恰当时机率先进行广度市场细分的企业才有机会占有更大的市场份额。这时候品牌竞争往往表现得不够明显，竞争一般会表现在产品、质量、价格、渠道等方面，有人称之为产品竞争时代，“汇源”果汁就是在此期间脱颖而出的一个专业品牌，并成为数年来果汁业的领跑者。

但当客户的需求多元化和复杂化，特别是情感性因素在购买中越来越具有影响力的时候，此时市场竞争已经由地域及经济层次的广度覆盖向需求结构的纵深发展了，市场也从有形细分向无形细分(目标市场抽象化)转化，即细分后的目标市场，无法通过形象的描述来说明。例如，我们可以通过市场的深度细分，找到“追求时尚”这一目标细分市场。但这个目标细分市场在哪里？它是由哪些顾客组成？这些顾客是否有着共同的地理、人口及经济因素特征？企业应该采取什么样的方法与这个目标细分市场人群沟通？显然，这时的目标细分市场已经复杂化和抽象化了，企业对消费者的关注也已从外在因素进入心理层面因素。同时，企业也无法用传统的方法去接近所选择的目标细分市场，这时运用科学的市场研究方法来正确地细分市场就显得尤其重要了。而这时仍然运用市场竞争初期的浅度市场细分方法甚至“行业细分”的方法对市场进行细分已根本无法适应市场竞争的要求。以统一“鲜橙多”为例，其通过深度市场细分的方法，选择了追求健康、美丽、个性的年轻时尚女性作为目标市场，首先选择的是 500ML、300ML 等外观精制适合随身携带的 PET 瓶，而卖点则直接指向消费者的心理需求：“统一鲜橙多，多喝多漂亮”。其所有的广告、公关活动及推广宣传也都围绕这一主题展开，如在一些城市开展的“统一鲜橙多 TV-GIRL 选拔赛”、“统一鲜橙多阳光女孩”及“阳光频率统一鲜橙多闪亮 DJ 大挑战”等，无一不是直接针对以上群体，这些活动极大地提高了产品在主要消费人群中的知名度与美誉度。再看可口可乐专门针对儿童市场推出的果汁饮料“酷儿”，“酷儿”卡通形象的打造再次验证了可口可乐公司对品牌运作的专业性，相信没有哪一个儿童能抗拒“扮酷”的魔力，年轻的父母也对小“酷儿”的可爱形象大加赞赏。而“汇源”果汁饮料从市场初期的“营养、健康”诉求到现在仍然沿袭原有的功能性诉求，其包装也仍以家庭装的为主，根本没有具有明显个性特征的目标群体市场。只是运用广度(也是浅度)市场细分的方法划分出“喝木瓜汁的人群”、“喝野酸枣汁的人群”、“喝野山楂汁的人群”、“喝果肉型鲜桃汁的人群”、“喝葡萄汁的人群”、“喝蓝莓汁的人群”等一大堆在果汁市场竞争中后期对企业而言已不再具有细分价值的市场。即使其在后期推出了500ML的PET瓶装的“真”系列橙汁和卡通造型瓶装系列，但也仅是简单的包装模仿，形似而神不似。(汇源后期推出的“他她水”功能饮料颇有新意，自是另当别论)

至此，我们已能看出在这场果汁饮料市场大战中，汇源公司领导地位如此轻易被动摇的真正原因。我们说“汇源”与统一、可口可乐公司比较，他们之间的经营出发点、市场细分方法的差异才是导致市场格局发生变化的关键因素。

“汇源”是从企业自身的角度出发，以静态的广度市场细分方法来看待和经营果汁饮料市场；而统一、可口可乐等公司却是从消费者的角度出发，以动态市场细分的原则(随着市场竞争结构的变化而调整其市场细分的重心)来切入和经营市场。同样是“细分”，但在市场的导入期、成长期、成熟期和衰退期，不同的生命周期却有不同的表现和结果。

(资料来源：http://ishare.iask.sina.com.cn/f/15323170.html，有改动)

第一节 市场细分

一、市场细分战略的产生与发展

市场细分是美国营销学者温德尔·斯密(Wendell R.Smith)1956年在《产品差异和市场细分——可供选择的两种市场营销战略》一文中提出的，它顺应了“二战”后美国市场营销环境的变化，即由卖方市场转变为买方市场，营销观念也由生产导向转向顾客导向。市场细分的概念一经提出，就受到学术界的广泛关注，在理论和实践中都产生了巨大的影响力，现在已是市场营销理论的重要组成部分。

不同的市场条件和市场环境，企业需要采取不同的营销战略。市场细分的产生和发展经历了一个漫长的过程，大致可以划分为以下三个阶段。

1. 大量营销阶段

在19世纪末20世纪初，即资本主义工业革命阶段，整个社会经济发展的重心和特点是强调速度和规模，市场是以卖方为主导的。在卖方市场条件下，企业市场营销的基本方式是大量营销，即大批量生产品种规格单一的产品，并且通过广泛、普遍的分销渠道销售产品。在这样的市场环境下，大量营销的方式使企业降低了产品的成本和价格，获得了较丰厚的利润。因此，企业自然没有必要研究市场需求，市场细分战略也不可能产生。

2. 产品差异化营销阶段

在20世纪30年代，发生了世界性的资本主义经济危机，西方企业面临产品严重过剩的情况，市场迫使企业转变经营观念，营销方式开始从大量营销向产品差异化营销转变，即向市场推出许多与竞争者产品不同的、具有不同质量、外观、性能的品种各异的产品。产品差异化营销与大量营销相比是一种进步，但是，由于企业仅仅考虑自己现有的设计、技术能力，而忽视对顾客需求的研究，缺乏明确的目标市场，因此产品营销的成功率依然很低。由此可见，在产品差异化营销阶段，企业仍然没有重视研究市场需求，市场细分也

就仍无产生的基础和条件。

3. 目标营销阶段

20 世纪 50 年代以后，在科学技术革命的推动下，生产力水平大幅度提高，产品日新月异，生产与消费的矛盾日益尖锐，以产品差异化为中心的营销方式远远不能解决企业所面临的市场问题。于是，市场迫使企业再次转变经营观念和经营方式，由产品差异化营销转向以市场需求为导向的目标营销，即企业在研究市场和细分市场的基础上，结合自身的资源与优势，选择其中最有吸引力和能最有效地为之提供产品和服务的细分市场作为目标市场，设计与目标市场需求特点相互匹配的营销组合。于是，市场细分战略应运而生。市场细分理论的产生使传统营销观念发生了根本的变革，在理论和实践中都产生了极大影响，被西方理论家称为“市场营销革命”。

二、市场细分的内涵和作用

（一）市场细分的内涵

所谓市场细分，是指企业按照消费者的一定特性、把原有市场分割为两个或两个以上的子市场，以用来确定目标市场的过程。细分市场，就是调查分析不同的消费者在需求、资源、地理位置、购买习惯和行为等方面的差别，然后将上述要求基本相同的消费者群分别合并为一类，形成整体市场中的若干“子市场”或“分市场”。不同的细分市场之间，需求差别比较明显；而在每一个细分市场内部，需求差别则比较细微。市场细分的理论基础是市场“多元异质性”理论。这一理论认为，消费者对大部分产品的需求是多元化的，是具有不同的质的要求的。需求本身的“异质性”是市场可能细分的客观基础。实践证明，只有少数商品的市场，消费者对产品的需求大致相同，如消费者对食盐、大米、火柴等的需求差异极小，这类市场，称为同质市场。在同质市场上，企业的营销策略比较相似，竞争焦点集中在价格上。大多数商品的市场属于异质市场，这是由消费者对商品的需求千差万别所决定的。企业营销活动应更重视异质市场的销售。

市场细分是现代市场学的一个新概念。它是美国著名市场学家温德尔·斯密在总结一些企业市场营销实践经验的基础上，于 1950 年代中期提出来的。在此之前，企业囿于旧的市场观念，把消费者看作具有同样需求的集团，因而大量生产单一品种的产品，采用广泛分销的形式销售。尽管曾取得降低成本、简化交易过程、获取较多盈利的效果，但随着科学技术的进步、管理水平的提高和生产规模的扩大，上述“卖方市场”逐渐转变成“买方市场”，那种只靠广泛推销单一产品的策略已很难奏效。因而许多企业开始注意适应消费者的需求差异，有针对性地提供不同的产品，并运用不同的分销渠道和广告宣传形式，开展市场营销活动。如美国宝洁公司发现它的顾客由于需要洗涤不同性质的织物，要求有性能不同的肥皂，于是改变了原来经营单一肥皂的做法，推出三种不同性能、不同牌号的洗衣皂，从而满足了不同消费者的需要，提高了竞争能力，取得了很高的市场占有率。温德尔·斯密就是总结了这些经验，提出了市场细分的新概念。市场细分为企业选择目标市场提供了基础，是第二次世界大战后西方市场营销思想和战略的新发展。

(二) 市场细分的作用

细分市场不是根据产品品种、产品系列来进行的，而是从消费者(指最终消费者和工业生产者)的角度进行划分的，是根据市场细分的理论基础，即消费者的需求、动机、购买行为的多元性和差异性来划分的。市场细分对企业的生产、营销起着极其重要的作用。

1. 有利于选择目标市场和制定市场营销策略

市场细分后的子市场比较具体，比较容易了解消费者的需求，企业可以根据自己的经营思想、方针及生产技术和营销力量，确定自己的服务对象，即目标市场。针对着较小的目标市场，便于制定特殊的营销策略。同时，在细分的市场上，信息容易了解和反馈，一旦消费者的需求发生变化，企业可迅速改变营销策略，制定相应的对策，以适应市场需求的变化，提高企业的应变能力和竞争力。

联想的产品细分策略，正是基于产品的明确区分，联想打破了传统的“一揽子”促销方案，围绕“锋行”、“天骄”、“家悦”三个品牌面向的不同用户群需求，推出不同的“细分”促销方案。选择“天骄”的用户，可优惠购买让数据随身移动的魔盘、可精彩打印数码照片的3110打印机、SOHO好伴侣的M700多功能机以及让人尽享数码音乐的MP3；选择“锋行”的用户，可以优惠购买“数据特区”双启动魔盘、性格鲜明的打印机以及“新歌任我选”MP3播放器；钟情于“家悦”的用户，则可以优惠购买“电子小书包”魔盘、完成学习打印的打印机、名师导学的网校卡以及成就电脑高手的电脑教程。

2. 有利于发掘市场机会，开拓新市场

通过市场细分，企业可以对每一个细分市场的购买潜力、满足程度、竞争情况等进行分析对比，探索出有利于本企业的市场机会，使企业及时作出投产、异地销售决策或根据本企业的生产技术条件编制新产品开拓计划，进行必要的产品技术储备，掌握产品更新换代的主动权，开拓新市场，以更好适应市场的需要。

3. 有利于集中人力、物力投入目标市场

任何一个企业的资源、人力、物力、资金都是有限的。通过细分市场，选择了适合自己的目标市场，企业可以集中人、财、物及资源，去争取局部市场上的优势，然后再占领自己的目标市场。

4. 有利于企业提高经济效益

前面三个方面的作用都能使企业提高经济效益。除此之外，通过市场细分后，企业可以面对自己的目标市场，生产出适销对路的产品，既能满足市场需要，又可增加企业的收入；产品适销对路可以加速商品流转，加大生产批量，降低企业的生产销售成本，提高生产工人的劳动熟练程度，提高产品质量，全面提高企业的经济效益。

三、市场细分的要求

企业在进行市场细分时，应遵循以下基本要求：

(1) 要有明显特征。用以细分市场的特征必须是可以衡量的，细分出的市场应有明显的特征，各子市场之间有明显的区别，各子市场内都有明确的组成成员，这些人应具备共

同的需求特征，表现出类似的购买行为。

(2) 要根据企业的实力，量力而行。在市场细分中，企业所选择的目标市场，必须是自己有足够的能力去占领的子市场，在这个子市场上，能充分发挥企业的人力、物力、财力和生产、技术、营销能力的作用。反之，那些不能充分发挥企业资源作用、难以为企业所占领的子市场，则不能作为目标市场。否则，只会白白浪费企业资源。

(3) 要有适当盈利。在市场细分中，被企业选中的子市场还必须具有一定的规模，即有充足的需求量，能足以使企业有利可图，并实现预期利润目标。为此，细分市场的规模既不宜过大，也不宜过小。如果规模过大，企业无法“消化”，结果也白费工夫，如果规模过小，企业又“吃不饱”，现有资源得不到最佳利用，利润则难以确保。因此，细分出的市场规模必须恰当，使企业能得到合理盈利。

(4) 有发展潜力。市场细分应具有相对的稳定性，因而企业所选中的目标市场，不仅要能为企业带来目前利益，还必须有相当的发展潜力，能够给企业带来较长远的利益。因此，企业在市场细分时必须考虑选择的目标市场不能是正处于饱和或即将饱和的市场，否则，就没有多少潜力可挖。

四、市场细分的方法

市场细分的方法主要有单一变量法、主导因素排列法、综合因素细分法、系列因素细分法等。市场细分作为一个比较、分类、选择的过程，应该按照市场细分的程序来进行，通常有识别细分市场、收集研究信息等七步。

1. 单一变量法

所谓单一变量法，是指根据市场营销调研结果，把选择影响消费者或用户需求最主要的因素作为细分变量，从而达到市场细分的目的。这种细分法以公司的经营实践、行业经验和对组织客户的了解为基础，在宏观变量或微观变量间，找到一种能有效区分客户并使公司的营销组合产生有效对应的变量而进行的细分。例如：玩具市场需求量的主要影响因素是年龄，可以针对不同年龄段的儿童设计适合不同需要的玩具，这早就为玩具商所重视。除此之外，性别也常作为市场细分变量而被企业所使用，妇女用品商店、女人街等的出现正反映出性别标准为大家所重视。

2. 主导因素排列法

主导因素排列法即用一个因素对市场进行细分，如按性别细分化妆品市场，按年龄细分服装市场等。这种方法简便易行，但难以反映复杂多变的顾客需求。

3. 综合因素细分法

综合因素细分法即用影响消费需求的两种或两种以上的因素进行综合细分，例如用生活方式、收入水平、年龄三个因素可将妇女服装市场划分为不同的细分市场，如图 7-1 所示。

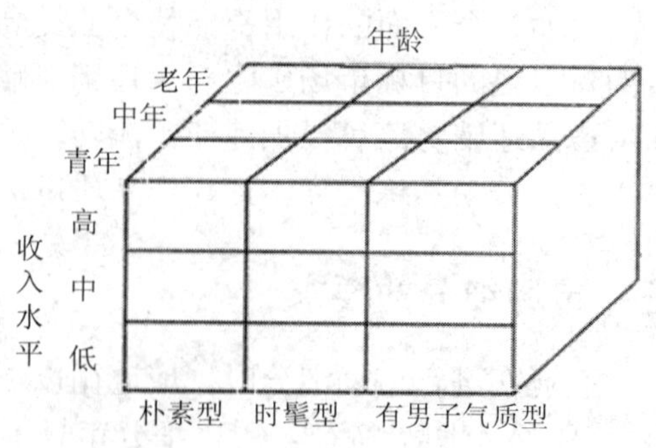

图 7-1　综合因素细分法

4. **系列因素细分法**

当细分市场所涉及的因素是多项的，并且各因素是按一定的顺序逐步进行，可由粗到细、由浅入深，逐步进行细分，这种方法称为系列因素细分法。目标市场将会变得越来越具体，例如某地的皮鞋市场就可以用系列因素细分法细分，如图 7-2 所示。

- 皮鞋市场
  - 城市
  - 农村
    - 男性
    - 女性
      - 老年
      - 中年
      - 青年
      - 儿童
        - 求美观
        - 求廉价
        - 求实用
        - 求新潮

图 7-2　系列因素细分法示例

五、市场细分的程序

市场细分的程序如图 7-3 所示。无论是细分生活消费品市场还是生产资料市场，若按一定程序进行，则容易实现细分市场的基本要求。

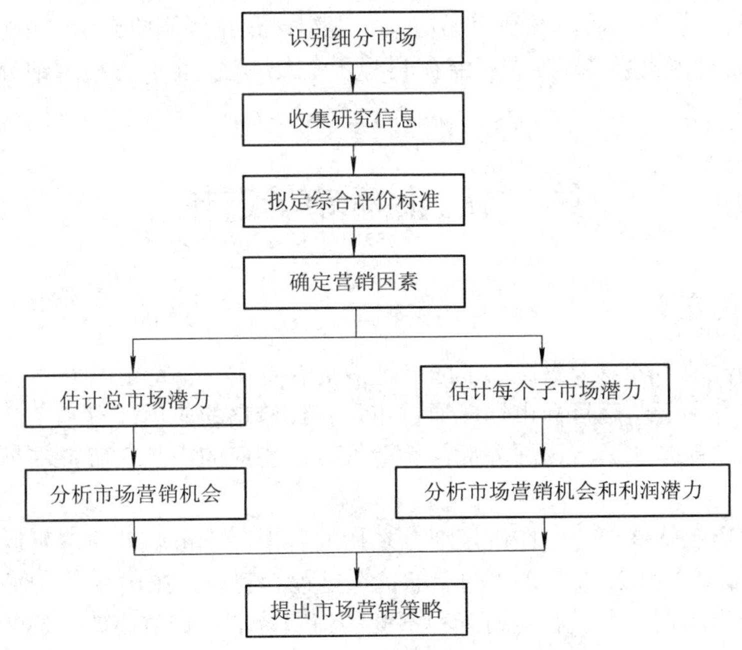

图 7-3　市场细分程序

(1) 识别细分市场。识别细分市场是指首先确定欲细分市场的基本性质，然后定出市场细分的重要因素，并尽可能对这些因素做定量分析。如确定服装市场可以按年龄、收入来划分，并进一步确定年龄可分为 16 岁以下、16～24 岁、25～44 岁、45～59 岁、60 岁以上的定量分组值。

(2) 收集研究信息。指收集、整理细分市场时需考察分析的市场情报和资料，如通过收集类似产品已有的市场情况，可以参照对新产品市场的细分，或者通过对消费者的调查，来检验欲采用的细分因素是否合适。收集研究信息还包括最终能确定市场细分后的情况，

如各年龄组究竟包括多少人。

(3) 拟定综合评价标准。一般说来，细分市场后，应能使企业对谁是购买者、购买什么、在哪里购买、为什么购买、怎样购买等问题作出回答。因此，应对细分市场拟定综合评价标准，以回答上面的问题。

(4) 确定营销因素。对细分后的每一个子市场作出评价后，如果各个子市场之间存在较大差别，则企业就应考虑不同市场的特点，确定本企业的市场活动范围以及适应新选定的市场范围特点的营销活动要点。

(5) 估计市场潜力。根据市场研究的结果和选定的细分因素，估计出总市场和每个子市场的预期需求水平，这对选取目标市场和确定目标市场营销战略很重要。

(6) 分析市场营销机会。在细分市场过程中，分析市场营销机会，主要是分析总的市场和每个子市场的竞争情况，以及确定对总的市场或每一个子市场的营销组合方案，并根据市场研究和需求潜力的估计，确定总的或每一子市场的营销收入和费用情况，以估计潜在利润量，作为最后选定目标市场和制定营销策略的经济分析依据。

(7) 提出市场营销策略。一个企业要根据市场细分结果来决定市场营销策略。这要区分为 2 种情况：

① 如果分析市场细分后，发现市场情况不理想，企业可能放弃这一市场；

② 如果市场营销机会多，需求和潜在利润量令人满意，企业可根据细分结果提出不同的目标市场营销战略。

第二节　目标市场选择

一、目标市场的定义

著名的市场营销学者麦卡锡提出了应当把消费者看作一个特定的群体，称为目标市场。通过市场细分，有利于明确目标市场，通过市场营销策略的应用，有利于满足目标市场的需要。即目标市场就是通过市场细分后，企业准备以相应的产品和服务满足其需要的一个或几个子市场。

所谓目标市场，就是指企业在市场细分之后的若干“子市场”中，所运用的企业营销活动之“矢”而瞄准的市场方向之“的”的优选过程。例如，2010 年我国城乡居民对照相机的需求，可分为高档、中档和普通三种不同的消费者群。调查表明，33%的消费者需要物美价廉的普通相机，52%的消费者需要使用质量可靠、价格适中的中档相机，16%的消费者需要美观、轻巧、耐用、高档的全自动或多镜头相机。国内各照相机生产厂家，大都以中档、普通相机为生产营销的目标，因而市场出现供过于求，而各大中型商场的高档相机，多为高价进口货。如果某一照相机厂家选定 16%的消费者目标，优先推出质优、价格合理的新型高级相机，就会受到这部分消费者的欢迎，从而迅速提高市场占有率。

二、目标市场的营销策略

企业在市场细分化的基础上，根据主客观条件选择好目标市场，目的在于不断拓展市场。要想顺利实现这一目的，一般采用三种不同的目标市场策略。

(一) 无差异性目标市场策略

无差异性目标市场营销策略是指企业将整个市场作为企业的目标市场，推出一种产品，实施一种营销组合策略，以满足整个市场尽可能多地消费者的某种共同需求。

采用该策略的企业，主要是着眼于顾客需求的共性或同质性，忽略顾客需求的差异性，对市场不进行细分，只求满足大多数顾客的共性需求。无差异性目标市场营销策略的最大优点在于成本低、经济性好。缺点有两点，首先，忽视了市场要求的差异性，难以满足顾客的个性化需求；其次，容易导致竞争激烈和市场饱和，企业难以保持持久地规模经济效益。所以这种策略只适用于少数大家有共同需要且差异不大的商品。

(二) 差异性目标市场策略

1. 差异性目标市场策略的定义

差异性目标市场策略，又叫差异性市场营销，是指面对已经细分的市场，企业选择两个或者两个以上的子市场作为市场目标，分别对每个子市场提供针对性的产品和服务以及相应的销售措施。企业根据子市场的特点，分别制定产品策略、价格策略、渠道策略以及促销策略并予以实施。差异化并不是目的，而是手段，其最终目的，是为了在客户心中形成差异，占领了客户的心智，也就占领了市场。

2. 差异性营销策略的分类

当技术的发展、行业的垂直分工以及信息的公开性、及时性，使越来越多的产品出现同质化时，寻求差异化营销已成为企业生存与发展的一件必备武器。著名战略管理专家迈克尔·波特是这样描述差异化战略的：当一个公司能够向客户提供一些独特的，其他竞争对手无法替代的商品、对客户来说其价值不仅仅是一种廉价商品时，这个公司就把自己与竞争厂商区别开来了。

对于一般商品来讲，差异总是存在的，只是大小强弱不同而已。而差异化营销所追求的“差异”是产品的“不完全替代性”，即企业凭借自身的技术优势和管理优势，生产出在性能上、质量上优于市场上现有水平的产品；或是在销售方面，通过有特色的宣传活动、灵活的推销手段、周到的售后服务，在消费者心目中树立起不同一般的形象。

1) 产品差异化策略

产品差异化是指产品的特征、工作性能、一致性、耐用性、可靠性、易修理性、式样和设计等方面的差异。也就是说某一企业生产的产品，在质量、性能上明显优于同类产品的生产厂家，从而形成独立的市场。对于同一行业的竞争对手来说，产品的核心价值是基本相同的，所不同的是在性能和质量上，在满足顾客基本需要的情况下，为顾客提供独特的产品是差异化战略追求的目标。中国在 20 世纪 80 年代是 10 人用一种产品，90 年代是 10 人用 10 种产品，而今天是 1 人用 10 种产品。因此，任何企业都不能用 1 种产品满足 10 种需要，最好推出 10 种产品满足 10 种需要，甚至满足 1 种需要。

企业实施差异化营销可以从两方面着手：

(1) 特征。产品特征是指对产品基本功能给予补充的特点。大多数产品都具有不同

的特征。其出发点是产品的基本功能，然后企业通过增加新的特征来推出新产品。在此方面实施最为成功的当数宝洁公司，以其洗发水产品来讲，飘柔消费者的购买目的无非是去头屑、柔顺、营养、护发、黑发，与其相适应，宝洁就推出相应的品牌海飞丝、潘婷、沙宣、润妍。在开发其他品牌的产品时，宝洁公司也多采用此种策略。我国的饮料企业在推出新产品时也采用了此种策略，如农夫山泉的“有点甜”、农夫果园的“混合”果汁及“喝前摇一摇”、康师傅的“每日C果汁”、汇源果汁的“真鲜橙”的特点在消费者心目中都留下了很深的印象。可见，产品特征是企业实现产品差异化极具竞争力的工具之一。

(2) 式样。式样是指产品给予购买者的视觉效果和感受。以海尔集团的冰箱产品为例，海尔冰箱的款式就有欧洲、亚洲和美洲的三种不同风格。欧洲风格用严谨、方门、白色来表现；亚洲风格以淡雅为主，用圆弧门、圆角门、彩色花纹、钢板来体现；美洲风格则突出华贵，以宽体流线造型出现。再如我国的一些饮料生产厂家摆脱了以往的旋转开启方式，改用所谓的“运动盖”直接拉起的开瓶法也获得了巨大的成功。此外，对于一般的消费者而言，工作性能、一致性的质量、耐用性、可靠性、易修理性也是寻求差异的焦点。如汽车由标准件组成，且易于更换部件，则该汽车易修理性就高，在顾客心中就具有一定的竞争优势。

2) 服务差异化策略

服务差异化是指企业向目标市场提供与竞争者不同的优异的服务。尤其是在难以突出有形产品的差别时，竞争成功的关键常常取决于服务的数量与质量。区别服务水平的主要因素有送货、安装、用户培训、咨询、维修等。售前售后服务差异就成了对手之间的竞争利器。例如，同是一台电脑，有的保修一年，有的保修三年；同是用户培训，联想电脑、海信电脑都有免费培训学校，但培训内容各有差异；同是销售电热水器，海尔集团实行24小时全程服务，售前售后一整套优质服务让每一位顾客都赞不绝口。

在日益激烈的市场竞争中，服务已成为全部经营活动的出发点和归宿。如今，产品的价格和技术差别正在逐步缩小，影响消费者购买的因素除产品的质量和公司的形象外，最关键的还是服务的品质。服务能够主导产品的销售趋势，服务的最终目的是提高顾客的回头率，扩大市场占有率。而只有差异化的服务才能使企业和产品在消费者心中永远占有“一席之地”。美国国际商用计算机公司(IBM)根据计算机行业中产品的技术性能大体相同的情况分析，认为服务是用户的急需，故确定企业的经营理念是“IBM意味着服务”。我国的海尔集团以“为顾客提供尽善尽美的服务”作为企业的成功信条，海尔的“通过努力尽量使用户的烦恼趋于零”、“用户永远是对的”、“星级服务思想”、“是销售信用，不是销售产品”、“优质的服务是公司持续发展的基础”、“交付优质的服务能够为公司带来更多的销售”等服务观念，真正地把用户摆在了上帝的位置，使用户在使用海尔产品时得到了全方位的满足。自然，海尔的品牌形象在消费者心目中也越来越高。

3) 形象差异化策略

形象差异化是指通过塑造与竞争对手不同的产品、企业和品牌形象来取得竞争优势。形象就是公众对产品和企业的看法和感受。塑造形象的工具有名称、颜色、标志、标语、环境、活动等。以色彩来说，百事可乐的蓝色、非常可乐的红色能够让消费者在众多的同类产品中很轻易地识别开来。再以我国的酒类产品的形象差别来讲：茅台的国宴美酒形象、剑南春的大唐盛世酒形象、泸州老窖的历史沧桑形象、金六福的福酒形象以及劲酒的保健酒形象等都各具特色。消费者在买某种酒的时候，首先想到的就是该酒的形象；在品酒的时候，品的是酒，但品出来的却是由酒的形象差异带来的不同的心灵愉悦。

在实施形象差异化时，企业一定要针对竞争对手的形象策略以及消费者的心智而采取不同的策略。企业巧妙地实施形象差异化策略就会收到意想不到的效果。例如，为了突出自己纯天然的形象，农夫山泉在红色的瓶标上除了商品名之外，又印了一张千岛湖的风景照片，无形中彰显了其来自千岛湖的纯净特色。农夫山泉为了表现公司的形象差异化，2001 年推出“一分钱”活动支持北京申奥；2002 年推出“阳光工程”支持贫困地区的基础体育教育事业。通过这样的公益服务活动，农夫山泉获得了极好的社会效益，提升了品牌价值，实现了形象差异化。在短短几年的成长过程中，这些差异化策略和战略对农夫山泉今天的地位起着非常关键的作用。可以说，没有这些形象的差异化，农夫山泉就没有今天的发展。再以美的集团突破格兰仕的价格封锁而成功打入微波炉市场来讲，也是采用形象差异化策略。美的充分利用自己在公众中已存在的良好形象，采用副品牌及动物代言人(健美鸡)等策略，成功地将“美的”品牌延伸到微波炉产品上。由此可见，实施差异化策略无疑是企业区别竞争对手，占据消费者心智，从而获取竞争优势的一件利器。

(三) 集中性市场策略

集中性市场策略亦称聚焦营销，是指企业不是面向整体市场，也不是把力量分散使用于若干个细分市场，而只选择一个或少数几个细分市场作为目标市场。

资源有限的中小企业多采用这一策略。这种策略的优点是适应了本企业资源有限这一特点，可以集中力量迅速进入和占领某一特定细分市场。生产和营销的集中性，使企业经营成本降低，但该策略风险较大。如果目标市场突然变化，如价格猛跌或突然出现强有力的竞争者，企业就可能陷入困境。

欲进入和占领某一特定细分市场应具备如下特点：

(1) 该市场的需求与企业的特长及目标相吻合，以便企业在未来的竞争角逐中能处于有利地位；

(2) 该市场应具有一定的规模和发展潜力，给企业的入驻留有一定的上升空间；

(3) 该市场的现有市场结构具备长期的内在吸引力，为企业的赢利提供充分的前提条件；

(4) 目标市场能进一步促进企业新老产品的更替，实现企业扩大销售量和提高市场占有率的目的。

三、目标市场的选择模式

目标市场的选择模式，即关于企业为哪个或哪几个细分市场服务的决定。通常有 5 种模式供参考：

(1) 市场集中化。企业选择一个细分市场，集中力量为之服务。较小的企业一般专门

填补市场的这一部分。集中营销使企业深刻了解该细分市场的需求特点，采用针对的产品、价格、渠道和促销策略，从而获得强有力的市场地位和良好的声誉，但同时隐含较大的经营风险。

(2) 产品专门化。企业集中生产一种产品，并向所有顾客销售这种产品。例如服装厂商向青年、中年和老年消费者销售高档服装，企业为不同的顾客提供不同种类的高档服装产品和服务，而不生产消费者需要的其他档次的服装。这样，企业在高档服装产品方面树立很高的声誉，但一旦出现其他品牌的替代品或消费者流行的偏好转移，企业将面临巨大的威胁。

(3) 市场专门化。企业专门服务于某一特定顾客群，尽力满足他们的各种需求。例如企业专门为老年消费者提供各种档次的服装。企业专门为这个顾客群服务，能建立良好的声誉。但一旦这个顾客群的需求潜量和特点发生突然变化，企业要承担较大风险。

(4) 有选择的专门化。企业选择几个细分市场，每一个对企业的目标和资源利用都有一定的吸引力。但各细分市场彼此之间很少或根本没有任何联系。这种策略能分散企业经营风险，即使其中某个细分市场失去了吸引力，企业还能在其他细分市场中盈利。

(5) 完全市场覆盖。企业力图用各种产品满足各种顾客群体的需求，即以所有的细分市场作为目标市场，例如上例中的服装厂商为不同年龄层次的顾客提供各种档次的服装。一般只有实力强大的大企业才能采用这种策略。例如 IBM 公司在计算机市场、可口可乐公司在饮料市场开发众多的产品，满足各种消费需求。

四、影响目标市场策略的因素

无差异性目标市场策略、差异性目标市场策略和集中性市场策略各有利弊，企业在进行决策时要具体分析产品和市场状况与企业本身的特点。影响企业目标市场策略的因素主要有企业资源、产品特点、市场特点和竞争对手的策略四类。

(一) 企业的资源特点

资源雄厚的企业，如拥有大规模的生产能力、广泛的分销渠道、产品标准化程度很高、好的内在质量和品牌信誉等，可以考虑实行无差异市场营销策略；如果企业拥有雄厚的设计能力和优秀的管理素质，则可以考虑施行差异市场营销策略；而对实力较弱的中小企业来说，适于集中力量进行集中营销策略。企业初次进入市场时，往往采用集中市场营销策略，在积累了一定的成功经验后再采用差异市场营销策略或无差异市场营销策略，扩大市场份额。

(二) 产品特点

产品的同质性表明了产品在性能、特点等方面差异性的大小，是企业选择目标市场时不可不考虑的因素之一。一般对于同质性高的产品如食盐等，宜施行无差异市场营销；对于同质性低或异质性产品，差异市场营销或集中市场营销是恰当选择。

此外，产品因所处的生命周期的阶段不同，而表现出的不同特点亦不容忽视。产品处于导入期和成长初期，消费者刚刚接触新产品，对它的了解还停留在较粗浅的层次，竞争尚不激烈，企业这时的营销重点是挖掘市场对产品的基本需求，往往采用无差异市场营销策略。等产品进入成长后期和成熟期时，消费者已经熟悉产品的特性，需求向深层次发展，表现出多样性和不同的个性来，竞争空前的激烈，企业应适时地转变策略为差异市场营销或集中市场营销。

（三）市场特点

供与求是市场中两大基本力量，它们的变化趋势往往是决定市场发展方向的根本原因。供不应求时，企业重在扩大供给，无暇考虑需求差异，所以采用无差异市场营销策略；供过于求时，企业为刺激需求、扩大市场份额殚精竭虑，多采用差异市场营销或集中市场营销策略。

从市场需求的角度来看，如果消费者对某产品的需求偏好、购买行为相似，则称之为同质市场，可采用无差异市场营销策略；反之，为异质市场，差异市场营销和集中市场营销策略更合适。

（四）竞争者的策略

企业可与竞争对手选择不同的目标市场覆盖策略。例如，竞争者采用无差异市场营销策略时，企业选用差异市场营销策略或集中市场营销策略更容易发挥优势。

企业的目标市场策略应慎重选择，一旦确定，应该有相对的稳定，不能朝令夕改。但灵活性也不容忽视，没有永恒正确的策略，一定要密切注意市场需求的变化和竞争动态。

第三节　市场定位

市场定位是企业及产品确定在目标市场上所处的位置。市场定位是由美国营销学家艾·里斯和杰克特劳特在 1972 年提出的，其含义是指企业根据竞争者现有产品在市场上所处的位置，针对顾客对该类产品某些特征或属性的重视程度，为本企业产品塑造与众不同的，给人印象鲜明的形象，并将这种形象生动地传递给顾客，从而使该产品在市场上确定适当的位置。市场定位是市场营销学中一个非常重要的概念，市场上常见主流商业管理课程如 MBA、EMBA 等均对“市场定位”有详细介绍。

一、市场定位目标

市场定位并不是你对一件产品本身做些什么，而是你在潜在消费者的心目中做些什么。市场定位的实质是使本企业与其他企业严格区分开来，使顾客明显感觉和认识到这种差别，从而在顾客心目中占有特殊的位置。

市场定位的目的是使企业的产品和形象在目标顾客的心理上占据一个独特、有价值的位置。

二、市场定位原则

各个企业经营的产品不同，面对的顾客也不同，所处的竞争环境也不同，因而市场定位所依据的原则也不同。总的来讲，市场定位所依据的原则有以下四点：

1. 根据具体的产品特点定位

构成产品内在特色的许多因素都可以作为市场定位所依据的原则。比如所含成分、材料、质量、价格等。“七喜”汽水的定位是“非可乐”，强调它是不含咖啡因的饮料，与可乐类饮料不同。“泰宁诺”止痛药的定位是“非阿司匹林的止痛药”，显示药物成分与以往的止痛药有本质的差异。一件仿皮皮衣与一件真正的水貂皮衣的市场定位自然不会一样，同样，不锈钢餐具若与纯银餐具定位相同，也是难以令人置信的。

2. 根据特定的使用场合及用途定位

为老产品找到一种新用途，是为该产品创造新的市场定位的好方法。小苏打曾一度被广泛地用作家庭的刷牙剂、除臭剂和烘焙配料，已有不少的新产品代替了小苏打的上述一些功能。那么可将小苏打定位为冰箱除臭剂，另外还有家公司把它当做了调味汁和肉卤的配料，更有一家公司发现它可以作为冬季流行性感冒患者的饮料。我国曾有一家生产“曲奇饼干”的厂家最初将其产品定位为家庭休闲食品，后来又发现不少顾客购买是为了馈赠，又将之定位为礼品。

3. 根据顾客得到的利益定位

产品提供给顾客的利益是顾客最能切实体验到的，也可以用作定位的依据。

1975 年，美国米勒(Miller)推出了一种低热量的“Lite”牌啤酒，将其定位为喝了不会发胖的啤酒，迎合了那些经常饮用啤酒而又担心发胖的人的需要。

4. 根据使用者类型定位

企业常常试图将其产品指向某一类特定的使用者，以便根据这些顾客的看法塑造恰当的形象。

美国米勒啤酒公司曾将其原来唯一的品牌“高生”啤酒定位于“啤酒中的香槟”，吸引了许多不常饮用啤酒的高收入妇女。后来发现，占 30%的狂饮者大约消费了啤酒销量的 80%，于是，该公司在广告中展示石油工人钻井成功后狂欢的镜头，还有年轻人在沙滩上冲刺后开怀畅饮的镜头，塑造了一个“精力充沛的形象”。在广告中提出“有空就喝米勒”，从而成功占领啤酒狂饮者市场达 10 年之久。

事实上，许多企业进行市场定位依据的原则往往不止一个，而是多个原则同时使用。因为要体现企业及其产品的形象，市场定位必须是多维度的、多侧面的。

三、市场定位步骤

市场定位的关键是企业要设法在自己的产品上找出比竞争者更具有竞争优势的特性。竞争优势一般有两种基本类型：一是价格竞争优势，就是在同样的条件下比竞争者定出更低的价格，这就要求企业采取一切努力来降低单位成本；二是偏好竞争优势，即能提供确定的特色来满足顾客的特定偏好，这就要求企业采取一切努力在产品特色上下工夫。因此，企业市场定位的全过程可以通过以下 3 大步骤来完成：

1. 识别潜在竞争优势

这一步骤的中心任务是要回答以下 3 个问题：

(1) 竞争对手产品定位如何？

(2) 目标市场上顾客欲望满足程度如何以及还需要什么？

(3) 针对竞争者的市场定位和潜在顾客的真正需要的利益要求，企业应该及能够做什么？

要回答这 3 个问题，企业市场营销人员必须通过一切调研手段，系统地设计、搜索、分析并报告有关上述问题的资料和研究结果。通过回答上述 3 个问题，企业就可以从中把握和确定自己的潜在竞争优势在哪里。

2. 准确选择竞争优势，对目标市场初步定位

竞争优势表明企业能够胜过竞争对手的能力。这种能力既可以是现有的，也可以是潜在的。选择竞争优势实际上就是一个企业与竞争者各方面实力相比较的过程。比较的指标应是一个完整的体系，只有这样，才能准确地选择相对竞争优势。通常的方法是分析、比较企业与竞争者在经营管理、技术开发、采购、生产、市场营销、财务和产品等七个方面究竟哪些是强项，哪些是弱项。借此选出最适合本企业的优势项目，以初步确定企业在目标市场上所处的位置。

3. 显示独特的竞争优势和重新定位

这一步骤的主要任务是企业要通过一系列的宣传促销活动，将其独特的竞争优势准确传播给潜在顾客，并在顾客心目中留下深刻印象。

首先应使目标顾客了解、知道、熟悉、认同、喜欢和偏爱本企业的市场定位，在顾客心目中建立与该定位相一致的形象。

其次，企业通过各种努力强化目标顾客形象，保持对目标顾客的了解，稳定目标顾客的态度和加深目标顾客的感情来巩固与市场相一致的形象。

最后，企业应注意目标顾客对其市场定位理解出现的偏差或由于企业市场定位宣传上的失误而造成的目标顾客模糊、混乱和误会，及时纠正与市场定位不一致的形象。企业的产品在市场上定位即使很恰当，但在下列情况下，还应考虑重新定位：

(1) 竞争者推出的新产品定位于本企业产品附近，侵占了本企业产品的部分市场，使本企业产品的市场占有率下降。

(2) 消费者的需求或偏好发生了变化，使本企业产品销售量骤减。

重新定位是指企业为已在某市场销售的产品重新确定某种形象，以改变消费者原有的认识，争取有利的市场地位的活动。如某日化厂生产婴儿洗发剂，以强调该洗发剂不刺激眼睛来吸引有婴儿的家庭。但随着出生率的下降，销售量减少。为了增加销售，该企业将产品重新定位，强调使用该洗发剂能使头发松软有光泽，以吸引更多、更广泛的购买者。重新定位对于企业适应市场环境、调整市场营销战略是必不可少的，可以视为企业的战略转移。重新定位可能导致产品的名称、价格、包装和品牌的更改，也可能导致产品用途和功能上的变动，企业必须考虑定位转移的成本和新定位的收益问题。

四、市场定位策略

企业进行市场定位，就是着力宣传那些会对其目标市场产生重大震动的差异，以确定

企业在目标顾客心目中的独特位置。换言之，企业应制定重点定位策略。

为了突出定位重点，企业先要决定向顾客推出多少差异以及推出哪些差异。

1. 确定产品差异的数量

企业可以只推出一种产品差异，即单一差异定位。许多营销人员倡导这种做法，例如宝洁公司的“舒肤佳”香皂始终宣传其杀菌功能——促进全家健康。这种做法的关键是要保持连贯一致的定位，并且应选择自己能成为“第一名”的差异属性。这是因为，在当今信息爆炸的社会，在人们头脑中首次接收到的信息，有稳如磐石、不易排挤的稳固位置，这与人脑定位记忆机能是密切相关的。如果一个企业能在某一属性上获胜，并令人信服地加以宣传，那么它就会非常出名。

有的企业相信双重差异的定位策略，尤其是当两家或更多的企业都宣传自己的某一属性最好时，这样做就显得很有必要了。这样做可以在目标细分市场内找到一个特定的空缺。沃尔沃汽车曾定位为“最安全”和“最耐用”，这两种利益是可以相容并存的，一般来说，人们都认为安全性能很好的汽车也会很耐用。高露洁牙膏加氟加钙，强调使牙齿“更坚固，更洁白”。还有实行多重差异定位的成功例子。比切姆公司在促销其 Aquehesh 牙膏时，强调其“防止蛀牙，口味清新，洁白牙齿”的三重功效。由于大多数人都认为这三种利益很重要，公司所需要做的，就是设计出三色牙膏，以便人们相信它确实可提供三种功效。值得引起重视的是，企业推出的差异不宜过多，否则会降低可信度，也影响了产品定位的明确性。

2. 确定具体的产品差异

为了确定具体的产品差异，企业要对目标市场竞争者和企业自身情况进行竞争优势分析。对于所设计的产品，要考虑产品差异对目标顾客的重要性、企业实施产品差异的能力(人力、物力、财力等)、所需时间、竞争者的模仿能力等。进行了这些分析以后，企业就能作出对所设计的差异应采取的决策，选择那些真正能够增加企业竞争优势的产品差异。

企业应当如何选择定位呢？一般的定位策略有以下 8 种：

(1) 根据竞争定位。这是根据市场竞争状况，根据与竞争有关的属性或利益进行定位。主要是突出企业的优势，如技术可靠性程度高，售后服务方便快捷以及其他顾客欢迎的因素等，从而在竞争者中突出自己的形象。比如百事可乐强调“新一代的选择”，而可口可乐则推崇“齐欢乐”。

(2) 根据属性定位。产品本身的属性能使消费者体会到它的定位。产品属性包括制造技术、设备、生产流程、产品功能，也包括产品的原料、产地、历史等因素。湖南养生堂的定位体现了使用的原料和悠久的历史，王守义十三香强调其专门的调料配方，宜宾五粮液、北京烤鸭等产品则强调其产地定位。如果企业的一种或几种属性是竞争者所没有或有所欠缺的，同时又是顾客认可和接受的，这时采用按产品属性定位的策略，往往容易收到良好效果。

(3) 根据利益定位。即把产品定位在某一特定利益上。这里的“利益”包括顾客购买企业产品时追求的利益，也包括购买企业产品所能获得的附加利益。例如诗丽雅化妆品公司推出的一种去死皮素的产品，使用后去除皮肤表面坏死的表皮，增进皮肤对任意品牌护肤化妆品的吸收。该产品依靠为消费者提供这一利益获得了巨大成功。新飞冰箱在同容积冰箱中耗电最省，给顾客提供“省电”的利益。

(4) 根据产品的用途定位。这是工业产品最常用的市场定位方法。此外，为老产品找到一种新用途，是为该产品创造新的市场定位的好方法。例如杜邦的尼龙最初在军事上用于制作降落伞，后来许多新的用途——作为袜子、衬衫、地毯、汽车轮胎、椅套的原料等，一个接一个地被发现。又如网络的研究也开始于军事领域，随后广泛应用于通信、日常生活、汽车工业等。

(5) 根据价格—质量定位。一件仿制的装饰性项链，无论其做工多么精美，都是不可能与真正的钻石项链定位相同的。所以对于那些消费者对价格和质量都很关心的产品，选择两者作为市场定位的因素是突出企业的好方法。

据此定位有几种情况：① 质价相符的情况，通俗地说就是“一分钱一分货”。当企业产品价格高于同类产品时，企业总是强调其产品的高质量和物有所值，说服顾客支付溢价来购买其产品。海尔集团的家电产品很少卷入价格战，一直维持其同类产品中的较高价格，但其销售却一直稳定增长，就体现了其产品“优质高价”的定位；② 质高价低的情况。一些企业将质高价低作为一种竞争手段，用以加深市场渗透，提高市场占有率。格兰仕集团就是采用这种定位方式，快速地占领了我国的微波炉市场并一直保持着 50%以上的极高的市场占有率。这时，企业向顾客传递的信息是顾客所花的每分钱都能获取更大的价值，即“物超所值”。采用这种定位方式，企业要重视优于价格水平的产品质量的宣传，而不能只宣传产品的低价，否则就会造成产品在顾客心目中定位降低，从而造成定位失败。

(6) 根据产品的档次定位。企业在选择目标市场时常根据本企业的产品档次来选择。如家具市场可划分为高、中、低档。产品也可通过强调与同档次的产品的不同特点来进行定位。

(7) 根据使用者类型定位。企业以市场细分为前提针对某个子市场，某些特定消费者进行促销，使这些消费者认为企业的产品是特地为他们生产而且适合他们使用，从而满足他们的心理需要，促使他们对企业产生信任感。

(8) 多重定位方式。这是将市场定位在几个层次上或者依据多重因素对产品进行定位，使产品给消费者的感觉是产品有很多特征，多重效能。作为市场定位体现的企业和产品形象，都必须是多维度、多侧面的立体。这种方式应该避免因描述的特征过多而冲淡企业及产品的形象。

3. 产品定位

企业可以根据主客观条件，对上述八种市场定位方法进行选择。现以下例具体说明企业如何进行定位。

某企业开发出一种新产品后：

(1) 应研究同一目标市场里竞争者所处的位置；

(2) 选择市场定位的变量，如产品质量与价格。

据此可作出市场定位图(见图 7-4)来说明目前向该目标市场销售产品的 4 个竞争者位置，分别为 A(高质高价)、B(中质中价)、C(低质低价)、D(低质高价)。该企业应定位于何处呢?有两种基本策略，如图 7-5 所示。

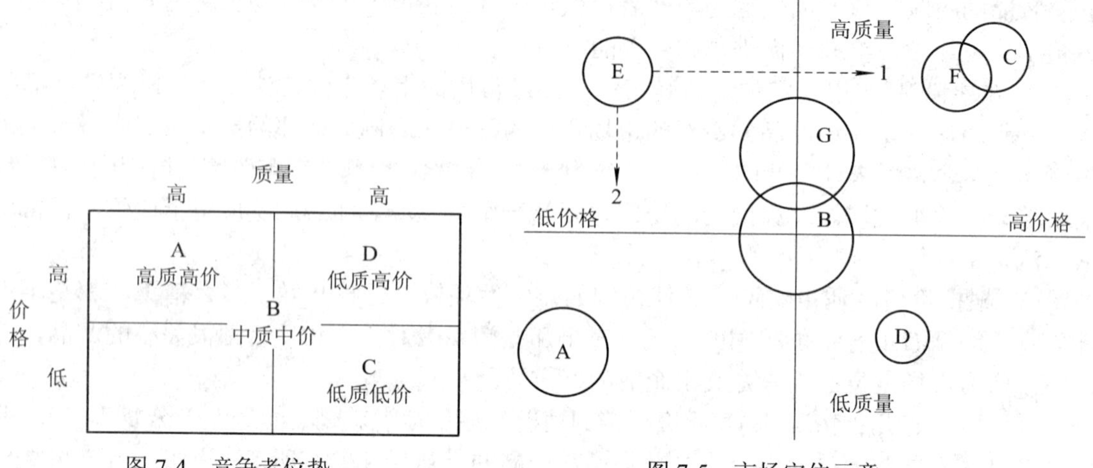

图 7-4　竞争者位势　　　　图 7-5　市场定位示意

(1) 避强定位策略。该企业力图避免与实力最强或较强的其他企业直接发生竞争，将自己的产品定位于另一市场区域内，使自己的产品在某些特征或属性方面与最强或较强的对手有显著的差别，极端的形式是定位于 E(高质低价)处，与所有其他企业均有一定距离。也可以采用另一种形式——定位于 F，即只避开最强大的竞争对手企业 A，却与企业 C 大致处于相同的市场位置。避强定位可以使企业迅速在市场上立住脚，并能在消费者心中树立一定形象，市场风险较小，成功率较高。但是避强往往意味着企业放弃了最佳的市场位置，尤其如 E 所使用的方式，很可能占据的是最差的位置。

(2) 迎头定位策略。该企业根据自身的实力，为占据较佳的市场位置，不惜与市场上占支配地位的、实力最强或较强的竞争者发生正面竞争，从而使自己的产品进入与对手相同的市场位置。比如定位于 G 处，与最强的竞争对手企业 B 较量，选择产品的特征是与企业 B 同样的价格，却有更高的质量。当然，该企业也可以采用完全相同的质量与价格、同等质量更低价格等不同的具体方案。迎头定位可能引发激烈的市场竞争，因此有较大的风险。但另一方面，由于竞争者是最强大的，因此竞争过程往往产生所谓轰动效应，消费者可以很快了解企业及其产品，企业易于树立市场形象。

企业实施某种定位方案一段时间之后，有可能会发现效果并不理想或者没有足够的资源实施这一方案。此时，应对该产品重新进行定位。例如图 7-5 中企业定位于 E 时：产品具有极高的质量和偏低的价格。也许不久企业发现技术力量和财务能力不能保证生产的产品具有极高的质量，或者成本太高、盈利太少，因而需要重新定位。按箭头 1 所示方向重新定位，意味着保持原有定价不变，但适当降低产品质量；按箭头 2 所示方向重新定位，则意味着原有质量不变，销售价格提高。重新定位一般由于初次定位不当引起，也可能由于初次定位导致竞争者的有力反击或者需求态势因某种原因发生了变化而引起。

企业在产品定位过程中应避免犯以下错误，否则都会影响企业在顾客心目中的形象。

① 定位过低，使顾客不能真正认识到企业的独到之处；

② 定位过高，也使顾客不能正确了解企业；

③ 定位混乱，与企业推出的主题过多或产品定位变化太频繁有关；

④ 定位怀疑，顾客很难相信企业在产品特色、价格或制造商方面的有关宣传，对定位

真实性产生怀疑。

本 章 小 结

市场细分是指企业按照消费者的一定特性，把原有的市场分割为两个或两个以上的子市场，以确定目标市场的过程。市场细分有一定的程序，先识别细分市场，再收集研究信息，再拟定综合评价标准，然后确定营销因素，接着估计市场潜力，再分析市场营销机会，最后提出市场营销策略。

在市场细分化的基础上，企业根据主客观条件选择好目标市场，一般采用三种不同目标市场策略，分别为无差异性目标市场策略、差异性目标市场策略、集中性目标市场策略。最后根据定位策略完成市场定位。

研究与讨论

(1) 为什么要进行市场细分？

(2) 进行有效市场细分应具备哪些条件？

(3) 细分市场能否成为目标市场应从哪几个方面进行评价？

(4) 企业进行定位时有哪几种策略可供选择？

(5) 企业定位不理想时应做何处理？

▶▶ 案例分析

麦当劳的市场细分

一、公司背景简介

麦当劳作为一个在国际上的驰名商标，创业于 20 世纪 50 年代中期的美国，由于那时的战后美国经济处于黄金发展时期，工薪阶层的工作节奏很快，市场需要方便快捷的饮食，当时的创始人 Ray A. Kroc 及时抓住这个良机，瞄准细分市场需求特征并对产品进行准确定位而一举成功。当今的麦当劳已拥有六十余年的辉煌历史，现已成为一个全球性权威快餐连锁店，目前已在 109 个国家开设了 2.5 万家连锁店，年营业额为 34 多亿美元。同时，麦当劳至今仍保持着创业初期时对客户的承诺，其中有两个非常重要的词语：快捷，卫生！

二、经营成败历程

麦当劳公司经营取得的巨大成功让世人震惊和艳羡，分析其成功原因是多方面的，其实麦当劳成功有个不可磨灭的功臣因素，那就是它二十世纪初准确合理的细分市场，因此，在长达 60 年的经营运作过程中，公司始终都没有放弃过对细分市场的追逐，一直围绕着细分市场做决策，其发展历程显示该公司“成在细分市场，败也在细分市场。”同时，回顾麦当劳公司发展历程后发现，麦当劳尽管一直非常重视市场细分，但也曾遭遇过非常惨重的

失败，尤其是 2002 年度财务报告反映，此年第四季度首次亏损的亏损额就高达 2.43 亿美元。面对此挫折，公司立即进行系统分析与研究，结果发现：麦当劳在众多的细分市场中对目标市场及其相关需求特征注意不是很多，而且，更重要的是每个细分市场应采取经营策略存在一定失误，从而导致了亏损的发生。鉴于不同细分市场需求特征及其变化趋势客观存在差异，因此，公司必须针对不同细分市场具体情况进行深入分析与研究。

三、麦当劳公司市场细分与宣传

麦当劳公司主要根据三大要素进行市场细分：地理要素、人口要素和心理要素。

(一) 地理要素细分市场

麦当劳可能在这个细分市场上做得不够细致。麦当劳有国内市场也有国际市场，而各个国家有各自不同的饮食习惯和文化背景，所以麦当劳要在世界市场保持霸主地位就必须对市场进行细致的地理细分。麦当劳进行地理细分的主要目标在于分析各区域的差异。对于国内市场，麦当劳以西方饮食文化为主导。而在国外市场就没有抓住特色。

地理细分要求把市场细分为不同的地理单位进行经营活动，例如，美国东部人爱喝清淡的咖啡，西部人爱喝较浓的咖啡。麦当劳连锁店作为一个跨国家和地区的企业，其服务范围遍及世界各地：109 个国家，2.5 万家连锁店。它每年都需要花大量的资金来进行认真的严格的市场调研，研究各地的人群组合、文化、习俗，再书写详细的市场细分报告，每个国家，甚至每个地区都要有一种适合当地生活方式的市场策略。接下来是重点：就是把结果应用到实际中，但它好像做得不够。以前，麦当劳在选择开分店的地址是人流大的地点。如在中国，先在主要的大城市开分店，逐步向其他城市扩展。但是现在，各城市快餐供应已趋饱和状态。这就必须对这些细分市场进行分析，考虑这些市场是否具有吸引力，是否值得进入。

(二) 人口要素细分与定位

再来看人口要素细分，麦当劳在这方面上做得比较成功，这也就是公司能在经营出问题的时候仍然可以存活下去的原因。

1. 人口要素细分

市场细分、目标市场和产品定位是企业取胜的关键。通常，人口细分主要根据年龄、性别、家庭人口、家庭生命周期、收入、职业、教育、宗教、种族、国籍等相关变量，把市场分割成群体。人口因素是细分消费者群的最常用的依据。一个原因是消费者的需要、欲望和使用率经常紧随人口变量的变化而变化。还有一个原因是人口变量更易衡量。作为一个餐饮业的巨头，麦当劳对人口因素进行非常仔细地分析，主要从年龄及生命周期阶段对人口市场进行细分，其中，将不到开车年龄的划定为少年市场，将 20～40 岁之间的年轻人界定为青年市场，理解他们的生活方式，知道他们时间有限，要求吃得又快又好；而对于年老者市场，麦当劳公司对其宣传中将经济实惠作为重点，同时，还尽力鼓励他们到本公司工作。

2. 不同市场特征与定位

麦当劳针对上述细分市场采用不同广告宣传方式，如对青少年市场做的广告是以摇摆舞曲音乐，冒险性和快速画面穿插为特点；而对老年人市场的广告宣传则突出柔和的特点并富有情调。实际上，儿童在餐饮方面极有可能成为家庭非常重要的影响因素。因为对父母而言，让小孩快乐、负担得起、方便选买、省时间、不必煮饭、不麻烦、有好吃的食物、自觉是个好父母，这些因素将使成年父母顺从孩子的意愿。可见儿童这个市场是非常重要的，它占领了麦当劳很大的市场份额。但是，近年来由于新的竞争者加入，这就迫使它必须另外开拓市场。除了儿童市场，能开拓的目标市场就是老年人市场和成年人市场。老年人消费量不大，对麦当劳来说，这个市场并不具有很大的吸引力。而成年人市场则不一样，这个市场很有开发潜力。然而，成年人对麦当劳的忠诚度并不高。针对这种情况，麦当劳已经采取很多的措施，包括以成年人细分市场为目标市场进行促销活动，每六个月组织一次促销性游戏。同时，麦当劳还是第一家为黑人和南美人设置专门营销机构的大型零售店。

(三) 心理要素细分与失误

麦当劳的失误发生在心理细分这一部分。通常，按人们的生活方式划分，快餐业有两个潜在的细分市场：方便型和休闲型。但随着人们生活水平不断提高，快餐业细分市场必须追随市场变化而及时调整，尤其在近代出现的一种新型细分市场渐浮水面，并迅速地扩张，这就是常被称为的健康型细分市场，根据有关资料反映，此细分市场有抢占市场潮流的趋势。

首先，健康型细分市场的出现有其必然性，无论是积极的需求还是消极地应对，都共同促进了健康型细分市场的拓宽和发展。其中，积极的需求因素在于人们对经济发展高度期望以及卫生健康意识的不断提高，更多的人追求高生活质量，卫生机构不断完善以不断满足此类增长的需求；消极地应对是鉴于目前环境不断恶化，加之医疗保险费用增加、污染导致的疾病升级、工作精神压力增大等。

其次，健康型细分市场具有很强的结构吸引力，有着广大的具有购买力的消费群，例如在美国，处于中间阶层或以上的人(大都有足够的购买力)占了全国人口将近一半；欧洲市民上街游行，提倡食用绿色食物。

最后，健康型细分市场符合企业目标和资源要求。

尽管长期以来麦当劳公司一向以卫生、洁净为宗旨。但是疏忽了市场变化的本质趋势，即人们对健康的追求，这才是企业所追求的终极目标，而麦当劳公司在这方面做得相当失败，这也是 2002 年第四季度公司亏损的关键主因。实际上，七八十年代时麦当劳公司曾经有过一次相当成功的心理市场细分，即休闲型，然而在九十年代，则忽略一块新的心理细分市场，那就是人们对于健康的日益看重，面对市场新需求特征，麦当劳公司却固守着已有原料和配方，而这些原料制作而成的高热和高脂类食物，对于关注健康的消费者来说是不可容忍的。

四、麦当劳公司失误应对策略

(一) 增强社会营销观念

社会营销观念是所有饮食行业中的经营者都必须正视的因素。其实在 2002 年麦当劳宣布财政亏损之前早就应该认识到这个问题的严重性，但是公司对社会营销观念暂时可能产生的后果并未清醒认识，甚至逐步地摈弃这曾经给公司带来巨大利润的营销新观念效应，未在全公司灌输新的血液，创新企业文化，建立全新的营销观念，实际上，健康正好体现了社会营销观念的精神，代表着当今潮流，必须增强社会营销观念。

(二) 对健康型市场进行及时补位

通常，公司应根据目标市场具体情况进行准确定位，尤其针对新世纪消费者需求特征，

麦当劳公司应当站在整个人类健康发展高度上，将产品定位于绿色、健康，通过产品差异化，先入为主，及时创建企业新形象。为此，应加强5个方面的工作，即：

(1) 及时调整企业标志。麦当劳应当在标志上下工夫，紧紧围绕企业宗旨和目标，标志内容必须增强健康之意；

(2) 产品宣传不但突出货真价实之意，更需要强调其绿色含义；

(3) 商标作为企业生命之源，不仅应当反映企业的标志和产品的性质，使消费者易于衡量或评判，而且必须使消费者易懂明了，同时，给消费者耳目一新的感觉，能够激发其强烈的购买欲；

(4) 产品命名时必须要有新特色，能够反映时代的气息；

(5) 认真选择企业格言，进一步强化对外宣传企业的整体形象，更需要提高员工凝聚力，赢得消费者的信赖。

五、麦当劳公司营销战略措施

通过以上分析可见，麦当劳公司必须及时调整细分市场经营策略，甚至应采取积极的营销战略措施，具体如下：

(1) 不断加强对儿童的市场营销活动，以增强儿童对麦当劳的凝聚力。

(2) 以成年人市场细分为目标市场进行促销活动，每六个月组织一次促销性游戏。在东北部和西海岸地区的大城市市场引入全营养小果子面包，并组织一次广播电台广告宣传活动。在成年人中开发出较强的顾客忠诚度的几种新观念。重新推出快餐食谱——双层干酪包，这种双层干酪包曾经是20世纪60年代流行的食谱。广告宣传将着重于“麦当劳伴随我成长”。

(3) 继续在非传统设店的场所开设销售网点以提高网点数目。此外，麦当劳公司还应与上述营销战略举措相配套，及时采取各种相关的辅助行动，如① 扩大适合于地区合作团体用于他们自己的广告宣传活动的素材量；② 增加麦当劳主办的体育运动活动及其有关活动的次数；③ 增加罗纳德·麦当劳露面的次数。

(4) 发行有关麦当劳快餐食品营养成分及含量的新闻报道。麦当劳还重新表述了它的市场定位，即：麦当劳是一个为家庭和成年人备办早餐、中餐、晚餐的快餐食品店。尽管汉堡包是其主要特征，但麦当劳将努力推出可供顾客选择的、花样繁多的食谱。我们可以看到什么呢？它对一些在我们消费者看来不是很重要的方面做了足够的功夫，可是我们看来重要的健康它只用很小篇幅的举措就给敷衍过去了。它在试图用一种配方一种口味来满足世界上大部分人的需要。它想生存，获利，这样做无可厚非，但是当它想在饮食世界称霸的时候这样就不够了。所以我们可以预测：如果麦当劳不在心理细分的健康型市场上下足够的工夫，它的亏损可能只是个开始。

(资料来源：http://www.wendangku.net/doc/56d9fd11b9f3f90f77c61b98-6.html，有改动)

思考：

(1) 请简述麦当劳公司市场细分成败历程，并分析主要原因。

(2) 麦当劳公司应对策略及战略措施是否合理？为什么？哪些地方可以完善？

(3) 细分市场的失误主要违背了市场细分原则的哪一条？

第八章 产 品 策 略

学习目标

(1) 了解产品的特征，掌握产品整体概念；
(2) 掌握产品组合概念与原理；
(3) 熟悉企业如何建立、管理产品组合和产品线；
(4) 掌握产品生命周期理论内容及应用；
(5) 熟悉新产品的含义及开发流程；
(6) 掌握品牌营销的策略；
(7) 掌握企业如何联合产品以建立强势品牌或要素品牌的方法；
(8) 了解包装的含义、种类与作用，掌握产品包装策略的主要内容。

案例导入

一个伟大品牌的核心是一个杰出的产品。市场领导者通常出售能够创造卓越价值的优质产品和服务。雷克萨斯(Lexus)攻克了美国及其他地区的豪华汽车市场，部分是因为它对产品和服务的不懈追求。

自 1989 年创立以来，雷克萨斯(Lexus)一直强调顶尖的产品质量和客户关系，正如其长期的口号所反映的那样“矢志不渝，追求完美”。有一次，顾客对 LS400 车型产生了小小的抱怨，雷克萨斯专门派技术人员挨家挨户地为顾客免费修理汽车。作为“雷克萨斯誓约”的一部分，雷克萨斯发誓要建立行业中最好的经销网络，为每一位顾客提供宾至如归的服务。为此，雷克萨斯从头开始建立其经销框架，精选那些致力为消费者提供非凡体验的经销商，形成了行业内竞争对手认同的典范。公司提供完整的产品线，由其旗舰产品 LS 轿车、GS 运动轿车、RX 豪华 SUV 和 ES 中型轿车坐镇。雷克萨斯强势的经销商经验让它在奢侈品协会的年度奢侈品消费者体验调查中持续获得高度评价。此外，咨询公司 J.D.Power 自 1995 年以来连续 16 次将雷克萨斯评为“最可靠”的汽车品牌。雷克萨斯用户的平均年龄是 55 岁左右，为了吸引年轻一代的顾客，雷克萨斯着重强调其彪悍的汽车造型、操纵动力和驾驶乐趣。新的营销活动使用电视广告将雷克萨斯旗下品牌 LS 轿车与奢华、酷感的生活方式相联系。社交媒体和其他宣传方式及事件都围绕食物、时尚、娱乐和旅游创造新型的顾客体验。

第一节　产品及产品分类

一、产品的基本概念

(一) 产品的范围

要理解企业的产品策略，营销人员必须先明确产品的概念，许多人认为产品是有形的。其实产品是能够被提供来满足市场需要和欲望的任何东西，包括商品、服务、经历、事件、个人、地点、组织、财产权、信息和观念等。

1. 商品

商品是指有形的产品，这种产品形式最为普遍，在许多国家和地区的经济构成中占主导地位，比如商品房、汽车、家电及服装等。

2. 服务

服务既包括伴随商品转移而产生的一种产品，如售前或售后服务，也可以说本身就是一种产品，如银行、保险、教育、医疗、旅游等。随着经济的发展，服务业在国民经济中所占的比重越来越大，欧美一些发达国家的服务业占 GDP 的比重超过 70%，我国 2016 年服务业占 GDP 的比重为 51.6%，对经济增长的贡献率达到 58.2%。

3. 经历

经历也叫体验，像参观博物馆、游览主题公园、游学等，都是一种经历。例如当咖啡被当成“货物”售卖时，1 千克的袋装咖啡可卖 100 元左右；当咖啡被包装为商品时，一杯就可以多卖 10 元；而星巴克让顾客体验咖啡不仅是香醇更是身份价值，一杯就可以卖到 30 元甚至更高。

4. 事件

事件也可以作为一种产品来营销。2008 年的北京夏季奥运会无疑是全球影响力最大的体育事件，通过举办体育运动会，传播中国的文化，增强与各国人民的沟通和了解，推动我国的各项事业蓬勃发展。由于现在“会议经济”比较热门，因此当今很多国家积极争办各种国际赛事，实质上是在利用事件来推销本国形象，提高知名度。

5. 个人

个人目前已经成为营销的一种重要产品，如政治人物、歌手和演员等，例如俄罗斯总统普京 2016 年参加 20 国集团杭州峰会时赠送给习近平主席一箱俄罗斯冰淇淋，让本就远近驰名的俄罗斯冰淇淋在中国更加热销。2017 年上半年俄罗斯冰淇淋在华热销近 650 万吨，较 2016 年同期增长 17%。可见普京是一个真正的营销高手。而歌手、演员和运动员都会和一个公司或经纪人签约，一个重要的目的就是通过他们来营销自己，以赢得大家的喜欢，提高所代言产品的知名度。

6. 地点

地点可以是购物场所、城市、地区或国家等，越来越多的城市开始营销自己，以吸引客商投资、游客、移民等，比如经常有一些城市，甚至是地方县级市在中央电视台做广告。

7. 组织

营利组织和非营利组织都通过营销自己来提升在公众中的良好形象，随着中国经济社会的发展，居民可支配收入增多，西方发达国家的一些名校纷纷来我国宣传，吸引留学生。

8. 财产权

房地产权、股票、债券也可以被当做产品来营销。房地产中介机构通过促成房屋财产转移、投资公司通过销售投资基金、证券公司承销股票和债券来营销它们的产品。

9. 信息

信息越来越多地被当作一种产品来营销。除了传统的报纸、杂志营销信息以外，电视、广播、互联网也加入到了营销信息的队伍。特别是互联网的出现，信息的营销方式有了更多的选择，如微博、微信、即时通信等。

10. 观念

企业营销观念对于企业的商品销售能起到事半功倍的作用。例如人们一提到坐便器的颜色，就会立即想到它是白色的。在日本，随着消费者对卫生间美观的需求不断升级，坐便器开始走时尚路线，为了迎合市场，日本的坐便器生产商正尝试让产品变得越来越多彩。在相关企业中，松下公司推出多达 10 多种坐便盖配色的卫厕产品，2017 年上半年销量达到 2016 年同期的 2.6 倍，其中哑光黑色和华丽粉色最受欢迎，公司甚至加大产品生产规模。

（二）产品的整体概念

从市场营销学的角度出发，产品的概念是一个整体概念。现代市场营销理论认为，产品整体概念包含核心产品、有形产品、附加产品(延伸产品)三个层次。20 世纪 90 年代以来，以菲利普·科特勒为首的北美学者更倾向于按核心产品、形式产品、期望产品、附加产品和潜在产品五个层次来表述产品整体概念。每个层次都增加了更多的顾客价值。这五个产品层次构成了顾客价值层级。在本书中用五个层次来表述，如图 8-1 所示。

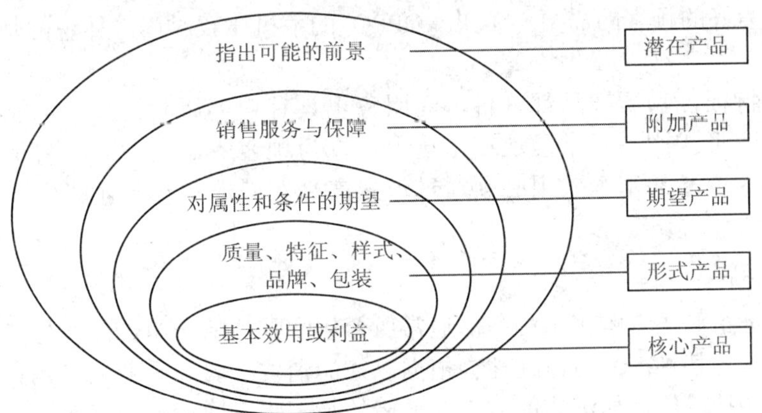

图 8-1　整体产品概念的五个层次

1. 核心产品

核心产品也叫实质产品，是指产品能给购买者带来的基本利益和效用，即顾客真正购买的服务或利益，它是构成产品本质的核心部分。如消费者购买自行车是为了代步，买汉堡是为了充饥，酒店顾客购买服务是为了休息和睡觉，钻床采购者购买钻子是为了打孔。

消费者购买某种产品，并不是为了获得产品本身，占有该种产品，而是通过对产品的消费来满足某种需要。某一种产品以自身的物质形态存在着，但在实质上是为了满足消费者的欲望而提供的一种服务，因此营销者必须把自己看作利益的提供者。

2. 形式产品

形式产品是指消费者需要的产品实体的具体外观，是核心产品的表现形式，是向市场提供的实体和劳务可以为顾客识别的面貌特征，即基本产品。例如酒店的客房内有床、盥洗间、毛巾、椅子、梳妆台和壁橱等，因此营销者必须把核心产品转化为基本产品。

(1) 产品本身。产品本身指物质产品的外观形状、款式，或无形产品，如服务的不同表现形式。以出租汽车服务为例，可有日夜服务、事先预约、通过滴滴打车软件可以随叫随到等多种形式。在汽车行业例如宝马 X5 外形凶悍硬朗，奥迪 Q7 外形更显大气，沃尔沃 XC90 设计简约、彰显自我个性，都在产品外观上各具特色。

(2) 产品品牌。产品品牌即产品和劳务的名称与标志。例如“太太”是一种口服液的品牌名称，“格力”是一种空调生产厂家的产品名称。

(3) 产品包装。产品包装是物质产品的盛装容器及装饰。包装可分为几层，常规意义的包装是指保护产品的外在附属物，例如在网上购买商品的人都会有这样的感受，快递包装里三层外三层，而若是易摔物，包装更为夸张。塑料胶带、塑料泡沫、塑料口袋、包装箱等齐上阵，简直是密不透风。而快递包装垃圾大有“围城”之势。这一现象已引起政府及相关学者的关注，走简化版路线势在必行。

(4) 产品质量。产品质量指产品实体满足消费者需要的可靠程度，是可以用技术参数表现的产品内在本质水平。例如，苹果手机比其他品牌手机使用起来更加可靠，体现的是形式产品的质量品质。

(5) 产品特点。满足某种需求的产品应该是多种多样、各具特色的，这样才能适合不同层次、不同爱好的顾客的需要。苹果、OPPO 的手机比较时尚，体现的是形式产品的特征特点。

以上五个特征，物质产品都具备，而服务也具有相类似的特征，可能具备其中的部分或全部特点。形式产品时常呈现在市场上可以为顾客所识别，因此它是消费者选购商品的直观依据。产品的基本效用必须通过形式产品有效地实现，才能更好地满足消费者的需要。

3. 期望产品

期望产品是指购买者购买某种产品通常所希望和默认的一组产品属性和条件。一般情况下，顾客在购买某种产品时，往往会根据以往的消费经验和企业的营销宣传，对所欲购买的产品形成一种期望，如酒店的客人，期望的是一张干净的床、一条新毛巾、一盏台灯以及一个相对安静的环境。顾客所得到的，是购买产品所应该得到的，也是企业在提供产品时应该提供给顾客的，对于顾客来讲，在得到这些产品基本属性时，并没有形成偏好，但是如果顾客没有得到这些，就会非常不满意，因为顾客没有得到他(她)应该得到的东西，即顾客所期望的一整套产品属性和条件并未得到满足。

4. 附加产品

附加产品是指顾客购买形式产品和期望产品时，附带获得的各种利益的总和，包括产品说明书、保证、安装、维修、送货、技术培训等服务。国内外许多企业的成功，在一定程度上应归功于他们更好地认识了服务在产品整体概念中所占的重要地位。许多情况表明，新的竞争并非各公司在其工厂中所生产的产品，而是附加在产品上的包装、服务、广告、顾客咨询、资金融通、运送、仓储及其他具有价值的形式。能够正确发展延伸产品的公司必将在竞争中赢得主动权。在发达国家，品牌定位和竞争就产生于这个层次。然而，在发展中的新生市场，如印度和巴西，竞争大多发生在期望产品层次。

5. 潜在产品

潜在产品是指一个产品最终可能实现的全部附加部分和新增加的功能，即现有产品在未来所有可能的演变趋势和前景。企业从中寻找新的方式来满足顾客区分它们的供应物。

差异化的出现和竞争越来越发生在附加产品层面上，每一个产品附加都会增加成本，然而，每个类别中的附加利益很快就会变成期望利益和必需的共同点。现在酒店顾客都会期望有大屏幕高清电视、免费的 WiFi 和配套齐全的健身中心服务，竞争者必须寻求其他特色和利益来进行差异化。有的企业提高了附加产品的价格，有的则提供低价的精简版。然而营销人员必须确保消费者不会将低质量或者功能受限的版本视为不公平。

当前国内外许多知名的企业通过对现有产品的附加与扩展，不断提供潜在产品，所给予顾客的不仅仅是满意，还能使顾客在获得这些新功能的时候感到喜悦。所以潜在产品指出了产品可能的演变，也使顾客对于产品的期望越来越高。潜在产品要求企业不断寻求满足顾客的新方法，不断将潜在产品变成现实的产品，这样才能使顾客得到更多的意外惊喜，更好地满足顾客的需要。如彩色电视机可发展为计算机终端机，而手机未来可以代替计算机终端设备，汽车驾驶向无人驾驶方向迈进等。

只有向消费者提供具有更多实际利益，能更完美地满足其需要的产品，企业才能在日益激烈的竞争中赢得胜利。美国市场营销专家莱维特指出："现代竞争的关键，并不在于各家公司在其工厂中生产什么，而在于它们能为其产品增加些什么内容——诸如包装、服务、广告、用户咨询融资信贷、及时送货、仓储以及人们所重视的其他价值。每一公司应寻求有效的途径，为其产品提供附加价值。"

核心产品、形式产品、期望产品、附加产品和潜在产品作为产品的五个层次是不可分割和紧密相关的，它们构成了产品的整体概念。其中，核心产品是基础，是本质；核心产品必须转变为形式产品才能得到实现；期望产品是提高顾客满意度的前提；同时还要提供更广泛的服务和附加利益，形成附加产品；不断开发潜在产品让顾客惊喜，一个产品的价值大小，是由顾客决定的，而不是由企业决定的。

伟大的公司制造伟大的产品和服务，正如乐高做的那样。乐高(LEGO)或许是第一个大规模定制的品牌之一，每个曾经拥有过一套这家丹麦公司基础级积木的孩子都会用塑料积木搭建一个只属于他们自己的独一无二的作品。尽管乐高将自己界定为身处"游戏行业"，

很多父母都有为孩子购买一套乐高积木的想法。因为他们认为乐高积木可以帮助孩子提升动手能力、创造力和其他认知能力。一些积木和系统还是维持50年前的老样子，然而公司总是会推出新的产品。与《加勒比海盗》和《星球大战》电影特许经营权绑定的受欢迎的游戏套装还包括视频游戏。消费者可在 DesignByMe.lego.com 通过下载免费的 Design Designer3.0 软件来自己设计、分享并搭建专属的定制产品。最终创造出来的成品是可以保存的——也可以在线上分享给其他爱好者，或者如果顾客想要搭建它们，这款软件会将需要的每一部分制成表格，并生成订单，发送给位于美国康涅狄格州恩菲尔德镇的乐高仓库。顾客可以要求详细的搭建指导说明，甚至可以设计出储存这些积木的箱子。2014年《乐高大电影》的成功进一步证明了乐高品牌的广泛流行程度。

二、产品分类

营销者基于耐用性、有形性和用途(消费品或工业用品)对产品进行分类。每种产品都有一个最适合的营销组合策略。

（一）按产品耐用性和有形性分类

营销者根据耐用性和有形性将产品分为三种类型：

1. 易耗品

易耗品是有形商品，通常有一种或几种用途。例如啤酒、肥皂、饮料及香烟等。因为这些商品需要经常购买，所以最适合的策略就是使这些产品在多个地方都可以买到，只赚取微薄利润，并且加大广告宣传力度以引发顾客试用，建立产品偏好。

2. 耐用品

耐用品是可以长久使用的有形商品，通常有一种或几种用途。例如电冰箱、机械工具和服装。耐用品通常需要更多的销售人员的服务，应有更高的利润，还要有更多的卖方保障。

3. 服务

服务它是无形的、不可分割的、多样化的和不能储存的商品，更需要质量控制、提供者可信度以及适应性。例如美发、法律咨询和家电维修等都属于服务。

（二）消费品分类

我们对大多数消费品按照消费者的购买习惯分类，区分为便利品、选购品、特殊品和非寻求品。

1. 便利品

便利品通常是消费者频繁即时购买的、花费很少精力的产品。例如软饮料、肥皂、报纸等。便利品可以进一步分类。日用品是消费者有规律购买的商品。一位买主可能会有规律地购买清风抽纸、佳洁士牙膏、荞麦饼干。冲动品是那些事先没有计划，也不用费力寻找而购买的商品。例如小食品、玩具、糖果等都属于这种类型。应急品是在急需的情况下购买的商品——暴风雨时的雨伞、冬季初雪之时的靴子和手套。冲动品和应急品制造商会把商品放置于那些消费者有可能应急和迫切需要的地方，以促成购买。

2. 选购品

选购品是消费者按特征比较合适度、质量、价格和款式等进行有针对性比较而购买的商品。例如家具、服装、大型家电等。同质选购品质量相似，但是在价格上却有很大差异，需要做出合理的购买比较。异质选购品在可能比价格更重要的产品特性和服务方面存在差别。异质选购品的销售商提供广泛的花色品种来满足不同顾客的品位，并通过对营销人员的培训为顾客提供信息和咨询服务。

3. 特殊品

特殊品具有独一无二的特征或品牌识别，并且有足够数量的消费者愿意为之付出特别的购买努力。例如品牌汽车、摄影器材、男士西服以及具有特殊收藏价值的邮票、钱币等。经营此类商品，网点应该更集中，并要做好售后服务工作。例如梅赛德斯-奔驰车是特殊品，因为感兴趣的顾客不惜远途去购买。特殊品无须比较，买主花的仅仅是路上的时间，经销商不需要便利的位置，但是必须让顾客知道它在哪里。

4. 非寻求品

非寻求品是那些消费者未曾听说过或通常不会想到要买的商品。非寻求品的设计是着眼于广大消费者的，而不像特殊品仅为某些特殊爱好者或特定需求所设计。消费者对非渴求产品不熟悉，又缺少去熟悉或认识的动力。消费者熟知的非寻求品，例如人寿保险、工艺类陶瓷、百科全书和刚上市的产品。非寻求品需要广告及销售人员的支持。

(三) 工业品分类

工业用品可根据其相关成本和进入生产流程的方式分为：原材料和零部件，资本项目，补给品和商业服务。

1. 材料和零部件

材料和零部件是最终要完全转化到生产商所生产的成品中去的商品。它们进一步分为两类：未加工的原材料和已加工的原材料及零部件。未加工的原材料又分为两大类：农产品(小麦、棉花、家畜、水果和蔬菜)与天然产品(鱼、木材、原油、铁矿石等)。

许多生产者供应农产品，将产品转卖给市场中间商，它们提供组合、分级、储存、运输和销售服务。农产品的易腐性和季节性特征需要特殊的营销实践，鉴于农产品这种特点，它们几乎不需要广告和促销活动。不过也有例外，有时农品生产商会举办活动大力推销其产品，如大枣、苹果和核桃等。一些生产商将自己的产品品牌化，如山东的寿光蔬菜、烟台富士、新疆核桃、吐鲁番葡萄等。

天然产品的供应是有限制的。它们通常体积较大，单位价值较低，而且必须从生产商运送到用户那里。为数不多规模较大的生产商通常把产品直接卖给工业用户。因为需要使用这种材料的用户通常会签订长期的供应合同。天然材料的同质性限制了需求创造活动的数量。价格和送货的可靠性是影响供应商选择的主要因素。

已加工的材料和零部件进一步分为两类：构成材料(如铁、纱线、水泥、五金)和组成部件(如小型马达、轮胎、铸件)。构成材料通常需要再加工——生铁炼成钢，纱线织成布。

构成材料标准化的特性通常使价格和供应商的可靠性成为购买者考虑的关键因素。组成部件在制成最终产品时不发生形状上的改变。如小型马达被安装在三轮车上，轮胎被装上汽车。加工的材料和零部件都直销给产业用户。价格和服务是主要的考虑因素，而品牌化和广告就显得没那么重要。

2. 资本项目

资本项目是帮助开发和生产最终产品的长期持久的商品。它包括两类：设施和设备。设施包括建筑(工厂、办公室)和重型设备(电机、钻床、计算机主机、电梯)。装备是采购的大项目，顾客通常从生产商那里直接购买，并在签订协议前有较长一段时间的谈判过程。这些生产商的销售队伍主要是一些技术人员。生产商必须愿意根据顾客的需要进行设计，并提供售后服务。人员推销比广告更为重要。

设备包括轻便的工厂用设备和工具(手动工具、起重机)以及办公设备(个人计算机、办公桌)。这类设备不是最终产品的一部分，它们的寿命短，介于装备和操作补给品之间。虽然一些设备生产商采取直销的方式，但也经常会通过一些中间商销售，因为市场分散，买主众多，而且订货量小。质量、特性、价格和服务是在购买时的主要考虑因素。销售人员比广告更为重要，虽然广告也能被有效的使用。

3. 补给品和商业服务

补给品和商业服务是短期产品和服务，促进最终产品开发或管理，补给品分为两类：维护和修理用品(油漆、小五金、扫帚)与运营补给品(润滑油、煤炭、书写纸、铅笔)。总之，它们统称为 MRO(Maintenance 维护、Repair 维修、Operation 运行)物品。补给品相当于便利品，购买时通常不需花费太大精力就可重复购买。由于其单位价值低、顾客数量多且较为分散，所以通常通过中间商销售。价格和服务是重要的考虑因素，因为供应商是标准化的，因此品牌偏好不占据主导地位。

商业服务包括维护和修理服务(擦玻璃、复印机维修)以及商业顾问服务(法律咨询、企业管理咨询、广告)。维护和修理服务通常以签署合同的方式，由小型生产商或者原始设备制造商供应。商业顾问服务的购买通常以供应商的声誉和员工为基础。

第二节　产品组合及策略

产品和人一样，都有其成长到衰退的过程。因此公司不能仅仅经营单一的产品。世界上很多公司经营的产品往往种类繁多，如美国光学公司生产的产品超过 3 万种，美国通用电气公司经营的产品多达 25 万种。当然，并不是经营的产品越多就越好，公司应该经营哪些产品才是有利的？这些产品之间应该有些什么相关性？这就是产品组合问题。现代企业为了满足目标市场的需要，扩大销售、分散风险、增加利润，需要对产品组合进行认真的研究和选择。

一、产品组合及相关概念

所谓产品组合，也称为产品花色与品种配合，是指一个公司生产经营的所有产品线和产品品种的组合方式，即全部产品的结构。其中，产品线是指密切相关的一组产品，这些产品能满足类似的需要或必须在一起使用，销售给同类顾客群，而且经由同样的渠道销售出去，销售价格在一定幅度内变动。在产品目录上所列出的每一个产品都是一个产品品种，具有上述密切相关性的产品品种就组成了产品线。

要研究产品组合，可以从组合的四个要素入手。产品组合主要有四个变化因素：宽度、长度、深度和关联性。

1. 宽度

产品组合的宽度又称为产品组合的广度，是指一个公司的产品组合中所包含的全部产品线的数目。它表明公司的经营范围宽窄，公司所包含的产品线越多意味着产品组合的宽度越大。反之，其产品组合的广度就越窄。例如，海尔公司生产热水器、彩电、冰箱、空调、洗衣机，厨电，则该公司的产品组合宽度为 6。如大型的购物商城所经营的产品线就很多，珠宝首饰仅作为其中一条产品线，每一种首饰类型就是一个产品项目；而专业的珠宝首饰企业所经营的产品线就比较窄，每一种类型就是一个产品线。

2. 长度

产品组合的长度是指产品组合中所有产品线的产品品种的总数。每一条产品线内的产品品种数量，称为该产品线的长度。如果具有多条产品线，可将所有产品线的长度加起来，得到产品组合的总长度，除以产品组合的宽度，则得到平均产品线的长度。如果海尔企业产品组合中一共有 30 个产品品种(总长度)，那么产品线的平均长度就是总长度除以产品线数 30/6=5，这就是说，该企业每一产品线上平均拥有 5 个品种。实际上，每一条产品线的长度当然各不相同，比如海尔电视机的产品项目有液晶、纯平、直角、背投，则产品组合长度为 4。

3. 深度

产品组合的深度是指产品大类中每种产品有多少花色品种规格。例如，某牙膏有 2 种规格、3 种口味，则产品组合深度为 6。假设汰渍有两种香味(山泉味和普通香味)以及两种添加物形式(有、无漂白剂)，那么汰渍的深度就为 8，因为它有 8 种不同的花色。用品牌数除各种品牌的花色品种规格总数，即可求得一个企业的产品组合的平均深度。

4. 关联性

产品组合的关联性是指各条产品线在最终用途、生产条件、分销渠道等方面相关联的程度。比如海尔的 6 条产品线都是通过类似分销渠道销售的非耐用消费品，因而产品组合的关联性较大；如果某公司同时生产精密机床和化妆品，则这两条产品线的关联性就很小。

以美国宝洁公司的众多产品线为例，在表 8-1 中所示的产品组合宽度是五条产品线。如以产品项目的总数除以产品数目可得到产品线的平均长度。下表所示的产品项目总数是 25，这就是产品线的总长度。每条产品线的平均长度就是总长度(25)除以产品线数(5)，结果为 5，说明平均每条产品线中有五个品牌的商品。产品组合的深度是指产品线中的每一产品有多少种。例如，佳洁士牌牙膏有三种规格和两种配方(普通味和薄荷味)，佳洁士牌牙膏的产品组合的深度就是 6。

表 8-1 宝洁公司的产品线宽度和长度(包括导入市场的年份)

	产品组合的宽度				
	洗涤剂	牙膏	香皂	方便尿布	纸巾
产品线长度	象牙雪(1930)	格利(1952)	象牙(1879)	帮宝适(1961)	媚人(1928)
	德来夫特(1933)	佳洁士(1955)	柯克斯(1885)	露肤(1976)	粉扑(1960)
	汰渍(1946)		洗污(1893)		旗帜(1982)
	快乐(1950)		佳美(1926)		绝顶(1992)
	奥克雪多(1914)		爵士(1952)		
	德希(1954)		保洁净(1963)		
	波尔德(1965)		海岸(1974)		
	圭尼(1966)		玉兰油(1993)		
	伊拉(1972)				

二、产品组合的意义

一个公司必须有一个完整的产品组合体系，因为产品组合不完整必将导致市场单一，一旦单一的市场出现问题，比如市场饱和，竞争激烈，打价格战，消费者习惯改变，替代品出现等，企业将无法维持销量，无法保持利润，这时公司的生产经营必将陷入危机。当然也不可以盲目地进行非相关多元化投资，那样也会产生经营管理方面的巨大风险。一般来说，良好的产品组合对一个公司来说有如下意义：

(1) 公司增加产品组合的宽度，即增加产品大类，扩大经营范围，甚至是跨行业经营，实行多样化经营，可以充分发挥公司的特长，使公司尤其是大公司的资源、技术得到充分利用，提高经营效益；此外，实行多样化经营可以减少风险。

(2) 公司增加产品组合的长度和深度，即增加产品大类，增加产品的花色式样规格等，可以迎合广大消费者的不同需要和爱好，以招徕、吸引更多的顾客。

(3) 公司增加产品组合的关联性，即使各个产品大类在最终使用、生产条件、分销渠道等各方面密切关联，则可以提高公司在某一地区、行业的声誉。

三、产品组合策略

产品组合策略是公司战略决策的一个重要组成部分，公司有两种方法加强自己的产品组合策略，即产品线拓展和产品线填补。

(一) 产品线拓展

每个企业的产品线都只能覆盖全部可能范围的某一部分。例如奔驰定位于高价汽车市场。产品线拓展是指一家公司把其产品线拉长到现有范围之外。可以向上、向下或同时向两个方向拓展产品线。

1. 向下拓展

一个定位于中档市场的企业可能因为以下 3 个原因中的一个而引入价格更低的产品

线：

(1) 公司可能注意到低端市场存在巨大的成长机会，诸如沃尔玛、大润发等大型零售商吸引了越来越多的欲购买物美价廉商品的顾客。

(2) 公司可能希望能够牵制低端竞争者，以免其试图侵入高端市场。假如公司已经被较低端市场的竞争者攻击，那么它通常会决定通过进入其低端市场来进行反击。例如2017年本田通过生产低于10万元的小型SUV来抢占中国市场，这在合资企业中是第一家。

(3) 公司可能发现中端市场面临停滞或衰退中。

公司决定将品牌向下延伸时会面临为品牌命名的诸多选择：① 把母品牌的名称用在它所有的产品上。索尼就是把它的名字用在了各种等级的产品上；② 推出价格较低的产品时使用一个副品牌命名，例如宝洁的Charmin Basics和Bounty Basics；③ 以不同的名称推出价格较低的产品。如Gap服饰的Old Navy品牌。该策略实施起来费用高昂，而且意味着必须重新构建品牌资产，但是母品牌资产受到保护。

向下延伸带有风险。柯达推出柯达欢乐时光(Kodak Funtime)胶卷，以反击低价品牌，但是它的价格定得不够低，比不上低价竞争品牌。它还发现，原来的一些柯达胶卷的顾客也开始购买欢乐时光胶卷。这样等于说它核心品牌的份额受到蚕食。柯达收回了这些产品，但在这个过程中也可能部分失去了高端的品牌形象。宝洁也在市场试销中推出汰渍基本款，定价更低但是缺乏著名母品牌所具备的最新洗涤科技，宝洁最终决定不推出该产品。

相反，奔驰成功地推出了3万美元的C级汽车，却未损害奔驰10万美元汽车的销售。约翰迪尔公司推出了名为“Sabre”的低价格割草机产品线，而同时仍在销售更贵的以约翰迪尔命名的割草机。在这两个案例中，消费者或许能够更好地区分不同品牌的产品，认识到高价和低价产品在功能上的差异。

随着每年成千上万新产品的上市，消费者发现在商店里做决策越来越困难。有一项研究表明，消费者在超市的苏打水前平均要逗留40秒，与之相比，六七年前只需25秒。

虽然消费者会认为，更多的产品品种提高了他们选择中意产品的可能性，但事实却不然。一项研究显示，虽然与只有6种口味的果酱相比，消费者对有24种口味的果酱更有购买的兴趣，但是他们实际上在更少口味中进行选择的可能性要高出10倍。面对大多选择，人们会“选择不选择”，即使那并不符合他们的最佳利益。

类似的，如果某一花色品种的产品质量很高，相比更多的选择，消费者实际偏爱更少的选择。虽然具有明确偏好的消费者或许能从提供特定利益的更多差异化产品中获得好处和需要的满足，但是太多的产品选择可能会导致其他消费者产生受挫、困惑和后悔的感觉。产品和种类的激增还有另一个不利面。消费者面对持续的产品更新和上市，可能会促使他们重新考虑自己的选择，可能转而购买竞争对手的产品。

一些公司已经意识到这个问题，当保洁公司将海飞丝的品类从20种降到15种时，品牌销售额增加了10%。聪明的营销人员还意识到不仅仅是产品线使得消费者眼花缭乱——许多产品本身对普通消费者来说也过于复杂，科技营销人员尤其需要敏感于信息过载带来的问题。

2. 向上拓展

公司可能期望进入高端市场以实现更大的增长，获得更高的利润或者索性把自己定位

成一家提供全线产品的制造商。许多市场中已经出现了令人惊讶的高端细分市场：咖啡中的星巴克，冰淇淋中的哈根达斯(Haagen-Dazs)，矿泉水中的依云(Evian)。日本顶级汽车制造商都分别推出自己的高端车型：丰田的雷克萨斯，日产(Nissan)的英菲尼迪(Infiniti)，还有本田的讴歌(Acura)。它们给这些高档车都起了全新的名字，没有使用或者包括他们本身的名字。那是因为当这些不同的产品线首次问世的时候，厂商对顾客的意见还存有疑虑。

另一些公司在高端市场延伸时使用了原本的品牌名。橄露(Gallo)公司推出 Gallo ofSonoma 酒(每瓶定价为 10～30 美元)，以年轻的形象在优质酒的细分市场中参与竞争。通用电气在高端市场推出了名为 GE Profile 的大型家电品牌。一些品牌名经过修饰来突显产品线的优质，像是“超干爽”帮宝适、“强效”泰诺(Extra Strength Tylonol)。

3. 双向拓展

定位于中档市场的公司可能会决定把产品线向两个方向拓展。例如 2017 年你可以在华为手机商城上买到600元左右的荣耀系列产品，也可以买到8000多元的HUAWEI Mate 9(保时捷设计)的高端产品。在格力电器网上商城上既出售 200 元左右的电饭煲，也销售 2500 多元的大松智能电饭煲。美国的普瑞纳公司(Purina)对于狗粮的双向拓展策略是根据狗的利益、产品花色、成分和价格，创造出一条差异化的产品线：

(1) 冠能(Pro Plan)(38.89 美元/18 磅一袋)——帮助小狗活得更久更健康，内含优质配料(真正的肉、鱼、家禽类)。

(2) 普瑞纳 ONE(22.99 美元/16.5 磅一袋)——满足小狗不断变化和特殊的营养需要，提供身体所需的超优质营养。

(3) 普瑞纳康多乐(Purina Dog Chow)(12.24 美元/18.5 磅一袋)——为小狗提供全面的营养，以满足每个生命阶段的体格生长、补充和修复需要。

(4) 爱宝(Alpo)(18.69 美元/17.6 磅一袋)——提供牛肉、动物肝脏和奶酪味的不同组合以及三种肉味花色。

(二) 产品线填补

公司还可以通过在现有范围内增加产品来延伸其产品线。产品线填补的动机包括：获得不断增长的利润；满足那些抱怨产品不全而损失销售额的经销商，利用过剩的产能；试着成为领先的全产品线的公司；封锁缺口以防竞争者侵入。看看宝马是如何做的：

在 4 年时间里，宝马从 1 个品牌、5 种车型的汽车制造商转变为一个拥有 3 个品牌、14 个系列以及约 30 种不同车型的汽车业佼佼者。宝马用 MINI Cooper 品牌和其小型的 1 系车型向下拓展了产品空间，填补了 X3、X5 和 X6 高性能 SUV、Z4 跑车和 6 系轿跑车之间的市场空隙。公司成功地使用产品线填补，提高了其对富有者、超级富有者和想成为富有者的人的吸引力，而所有这些都离不开它纯粹的优质定位。宝马也在产品线中建立了清晰的品牌迁移策略，它希望消费者可以从 1 系列或者 3 系列车型转向 5 系甚至是 7 系。

产品线填补如果导致自我蚕食和顾客对品牌的混淆，那么它就过度了。公司需要用一个最小可觉差，在消费者脑海中对每一个产品进行差异化。根据韦伯定律(Weber's Law)，相对于绝对差异，顾客对相对差异更敏感。他们能够感知 2 米和 3 米、20 米和 30 米木板的差异，但无法区分 29 米和 30 米木板的差异。推出的产品要满足市场需求，而非简单地满足公司的内部需求。20 世纪 50 年代末，福特在不太知名的埃德塞尔(Edsel)上损失了 3.5 亿美元，福特当时只想满足企业内部定位的需求，试图推出一种介于福特和林肯产品线之间的车型，而不是立足于市场的需求。

同时产品线的填补还可以通过产品线的更新、特色化和削减等方式来进行。产品线需要加以更新，问题在于进行渐进式革新还是立即彻底的革新。逐渐更新可以让公司了解到顾客和经销商是如何对这些新款式做出反应的，也可以减少对公司现金流的消耗。但是这种方式容易让竞争对手察觉到变化，让他们可以重新设计自己的产品线。

在快速变化的产品市场中，更新应该是持续不断的。企业计划改进产品为的是鼓励顾客转移到更高价值、更高价格的产品的购买上。像英特尔这样的微处理器公司以及像微软和甲骨文这样的软件公司都不断推出更高版本的产品。改进的时机很重要，不能出现得过早(会破坏现有产品线的销售)，也不能出现得过晚(给竞争对手时间树立声誉)。

产品线经理通常会选择产品线中的一个或一些产品来进行特色化。百思买将会推出一款特别低价的大屏幕电视机来吸引顾客。其他时候，经理们会将一款高端产品特色化，以提升整条产品线的声望。有时候公司会发现产品线一端卖得很好，而另一端却很差。

公司可能会为卖得很慢的产品采取推销手段，特别是当有工厂因缺乏需求而闲置时。但是也有相反的意见，就是公司应该促进畅销品的销售，而不应该费力支撑那些滞销品。耐克的空军一号(Air Force 1)篮球鞋是 20 世纪 80 年代推出的，是一个价值 10 亿美元的品牌，至今仍是消费者和经销商的最爱，成为公司赚取丰厚利润的产品，这归功于面向藏家的设计和限量供应。自从面世以来，许多名人和运动员都设计过空军一号(Air Force 1)运动鞋。运用销售和成本分析，产品线的经理必须定期检查产品线，找出那些使利润下降的累赘产品。一项研究发现，对于一家大型购物商城的零售商来说，一个主要花色品种的削减会导致品类销售量的短期下降，主要是因为之前的老顾客减少了对该品类的购买，但同时也会吸引新的品类购买者。这些新的购买者抵消了部分买不到被撤产品的老顾客带来的销售损失。

全世界的多品牌公司都想要优化自己的品牌投资组合。这通常意味着公司聚焦于核心品牌的成长，把更多的精力和资源集中在最大的、最稳固的品牌上。孩之宝(Hasbro)设计了一组核心的玩具品牌，包括特种部队(GI Jo)、变形金刚(Transformers)和欢乐小马宝莉(My Little Pony)加以重点营销。宝洁的“回到基本战略”把注意力放在了那些收入超过 10 亿美元的品牌上，如汰渍、佳洁士、帮宝适和品客。产品线的每一个产品都必须扮演一个角色，就像每个品牌在品牌组合中一样。

大众汽车在欧洲市场有四个特别重要的核心品牌。起初，奥迪(Audi)和西亚特(Seat)有一个运动的形象，而大众和斯柯达(Skoda)有一个家庭车的形象。相比具有朴素的内部构造和实用的引擎性能的斯柯达和西亚特，奥迪和大众都具有高的价格和优良的质量等级。为了降低成本、精简部件和系统的设计，并消除冗余，大众升级了西亚特和斯柯达这两个品牌，凭借吸引眼球的内部构造、整套的安全系统以及可靠的传动系统赢得了市场份额。当然，这样做的危险在于，由于采用了上一梯队的高端的奥迪和大众的产品特色，可能会稀释奥迪和大众的独特性。节约的欧洲消费者可能意识到，一辆西亚特和斯柯达与其姊妹品牌大众几乎是相同的，而且还可以省下几千欧元。

第三节　产品生命周期策略

公司的定位和差异化战略应该在产品生命周期中随产品、市场以及竞争者的变化而变化。产品生命周期理论是美国哈佛大学教授雷蒙德 • 弗农(Raymond Vernon)1966 年在其《产品周期中的国际投资与国际贸易》一文中首次提出的。产品生命周期是指某产品从进入市场到被淘汰退出市场的全部运动过程。它是产品的一种更新换代的经济现象，产品有生命周期意味着以下四点：

(1) 产品拥有有限生命；

(2) 产品销售经历不同阶段，每个阶段对销售者来说都有不同的挑战、机会和问题；

(3) 利润在产品生命周期的不同阶段有起落；

(4) 在生命周期的每个阶段，产品需要不同的营销、财务、制造、采购和人力资源战略。

一、产品生命周期的概念及阶段划分

产品生命周期(Product Life Cycle，PLC)，是产品的市场寿命，即一种新产品从开始进入市场到被市场淘汰的整个过程。弗农认为：产品生命是指市场上的营销生命，产品和人的生命一样要经历形成、成长、成熟、衰退这样的周期。就产品而言，也就是要经历一个开发、成长、成熟、衰退的阶段。而这个周期在不同技术水平的国家里，发生的时间和过程是不一样的，期间存在一个较大的差距和时差，正是这一时差，表现为不同国家在技术上的差距，它反映了同一产品在不同国家市场上竞争地位的差异，从而决定了国际贸易和国际投资的变化。为了便于区分，弗农把这些国家依次分成创新国家(一般为最发达国家)、一般发达国家和发展中国家。

大部分产品的生命周期曲线都可以描绘成铃铛状，如图 8-2 所示，这种曲线被典型地分为四个阶段：导入期、成长期、成熟期和衰退期。

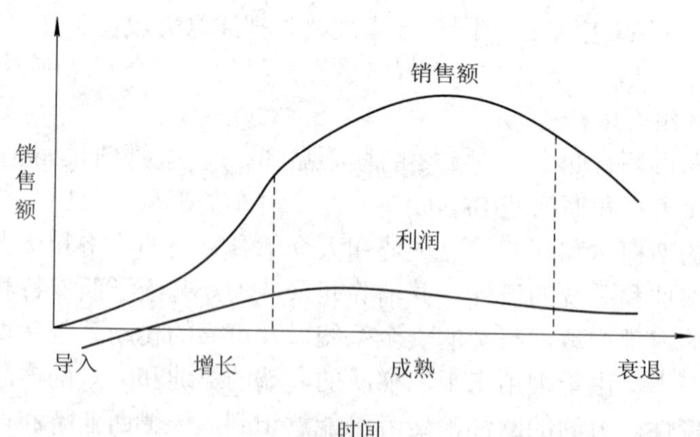

图 8-2　产品生命周期

1. 导入期(介绍期或投入期)

导入期指先从设计投产期到投入市场进入测试阶段，新产品投入市场，便进入了介绍期，此时产品品种少，顾客对产品还不了解，除少数追求新奇的顾客外，几乎无人实际购买该产品。生产者为了扩大销路，不得不投入大量的促销费用，为产品进行宣传推广。该阶段由于生产技术方面的限制，产品生产批量小，制造成本高，广告费用大，产品销售价格偏高，销售量极为有限，企业通常不能获利，反而可能亏损。

2. 成长期

当产品进入引入期，销售取得成功之后，便进入了成长期。成长期是指产品通过试销效果良好，购买者逐渐接受该产品，在市场上站住脚并且打开了销路。这是需求增长阶段，需求量和销售额迅速上升。生产成本大幅度下降，利润迅速增长。与此同时，竞争者看到有利可图，将纷纷进入市场参与竞争，使同类产品供给量增加，价格随之下降，企业利润增长速度加快，最后达到生命周期利润的最高点。

3. 成熟期

成熟期指产品实施大批量生产并稳定地进入销售市场，经过成长期之后，此时，产品普及并日趋标准化，成本低而产量大，销售额增长速度放缓，因为大部分潜在的购买者都已接受了产品。由于竞争加剧，利润保持平稳或下降，这就导致同类产品生产企业之间不得不在产品质量、花色、规格、包装服务等方面加大投入，在一定程度上增加了成本。

4. 衰退期

衰退期是指产品进入了淘汰阶段。随着科技的发展以及消费习惯的改变等原因，销售额呈下降趋势，利润减少，产品在市场上已经老化，不能适应市场需求，市场上已经有其他性能更好，价格更低的新产品，足以满足消费者的需求。此时成本较高的企业由于无利可图而陆续停止生产，该类产品的生命周期也就陆续结束，以致最后完全撤出市场。

产品生命周期是一个很重要的概念，它和企业制定产品策略以及营销策略有着直接的联系。管理者要想使其产品有一个较长的销售周期，以便赚取足够的利润来补偿在推出该产品时所做出的一切努力和经受的一切风险，就必须认真研究和运用产品的生命周期理论。此外，产品生命周期也是营销人员用来描述产品和市场运作方法的有力工具。但是，在开发市场营销战略的过程中，产品生命周期却显得有点力不从心，因为战略既是产品生命周期的原因又是其结果，产品现状可以使人想到最好的营销战略，此外，在预测产品性能时产品生命周期的运用也受到限制。

二、特殊的产品生命周期

我们可以使用产品生命周期概念来分析一种产品类别(酒精饮品)、一种产品形式(白酒)、一个产品(伏特加)或一个品牌(绝对伏特加)，但并非所有产品的生命周期曲线都呈铃铛状，比如成长-衰退-成熟模式、循环-再循环模式和扇形模式也有自己的特征，也能在一定的视角上反映一些产品的生命周期，如图 8-3 至图 8-5 所示。

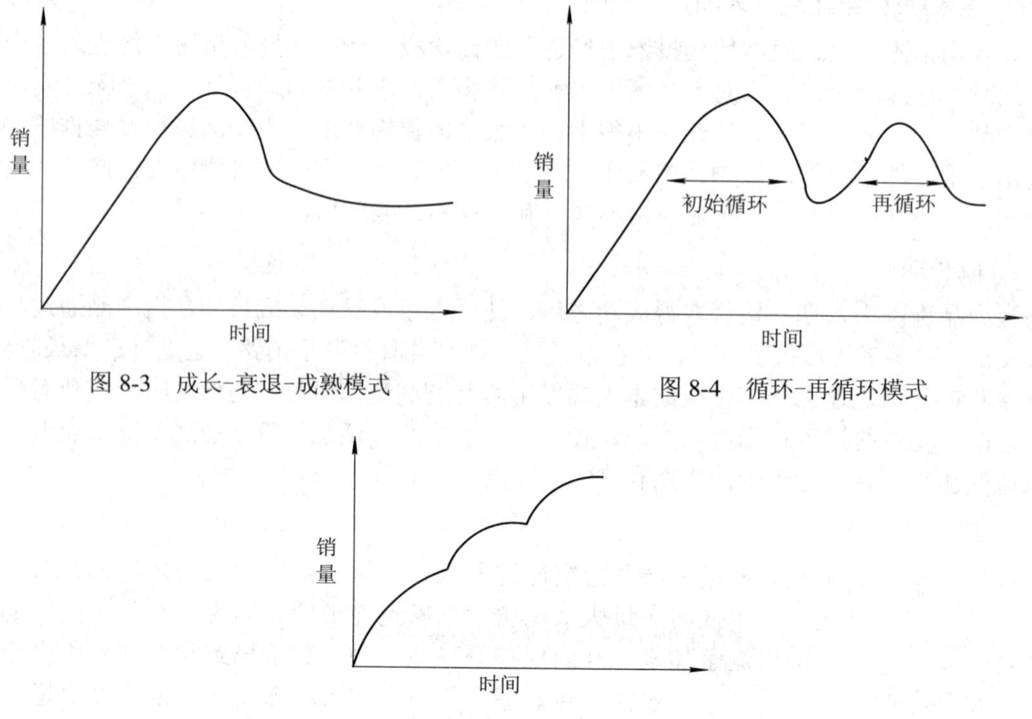

图 8-3　成长-衰退-成熟模式

图 8-4　循环-再循环模式

图 8-5　扇形生命周期模式

（一）成长-衰退-成熟模式、循环-再循环模式和扇形生命周期

1. 成长-衰退-成熟模式

成长-衰退-成熟模式通常是小型厨房电器如搅拌器和面包机的特征。产品导入期的销售额增长迅速，然后落入“僵化”水平并持续下去，这是由于后期采用者出现首次购买以及早期采用者更换产品的缘故。

2. 循环-再循环模式

循环-再循环模式经常用来描述新药的销售额走势。制药公司积极推广它的新药，这就导致了第一个周期，随后销售额开始下降，公司又发起另一轮推广活动，产生第二个周期(通常强度和持续性都比第一个小)。

3. 扇形生命周期模式

扇形生命周期模式则是销售额经历了一连串基于新产品特征、新用途或新用户的发现的生命周期。如尼龙的销售额就因为越来越多的新用途——降落伞、袜子、衬衫、地毯、船帆和汽车轮胎——随时间流逝而接连地被发现，其生命周期曲线呈现扇形。

（二）风格、流行和时尚的生命周期

也有一些特殊产品很难用生命周期法来解读。特殊的产品生命周期包括风格线产品生命周期、时尚型生命周期、热潮性产品生命周期三种特殊的类型，它们的产品生命周期曲线并非通常的 S 型。

风格(Style)是一种在人类各项活动领域中出现的基本而独特的表达方式。风格可以出现在衣着(正式、商务休闲、运动)，或者艺术(现实主义、超现实主义、抽象主义)中。一种风格能够持续数代，时而风行，时而淡出。如图 8-6 所示。

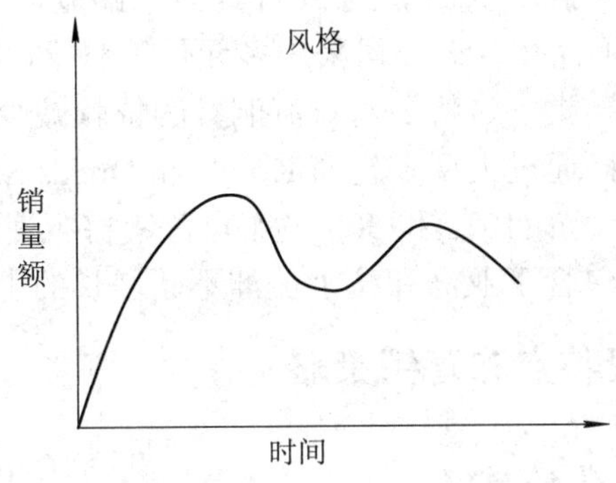

图 8-6　风格生命周期模式

流行(Fashion)则是特定领域中受到认可或欢迎的风格。流行一般会经历四个阶段：区别、效仿、大众流行和衰退。流行的生命周期长度难以预测。一种观点认为，流行的结束是因为它代表了购买的妥协，而消费者不久就开始希望寻找缺失的属性。例如，当汽车变得越小，它们就让人越不舒服，这时候越来越多的消费者开始想买更大的汽车。另一种解释是，太多的消费者采用了这种流行，另外一些人就会对它避而远之。还有一种解释是，一种特定流行的周期长度取决于该流行满足消费者真正需求的程度，它与社会中其他趋势相一致的程度，符合社会规范和价值的程度，以及其发展受到的技术限制，如图 8-7 所示。

时尚(Fad)是一种能够迅速进入大众视线并被热情接受，高峰来得早同时衰退也快的流行，如图 8-8 所示。它们的接受周期是非常短的，倾向于吸引少数的一群寻求刺激或想要凸显自我与众不同的追随者。Heelys 暴走鞋曾在孩子中风靡一时，后来销量衰退导致它被出售给一家私募公司，价格只有公司首次公开募股时的一小部分。

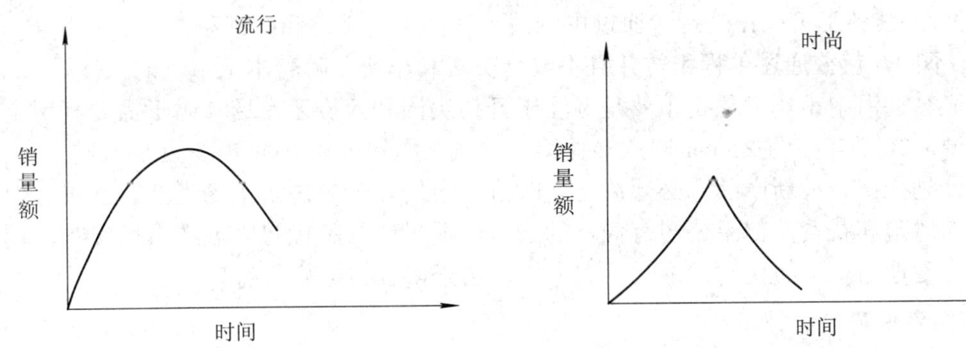

图 8-7　流行生命周期模式　　图 8-8　时尚生命周期模式

时尚是无法长久的，因为它们通常不能满足强大的需求。市场营销的赢家是那些早早地嗅到时尚并将它们融入具有持久力的产品中的公司。正如卡路驰所设法做的那样。卡路驰塑料鞋或者“船鞋”——多彩，舒适，适合夏日穿——2002 年在美国科罗拉多州博尔德

市推出后很快取得成功。该公司首次公开募股是美国鞋业有史以来最大的，募集了 2.08 亿美元。一年时间其销售额达到 8.47 亿美元，股价攀到顶峰。然而经济衰退和消费者的品牌疲劳对品牌造成双重打击，导致了销售额下降并且股价跌到区区 1 美元，用首席财务官(CFO)的话来说，这是一次"濒死体验"。然而，到 2011 年，卡路驰以 10 亿美元的收入和 15%～20%的增长目标反弹。发生了什么？该公司采用多元化策略推出了 300 多款时尚舒适的靴子、休闲鞋、运动鞋和其他鞋类，这将公司对洞洞鞋的依赖减少到不到销售额的 50%。公司也采用了多渠道分销策略：通过大型零售商 Kohl's 和 Drck's Sporting Goods 整批出售(占分销 60%)，同时也通过线上直销(10%)和 500 多家自营销售店铺出售(30%)。目前国际销售额超过了总销售额的 50%，包含了亚洲和拉丁美洲不断增长的中产阶级市场。

三、产品生命周期各阶段特点和营销策略

（一）导入期的特点和营销战略

由于推出一种新产品、解决技术问题、建设分销渠道以及获得消费者认可都是需要花费时间的，因此导入期的销售额往往增长缓慢，利润为负甚至更低。促销费用占销售额的比例是最大的，这是因为需要告知潜在顾客；引导产品试用；确保零售道路通畅。由于成本高，价格也倾向于高位，并且公司专注于服务那些最愿意购买的顾客。通常他们是高收入群体。

以 Zipcar 公司在汽车租赁市场建立品牌时所面临的挑战来看产品导入期的特点。拼车兴起于欧洲，它是服务于那些经常使用公共交通但一个月也会有几次用车需求的市民的一种方式。美国拼车行业的市场领导者和开拓者 Zipcar 的吸引力在于其兼具环保和经济功用，只需要 50 美元的会员费率，大大小于每天 100 美元的私家车开销——包括汽油、保险和停车费——每个类型的美国家庭通过使用 Zipcar 而不是私家车可以节省 3000～4000 美元不等。公司估算过每增加 1 辆租赁车，公路上就会少 20 辆私家车。以主要城市和大学校园为目标市场，提供多样化的交通工具，面临较少的竞争，Zipcar 连续多年每年以 30%的速度增长。然而，2012 年租赁业领导者赫兹(Hertz)进入时租汽车市场，为它全美的车队(总共 37.5 万辆汽车)装备了可以让消费者通过电脑或者智能手机锁定和解锁租赁车的车载工具。与 Zipcar 不同，赫兹通过单程租赁并且不收会员费和车费。随着本土市场的入侵，Zipcar 开始将目光转向海中市场，最初主要是专注于开拓美国和西班牙市场。由于需要利用全球机遇的资源，2013 年 1 月 Zipcar 同意接受第二次汽车租赁公司 Avis Budget 的收购。

公司计划推出一种新产品，必须决定何时进入市场。最先进入市场当然有回报，但是也有高昂的风险和花费。如果公司有优良的技术、质量或品牌优势来创造市场优势，稍晚些进入是有道理的。下面我们讨论一下成为新市场开拓者的优势和劣势。

1. 开拓者优势

大部分研究指出，市场开拓者获得了最大的优势。可口可乐、亚马逊等公司就一直保持着市场主导地位。例如，在美国 1923 年的 25 家市场领导者中有 19 家在 60 年后的 1983 年仍然是市场领导者。而在一个生产产业用品企业的样本中，66%的开拓者都存活了至少 10 年，而早期跟随者的这一比例只有 48%。

开拓者优势的来源又是什么呢？我们可以从市场领导者基于规模从而受益于忠诚度的一种方式来看。如果产品令人满意，那么早期用户就会记住开拓者的品牌名称。开拓者的品牌同时也确立了这类产品应该具备的属性。开拓者品牌通常以市场的中层为目标，以便争取更多的客户。顾客惯性也会起到作用；同时还存在生产者优势，即规模经济、技术领导地位、专利、稀缺资源的所有权以及其他的进入壁垒。开拓者的营销支出更为有效，能获得更高的消费者重复购买率。警觉的开拓者能够永久性地保持它的领导地位。

2. 开拓者劣势

然而，开拓者优势也并非必然。看看雅虎搜索引擎、百度电子商务平台、诺基亚和摩托罗拉手机产品的命运，后来的进入者都超过了这些市场开拓者。先行者也要提防所谓的“后发优势”。

例如史蒂文·施纳尔(Steven Schnaar)研究了模仿者超越创新者的28个产业。他发现这些失败的开拓者存在一些缺点：新产品过于粗糙，定位不当或在有强劲需求之前过早出现；产品开发成本耗尽了创新者的资源，缺乏资源与后进入的大公司竞争；管理不善或有害无益的自满。成功的模仿者的崛起，在于通过更低的价格，持续改进的产品或者利用蛮横的市场力量超过开拓者。

彼得·戈尔德(Peter Golder)和杰拉尔德·特里斯(Gerald Tellis)对开拓者的优势提出了更深一层的怀疑。他们区分了三类开拓者：发明者在一个新的产品类别中开发出专利；产品开拓者最先开发出操作模式；而市场开拓者最早在新产品类别中出售产品。在他们的样本中还包括没有存活下来的开拓者。他们得出这样的结论：尽管开拓者可能仍然有一种优势，但是大量的市场开拓者失败了，比报道出来的多，大量的市场领导者获得了成功(尽管他们并不是开拓者)。后进入者超过市场开拓者的例子有谷歌在搜索引擎市场超过了雅虎，华为在手机市场上超过了小米，联想在台式电脑领域超越了戴尔。

戈尔德和他的同事对1921年到2010年中美国125个产品品类中的625个品牌领导者的后续研究提供了进一步的洞察：领导品牌更容易在经济衰退和高通货膨胀时期存续，在经济扩张和低通货膨胀时期更不易存续；样本中的领导品牌有一半在经历了12～39年的领导期之后失去了领导地位；近几年品牌领导的持久率比早期(例如30多年前)大大下降；一旦失去品牌领导权，就很难恢复；高于平均水平的品牌领导持久率所属产品品类是食品和家庭用品，而低于平均持久率的品牌所属产品品类是耐用品和服装。

在获取开拓者优势方面，特里斯和戈尔德识别出决定长期占据市场领导地位的五大因素：大众市场的愿景、坚持不懈、不断创新、财务承诺和资本杠杆。其他研究则强调了在产品创新中新颖性的重要。如果开拓者以真正全新的产品打开市场，如雅虎是第一家开拓互联网免费模式的网站，那么要生存下来则是一个很大的挑战。相反如果以渐进式创新进入市场，就像智能手机不断的升级、增加各种功能的情况，那么开拓者的存活率要高得多。

在产品生命周期缩短的时代，加速创新的时间是必不可少的。早期进入市场已表明是有利的。一个先前的研究发现，一个产品晚6个月推出而未超过预算，则前5年平均利润少33%；若按时上市而预算超出50%，利润只减少4%。

公司不应只求快速发展，必须认真设计和执行产品营销。通用汽车快速推出了其新设计迈锐宝(Malibu)，在与本田、日本和福特的中型汽车的竞争中抢占先机。当所有的车型在

发布时都不适于启动生产时，这个品牌的发展势头便停滞了。研究发现，那些获益于快速发展的科技型公司是：大市场的先行者；建立了抵抗竞争对手的进入壁垒；直接掌控创立公司的必不可缺的关键要素。

开拓者应该设想各种可以最初进入的产品市场，并要知道一下子全部进入是不可能的。假设市场细分分析揭示的产品市场细分如图 8-9 所示。开拓者应该分析各个产品市场单独的和叠加的潜在利润，并决定市场扩张的路径。图 8-9 中的开拓者，计划首先进入产品市场 P_1M_1，然后把产品带到第二个市场(P_1M_2)，接着为第二个市场(P_1M_2)推出第二种产品，让竞争对手措手不及(P_2M_2)，然后把第二种产品带回第一个市场(P_2M_1)，再为第一个市场引入第三个产品(P_3M_1)。如果这种计划成功的话，那么这个开拓者将拥有前两个细分市场的大部分，为之提供 2 个或 3 个产品。(P_i = 产品 i；M_j = 市场 j)

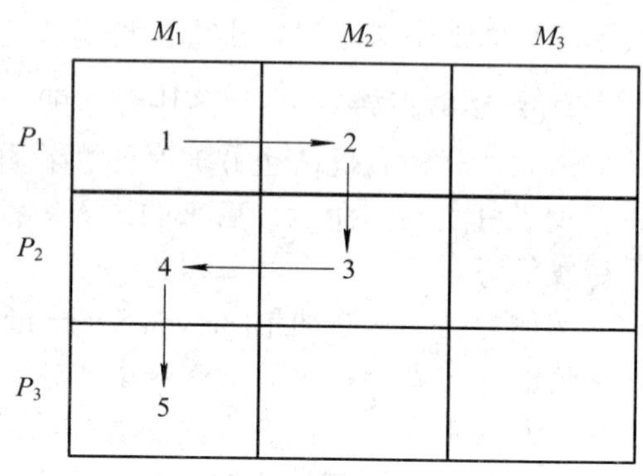

图 8-9　长期产品市场扩张战略

（二）成长期特点和营销策略

成长期的特征就是销售额迅速攀升。早期采用者喜欢这个产品，其他消费者则开始购买它。受这种良机所吸引，新的竞争者将进入。它们推出新的产品特色，并扩展分销渠道。价格保持不变或者稍有回落，这取决于需求的增长情况。

公司维持促销支出水平不变或者稍有增加，以应对竞争并继续培育市场。销售额增长速度远远超过促销花费，带来了促销费用——销售额比率下降。由于促销支出平摊到更大基数的产品上，并且由于生产者的学习效应，单位制造成本比价格下降速度快，利润在这一阶段得以增长。对于这个阶段，公司必须小心监控在成长上由加速变为减速的变化，以便准备新的战略。

在成长阶段，为使市场份额保持快速增长，公司应使用如下几种策略：

(1) 改进产品质量，增加新的产品特色，改进样式；

(2) 增加新的型号和侧翼产品(增加产品的不同大小、风味等)以保护主产品；

(3) 进入新的细分市场；

(4) 增加分销覆盖面，进入新的分销渠道；

(5) 广告诉求从让消费者认识并试用产品转变到鼓励他们对产品保持偏好与忠诚；

(6) 以更低的价格吸引具有价格敏感性的下一层级客户。

通过投资于产品改进、促销和分销，公司能够占据优势地位。它在获得高市场份额的当前利润最大化与在下一阶段获得更大利润的期望之间权衡。

面对波云诡谲的市场，保持竞争优势是一件颇具挑战性的事，但是并非不可能，上述一些长期市场领导者就是证明。找到不断提升消费者满意度的方法可以走得很远，澳大利亚领先物流供应商 Brambles 为杂货店顾客设计了一款塑料垃圾箱，这个垃圾箱可以被用于农田，也可以被放于货架，大大节省了杂货铺的劳动成本。

（三）成熟期的特点和营销策略

在某个时点上，销售额增长率会减缓，产品则进入一个相对成熟的阶段。大部分产品正处于其生命周期中的成熟阶段，这一阶段通常也比前一阶段持续的时间长。

成熟期可以分为三个时期：增长、稳定和衰退的成熟。在第一个时期，销售额增长率开始下降。没有新的分销渠道要填补，而新的竞争性力量出现。在第二个时期，由于市场饱和，人均销售额没有太大变化。大部分潜在消费者已经试过该产品，未来销售量受制于人口增长和替代需求。在第三个时期，也就是衰退的成熟期，绝对销售额水平开始下降，同时顾客开始转向其他产品。

成熟期的第三个阶段面临最大的挑战：销售额下降带来行业产能过剩，这导致更加激烈的竞争；实力薄弱的竞争者退出行业；少数几个行业巨头主宰市场——它们可能是质量领导者、服务领导者或者成本领先者，主要通过大规模生产与低成本获利。围绕这些主导公司的是大量的市场利基者，包括市场专家、产品专家与定制化公司。

问题是，是努力奋斗成为行业前三，通过高销量和低成本来赚取利润，还是应该追求利基战略，通过小规模和高边际利润来盈利？有时候，市场会趋于高端和低端细分市场的两极化，而处于两级之间的公司的市场份额日益减少。下面是瑞典家电制造商伊莱克斯如何应对这种情形的例子。

2002 年，伊莱克斯(Electrolux)面临一个急速两极分化的家电市场，一端是低成本的亚洲公司如海尔、LG 和三星，造成压低价格的压力。另一端是溢价竞争对手如博世(Bosch)，Sub-Zero 和维京等的不断壮大，并以中端品牌的成本花费持续成长。伊莱克斯(Electrolux)的新任首席执行官汉斯·斯塔伯格(Hans Straberg)在公司处于中间位置，面临跌出市场时及时出马，决定重新思考其顾客的需要和需求，摆脱中端定位。举个例子，斯塔伯格不用原来高低端顾客分层，而是根据 20 种不同类型消费者的生活方式和购买方式来细分市场，为公司广泛品牌组合锁定目标市场并定位。例如，伊莱克斯现在成功地把蒸汽炉卖给了具有健康取向的消费者，而原本为小型厨房设计的微型洗碗机现在有了更广泛的消费者细分市场，即针对喜欢频繁洗碗的人士。对那些发觉自己公司是处于成熟市场两极中间的公司来说，斯塔伯格有如下启示："从消费者的角度出发，了解他们的潜在需求以及他们所经历的问题……然后集中所有的困惑，发现消费者的真正所需。亨利·福特(Henry Ford)据说曾经说过，'如果我当时问了人们他们到底想要什么，可能我生产的可能只是跑得更快的马，而不是汽车了。'或类似如此的话。虽然消费者表达不出来真正想要什么，但是我们要解决它。"在新任首席执行官基思·麦克洛克林(Keith Mcloughlin)的领导下，伊莱克斯专注于高端电器市场，销售专业级别的产品给超豪华消费者细分市场。随着在超过 150 个国家的分销和当地市场的覆盖，伊莱克斯在全球市场上的定位做得非常好，尤其在新兴市场。

一些公司摒弃衰弱的产品，专注于新产品和盈利性更好的产品。然而，它们可能忽视了许多成熟市场和老产品仍然具有的高潜力。那些被广泛认为已经成熟的行业——汽车、摩托车、电视、手表、相机——被日本人证明其实并非如此，日本人找到了为顾客提供新价值的方式。改变品牌进程的三种方法分别是市场、产品和营销方案的调整。

1. 市场调整

公司可以通过影响构成销售量的两个因子，为其成熟品牌扩展市场：销售量=品牌用户数量*每个用户的使用率(见表 8-2)，但也有可能被对手赶上。

表 8-2　提高销售量的可选方式

拓展品牌用户的数量	提高用户的使用率
争取非用户。例如航空运输服务的增长要诀在于不断地搜寻那些新客户，并向他们证明使用航空运输的好处要比地面运输多	促使消费者在更多场合使用产品，例如把恒顺香醋作为礼盒或保健品进行出售；苹果公司不断地升级手机的功能和开发新产品
进入新的细分市场。例如当美的电器决定通过直营店、大卖场和家电代理商来销售它的电器时，其销售份额立即猛增	促使消费者每次使用更多的产品，例如饮用更大杯的橙汁，牙膏的挤出口增大
吸引竞争者的顾客。例如 OPPO 手机的营销者总是在争取小米的顾客	促使消费者用新的方式使用产品，例如使用格力大松电饭煲来制作蛋糕

2. 产品调整

管理者也可以尝试着改善产品质量、特色和风格来刺激销售。质量改进通过推出“新的改良”产品来增加产品的功能性表现。特色改进通过增加大小、重量、材质、添加物和配件等，以扩展产品的性能、多功能性、安全性或便利性。风格改进可提高产品的美学吸引力。

任何一种方法都能吸引消费者的注意。在竞争激烈的数字摄影领域，Shutterfly 通过把消费者的数字图像转换成可视产品：相册、日历、问候本、婚礼请柬、墙纸和其他产品使得年度销售额增长到 6 亿美元。

造纸行业同样在应对数码时代的挑战。只要消费者喜欢读取、存储或者分享硬拷贝文档。这个行业就该意识到它必须尽可能地提供环境友好的解决方案。供应商努力开发更加环境友好的供应链，从幼苗到植树造林，采用更环保的纸浆和纸质生产，回收并减少碳足迹。这种努力对成功甚至是生存都是至关重要的。由于电子邮件，在线支付和其他数字发展的兴起，信封制造领导者 National Envelope 公司销售额萎缩，在 2011 年到 2013 年间依据《美国破产法》第 11 章再次宣布破产，而邮资机(一种直接在邮件上加盖日戳和邮资戳记，并具有记账和结算功能的自动化邮政设备)市场的领导者 Pitney Bowes 却扩展了其数字运营业务。

3. 营销方案调整

品牌经理还可以通过调整非产品元素——特别是价格、渠道和传播来刺激销售，这些变化是否取得成功，应该以它们在新老客户身上所起到影响的角度来评估任何改变的可能性。

(四) 衰退时期的特点和营销策略

销售额下降有多种原因，包括技术进步、消费者口味转变以及国内外竞争的加剧。所有这些都能导致产能过剩、价格持续下跌以及利润萎缩。这种衰退可能比较缓慢，如缝纫机和报纸的情况，也可能很快，就像 13.3 厘米的软盘和八轨道墨盒的情况。销售额可能下降为零或直接退出市场。这些结构性变化与由于某种营销危机造成的短期衰退是有所不同的。

随着销售额和利润的下降，一些公司退出市场，留下来的公司则减少产品数量。它们可能从较小的细分市场和较弱的分销渠道中撤退，也可能削减营销预算并进一步降价。除非有非常充分的理由，否则保留衰弱的产品对公司来说代价太大。一旦消费者觉得他们可以从别处以最低的价格甚至免费获取足够的内容时，他们便会选择更省钱的方式。《大英百科全书》2012 年便停止了其标志性的百科全书精装本套装的生产，该公司通过聚焦线上教育市场实现了反弹。公司的长期愿景是为大众带来专业知识，超过一半的美国学生和老师都能获取《大英百科全书》的内容。衰退时期的公司产品的营销策略主要有消除衰弱产品、收获和剥离。

1. 消除衰弱产品

除了没有利润之外，衰弱的产品还会消耗不相称的管理时间；需要频繁调整价格和库存；因生产批量小而带来昂贵的装配费用；占用广告和销售人员的注意，这本可以更好地用于获利性健康产品；为公司形象投下阴影。不消除衰弱产品也耽误了对替代性产品的积极开发，同时产生不平衡的产品组合，过时的产品线会变得太长，而导致新一代的产品线过短。

通用汽车决定放弃举步维艰的 Oldsmobile 和 Pontiac 生产线。但不幸的是，大部分公司并没有为那些老化的产品制定政策。消除衰弱产品的首要任务就是建立一个识别衰弱产品的机制。许多公司任命一个产品检查委员会，从营销、研发、制造和财务等部门选出代表，根据所有可得信息，对每种产品提出建议——保留、调整营销战略或放弃。

一些公司早于其他企业放弃衰退市场。这主要取决于行业退出壁垒的高度。壁垒越低，公司越容易退出该行业，这对于剩下的公司决定留在行业中，并吸引撤退公司的顾客是很有诱惑力的。例如，宝洁公司继续保留衰退的液体皂业务，该业务随其他公司的退出而提高了利润。

合适的战略还依赖于行业的相对吸引力和行业中公司的竞争优势。一家处于不具吸引力的行业，但拥有竞争优势的公司应该考虑有选择性地收缩。而一家处于吸引力的行业，同时也有竞争优势的公司则应该考虑加大投资。公司通常通过为成熟产品增加价值而成功地重入市场或使其恢复活力。

2. 收获和剥离

收获与剥离的战略大有不同。收获要求在努力维持销售额的同时逐步减少产品或业务的成本。第一步是要削减研发成本以及厂房和设备投资。公司也可能降低产品质量、压缩销售团队规模、减少基本服务以及广告费用。公司要不动声色地削减这些成本，尽量不让消费者、竞争者和员工知道该情况。收割战略很难执行，但如果公司的成熟产品很多，对它的实施还是有保障的，它可以大幅提高公司当前的现金流。

当一个公司决定剥离一个尚有很强的分销渠道以及残留声誉的产品时，可以考虑将其卖给其他公司。一些公司专门从事收购与复兴这样的“孤儿”或“灵魂”品牌，例如 Linens n' Things 纺织与 Brim 咖啡，运营商 Verizon 以及 Salon Selective 洗发水。这些公司试图利用市场上残留的品牌认知发展品牌复兴战略。Reserve Brands 收购 Eagle Snacks 部分原因就

在于研究显示 60%的成年人记得这个品牌，而 Reserve 的首席执行官认为，“如今要重新创造这么高的品牌知名度需要 3～5 亿美元”。

如果找不到买家，那么公司必须决定是赶快还是暂缓清算该品牌；公司还要决定为过去的顾客保留多少库货和提供哪些服务。

四、产品生命周期概念的证据

表 8-3 总结了产品生命周期四个阶段的特征、营销目标和营销策略。产品生命周期的概念帮助营销者解释产品与市场动态、实施计划和控制以及进行预测。例如戈尔德和特里斯通过对 30 个产品品类的研究发现了许多与产品生命周期相关的有趣结果：

(1) 新的耐用消费品在每年销售额提升大概 45%后，有一个明显的起飞期，但当销售额每年下降大概 15%时，有一个明显的减弱。

(2) 在平均渗透率达到 34%时，产品销售额开始减退，很可能在大多数家庭主妇拥有一个新产品之前。

(3) 成长阶段时长为 8 年多一点，而且看起来并没有随时间发展而缩短。

(4) 信息串联效应的存在，意味着在其他人已经拥有的情况下，人们更可能随时间发展而采用，而非进行仔细的产品评估。不管怎么样，一个启示是在起飞后有大规模销售额提升的品类，其销售额在减弱期趋向于有更大幅度的下降。

表 8-3　产品生命周期各阶段的特征、目标和策略

特征	导入期	成长期	成熟期	衰退期
销售量	低	迅速增长	达到顶峰	下降
成本	单位成本高	单位成本一般	单位成本低	单位成本低
利润	负利润	增长的利润	高利润	下降的利润
顾客	创新者	早期采用者	中间大多数	落后者
竞争者	几乎没有	数量增加	数量稳定、开始下降	数量下降
营销目标	创建产品知晓度，鼓励顾客试用	市场份额最大化	利润最大化、同时保持市场份额	减少支出，并赚取品牌收益
战略产品	提供基本产品	提供产品延伸、服务和保证	品牌和产品样式多样化	逐步淘汰弱势产品
定价分销	成本加成定价，建立选择性分析	定价以渗透市场建立密集分销	迎合或赶超竞争者定价，建立更加密集的分销	降价，视情况而定；逐步淘汰不盈利的分销网点
广告传播	在早期采用者和经销商中建立产品知晓度和试用群体	在大众市场中建立知晓度和兴趣	强调品牌差异和利益，并鼓励品牌转换	减少到维持中坚忠诚顾客的最低水平

五、产品生命周期理论的批评

产品生命周期理论引起了批评家的评论。他们声称生命周期模式在基本形状和持续时

间上变数太大，营销者难以确定他们的产品究竟处于哪个阶段。当产品实际上已经达到了在另一个高涨之前的平稳阶段时，该产品也许看上去是成熟的。批评家也指责，产品生命周期模式与其说是不可避免的过程，还不如说是营销策略的自我实现结果，巧妙的营销事实上能够带来持续的成长。

由于产品生命周期聚焦于某产品或品牌而非整个市场发生的情况，因此它得到的是产品导向而非市场导向的图景。由于受新的需求、竞争、技术、渠道和其他发展的影响，公司还需要具体了解市场演进的路径，并改变产品与品牌定位以跟上节奏。与产品一样，市场演进也历经四个阶段：出现、成长、成熟和衰退。思考一下纸巾市场是如何演进的。

起初，家庭主妇在厨房里使用棉质和亚麻的抹布和毛巾。然后，一家寻找新市场的纸业公司开发了纸巾，这项开发使得一个潜在的市场成行，其他制造商跟进。随着品牌增多，开始出现市场裂化。行业产能过剩迫使厂商开始寻求新的产品特征。接着一家制造商得知消费者抱怨纸巾吸水能力不强后推出“吸水”纸巾，增加了它的市场份额。但竞争者相继推出各自的强吸水纸巾，市场又开始裂化。接着另一制造商开发出“超强度”纸巾，不久又被模仿。而又一制造商推出的“不起毛”纸巾随后也被模仿。最近的创新是一种含有清洁剂的往往用于特定表面(如木质、金属和石头)的擦拭布。因此，受到创新与竞争的推动，纸巾从单一的产品演进到拥有吸水性、强度以及其他用途的多样化产品。

第四节　新产品开发策略

新产品开发是指从研究选择适应市场需要的产品开始到产品设计、工艺制造设计，直到投入正常生产的一系列决策过程。从广义而言，新产品开发既包括新产品的研制也包括原有的老产品改进与换代。新产品开发是公司研究与开发的重点内容，也是公司生存和发展的战略核心之一。

一、新产品的概念和类别

营销学中的新产品是广义的，凡是产品整体概念中任何一部分的创新、变革、改进，能够给消费者、使用者带来新的感受、满足和利益(即顾客能确认它与其他产品有所不同)的相对或绝对新的商品，都属于新产品。

新产品的类型按地域范围可分为国际新产品、国家新产品、地区新产品和公司新产品。在这里主要按产品变革程度、新颖度进行的分类，可大致分为以下四类：

1. 全新型新产品

全新产品又称为原创产品或绝对新产品，它是指在原理、结构、性能和材料等方面有重大突破，具有独创性、先进性、适用性的新发明的产品。如 1926 年出现的冰箱、1938 年的尼龙、1946 年的第一代电子计算机、1959 年的集成电路，2000 年左右出现的智能手机都是前所未有的产品，它们以崭新的姿态出现在世界上。全新产品往往是科学原理的重大发现、产品结构的重大变革、应用技术的重大突破、生产材料的重大创新，它对人类生产方式、生活方式、社会发展有深远的影响。

开发全新产品一般需耗费大量的时间与人力物力，多数企业难以承受，而且成功率很

低。但一旦开发成功，便开辟了一个新市场，企业可在较长的时间内处于领先地位，拥有垄断优势。据调查，在新产品中，全新产品一般只占10%左右。例如小米、华为智能手机的新产品中80%为换代新产品和改进新产品。

三星大部分成功的卓越营销源自其捕获全球消费者想象力的创新产品。公司对研发和设计能力的高额投资，最终获得巨大的回报。三星对美丽直观且能被整合进顾客生活方式的产品具有不懈的努力与聚焦。三星运用三个设计标准：(1) 简单直观；(2) 有效而持久；(3) 适应性与参与性。就像其主要竞争对手苹果一样，三星组织了一个跨部门的公司设计中心。该中心直接向首席执行官报告。公司设计中心协调统一不同部门的设计并分析文化趋势以帮助预测设计的未来，同时它也协调分布在伦敦、洛杉矶、上海、东京和德里五个全球设计中心的工作。2013年三星收获到的众多设计奖项中，有两项iF金奖颁发给“分离概念”的彩色打印机和专为东南亚用户设计的双桶洗衣机。

2. 换代型新产品

换代型新产品是指在原有产品的基础上，部分采用新技术、新材料、新元件等，使结构性能有显著提高的产品。如电子计算机问世后，已经过多次换代，经电子管、晶体管、集成电路、大规模集成电路四代后，目前正进入具有人工智能的第五代新产品。随着科学技术的迅猛发展，产品更新换代的速度正在加快。例如洗衣机从单缸洗衣机发展到双缸洗衣机和全自动洗衣机；电视机从黑白电视机发展到彩色电视机和纯平彩色电视机，这些都属于换代新产品。又如华为畅享5S——还没卖就换代了，仅仅在畅享5发布两个月之后，华为在2016年12月3日即推出换代机型畅享5S，堪称手机史上换代最快的机型，畅享5S采用三段式金属机身，支持指纹识别，搭配5英寸(1英寸=2.54厘米)720p屏幕，MT6753处理器，2 GB+16 GB机身存储组合，支持最高128 GB micro SD卡拓展。

3. 改进型新产品

改进型新产品是指对老产品在质量、结构、功能、材料、花色品种等方面做出改进的产品，主要谋求性能更加良好，结构更加合理，精度更加细致，功能更加齐全，式样更加新颖，材料更加易于获得，成本能有较大降低，耗费减少，节约能源等。改进型新产品，可以对原有产品进行适当改进，也可以是原有产品派生出来的变型产品。例如将洁齿牙膏改进为药物牙膏；食品改进为保健食品；将收音机、录音机组合成收录机；将铅笔改进为自动铅笔；手动型汽车改进为自动挡汽车等。

改进新产品与原产品差别不大，进入市场后易被消费者接受。但由于这种改进很简单，容易被竞争者效仿，因而各企业之间竞争比较激烈。

4. 仿制型新产品

仿制型新产品是指通过对国际或国内市场已出现的产品进行引进、模仿而生产出来的新产品。这种产品对较大范围的市场来说已不是新产品，但对企业来说，是用新工艺、新设备生产出来的与原有产品不同的产品，仍然可作企业的新产品。例如服装市场竞争激烈，竞争者模仿很快。法国巴黎最新时装发布会上的款式，不到一星期就可以在东京或北京买到大致相同款式的时装。

仿制药市场风险小。新药研发有三个特点让不少企业望而却步：首先是周期长，研发一种新药大概需要8至12年；其次是投入高，在国际上一种新药从立项研发一直到上市推广大概需要投入10亿美元；第三是风险大，一种新药从最初的化合物筛选到临床试验成功，大概是万分之一的成功率，而真正上市后，10种新药最终获利的可能只有3个。“现代药物的研发规则是西方人制定的，他们资金充足，做药物研发相对简单”，绿叶制药科技发展部总监左爱侠感叹道。在中国真正做药物研发的制药企业并不多，大部分在做仿制药，等着跨国公司某一药品的专利期过去，再对药物进行仿制出售，这就等于是一个单纯地加工生产商，但长此以往中国制药企业很难真正建立起核心竞争力。

企业新产品开发的实质是推出上述不同内涵与外延的新产品。所有新产品中只有10%是真正属于创新或新问世的产品。由于它们对公司和市场来说都是新的，因此，这些产品包含了非常高的成本和风险。大多数公司实际上着力于改进现有产品，而不是创造一个新产品。

二、新产品开发的意义

1. 保持企业生存与发展

由于新技术、新材料的出现，产品的生命周期不断缩短。企业可通过增加原有产品产量和发展新产品这两条途径来谋求生存与发展。前者在短期内是有效的，但长期来看，产量越多则风险越大。因为产品具有自己的生命周期，在成熟期及衰退期里，增加产量会导致产品积压；同时，当原有产品进入衰退期时，企业也随之走向衰退。企业若不发展新产品，则无法生存，不断创新才是企业生存与发展的唯一途径。

2. 跟上顾客需求

随着经济的发展，人们的生活水平不断提高，对产品的需求呈现多样化的发展。同时，产品价值也是在顾客不断使用中被发现的，例如小苏打可以作为冰箱除臭剂。这就要求企业为了满足顾客的需求必须不断地开发出新的产品，以适应人们不断发展的新生活方式的需要，才能在激烈的市场竞争中站稳脚跟，避免被淘汰。

三、新产品开发的组织

对于新产品开发可能失败的风险管理，就是要保证新产品开发的成功。新产品成功开发的关键在于发展良好的组织。在新产品开发过程的各个阶段中，关键条件主要包括2个方面：

(1) 公司组织机构必须改变新产品开发过程的组织安排；

(2) 它必须用最有效的技术来处理开发进程中的每个步骤。

公司最高管理层对于新产品开发工作的成败负有最终的责任，而不能简单的雇佣几个新产品专家，委托他们提供有用的新产品构思。管理层必须建立明确的标准来决定是否接受新产品构思，必须决定新产品开发需要多少预算支出。按照常规标准编制新产品开发预算是十分困难的，因为新产品开发结果很不确定。为此，有些公司采用鼓励措施和财务支持的方法来争取尽可能多的项目建议书，并希望从中择优录用。

有效的新产品开发工作的一个关键因素，就是建立切实可行的组织机构。目前国内外公司新产品开发的组织机构，主要有以下五种：

1. 产品经理

产品经理是专门负责某类或某种产品的计划、生产、销售的一系列工作的经理人员；在许多公司里，他们也负责新产品开发工作。不过，产品经理们往往忙于管理他们的生产线，除了对品牌更改和扩充感兴趣外，很少有时间考虑新产品；同时他们也较少具有开发新产品的专有技能和知识。

2. 新产品经理

有些公司设有隶属产品经理领导的新产品经理，由他们专门负责新产品的研制开发工作。不过，这种新产品经理的工作往往局限在已有的产品市场范围的产品改进和产品扩展。

3. 新产品开发委员会

这是一个负责审核批准新产品建议的高层管理机构，由来自营销、生产、财务、技术、工程等部门的代表组成。新产品调查委员会并不直接从事新产品的调研、试制、生产、销售活动，但对企业的新产品开发负有组织、领导的责任，享有决策和指挥权。

4. 新产品部

一些大型企业设有新产品部，直属最高管理层领导。新产品部的主要职责是产生和筛选新产品构思，指挥和协调调研开发工作，进行实地试销和商品化前的准备工作。

5. 新产品开发小组

这是根据新产品开发需要而成立的、专门负责某项新产品的研究、设计、试制、生产、销售的组织。由各业务部门的专业人员临时组成，互相协作又各司其职。一旦新产品开发成功，成为企业的常规产品，该小组自行解散。通常比较大型的企业和高新技术产业会有多个新产品开发小组来完成多个新产品开发的任务，并根据进展情况及环境变化予以调整。

由于企业各自情况不同，企业新产品开发的组织机构也是不一样的。企业有必要从各自的实际情况和需要出发，建立适宜的新产品开发组织，以便迅速而有效的开发新产品，例如，日本企业中出现了一种称为“产品开发生产销售一条龙”的新产品开发组织，把新产品的研究、设计、试制、生产、销售等诸环节有机地结合起来，不仅加快了新产品开发速度，还使开发出来的新产品适销对路，能迅速占领市场。另外，企业也可以实行契约式新产品开发，即不通过自己的力量来开发，而是雇用聘请社会上独立的研究开发人员或新产品开发机构来为本企业开发新产品。

四、新产品开发的方式

企业开发新产品，选择合适的方式很重要。选择得当，适合企业实际，就能少承担风险，易获成功，一般有独创方式、引进方式、改进方式和结合方式四种。

1. 独创方式

从长远考虑，企业开发新产品最根本的途径是自行设计、自行研制，即所谓独创方式。采用这种方式开发新产品，有利于产品更新换代及形成企业的技术优势，也有利于产品竞争。自行研制、开发产品需要企业建立一支实力雄厚的研发队伍，一个深厚的技术平台和一个科学、高效率的产品开发流程。

2. 引进方式

技术引进是开发新产品的一种常用方式。企业采用这种方式可以很快地掌握新产品制造技术，减少研制经费和投入的力量，从而赢得时间，缩短与其他企业的差距，但引进技术不利于形成企业的技术优势和企业产品的更新换代。

3. 改进方式

这种方式是以企业的现有产品为基础。根据用户的需要，采取改变性能、变换形式或扩大用途等措施来开发新产品，采用这种方式可以依靠企业现有设备和技术力量，开发费用低，成功把握大。但是，长期采用改进方式开发新产品，会影响企业的发展速度。

4. 结合方式

结合方式是独创与引进相结合的方式。由于新产品的开发风险较大，一些企业通过合作开发来减少风险。例如为了争夺新的高清播放标准，索尼、飞利浦、松下、日立、三星等企业组成了蓝光 DVD 联盟，东芝、NEC、三洋等企业组成了 HD-DVD 联盟。

五、新产品开发的程序

为了提高新产品开发的成功率，必须建立科学的新产品开发管理程序。不同行业的生产条件与产品项目不同。管理程序也有所差异，但一般企业研制新产品的管理程序大致如图 8-10 所示。

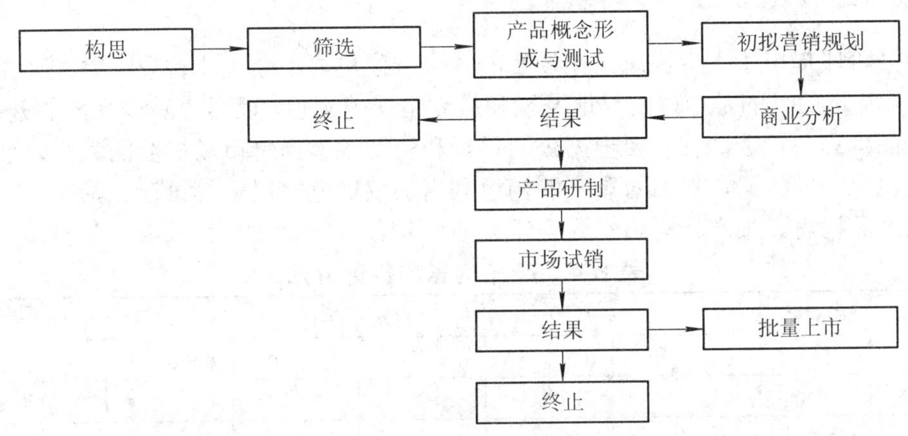

图 8-10 新产品开发管理程序

（一）新产品构想

构思是为满足一种新需求而提出的设想。在产品构思阶段，营销部门的主要责任是积极地在不同的环境中寻找好的产品构思，积极地鼓励公司内外人员发展产品构想，将所汇集的产品构思转送给公司内部有关部门，征求修正意见，使其内容更加充实。营销人员寻找和搜集新产品构思的主要方法有如下几种：

1. 产品属性排列法

将现有产品的属性一一排列出来，然后探讨，尝试改良每一种属性的方法，在此基础上形成新的产品创意。

2. 强行关系法

先列举若干不同的产品，然后把某一产品与另一产品或几种产品强行结合起来。产生一种新的构思。譬如，组合家具的最初构想就是把衣柜、写字台、装饰柜的不同特点及不同用途相结合，设计出既美观又实用的组合型家具。

3. 多角分析法

这种方法首先将产品的重要因素抽象出来，然后具体地分析每种特性，再形成新的创意。例如，洗衣粉最重要的属性是其溶解的水温、使用方法和包装，根据这三方面因素所提供的不同标准，便可以提出不同的新产品创意。

4. 聚会激励创新

将若干名有见解的专业人员或发明家集合在一起(一般以不超过 10 人为宜)，开讨论会前提出若干问题并给予时间准备，会上畅所欲言，彼此激励，相互启发，提出种种设想和建议，经分析归纳，便可形成新产品构思。

5. 征集意见法

这种方法是指产品设计人员通过问卷调查，召开座谈会等方式了解消费者的需求，征求科技人员的意见，询问技术发明人、专利代言人、大学或企业的实验室和广告代理商等的意见，并且坚持形成制度。

(二) 筛选构思

在前一阶段提出了大量构思，在今后的各个阶段里要不断优化构思，首先要做的就是筛选构思。筛选的目的是尽可能早地发现和放弃错误的构想，以尽力减少高昂的开发成本。

对产品构思的筛选，首先要根据公司目标和资源条件评价市场机会的大小，从而淘汰那些市场机会小的构思，然后对剩下的构思利用加权评分来以分等设计，筛选后得到公司所接受的产品构思。某产品构思的分等计算见表 8-4。

表 8-4　产品构思加权评分法

产品成功必要因素	相对数(A)	企业能力水平(B)											评分(A×B)
		0.0	0.1	0.2	0.3	0.4	0.5	0.6	0.7	0.8	0.9	1.0	
企业声誉	0.20							√					0.120
营销能力	0.20										√		0.180
研发能力	0.20								√				0.140
人力资源	0.15							√					0.090
财务能力	0.10										√		0.090
生产能力	0.05									√			0.040
地理位置和设备	0.05				√								0.015
采购和供应能力	0.05										√		0.045
总计	1.00												0.720
分等标准：0.00～0.40 为差；0.41～0.75 为尚佳；0.76～1.00 为佳。最低接受标准 0.70													

表 8-4 第一栏是某新产品成功的必要条件；第二栏是按照这些条件在进入市场时的重要程度分别给予不同的权重；第三栏是对某新产品成功打入市场的能力给予不同的评分；最后汇总，即 A×B，得数相加，表示这个产品投放市场是否符合本企业的目标和战略的综合评分。

在筛选阶段，应全力避免两种偏差。一种是筛选良好产品构思，对其潜在价值估价不足，失去发展机会；另一种是采纳了错误的产品构思，仓促投产，造成失败。

(三) 产品概念的发展与测试

产品构思只是公司希望提供给市场的一个可能产品的设想，在这一阶段要将产品构思发展成产品概念，即用有意义的消费者术语将构思予以精心阐述表达，然后通过测试来了解消费者对这些产品概念的态度。

消费者不会去购买产品构思，而要去买的是产品概念。任何一个产品构思都能转化为几种产品概念，比如说某公司获得一种营养液产品的构思，由此可形成多个产品概念，诸如延年益寿适宜于老年人饮用的补品、有助于儿童增强记忆健壮身体的滋补品、便于吸收加快康复的营养品、老少皆宜味道好的营养型饮料等。对于每一个产品概念都需要进行定位，以便了解有关的竞争状况，例如按照营养液的价格、营养成分两种属性可分别对营养液市场进行定位，以判定该营养液在整个市场中的位置和竞争者的多少远近、实力大小等。

然后将一个个精心制作的产品概念说明书放在消费者面前，要求消费者回答每个概念所带来的问题，包含对概念的理解、偏好性、购买意愿、改进意见、目标用户及价格认定等。通过和合适的目标消费者小组一起测试产品概念，消费者的回答将帮助企业确定吸引力最强烈的产品概念。这个将产品构思发展成若干可供选择的概念并充分测试的阶段是不可缺少的，有些公司忽视了这个阶段而导致了产品后来在市场上遇到各种各样的问题。

例如一家食品公司打算生产一种口味鲜美的营养奶制品，这种产品既有较高的营养价值，又有特殊鲜美的味道，食用简单方便，只需加开水冲饮。这是一种奶制新产品构思，为了形成鲜明的产品形象，需要转化为产品概念。为此，公司在产品概念中应回答以下问题：

(1) 目标消费者是儿童、成年人还是老人？

(2) 使用者从产品中得到的主要益处是营养、方便、美味、提神还是健身？

(3) 适合在早餐、午餐、晚餐还是夜宵饮用？

根据这些问题，公司就可以形成这样几个明确的产品概念：概念一是为中小学生提供一种快速早餐饮料，提供充分的蛋白质，维生素等营养。概念二是一种可口的快餐饮料，促成年人中午饮用提神；概念三是一种康复饮品，适用于老年人夜间就寝时饮用。

每一个产品概念都要进行定位，以了解同类产品的竞争状况，优选最佳的产品概念。选择的依据是未来市场的潜在容量、投资收益率、销售增长率、生产能力以及企业设备、资源的充分利用等，可采取问卷方式将产品概念提交给目标市场有代表性的消费人群进行测试、评估，如上述三种产品概念的问卷可以包括以下问题：您认为这种饮品与一般奶制品相比有什么优点？该产品是否能够满足您的需要？与同类产品比较，你是否偏好此产品？您能否对产品属性提供某些改进的建议？您认为价格是否合理？产品投入市场，您是否会购买(肯定性、可能性、可能不买、肯定不买)？问卷调查可帮助公司确立吸引力最强

的产品概念。

（四）制订营销计划

对经过测试入选的产品概念，公司要制订一个初步的营销计划，这个营销计划将在后续阶段中不断被完善发展。

营销计划一般包括以下 3 部分内容：

(1) 描述目标市场的规模、结构和行为，该产品的定位、销售量和市场占有率，开始几年的利润目标。

(2) 描述该产品最初的价格策略、分销策略和第一年的营销预算。

(3) 描述预期的长期销售量和利润目标以及在不同时期的营销组合策略。

（五）产品开发

产品开发，即由研究与开发部门和工程技术部门把这种产品概念转变成为产品，进入试制阶段。只有在这一阶段，以文字、图形及模型等描述的产品设计才能变为实体产品。这一阶段应当搞清楚的问题是，产品概念能否变为技术上和商业上可行的产品；如果不能，除在全过程中取得一些有用副产品及信息资料外，所耗费的资金则全部付诸东流。

（六）市场试销

开发成功，测试满意的产品进入市场试销阶段，在此阶段将要准备确定品牌名称，包装设计和制定准备性的营销方案，并在更可信的消费者环境中对产品进行试销，以达到了解消费者和经销商对使用、购买及重复购买该产品的反应和市场规模、特点等目的。

市场试销的数量一般受到投资成本和风险、时间、研究成本的制约。高投资(风险)产品更值得认真进行市场试销，试销成本本身也对试销的数量和方式产生影响。消费品与工业品的市场试销方法有所不同。

1. 消费品市场试销

消费品市场试销的主要目的是公司希望从中了解到消费者对试用、首次购买、再购买、采用和购买频率等决定销售状况的主要因素的态度、水平，并了解原经营该产品的经销商的数量、规模、承诺和要求。主要的试销方法有以下几种：

(1) 销售波试销法。企业向最初免费试用产品的消费者以优惠价重复提供该产品或竞争者产品 3～5 次(销售波)，并注意有多少消费者再次选择本企业的产品以及他们表露的满意程度，从而估计消费者在企业产品与竞争产品并存时自己花钱的重复购买率。企业还能用此法测定不同的广告概念对产生重复购买的影响程度。

(2) 模拟商店测试法。企业邀请 30～40 名顾客观看简短的广告，内含该企业要推出的新产品的广告，但并不加任何特殊说明；然后提供少量资金供他们到一家商店中购物，可以购买或不买任何物品，企业注意观察有多少消费者购买了新产品和竞争产品；接着把他们召集起来了解购买或不买的理由；几周后，用电话再次询问她们对产品的态度、使用情况、满意程度和重购意向。该方法能衡量产品试用率，广告效果，收效迅速，并能把握竞争状况。

(3) 微型市场试销法。企业在一两家合适的商店里经销新产品，测试货架安排、橱窗陈列、购货点的促销活动和定价等因素对消费者的影响及小型广告的效果，并通过抽样调查征求了解消费者对产品的印象。

(4) 代表城市试销法。企业选定少数有代表性的测试城市，将产品在商业部门经销并努力取得良好的货架陈列机会，同时展开全面的广告和促销活动。这种方法能对未来销售情况获得较信赖的预测，能对不同的营销计划进行测试，发现产品的缺点，得到有价值的线索，但费用昂贵。

2. 工业品市场试销

工业品市场试销主要希望了解新的工业品在实际运作时的性能、影响购买的关键、对不同价格和销售方法的购买反应、市场潜力以及最佳的市场细分。普遍运用的工业品市场试销方法有产品使用测试法、贸易展览会测试法、中间商陈列室测试法三种，有些企业也运用微型市场试销法来研究市场对新品的兴趣。

（七）正式上市

新产品如果试销成功，就可以正式全面投入市场销售。这时，企业高层管理人员应慎重做出以下决策：

(1) 投放的最佳时间，即新产品在什么时间上市最为适宜。概括地说有两种情况：一种是企业新产品试制成功后，以最快的速度把产品推向市场；另一种是新产品试制成功后，并不急于投放市场，而是等待销售时机。这类产品多属于换代产品，因为在原有产品未进入衰退期前，大批量推出它的换代产品，会影响原有产品和其他同类产品的市场销量，从而减少企业赢利。

(2) 投放的最佳地区，即在什么地区推出新产品最为适宜。一般企业应该选择最具吸引力的市场先行投放，其主要评价标准包括市场潜力、公司在该市场的声誉、销售成本；该市场所处的地理位置及对其他市场的影响；市场竞争状况；本产品竞争能力等。

(3) 投放的最佳目标市场，即向什么消费者推出新产品最为适宜。新产品的潜在消费者有四种类：最先采用者、大量购买者、有影响的带头购买者和对价格敏感的购买者，企业应根据新产品的特点，选择最有潜力的消费者群作为自己的目标市场。

(4) 投放的最佳方式，即如何推出新产品最为适宜。企业制定出新产品上市的营销组合策略，有计划地开展市场营销管理活动。

第五节　品牌营销策略

一个公司最有价值的无形资产之一就是其品牌，恰当地管理品牌价值是营销的责任。建立一个强势品牌既是一门艺术，也是一门科学。它要求认真的计划、长期深入的承诺以及创造性设计和执行的营销活动。一个强势品牌要有强烈的顾客忠诚——其核心是优质的产品或服务。创建强势品牌是一个永无止境的过程，正如佳得乐所发现的那样。

佳得乐(Gatorade)的起源要追溯到20世纪60年代。该产品最早由佛罗里达大学的研究人员开发，用于帮助校园运动员应对温热气候带来的破坏性影响。后来取得运动型饮料品

类的领导地位，使得百事可乐(Pepsi-Cola)在 2001 年以 134 亿美元的股票收购其母公司——桂格燕麦(Quaker Oats)。受益于百事可乐大规模的分销系统和一系列新产品和包装的推出，该品牌在随后的几年里取得了更加飞速的发展。然而当市场份额从 80%下降到 75%时，品牌似乎开始瘫软。百事可乐认定其需要改变，因此佳得乐营销人员开始回归到该品牌最初的根源，从大众市场离开并重新将更多的精力聚焦于运动员市场，以每年 200 亿美元的营收成为运动饮料市场的主要竞争者。训练前、训练中和训练后分别对应三条新引进产品线：PRIME、PERFORM、RECOVER。同时三个不同目标市场也被选定。G Series 产品线以学校内、大学内或者高强度娱乐运动的“表演性”运动员为目标；G Series Fit 产品线以每周非竞争性运动 3～4 次的 18～34 岁人群为目标。G Series Pro 产品线以专业运动员为目标，推出了一个新的广告标语，“胜利来自身体内部”(Win From Within)，反映了佳得乐的品牌战略。佳得乐专注于运动员身体之内的全部，就像耐克被认为是专注于运动员身体之外的全部一样。其他变化包括品牌传播预算从 90%的广告转变为包含 30%的数字传播。

21 世纪成功品牌的营销者必须拥有卓越的战略品牌管理能力、战略品牌管理把营销活动的设计和执行与项目结合起来，以建立、测量和管理品牌使之价值最大化。战略品牌管理过程主要包括 4 个步骤：(1) 识别建立品牌定位；(2) 规划并执行品牌营销；(3) 测量并执行品牌绩效；(4) 增加并维持品牌价值。

一、品牌的概述

(一) 品牌的含义

品牌的英文单词 Brand，源出古挪威文 Brandr，意思是“灼烧”。人们用这种方式来标记家畜等需要与其他人相区别的私有财产。到了中世纪的欧洲，手工艺人用这种打烙印的方法在自己的手工艺品上烙下标记，以便顾客识别产品的产地和生产者。这就产生了最初的商标，并以此为消费者提供担保，同时向生产者提供法律保护。16 世纪早期，蒸馏威士忌酒的生产商将威士忌装入烙有生产者名字的木桶中，以防不法商人偷梁换柱。到了 1835 年，苏格兰的酿酒者使用了“Old Smuggler”这一品牌，以维护采用特殊蒸馏程序酿制酒的质量声誉。

美国市场营销协会定义品牌(brand)为：“一个名称、术语、标志、符号或设计，或者是它们的结合体，以识别某个销售商或某一群销售商的产品或服务，使其与它们的竞争者的产品或服务区别开来。”品牌是以某些方式将满足于同样需求的其他产品或服务区分开来的产品或服务。这些差别可能体现在功能性、理性或有形性方面——与该品牌的性能有关；它们也可能体现在象征性、感性或无形性方面——在更抽象的意义上与该品牌所代表的或所蕴含的意义有关。

多个世纪以来，品牌化一直是作为区分不同生产者产品的工具。“欧洲最早的品牌化萌芽是中世纪行会要求手工艺人将商标贴在商品上，以此来保护自己和他们的顾客免受劣质产品的困扰。在美术界，品牌化起源于艺术家在自己作品上的签名。如今，品牌扮演着改善消费者的生活以及提高公司财务价值等众多重要角色。

关于品牌的定义有很多种。广义的“品牌”是具有经济价值的无形资产，用抽象化的、特有的、能识别的心智概念来表现其差异性，从而在人们的意识中占据一定位置的综合反映。狭义的“品牌”是一种对内对外两面性的“标准”或“规则”，是通过对理念、行为、视觉、听觉四方面进行标准化、规格化的运作，使之具备特有性、价值性、长期性、认知性的一种识别系统总称。这套系统我们也称之为CIS(Corporate Identity System)体系。

本书对品牌的定义是：品牌是用以识别某个销售者或某群销售者的产品或服务，并与其竞争对手的产品或服务区别开来的商业名称及标志，通常由文字、标记、符号等要素或这些要素的组合构成。从概念中可以看出品牌一般包括两个部分：品牌名称和品牌标志。

品牌名称是品牌中可以用语言称呼的部分——词语、字母、数字或词组等的组合。如：可口可乐、雪佛莱、雅芳等。

品牌标志是品牌中可以被认出，易于记忆但不能用言语称谓的部分——包括符号、图案或明显的色彩或字体。如耐克的一勾造型、百度的小脚丫造型、IBM的字体和深蓝色的标准色等。

为了深刻揭示品牌的含义，还需要从以下6个方面进行透视：

(1) 属性：品牌代表着特定商品的属性，这是品牌最基本的含义。

(2) 利益：品牌不仅代表着一系列属性，而且体现着某种特定的利益。

(3) 价值：品牌体现了生产者的某些价值感。

(4) 文化：品牌还附带着特定的文化。

(5) 个性：品牌也反映一定的个性。

(6) 用户：品牌暗示了购买或使用产品的消费者类型。

基于上述六个层次的品牌含义，营销企业必须决定品牌特性的深度层次。品牌最持久的含义和实质是其价值、文化和个性；品牌是一种商业用语，品牌注册后形成商标，企业即获得法律保护拥有其专用权；品牌是企业长期努力经营的结果，是企业的无形载体。

(二) 品牌的作用

品牌可以识别一种产品的来源或生产者，使得消费者——不管是个人还是组织——要求特定的生产商或分销商对其行为负责。品牌对消费者和企业有许多好处。

1. 品牌对消费者的作用

品牌是企业和消费者之间的承诺。它是设定消费者期望和减少消费者风险的一种方式。企业承诺可靠地传播一种可预知的积极体验和一组对产品和服务的期望利益以换取顾客忠诚。一个品牌的价值是可预见的，如果其体验值高于消费者所期望的，那么它将大大超出消费者对需求满足的期望。

消费者会根据产品如何被品牌化对相同产品做出不同评价。他们通过以往对产品的经验以及营销计划来认识品牌，找出哪些品牌能够满足自己的需求，哪些不能。随着消费生活变得越来越繁忙和复杂，品牌所具有的简化决策以及降低风险的能力就成了无价之宝。

品牌也对消费者具有个人意义，成为消费者自身识别的重有部分。品牌可以表达消费者是谁和消费者想成为谁。对于某些消费者而言，品牌甚至具有拟人个性。品牌关系，就像任何其他关系，不是一成不变的，营销人员必须对可能强化或者削弱消费者关系的语言和行为非常敏感才能够把握住品牌关系的正确方向。

2. 品牌对公司的作用

对公司来说品牌也有诸多好处。首先品牌能够为公司产品的特色和外观提供法律保护。品牌名称可以通过注册商标获得保护；制造流程可以通过专利权获得保护；包装能够通过版权和专有设计权获得保护。这些知识产权确保公司能够安全地对品牌进行投资并从有价值的资产中获益。

一个有信誉的品牌暗示着一定水平的质量，所以满意的购买者很容易再次选择这种产品。品牌忠诚为公司提供了对需求的可预测性和安全性，同时它建立的壁垒使得其他公司难以进入这个市场。忠诚也可理解为顾客支付更高价格的意愿——通常与竞争品牌相比多出 20%～25%。

尽管竞争者可能复制制造流程与产品设计。但是它们还是难以取代品牌经由长年的营销活动和产品经验而在个体和组织心目中留下的持久印象。从这个意义上说，品牌是保障竞争优势的强有力手段。有时候，当品牌的一个重要元素被更换后，营销者才意识到品牌忠诚的重要性。正如至今还堪称经典的新可乐所昭示的一样。

口味更甜的百事可乐(Pepsi-Cola)在全球范围内发起了一系列的口味测验挑战，对可口可乐进行连续猛击，使得可口可乐在 1985 年决定用一种更甜的配方来替代旧配方，称其为新可乐(New Coke)。可口可乐斥资 400 万美元进行营销调研。口味盲测结果显示，可乐饮用者更喜欢新的、更甜的配方，但新可乐的推出却引发了一场全国性的骚动。营销调研人员测试了口味，但没有测量消费者对可口可乐的情感依恋。要求保留“真货”的谴责信、正义的抗议将可口可乐推上了风口浪尖。后期复苏新可乐的努力均告失败，在 1992 年前后，新可乐品牌消失了。颇有讽刺意味的是，或许这场运动反而使得老配方在市场上的地位更加强大，最终赢得了更好的态度和更大的销量。

不论好坏，品牌化的影响是无处不在的。曾经有一项调查研究引发了人们关于营销对儿童的影响的激烈争论，这项研究表明，对于相同的麦当劳食品——即便是胡萝卜、牛奶和苹果汁——学龄前儿童都感觉熟悉的麦当劳包袋中的食物要比无标志包装袋中的食物味道鲜美。

对公司来说，品牌代表了价值巨大的合法产权，它能够影响消费者行为，能够买卖，也能够给它的所有者带来未来持续收益的保障。公司为品牌的并购支付数倍的资金，通常证明在预期额外利润基础上的溢价是正当的，这也正如从头开始创建一个类似的品牌所遭遇的困难及支出的费用。强势品牌会给公司带来更多的收益和利润业绩，这同样给股东创造了更多的价值。

（三）品牌的特征

品牌是人们对一个公司及其产品、售后服务、文化价值的一种评价和认知，是一种信任。品牌也是一种商品综合品质的体现和代表，当人们想到某一品牌的同时总会和时尚、文化、价值联想到一起，企业在创立品牌时不断地创造时尚，培育文化。随着公司的做强和做大，不断从低附加值向高附加值升级，向产品开发优势、产品质量优势、文化创新优势的高层次转变。总的来说，品牌有如下几方面的特征：

1. 品牌是专有的品牌

品牌是用以识别生产或销售者的产品或服务。品牌拥有者经过法律程序认定，享有品牌的专有权。有权要求其他企业或个人不能仿冒和伪劣。这一点也是品牌的排他性。然而我们国家的一些企业在国际竞争中没有很好地利用法律武器，没有发挥品牌的专有权，进入 21 世纪以来，我们不断看到国内的金字招牌在国际市场上遭遇的尴尬局面："红塔山"在菲律宾被抢注，100 多个品牌在日本被抢注，180 多个品牌在澳大利亚被抢注。

近年来中国商标被外国公司抢注的案例还是很多的。调查显示，76.1%的中国公司是在 21 世纪初期开始拓展海外市场，在度过起步阶段之后，这些公司的产品出口量开始呈现上升趋势。另外，一个公司抢注多个中国商标也呈现上升趋势。如"龙井茶""碧螺春""大红袍""信阳毛尖"等多个茶叶名称在韩国被同一厂商注册为商标，"冠生园""六必居""桂发祥十八街"等中华老字号商标被同一家加拿大公司抢注，"红塔山""阿诗玛""云烟""红梅"等香烟商标被菲律宾商人抢注。

再看一个商标在多个国家被抢注的案例同样也数不胜数，如"红星二锅头"在瑞典、爱尔兰、美国和英国被抢注；"大白兔"商标在日本、菲律宾、印度尼西亚、美国和英国被抢注；还有"大宝""萤火虫"等商标也在多个国家被抢注。

2. 品牌是企业的无形资源

由于品牌拥有者可以凭借品牌的优势不断获取利益，可以利用品牌的市场开拓力、形象扩张力、资本内蓄力不断发展，因此我们可以看到品牌的价值。这种价值不能像物质资产那样用实物的形式表述，但它能使企业的无形资产迅速增大，并且可以作为商品在市场上进行交易。

2017 年，Kantar 市场研究集团对全球品牌价值前 100 的公司进行研究，通过调用了 51 个国家 300 多万消费者的访谈数据，发布了 2017 年世界品牌排行榜，谷歌公司(Google)力压苹果(Apple)以 2455.81 亿美元排名全球第一，苹果(Apple)、微软(Microsoft)科技、亚马逊(Amazon)零售、脸书(Facebook)科技分别以 2346.71 亿美元、1432.22 亿美元、1392.86 亿美元、1298 亿美元紧随其后。美国在世界 10 大品牌排行上占据品牌榜前 10 名中 9 个席位。

中国的品牌创造虽起步较晚，但国内的名牌发展较为迅速，2017 年世界品牌排行榜中中国有 14 家品牌进入世界 100 强，其中腾讯(Tencent)科技以 1082.92 亿美元位居世界第 8 名，也是前 10 名中唯一的非美国企业。阿里巴巴(Alibaba)、中国移动(China Mobile)分别位居第 14 位和第 17 位。

3. 品牌转化具有一定的风险及不确定性

品牌创立后，在其成长的过程中，由于市场的不断变化，市场的不断提高，企业的品牌资本可能不断壮大，也可能缩小，甚至某一品牌在竞争中退出市场。品牌的成长由此存在一定的风险，有时由于企业的产品质量出现意外，有时由于服务不过关，有时由于品牌资本盲目扩展，运作不佳，这些都给企业品牌的维护带来难度，对企业品牌效益的评估也造成不确定性。

4. 品牌的表象性

品牌是企业的无形资产，不具有独立的实体，不占有空间，但它最原始的目的就是让

人们通过一个比较容易记忆的形式来记住某一产品或企业。因此，品牌必须要有物质载体，需要通过一系列的物质载体来表现自己，使品牌形式化。品牌的直接载体主要是文字、图案和符号，间接载体主要有产品的质量、产品服务、知名度、美誉度、市场占有率。没有物质载体，品牌就无法表现出来，更不可能达到品牌的整体传播效果。优秀的品牌在载体方面表现较为突出，如“百度”的文字使人们联想到其搜索引擎的信息量，其蓝色的小脚丫图案让人联想到在其搜索引擎中能找到自己想要的信息，再如“麦当劳”其黄色拟拱形“M”会给人们独占的视觉效果。

5. 品牌的扩张性

品牌具有识别功能，代表一种产品、一个企业，企业可以利用这一优点展示品牌对市场的开拓能力，还可以帮助企业利用品牌资本进行扩张。

二、品牌化运作

或许专业营销人员最独特的技巧就是他们创造、维持、提升和保护品牌的能力，无论是著名品牌如梅赛德斯(Mercedes)、索尼(Sony)和耐克(Nike)，还是新品牌如 Pure Leaf Teas、Taste Nirvana Coconut Waters 和 Alexia All Natural Foods。一些最热门的品牌近几年在网络上出现，我们可以思考一下 Tumblr 和 Instagram 的巨大成功。

Tumblr 是由技术奇才兼高校学生戴维·卡普(David Karp)创立的。它是一个能让用户以个人形式发布图片、视频和音乐以及正如公司格言所说——“去跟随世界的创造者”的多媒体平台。它允许用户公开表达自己，并在一个方便的控制面板上追踪留在自己和他人帖子上的反馈。到 2014 年 Tumblr 已经拥有了超过 2 亿个博客，网站开始被认为是创意人士必备，用户年龄大多在 18～24 岁之间。Tumblr 在 2007 年正式成立，于 2013 年 6 月被雅虎(Yahoo！)以大约 11 亿美元的现金收购，寄希望于这次收购能够让 Tumblr 在商业上更加成功。广告客户可以免费在 Tumblr 上创建博客，但是如果要参与进 Tumblr 两大受欢迎板块就必须付费，这两大板块分别是 Spotlight(值得关注的账号推荐)与 Radar(编辑精选)。

2010 年 10 月，斯坦福毕业生凯文·赛斯特罗姆(kavin Systrom)和麦克·克里格(Mike Krieger)创立了 Instagram，它是一款知名的照片分享软件，可以用过滤器将智能手机相机上的照片处理得更加专业，并可以轻松地同时在多个平台上上传和分享。这些被高度重视的利益点使得品牌很快地吸引到超过 1 亿用户，包括一些大品牌如耐克、MTV、星巴克、Burberry 和 Gucci。Instagram 名字的选择是因为它结合了“即时”(instant)的概念和通过“电视”(telegram)联系的概念。它的成功最终让 Facebook 在 2012 年 4 月以大约 10 亿美无的现金和股票出资收购。2012 年 12 月服务条款中一个极具争议的改变使得用户认为 lnstagram 可能会出售他们的照片为广告所用。面对侵犯隐私的一片哗然，创始人很快恢复至原始条款。

(一) 品牌化的范围

你如何为产品“打响品牌”？虽然公司借由营销方案和其他活动来推动品牌创建，但是品牌最终还是存在于消费者的头脑中。它是一种根植于现实中的感知实体，但是反映的是消费者的感知和习性。

品牌化是赋予产品或服务以品牌力量的过程。它的本质就是创建产品之间的差异。营销者需要通过赋予名称以及其他识别元素教会消费者：产品是“谁”？它是干什么的？消费者为什么要在乎它？品牌化创建了一种心理结构，帮助消费者组织有关产品和服务的知识，在某种程度上明确他们的决策，在这个过程中为公司创造了价值。

品牌化战略要成功并且创建品牌价值，就必须使消费者确信在该品类的产品或服务中，品牌之间确实存在着有意义的区别。品牌差异经常与产品本身的属性及其利益有关。数十年来，吉列、微软、苹果、谷歌都是它们所在品类的领导，在某种程度上归功于持续创新。另一些品牌则通过与产品无关的手段来建立竞争优势。古驰、香奈儿与路易威登借由理解消费者的动机和愿望，创建与产品相关且有吸引力的形象，从而成为所在品类的领头羊。

成功的品牌被认定所销售和所代表的产品或服务都是真实的、实在的和可信的。一个成功的品牌会成为消费者生活中不可或缺的一部分。虽然曾经只是一个校园风的不得已之选，今天 J.Crew 却成为了时尚界具有高度创造力的力量，2002 年到 2012 年间的收入翻了三倍，达到 22 亿美元。通过不断地推出新款式同时保持一个有黏合力的外观——该品牌获得强烈的顾客忠诚和众多粉丝以及受瞩目的名人支持如米歇尔 · 奥巴马(Michelle Obama)的支持。

任何有消费者选择的地方，营销者就能应用品牌化战略。可以品牌化的对象包括一个有形的物品例如福特福克斯(Focus)车型或立普妥(Lipitor)降胆固醇药物，一种服务、一家商场、一个人物、一个地方、一个组织，甚至是一个想法。

品牌对运动、艺术和娱乐十分重要。世界顶级足球品牌之一来自西班牙的马德里。自《福布斯》杂志 2004 年发布排行榜以来，2013 年皇家马德里(Real Madrid)以 33 亿美元的售值超过曼彻斯特联队(Manchester United)，第一次成为世界最具价值的足球队。皇家马德里也被粉丝亲切称为“美凌格(Los Merengues)”。这个偶像级的但一直处于挣扎中的足球俱乐部，在 2000 年被数十亿身家的建筑大亨弗罗伦蒂诺 · 佩雷兹(Florentine Perez)接管之后开始茁壮成长。弗罗伦蒂诺战略吸引了顶级运动员，以他们的名字作为品牌，比如大卫 · 贝克汉姆(David Beckham)、齐内丁 · 齐达内(Zinedine Zidane)以及后来的克里斯蒂亚诺 · 罗纳尔多(Cristiano Ronaldo)和卡卡(Kaka)。球场上的成功使佛罗伦蒂诺开发出了三种不同的有利可图的经营线路：转播权(每年价值 2.5 亿美元)；赞助和代言收入(每年价值 2.4 亿美元)；比赛日收入(每年价值 1.6 亿美元)。皇家号马德里是真正的全球品牌，它 65%的收入都源自海外。赞助来自包括与阿迪达斯(Adidas)、阿联酋航空(Emirates Airlines)和西班牙银行集团 BBVA 的高调合作。

（二）定义品牌资产

品牌资产是赋予产品或服务的附加价值。它反映在消费者对有关品牌的想法、感受以及行动的方式上，同样它也反映了品牌所带来的价格、市场份额以及盈利能力。营销人员和研究人员通过许多不同的角度来研究品牌资产。基于顾客的方法是从消费者——无论是个体还是组织的视角来看待它，并且意识到品牌力量是来自顾客在一段时间内对品牌的所看、所读、所听、所学、所想以及所感的结果。

1. 基于顾客的品牌资产

基于顾客的品牌资产是品牌知识对于消费者对品牌营销的反应所产生的不同影响。与

不能识别相比，当品牌能够被识别时，消费者对产品及其营销方式表现出较多赞许的反应，品牌则具有正面的基于顾客的品牌资产；反之，在同样的环境下，顾客对品牌营销活动的反应表现出较少赞同，品牌则具有负面的基于顾客的品牌资产。基于顾客的品牌资产有 3 个关键的构成要素：

(1) 品牌资产来源于消费者反应的差异。如果没有任何差异的话，那么从本质上来说，该品牌产品只是一种大众化产品，此时的竞争主要围绕价格展开。

(2) 反应的差异源自消费者所拥有的品牌知识。即与该品牌有关的所有想法、感受、印象、体验和信念。品牌必须与顾客建立强大、稳定以及独特的品牌联想，如丰田(Toyota)的可靠，贺曼(Hallmark)的关心以及亚马逊(Amazon.com)的便利和多种选择。

(3) 品牌资产体现在感知，偏好和行为等与品牌营销所有相关的方面。品牌越强大，带来的收益越多，表 8-5 总结了品牌资产的一些关键利益。

表 8-5 强势品牌的营销优势

1. 产品性能感知的改善	6. 消费者对涨价的反应弹性较小	11. 品牌延伸机会
2. 更高的忠诚度	7. 消费者对降价的反应弹性较大	12. 员工招募与留任更加容易
3. 对竞争性营销行为更高的抵抗力	8. 更强大的贸易合作和支持	13. 更大的进入市场回报
4. 对营销危机更高的抵抗力	9. 营销传播更高的有效性	
5. 更大的边际利润	10. 可能的特许经营的机会	

因此，营销人员的挑战就在于确保顾客对产品、服务和营销方案拥有正确的体验，从而创建符合期望的品牌知识。概括来说，我们可以将品牌资产看成为营销人员提供从过去通往未来的一座至关重要的战略之桥。

营销人员应该把每年所有用于产品和服务上的营销费用看成是对消费者品牌知识的投资。品牌建设的关键因素是投资的质量，数量不是必需的(在投资金额超过某一最低门槛后)。如果钱花得并不明智，很有可能在品牌建设中超支。

顾客的品牌知识为品牌指明合适的未来方向。根据对品牌的所想和所感，消费者决定品牌应该走向何处(以及怎样做)，认同(或反对)任何的品牌营销活动或方案。新产品，如止痛霜品牌 BENGAY 的阿司匹林、爆米花品牌 Cracker Jack 的麦片、薯片品牌 Frito-Lay 的柠檬水、内衣品牌 Fruit of the Loom 的洗衣粉和果酱品牌 Smucker's 的优质番茄酱都失败了，是因为消费者认为它们是其品牌的不恰当延伸。

2. 品牌承诺

品牌承诺是营销人员对品牌应该是什么和应该为消费者做些什么的愿景。维珍(Virgin)的品牌承诺是进入消费者需求没有被很好满足的品类，做不同的事情，并以不同的方式做事，一切都是为了更好地满足这些需求。随着维珍美国航空的出现，维珍公司似乎又成为了另一个品牌赢家。

仅仅飞了几年，维珍美国航空(Virgin America)就成为了一个备受赞誉的航空公司，既受乘客喜爱又有所盈利。对维珍来说，收到顾客说希望航班能飞得更久一些的邮件是件寻常事。从易于使用和友好的网站与登机手续开始，维珍航空重塑了整个旅行体验。在航班上，乘客们尽情享受无线上网服务、宽敞的皮质座椅、充满情调的光线以及可在座位上通过触屏面板预定食物和饮料。一些乘客评论说维珍航空就像是“在一个 iPod 或者夜总会中遨游”。这个品牌寻求建立这样一个定位：一个能为旅客提供折扣机票与时尚用户体验的成功玩家。维珍没有全国性的电视广告活动，而是依赖于公关、口碑营销、社交媒体和典范式的顾客服务创造不同寻常的顾客体验来建立品牌。维珍发起了数字营销活动——让顾客从飞机上上传图片到 Instagram 上来让顾客更多地参与到品牌中。顾客可以通过在维珍的 Twitter 账号上发推文，将他们的照片上传到维珍美国航空时代广场的广告牌上或者通过自己的社交媒体账号分享。

3. 品牌资产模型

尽管营销人员对基本的品牌化原理已经有了共识，但还是有一些品牌资产模型提供了不同的视角。

广告公司扬罗必凯(Young and Rubicam，Y&R)开发出一个称为品牌资产评估工具(Brand Asset Valuator，BAV)的品牌资产模型。通过对 51 个国家约 80 万名消费者的调查，BAV 对上百个品类中成千上万的品牌进行了品牌资产的比较测量。根据品牌资料评估工具(BAV)可以看到品牌资产中有四个关键的组成部分或支柱，如图 8-11 所示。

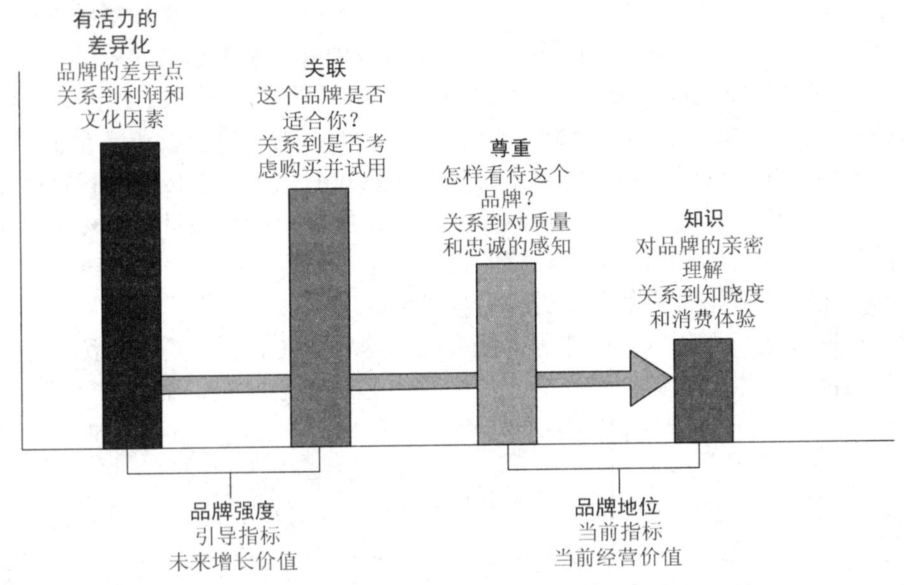

图 8-11　BAV 模型

① 有活力的差异化：测量该品牌与其他品牌不同的程度及其定价权利；

② 关联：测量品牌吸引力的适宜度和宽度；

③ 尊重：测量消费者对质量和忠诚的感知或品牌被关注及受尊重的程度；

④ 知识：测量消费者对品牌的熟悉和知晓程度。

有活力的差异化和关联共同决定品牌强度—— 一项预测品牌未来发展和价值的首要指标。尊重和知识共同创造了品牌地位——一种对过往业绩的“成绩单”和一个当前价值的指示器。

这些维度之间的关系——品牌的“支柱形态”——大程度上揭示了品牌现在以及将来的状况。

（三）品牌营销策略

1. 健全品牌元素体系

营销人员通过与合适的消费者创建正确的品牌知识结构来建立品牌资产。这个过程依赖于所有与品牌相关的接触点——不管是否由营销人员发动。不过，从营销管理的视角看，品牌资产的驱动因素(Brand Equity Drivers)有 3 个主要的方面：

(1) 构成品牌元素和识别的初始选择(品牌名称、网址、标志、象征、形象人物、代言人、口号、包装以及标记)。微软公司为其新搜索引擎取名为“必应”(Bing)，是因为它认为这个名字清楚地表达了搜索的概念以及当人们找到他所要找的信息，心中“啊哈”那一下时的喜悦之情。同时，这个名字也很简洁、有吸引力、便于记忆、活泼生动，并适用于多种文化。

(2) 产品和服务以及相应的营销活动和营销支持方案。通用磨坊(General Mills)及其常任首席营销官(CMO)马克・阿迪克斯(Mark Addicks)正在采用一些新的营销活动以销售麦片、蛋糕粉和酸奶。公司正在探索如何通过二维码、手机应用和实境扩增技术(Augmented Reality)来最好地利用消费者的智能手机，在这个过程中开发新的包装策略。

(3) 其他一些实体联系起来的可以间接转移给品牌的联想(一个人、地方或事件)。新西兰的 42BELOW 伏特加，其品牌名称就包括了穿越新西兰的纬度以及酒精含量的百分比。所有包装和其他可见标的设计都要发挥出产地纯净感知的优势，以传达品牌定位。

选择品牌元素时应该选择那些可以识别并区分品牌的特征化设计。大多数强势品牌都使用多重品牌元素。耐克就拥有非常独特的钩形标志，鼓舞人心的“Just Do It”的口号以及源于希腊神话中长着翅膀的胜利女神的名称“Nike”。

营销人员应该选择那些可以创建尽可能多的品牌资产的要素。需要检测的是，如果消费者仅仅知道品牌元素，他们会对产品有什么样的想法和感觉。比如，如果只看名称，消费者会期望 SnakeWellr's 的产品是健康的零食，松下(Panasonic)的 Toughbook 笔记本电脑耐用而可靠。

选择品牌元素主要有六个标准：难忘度、意义性、喜爱度、转换力、适应性和保护力。难忘度、意义性和喜爱度是“品牌创建”的要素。转换力、适应性和保护力是“防御性”要素，即在面对挑战时，能有助于发挥品牌资产的优势并对其进行保护。

① 难忘度是消费者是否能够容易地再认和回忆该品牌元素以及在何时——购买和消费时都可以吗？简短的名称如汰渍、佳洁士等都是很难忘的品牌元素。

② 意义性是指该品牌元素是否可信，它对相应的产品类别、该产品的成分或者可能使用该品牌的人群类型是否具有暗示性。可以考虑如下品牌名称的内在含义，如百度、谷歌、Facebook。

③ 喜爱度是指品牌元素带来怎样的审美吸引力。当下的一个趋势就是为品牌取一个有趣的名字，同时提供一个便于获取的网址。尤其是像携程、去哪儿、饿了么、蚂蚁金融等线上品牌。

④ 转换力是指品牌元素能够推出同类或者不同品类的新产品吗，它能够增加品牌资产使其跨越地理边界和细分市场吗。虽然亚马逊最初是在线图书销售商，但它足够明智，没

有使用 “阅读”、“图书” 之类的品牌名称。亚马逊是世界上最大的河流，这个名字表明该网站可以销售品种广泛的商品，这是对公司现在销售多样化产品范围的一个非常重要的描述符号。

⑤ 适应性是指品牌元素具有怎样的适应性和时新性。标志可以很容易地更新，过去100年壳牌(Shell)标志经历了10次更新。

⑥ 保护力是指品牌元素具有怎样的法律保护力，具有怎样的竞争性保护。那些变成与产品品类同义的品牌名称(如拍拍网、当当网、搜狗、搜搜)应该要着力保护商标权，不要变得很一般化。

品牌元素能够在品牌创建中扮演许多角色。如果消费者在做出产品购买决策时不调查许多信息的话，那么品牌元素就应具有内在的描述性和说服性，使消费者容易进行品牌回忆。但是，选择一个带有内在含义的品牌名称会使得增加一个不同的含义或更新品牌定位更有难度。

品牌元素的喜爱度也可能增加品牌知晓和品牌联想。通常来说，品牌利益越非具体化，品牌元素能够抓住无形特征就越显得重要。许多空调设计公司以静音、360 度、低耗能作为品牌的象征。

正如品牌名称那样，口号也是建立品牌资产的极为有效的手段。它们能像一个“挂钩”一样帮助消费者领会品牌是什么以及什么使得品牌如此特别。例如，“State Farm(互助保险)永远在您身边，就像是一位好邻居”(Like a Good Neighbor，State Farm Is There)。企业在更换一个好的口号时应当格外小心。花旗(Citi)背离了其“花旗日夜不眠”(Citi Never Sleeps)的口号，取而代之的是“让我们搞定它”(Let’s Get It Done)，不过新口号并没有流行起来，最终花旗还是回归了旧口号。

2. 设计全方位营销活动

品牌并不是仅仅通过广告建立的。顾客通过一系列的联系和接触点来了解一个品牌：个人观察及使用、口碑、与公司员工的互动、网上或者电话体验以及付费交易经历。

1) *品牌接触*

品牌接触是顾客或潜在顾客对品牌、产品品类或其市场任何信息的关联体验，不管是正面的还是负面的。公司必须努力设计好这些体验，就像投入于广告中的努力一样。任何一种品牌接触都会影响消费者的品牌知识和他们思考、感受以及对品牌采取行动的方式。

营销人员通过许多途径来创造品牌接触，建立品牌资产，如线上俱乐部、消费者社区、购物展示、事件营销、赞助、工厂参观、公共关系和新闻发布会以及社会公益营销。如宝马(BMW)在美国创建 MINI Cooper 品牌时所使用的品牌接触策略。

2002 年，宝马在美国推出 MINI Cooper 的时候，采用了广泛的媒体组合策略：广告牌、海报、网络、印刷品、公关、植入式广告以及基层活动。很多媒体都连接到精心设计的产品和商家信息网站。这款车在全美 21 场车展中，排在福特的 SUV 车型 Excursion 之上。它甚至出现在体育场的坐席上，并且还出现在《花花公子》(Playboy)杂志的中间插页上，这种富有创造力的整合营销战役为 MINI Cooper 创造了长达 6 个月的提车等候时间。尽管品牌传播预算十分有限，该品牌还是一如既往地不断开发创新其屡获殊荣的活动。MINI Cooper 在户外广告应用上尤其富有创意：广告牌上两棵种植在高速行驶的 MINI Cooper 旁

边的弯曲棕榈树营造了一种速度和力量的错觉；通过植入感应车钥匙中的无线芯片发出的信号，数字广告牌可以向经过的 MINI Cooper 驾驶者致以个人的问候；还有在建筑物一侧的 MINI Cooper 真车，可以像溜溜球一样上下移动。一个新的全球广告战役，“非比寻常”，经由传统和数字媒体重点强调了 MINI Cooper 的强大、独立的个性。MINI Cooper 已经延伸到 6 种车型，在全球 100 个国家销售。这些产品的引进强化了 MINI Cooper 机敏、多变和有趣驾驶的形象，整个营销战役与驾车者建立了强烈的情感联系。

2) 整合营销

整合营销是指组合匹配营销活动来使个体和整体的效用最大化。要达到这一点，营销人员需要进行各种不同的营销活动来持续强化其品牌承诺。

我们可以从影响品牌意识以及创建、保持或加强品牌形象的效益和效率的角度来评价整合营销活动。著名的沃尔沃赞助活动包括高尔夫锦标赛和欧洲职业高尔夫之旅、沃尔沃环球帆船赛以及文化活动。尽管沃尔沃(Volvo)可能会投资于研发，致力于广告、促销和其他传播方式来加强它“安全”的品牌联想，但它同时也会赞助事件以确保自己看起来活跃、现代和新潮。

营销方案必须整合在一起，以使整体效用大于各部分的简单加总。换句话说，营销活动必须配合得当，行动统一。

3. 次级联想的杠杆作用

次级联想的杠杆实际上是“借”，即将品牌与那些可以把传递给消费者记忆中的其他信息联系起来，从而创建品牌资产，如图 8-12 所示。

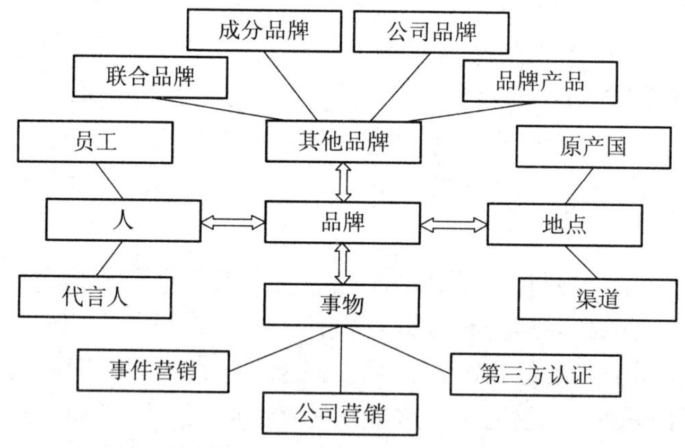

图 8-12　品牌认知的次级来源

这种“次级”品牌联想能够将品牌与其他来源联系起来，例如公司自身(通过品牌战略)、国家或其他地理区域(通过产品来源地认证)、分销渠道(通过渠道战略)；也可以是其他品牌(通过成分品牌或联合品牌)，或者是形象人物(通过许可)，或是代言人(通过背书)，或是体育或文娱事件(通过赞助)，或是其他方来源(通过颁奖或是评论)。

假设 Burton(滑雪板制造商，同时也生产滑雪的靴子、捆绑物、衣物以及外套)决定向外界推出一款名叫“Dominator”的冲浪板。Burton 通过与顶尖职业滑雪选手的密切合作，创建了一个遍及全世界的强大业余滑雪爱好者社区，获得了超过三分之一的滑雪场市场。要支持新的冲浪板，Burton 可以通过很多方法建立品牌的次级联想：

(1) 它可以赋予该产品一个子品牌，称为“Burton 出品的 Dominator”(Dominator by Burton)，消费者在评价该新产品时就会受到他们对 Burton 感知的影响以及这种知识如何预估 Burton 冲浪板质量的感知影响。

(2) Burton 可以依靠它的新英格兰乡村原产地，但是这种地理位置看起来与冲浪并没有什么关系。

(3) Burton 也可在比较受欢迎的冲浪板店面出售，希望能够利用它的可信性而对 Dominator 品牌产生影响。

(4) Burton 可以通过与它的一个泡沫或强化塑料材料的强势成分品牌融合，就像 Wilson 的 ProStaff Class 网球鞋的鞋底与固特异(Goodyear)的轮胎橡胶形成联合品牌一样。

(5) Burton 可以找寻一个或多个顶级职业冲浪选手为冲浪板提供背书或者是可以赞助一个冲浪比赛甚或整个国际职业冲浪协会(ASP)的世界巡回赛。

(6) Burton 可通过第三方来源如《冲浪者》(Surfer)或《冲浪》(Surfing)杂志来公布受欢迎产品排名并为它们提供保证。

这样的话，独立于冲浪板自身、通过相关的品牌名称或营销方案在任何其他方面使顾客产生联想，Burton 通过把品牌与这些实体联系起来从而创建品牌资产。

建立次级品牌联想是强化品牌的一种快速有效的方式。但是将品牌与其他人或物联系在一起是非常冒险的，因为任何发生在其他实体身上不好的事情都会与这个品牌相联系。在著名代言人泰格 · 伍兹(Tiger Woods)和兰斯 · 阿姆斯特朗(Lance Armstrong)陷入困境的时候，许多之前请他们推广品牌的公司选择切断联系。

第六节　产品包装策略

一些产品包装世界闻名，比如可口可乐的瓶子和红牛的罐子等。许多营销者把包装(Packaging)称作价格、产品、渠道和促销之后的第 5 个 P。而且，大多数的营销者都把包装看成是产品策略的一个因素。

一、包装的含义、种类与作用

(一) 包装的含义

包装是指对某一品牌商品设计并制作容器或包扎物的一系列活动。包装可能多达三个层次。古龙香水先装在一个瓶子里(主要包装)，然后装在一个纸盒里(次要包装)，最后装在一个瓦楞纸箱里(运输包装)，每箱装 6 打的纸盒装香水。

包装是购买者对于产品的第一印象，设计优良的包装能够吸引消费者，并鼓励产品选择。实际上，它们充当了产品的“5 秒广告”。当消费者在家打开包装并使用产品时，包装也会影响消费者的消费后产品体验。有些包装甚至摆放在家里都极具吸引力。像是奇伟(Kiwi)鞋油、欧托滋薄荷口香糖(Altoids mints)以及绝对伏特加等，独特的包装是品牌资产的重要组成部分。

（二）包装的种类

(1) 运输包装(外包装或大包装)主要用于保护产品品质安全和数量完整。

(2) 销售包装(内包装或小包装)实际上是零售包装，不仅要保护商品，更重要的是要美化和宣传商品，便于陈列，吸引顾客，方便消费者认识、选购、携带和使用。

（三）包装的作用

1. 保护被包装的商品

防止风险和损坏，诸如渗漏、浪费、偷盗、损耗、散落、掺杂、收缩和变色等。产品从生产出来到使用之前这段时间，保护措施是很重要的，包装如不能保护好里面的物品，这种包装则是一种失败。

2. 提供方便

制造者、营销者及顾客要把产品从一个地方搬到另一个地方，牙膏或钉子放在纸盒内可以很容易在库房里搬动，酱菜和洗衣粉的不方便包装已被现在的小包装所取代，这使消费者采购和带回家非常方便。

3. 方便辨别

包装上必须注明产品型号、数量、品牌及制造厂家或零售商的名称。包装能帮助库房管理人员准确地找到产品，也可帮助消费者找到他想要的东西。

4. 促进某种品牌的销售

在自选商店里更是如此，包装吸引着顾客的注意力，并能把它的注意力转化为兴趣。有人认为，“每个包装箱都是一幅广告牌”。良好的包装能够提高新产品的吸引力，包装本身的价值也能引起消费者购买某项产品的动机。此外，提高包装的吸引力要比提高产品单位售价的代价要低。几种因素促进了包装作为一种营销手段的应用日益增长：

(1) 自助服务。越来越多的产品是在自助服务的基础上出售的。在一家有 15 000 种商品的普通超市里，一般的购物者每分钟从 300 种商品旁边经过。假设所有购买决策的 50%～70%是在商店里做出的，那么有效的包装必须履行许多销售任务：吸引注意力，描述产品特色，创造消费者信心，制造惹人喜爱的总体印象。

(2) 消费者富裕。消费者富裕度的提高意味着他们愿意为良好包装的便利性、外观、可靠性和声望支付更多。

(3) 公司和品牌形象。包装影响到顾客对公司或品牌的即刻识别。在商店里，它们能够创造出一个广告牌的效果，像卡尼尔(Garnier)的 Fructis 香波，其护发产品的整排货架呈现鲜亮的绿色包装。

(4) 创新机会。创新的包装能给消费者带来很大的利益，给生产者带来利润。公司总是在寻求让产品更方便和更容易使用的方法，当它们做到的时候总是能够吸取溢价。亨氏独特色彩的“唧唧装”(EZ Squirt)番茄酱和颠倒的瓶子，帮助该品牌激活了销售额。庄臣(CS Johnson)公司推出的 Smart Twist 简洁系统就是一个手持喷雾，里面有一个与左轮手枪的转轮类似的装置，其中每一发“子弹”对应一种清洁剂，清洁剂共有三种，可以重复集中灌注。舒洁纸巾配的抽纸盒可以挂在浴室的毛巾架上。Kiwi 鞋油的 Express Shine 套装配有特质的出油装置和上油器，上鞋油的时候你根本用不着铺报纸、戴手套或者使用刷子。

二、包装策略的设计

站在公司和消费者的双重角度，包装必须达到很多目标。例如：认识品牌；传达描述性和说服性的信息；便于产品的运输和保护；有助于家庭储藏；有助于产品消费。

为了达到这些营销目标并且满足消费者的期望，营销者须正确地采用艺术而又实用的包装要素。从功能上来说，结构设计是非常关键的。包装要素必须互相协调，并与定价、广告和营销方案其他方面的元素协调一致。

美学上的考虑包括包装的尺寸、形状、材料、颜色、文字和图案。各个领域都有若干因素和标准。颜色是包装尤其重要的一个方面，在不同的文化领域和细分市场中代表不同的含义。正如一位专家所说：“颜色无处不在，它是独立于语言的，但却被赋予意义，它是完全公开的，然而每个人却是通过不同的眼睛在看颜色——字面意义上如此，象征意义上亦如此。”

颜色可以界定一个品牌，从蒂芙尼的蓝色包装盒到吉百利的紫色包装以及联合包裹速递服务公司(UPS)的棕色卡车都是如此，电信运营商 Orange 使用颜色作为其名称和外观。通过表 8-6 读者可以了解视觉营销专家是如何看待颜色在东西方文化中所起的作用的。

表 8-6　品牌化和包装颜色轮盘

颜色	性　情
红色	红色是一种强有力的颜色，象征着能力、激情甚至是危险
橙色	橙色往往蕴含友谊和乐趣之意，它结合了红色的活力和黄色的温暖
黄色	黄色等同于阳光的温暖、欢乐和幸福
绿色	绿色是大自然的颜色， 蕴含健康、成长、清新和更新之意
蓝色	蓝色是天空和大海的颜色，总是与可靠、信任、能力和正直相联系
紫色	紫色象征着高贵、财富和智慧，结合了蓝色的坚定和红色的能量
粉色	粉色被认为具有柔软、平静、舒适的品质
棕色	棕色是大地之色，蕴含诚信和可靠之意
黑色	黑色被看成是经典，强有力和平衡的象征
白色	白色蕴含着单纯、纯洁和洁净之意

企业可以频繁地对包装进行升级或重新设计，以使品牌更具现代感、更相关或更实用。尽管这些能对销售产生即时影响，但它们也可能有消极的一面，如百事从纯果乐中汲取的经验教训。

百事 1998 年收购的纯果乐品牌获得了巨大的成功。在 2009 年，该公司进行了重新设计包装以及对品牌做“更新和现代化”，目标是通过对该品牌果汁进行“英雄化”的包装，宣扬天然水果的好处，以此建立一种情感依恋。Arnell Group 主导了这次彻底的改造，打造了一个完全崭新的面貌，淡化了品牌名称，更加突显了“百分之百纯天然橙汁”这句话，并用一杯鲜橙汁的特写镜头替换了印在包装正面上插着吸管的鲜橙的图片。消费者的反应是迅速且负面的，这个包装看起来是“丑陋的”或“愚蠢的”，有些消费者甚至将其与一

个零售商自有品牌相混淆。该果汁的销售额也因此下降了 20%。仅在两个月之后，百事的管理人员就宣布，将其恢复为原来的包装。

公司设计完包装后，必须要进行测试。工程测试是为了确保包装在正常情况下不会走样，视觉测试就是要确保包装上的文字清晰，颜色和谐；经销商测试是确保包装吸引人而且易于搬运；消费者测试是为了确保消费者喜欢。通过隐藏相机的眼动跟踪可以评估消费者注意和审视包装的程度。

虽然开发有效的包装可能要花费很大的成本，且需要数月时间，但是公司还必须考虑环保和安全问题，减少包装。幸运的是，许多公司已开始通过倡导环保，寻找创新的方式来开发包装。

戴尔推出了竹包装以取代瓦楞纸板、泡沫、磨制纸浆和塑料包装，并采取其他措施减少包装所占用的总体积。开发满足消费者需求和环境友好的包装是十分具有挑战性的，正如菲多利所发现的。菲多利公司的 Sun Chips 粗粮脆片比薯片的脂肪含量低 30%，成功将自己定位于健康的、“对你有益”的零食选择。作为其支持营造“健康星球”努力的一部分，公司利用太阳能运营位于莫德斯托城的工厂，公布使用植物材料制成的完全可降解的袋子。这款袋子的开发投入了许多的研究，终于在 2010 年被隆重推出。不幸的是，它包含了在室温情况下使袋子“嘎吱响”的高分子聚合物，消费者开始对袋子产生的噪声进行投诉，一位“空军一号”飞行员说比他飞机的座舱还吵。为了证实他的观点，他挤压了 Sun Chips 的新袋子，并用测声计测出噪音为 95 分贝，比挤压传统的 Tostitoa 零食袋子的 77 分贝的记录高得多。当上千消费者选择将 Facebook 主页“抱歉我听不见你在 Sun Chips 袋子那边说什么”加为关注——同时销量下降时，菲多利最终在 18 个月之后撤掉了对这款袋子的使用。

本 章 小 结

产品是营销组合中首要也是最重要的因素。产品战略要求对产品组合、产品线、品牌、包装制定协调决策。在规划市场供应物时，营销人员需要全面思考产品的五个层次：核心利益、基本产品、期望产品、附加产品和潜在产品。潜在产品包括产品可能最终经历的所有增加和转变。产品可以以多种方式分类。根据耐用性和可靠性，产品可分为易耗品、耐用品和服务。

技术、产品形式和品牌同样显示出具有不同阶段的生命周期。生命周期的阶段一般是导入、成长、成熟和衰退。导入期的特征是成长缓慢，获利最小；如果成功，产品进入成长阶段，标志是销售额快速成长，利润提升；接着是成熟阶段，销售额增长缓慢，利润稳定；最后产品进入衰退阶段。公司的任务是识别真正衰弱的产品。为每一种产品制定发展战略，以对公司利润、员工和顾客的影响最小化的方式，逐步淘汰衰弱产品。绝大多数公司销售不止一种产品，一个产品组合可以根据宽度、长度、深度和关联度来衡量。这四个维度是公司开发营销战略的工具，决定哪条产品线该发展、维持、收获和放弃。为了分析产品线并且决定投入多少资源，产品线经理需要查看销售额、利润和市场份额的概况。

品牌是一个名称、术语、标志，符号或设计，或者是它们的结合体，以识别某个销售商或某一群销售商的产品或服务，使其与它们竞争者的产品或服务区别开来。品牌的不同组成成分——品牌名称、标志、符号，包装设计等——就是品牌元素。品牌是能为顾客和公司带来很多利益和宝贵的无形资产，需要谨慎管理，品牌化的关键是让顾客感知在品类中不同品牌的差异。品牌资产应该根据由品牌而生产的独特营销效果来定义。也就是说，与没有进行品牌识别的产品或者服务因为其品牌而产生不同的营销结果。有形产品必须包装，设计优良的包装能为顾客创造便利的价值，为生产者创造促销的价值。

研究与讨论

(1) 整体产品概念包括哪几个层次？
(2) 产品的特征是什么？营销者如何对产品进行分类？
(3) 产品设计为何重要？影响一个好设计的因素是什么？
(4) 企业如何建立和管理产品组合和产品线？
(5) 解释产品生命周期的概念，各阶段应采取什么样的营销策略？
(6) 如何管理品牌资产？
(7) 什么是品牌，品牌化是如何运作的？
(8) 包装策略如何运用？

▶▶ 案例分析一

IBM的成功转型

国际商业机器公司(IBM)生产并销售电脑硬件和软件，提供基础设施服务，同时也提供全球性咨询服务。它创建于19世纪80年代，但作为“IBM”家喻户晓则是在1924年，当时的总裁是老托马斯·J·沃森。

从20世纪30年代到40年代，IBM迅速崛起。这主要归功于其在20世纪30年代的制表机销售，当时制表机支撑了社会安全系统的运行，还归功于在一战和二战期间的军事技术研发。在老沃森领导IBM的40年间，他帮助公司建立了许多最成功且可持续的经营战术，例如卓越的客户服务、专业精通的销售队伍以及专注于大规模、用户个性化的商业解决方案。老沃森还提出了公司的第一个口号“思考”(THINK)，迅速成为企业格言。

20世纪50年代，老沃森的儿子小托马斯·沃森(Thomas J.Watson Jr.)成为公司CEO。在他的领导下，IBM继续发展，开始了公司在计算机领域的创新之路。冷战期间，IBM同美国政府合作，以3000万美元的造价建立了半自动地面防空计算机系统SAGE。1964年，公司推出了一个革命性的大型机系统——System/360，它使用可更换软件和外围设备。然而，为了获得成功，IBM不得不拆除其自身的计算机产品生产线，按照新技术调整其现有系统。幸运的是，其冒险行动得到了回报，IBM构架成为行业标准。到20世纪60年代，IBM计算机销售量约占整个市场的70%，远远超过了早期的竞争对手通用电气、RCA以及霍尼韦尔(Honeywell)。

随着个人电脑时代的来临，20世纪80年代成为IBM发展的关键期。1981年公司推出

了首款个人电脑，它具有18千字节的记忆容量，提供软盘驱动和可选择的彩色显示器。IBM同时在诸如Sears百货和ComputerLand电脑连锁等企业中开辟了新的销售渠道。然而，它将计算机零件生产外包给微软和英特尔等公司的决策标志其计算机业垄断时代的终止。20世纪80年代，个人电脑的沿革改变了消费者看待及购买技术的方式，这使得IBM的市场占有率和盈利均大大减少。它的销售额从20世纪80年代初的50亿美元下滑到1989年的30亿美元。这一下滑趋势一直持续到20世纪90年代初，此时IBM面临来自康柏(Compaq)和戴尔(Dell)的竞争，不得不尝试将公司拆分成若干业务单元。这带来了灾难性的后果，1991～1993年，IBM的净亏损达到160亿美元。

新任CEO郭士纳(Louis Gerstner)使IBM重新专注于新的战略方向上，这为公司带来了转机。郭士纳重组公司的业务单元，去除大众产品，并将资源集中于高利润产业，如咨询业和中间软件。其后，IBM推出了标志性的ThinkPad，帮助公司重获先前丢失的市场份额。为了重塑品牌形象，公司将先前70个广告代理商的营销事务交由一家公司负责，创造了统一的信息传达。1997年，IBM的国际象棋系统深蓝(Deep Blue)击败了世界卫冕冠军，这一历史性事件吸引了无数人的目光，同时也帮助IBM提升了企业形象。

21世纪之初，IBM公司在互联网泡沫破灭之后取得了新的成功。将ThinkPad部门出售给联想，放弃硬盘业务使得公司愈发远离硬件制造。此外，通过收购诸如普华永道(Pricewaterhouse Coopers)等近100家企业的全部或部分业务，将全球咨询和数据分析纳入了公司业务范围。

IBM对智能科技的战略关注反映在一场正在进行的叫做“智慧地球”的广告战役上，这场战役强调了公司迄今为止的若干重大成就，并探索了IBM的未来理念。现在，IBM致力于解决全世界最具挑战性的高科技问题，例如优化水资源管理、缓解交通拥挤以及医疗健康合作解决方案。公司不断改变业务组合以充分运用有利科技和市场机会。例如，2000年，IBM27%的收入来自软件，到2012年，这一比例上升到45%。IBM相信到2020年，软件对公司收入的贡献将达到60%。

如今，IBM已成为全球最大且盈利性最高的信息技术公司，其销售额已逾1200亿美元，在世界范围内拥有近40万名员工，来自全球170多个国家，包括科学家、工程师、咨询顾问以及专业销售人员。它所拥有的专利多于美国任何一家科技公司。2000～2012年，IBM在研发预算上投入逾750亿美元。IBM将大约30%的年度研发预算用于长期研究项目中，从而为科技、全球经济和商业重大变化做充分准备。

思考：

(1) 很少有公司会像IBM一样有如此历史久远的大起大落。促使它最近成功的一些关键性因素是什么？它欲解决全球最具挑战性问题的计划能否成功？为什么？

(2) 如今，谁是IBM最大的竞争对手？它们现有的战略会给自己带来什么风险？

▶▶ 案例分析二

三星的品牌营销策略

韩国消费电子巨头三星自1938年成立以来实现了成功转型，它从最初的韩国干鱼、蔬菜和水果的出口商，在20世纪70、80年代发展成贴牌生产(OEM)的性价比产品供应商。1987年三星创立者逝世后，他的儿子李健熙继承家业并重构了公司，立志将三星打造成世界顶级电子产品公司之一。

三星最初聚焦于产量和市场控制权而非盈利。然而20世纪90年代爆发了亚洲金融危机，当其他韩国大型集团公司纷纷在负债累累中倒闭时，三星采用了一个不同的应对策略。它削减开支，重新重视产品质量、消费者满意度和制造灵活性，这使得它的电子消费品在6个月内便成了从项目阶段到商店上架的过程。三星在创新上的投资力度相当大，它的许多产品——从半导体到液晶屏——都取得了巨大的市场份额并成为品类中的领导者。并且公司也专注于内存条生产，这成为公司的重要摇钱树，促使三星迅速成为世界上最大的内存条制造商。

进入21世纪，公司继续在研发上投入资金，仅仅2005～2010年间的资金预算就达400亿美元。创新成为三星的最高目标，公司通过大量的培训和招募来强调创新的重要性。因此，三星得以在其强大的品牌伞下推出大量电子产品。同时，三星亦同长期领导市场的索尼公司建立合作关系，共同斥资20亿美元在韩国创建了高端液晶屏工厂，并且签署了一个具有里程碑意义的协议，以共享元件及生产过程中的24 000项基本权利。

如今，三星成为了一家享受品牌溢价的全球营销商，旗下的电子消费品包括智能手机、平板电视、数码相机、电池、数字家用电器和半导体。三星品牌的高端手机已成为公司的增长引擎，同时它也掀起了一股创新热潮，研发了第一款自带MP3播放器的手机，第一款蓝光光盘播放器以及第一款智能手表。

三星的成功不仅在于成功的产品创新，同时在于大胆的品牌建设。过去10年，公司在市场营销上的资金投入了数十亿美元，赞助了1998年以来的历届奥运会，并且开展了若干以“想象”、“男人都是愚蠢货”等为主题的全球性广告运动，这些都传递了诸如“科技”“设计”和“感官”(人性化)的品牌信息。在Interbrand2005年的品牌排名中，三星首次跃居索尼之上，并保持至今。

三星在多个不同的行业中面临竞争，包括谷歌和苹果。然而，与其他竞争对手不同，三星不仅生产电子产品元件，同时也制造直接面向消费者的实际设备。它实际上控制着智能手机供应链上的所有环节，从芯片到屏幕，而苹果却需要将这些产品外包。因此，三星可以保持低成本，创造很多满足不同需求的产品，设计变化多端并极其快速地推出新产品。最近公司超越苹果成为智能手机的领导品牌。

尽管三星2016年营业额达到1700多亿美元，利润近200亿美元，全世界员工数量近32万，但公司仍然希望到2020年可以实现收入4000亿美元的目标。

思考：

(1) 三星的最大的竞争优势是什么？

(2) 三星到2020年实现销售额4000亿美元的目标将与沃尔玛持平。这个目标可行吗？为什么可行或不可行？

第九章　定价策略

学习目标

(1) 了解网络时代定价的特征和公司定价的策略；
(2) 掌握消费者处理和评估价格的方法；
(3) 掌握公司为产品或服务设定最初的价格；
(4) 了解公司如何调整价格来应对环境和机遇的变化；
(5) 熟悉公司应该在什么时候以及怎样进行价格调整；
(6) 掌握公司应该如何应对竞争者的价格调整；
(7) 掌握公司价格制定考虑的因素与制定的流程；
(8) 掌握价格调整策略。

案例导入

价格是市场营销组合的一个元素，并且它带来收入，其他的市场营销组合元素则产生成本，价格也传达了公司预期的产品或品牌的价值定位。一个设计精良的营销产品仍然可以获得价格溢价，收获丰厚的利润，但新的经济现状导致许多消费者重新评估他们所愿意支付的产品和服务，而公司不得不认真审视自己的定价策略。Ryanair 航空公司引起了消费者和企业的注意，它实施了一个不同寻常的定价策略。

欧洲廉价航空公司 Ryanair 的高额利润得益于其革命性的商业模式。秘诀是什么？创始人迈克尔·奥利里认为，应该像零售商一样，向乘客收取几乎所有费用——但是座位免费。Ryanair 有 1/4 的座位都是免费的，奥利里希望在五年内将免费座位增加两倍，而且最终目标是使所有座位免费。乘客目前只支付约 10～24 美元的税金和费用，再加平均单程票价约 52 美元。其他费用是额外的：托运行李(9.50 美元/件)、点心(热狗 5.50 美元/份，鸡汤 4.50 美元/份，水 3.50 美元/份)以及 Ryanair 使用的从机场到市区的巴士或轨道交通(24 美元)。乘务员出售各种商品，包括数码相机(137.50 美元)和 iPocket MP3 播放器(165 美元)。机上博彩和电话服务计划是新的收入来源，还有其他策略用以削减成本或产生外部收入。椅背不能倾斜，遮光板和椅背口袋也被撤销掉了，而且没有娱乐设施。座椅后背的托盘印有广告，甚至飞机的外部都是沃尔丰集团(Vodafone Group)、捷豹(Jaguar)等公司的巨型广告。超过 99%的机票在网上出售。网站还提供旅游保险、酒店、滑雪套餐和租车的预订服务。只使用波音 737-800 单一机型以降低维护成本，而且机组人员需购买自己的制服。奥利里甚至还讨论了厕所付费的可能性，但该建议引起了公众的关注和质疑。尽管他的想法可能是奇怪的，但这种方法对 Ryanair 的顾客很有效，该航线每年运载 5800 万乘客飞往 150 多个机场。所有的额外费用使收入增加了20%。Ryanair享有25%的净利润率，超过美国西南航空公司7%净利润率约两倍多。一些业内专家甚至称Ryanair为“长着翅膀的沃尔玛”！

第一节 定价的理解

价格并不只是标签上的一个数字，它有多种形式，发挥着多项功能。租金、学费、交通费、公共事业费、费率、通行费、定金、工资和佣金等可能是消费者购买产品或服务时支付的价格。价格也有多个组成部分。如果消费者购买一辆新车，标价可能经过退税和经销商优惠进行了调整。一些企业允许顾客以多种形式付款，如航空公司推出的150美元加上2500英里的飞行里程换取机票。

纵观历史，价格在大多数情况下是由买卖双方协商制定的。在某些领域，讨价还价仍然是一项常规运动。随着19世纪末大型零售业的发展，为所有的买家制定单一价格已成为一种相对现代的观点。F.W.Woolworth零售、蒂芙尼珠宝、John Wanamaker商场和其他一些公司宣传“严格的单一价格政策”，因为它们出售太多商品并且管理太多员工。

一、网络时代的定价特征

一直以来，价格是买方做出选择的一个主导因素。消费者和采购代理如果能够通过渠道获取价格信息和折扣，他们就会对零售商施加降价压力，零售商则向制造商施加降价压力，从而最终形成一个以大量折扣和促销为特征的市场。

由经济环境变化带来的降价压力与技术环境中的某些长期趋势相一致。近年来，互联网已经改变了买家和卖家互动方式。下面简单列举互联网如何使卖方差别对待买方，又如何使买方差别对待卖方。

（一）买方选择价格的特征

(1) 从成千上万的供应商中获得即时的价格比较。顾客只需点击taobao.com就可以比较多个零售商提供的价格。智能的购物袋代理程序可以使得价格比较更近一步，可以找出成千上万条有关商家的产品、价格和评论。

(2) 在购买点查看价格。客户可以在决定购买前使用智能手机进行价格比较，促使零售商匹配或提供更有力的价格，或购买其他商家的产品。

(3) 报出价格并实现交易。在团购网站上，客户报出他们愿意支付的机票、酒店、汽车的价格，网站会查找任何与这一价格匹配的卖方。一些购买者数量众多的网站会将顾客的订单累积起来，迫使供应商提供更多折扣。

(4) 获得免费产品。开放源代码，这项始于Linux的免费软件运动，将挤压软件开发企业的利润空间。微软、甲骨文、IBM和几乎所有其他主要软件开发商面临的重大挑战在于：怎样和一个可以免费获得的程序竞争。

（二）卖方选择价格的特征

(1) 监控顾客行为并非个人定制价格。通用电气照明(GE Lighting)公司每年要处理来自

B2B 顾客的 55000 个定价请求，它拥有一个网络程序，能够评估影像报价的 300 个因素，例如过去的销售数据和折扣信息，从而使得处理时间从 30 天缩短到 6 个小时。

(2) 给予某些顾客特价。Ruelala 是一家会员制网站，它在限定的时间内特价销售高档女性时装、配饰和鞋类，活动通常为期两天。其他企业营销人员已经使用外联网精确控制任一时刻的库存、成本和需求，以便及时调整价格。

(三) 买方和卖方共同选择价格的特征

通过在线拍卖和交易系统(甚至当面)协商价格。你想出售大量剩余残旧的小器件吗？把销售信息放到 eBay 网上或同城网上就行了。想以便宜的价格买到古老的棒球卡吗？登录 BaseballCards.com 就可以解决问题。根据《消费者报告》(Consumer Reports)，在过去的三年里，一半以上的美国成年人为了获得更好的日常商品和服务交易价格进行议价；几乎 90%的人至少成功一次。一些成功的策略包括：告诉销售人员我查看了竞争对手的价格(57%的受访者)；在一间实体店寻找更低的价格(57%)；和店员聊天以建立人际关系(46%)；使用其他商店的通告或优惠券作为杠杆(44%)；浏览用户评论查看其他人支付价格(39%)。

多年来，向消费者赠送试用样品已经成为一种成功的营销手段，雅诗兰黛向明星免费赠送化妆试用品，活动的组织者也会赠予获胜者许多免费的产品和礼物，称为“活动纪念礼品”。其他一些制造商(如吉列和惠普)建立一种以成本价出售主产品，依靠附属必备品(剃须刀刀片、墨盒等)营利的商业模式。

软件公司采用了相似的做法。2008 年 360 推出了免费杀毒软件之后，国内很多知名杀毒软件甚至是域外的杀毒软件公司也纷纷效仿，如江民、金山毒霸、卡巴斯基等。一些在线公司成功地实现了“从免费到收费”的转变，开始收取服务费用。在新的参与定价机制下，让消费者制定他们认为合理的价格，买家通常并不会选择免费，此种方法甚至足以使卖家的收入增长到超过固定的价格模式下的收入。

例如美国的 Red Hat 成功地应用了“免费增值”的商业模式。作为开源 Linux 软件的先驱，公司为顾客提供了稳定性和可靠性。每隔几年它冻结一个持续发展的软件版本并销售带有定制化的程序，回溯更新前的 Linux 版本和顾客支持的长期版本，所有的项目合收一份订阅费用。Red Hat 也与开发人员和程序人员一起通过 Fedora 程序开始免费的 Linux 版本。多亏了这些举措，Red Hat 现在是一个为《财富》500 强企业中 80%的企业服务的年收入超过 10 亿美元的公司。

二、多变的定价环境分析

定价行为已经发生了巨大的变化，随着千禧一代(1980 年至 2000 年间出生的)越来越成为新消费群体，也带来了新的消费态度和价值观，他们正在重新考虑真正的需求。对很多人来说，租赁、借贷和共享是有效的选择。

有人说这些新的行为创建了一种共享经济，消费者可以分享自行车、汽车、服装、沙发、公寓、工具和技能；这些新行为也使消费者从拥有的东西中提取一部分出来分享给其他消费者，同时也从其他消费者拥有的东西中获得自己需要的。在共享经济中，人们可以既是消费者又是生产者，可以从两种角色中获利。

诚信和良好的声誉在任何交易中都是至关重要的，在一个共享经济中也是必不可少的。

共享相关业务的大多数平台有某种形式的自我监督机制，如公开的个人资料和社会评价系统，有时候可以连接到 Facebook。共享经济的两大支柱分别是交换和租用。

1. 交换

交换是获取商品的最古老的方式之一，例如在美国通过交换获得商品的交易每年达到 120 亿美元的规模。Florida Barter 贸易公司和 Swap.com 网站将销售者和企业联结起来以寻求双赢的解决方案。一位金融分析师将金融计划给顾客以换取黄油搅拌教程以及高空秋千和喷火杂技课程。ThredUP 让美国情况类似的父母交换子女不再使用和未使用的衣服和玩具。Zimride 是大学共享工具的社交网络。

2. 租用

真正迅速扩张的新共享经济是租用，Rent The Runway 提供租金合理的设计款礼服，为顾客寄送他们选择的两种不同的礼服尺寸(为确保更合适)，其成本在 50 美元到 300 美元之间，大约是零售价的 10%。该网站每月增加 10 万用户，年龄通常在 15 到 35 岁之间，租赁经济的先驱之一是 Airbnb。

罗德岛设计学院(Rhode Island School of Design)的毕业生布莱恩·切斯基(Brian Chesky)和乔·格比(Joe Gebbia)想到一个赚钱的点子，他们推出了 AirBedAndBreakfast.com 网站，并向旧金山一个工业设计会议的与会者出租空气床垫。他们成功地在一个星期内吸引了三位与众不同的客人。于是两人将其合资公司名字缩短为 Airbnb。还聘请技术专家通过添加一些特性开始扩展他们的“沙发客”(Couch-Surfing)业务。诸如添加第三方托管支付和专业摄影以使租赁物看起来更好。不间断的客户服务和 100 万美元的保险政策，为各方提供了安心保障。租赁空间包含各种空间——不止是房间、公寓和房屋，也包括了车道、树屋、冰屋，甚至城堡。Airbnb 采用了经纪人的商业模式来创造收入：3%来自空间主人，2%～6%来自客户，具体数据取决于租赁空间的价格。虽然现在业务已遍及 190 个国家、28000 座城市，每年数以百万计的租赁订单，公司的估值接近 100 亿美元，但它仍面临着一些重大挑战，包括政府以税收的形式干预、非法分包和安全以及其他相关房屋监管收费。

甚至大公司也加入了这一行动。德国汽车制造商戴姆勒(Daimler)推出了 Car2Go 服务业务以满足想要短期租车，甚至在冲动之下租车的要求。在大约一半的零售门店，家得宝(Home Depot)有一个部门做出各种各样的产品，如钻头和锯片，当然，这些产品也是可以出售的。

三、公司定价的策略分析

在小公司，价格往往由老板决定；在大公司，价格则经常由部门经理和产品线经理共同制定。然而即使是大公司，高层管理人员也要制定总的价格目标和定价政策，并经常审批中低层管理人员所提议的价格。

在一些价格至关重要的行业(如航天业、铁路业、石油业)，企业通常会设立定价部门以制定和协助其他部门制定适当的价格。而这个部门需向市场部、财务部和最高管理层报告，其他影响定价的人员还包括销售经理、生产部经理、财务经理和会计。在 B2B 市场中，研究表明，当定价权被平均地分散到销售、营销、财务部门，且当销售人员和团队之间的集权与授权平衡时，价格绩效会改善。

许多公司没有处理好定价问题，而是采用一些“策略”，如确定成本然后加上行业的传统利润。其他常见的错误还包括：没有根据市场变化及时调整价格；将价格制定独立于其他营销方案，而不是作为市场定价战略的内在元素；没有根据不同的产品、市场细分，分销渠道和购买情境实行差别定价。

对于任何组织而言，有效的制定和实施定价策略需要全面理解消费者的价格心理，并掌握一套系统化方法来设置、调整和改变价格。

四、以消费者心理定价的策略分析

许多经济学家通常假定消费者是“价格接受者”，他们接受价格的“票面价值”或是其既定价值。然而，营销人员认识到，消费者通常会积极处理价格信息，会通过以前的购买经验、正式信息渠道(广告、销售电话和宣传册)、非正式信息渠道(来自朋友、同事或家庭成员)、销售点或在线资源等其他因素来理解价格。

购买决策是基于消费者的心理价位和他们所感知的当前实际价格，而不是建立在营销人员的要价上。消费者可能会有一个价位下限，低于这个价格就表示产品太次或质量较差。同时消费者会有一个价格上限，高于这个价格会使他们望而却步或认为不值得花这么多的钱。不同消费者以不同方式来解释价格。下面的例子说明了消费者在购买一条简单的牛仔裤和一件 T 恤时的心理。

为什么一件看似普通的黑色女式 T 恤在阿玛尼售价为 275 美元，而在 Gap 仅为 14.90 美元，在瑞典的折扣服装连锁店 H&M 只卖 7.90 美元？购买阿玛尼 T 恤的顾客购买的 T 恤更时尚，含 70%尼龙、25%涤纶和 5%弹性纤维以及来自一个因上千美元的西装、手袋、晚礼服而著名的奢侈品“Made in Italy”的标签。Gap 和 H&M 衬衫主要成分是棉花，搭配 T 恤的裤子也比比皆是。Gap 的“经典款卡其裤”(Original khakis)售价 44.5 美元，而 Abercrombie & Fitch 的经典排扣式斜纹棉布裤要 70 美元。但相对于 480 美元的 Michael Bastian 普通卡其裤或 595 美元的 Giorgio Armani 裤子却更便宜。高价的名牌牛仔裤可能使用了诸如棉织华达呢的昂贵面料，并需要几个小时的精心缝制，来创造出一个独特的设计，但同样重要的是一种形象和排他性的感觉。

了解消费者如何形成对价格的看法是营销工作的一个重点，这里我们讨论三个关键议题：参考价格、价格-质量推断和价格尾数。

（一）参考价格

尽管消费者对相同产品的价格区间很了解，但他们很少能准确地记得具体价格。因此，当选购商品时，消费者通常会使用参考价格，将所观察到的价格与他们记忆的内在参考价格和外部参照框架(如标出来的“常规零售价”)进行比较。

各种参考价格都是可能的，如表 9-1 所示，且卖方试图通过对其加以操纵。例如，销售者可以将其产品陈列于昂贵的竞争品中，以暗示它们同属于一个档次；百货公司将女士服装根据价格的高低放在不同地方，放在更昂贵货架上的衣服被认为质量更好。营销人员也会通过许多方法，激发消费者思考参考价格，他们会标一个很高的制造商建议售价以表明该产品原价要更高，或者指出竞争者的高价。

表 9-1　消费者参考价格的主要因素

“公平价格”(消费者认为产品值多少钱)
典型价格
最近一次支付的价格
上限价格(保留价格或消费者愿意支付的最高价格)
下限价格(价格底线或消费者愿意支付的最低价格)
竞争者的历史价格
预期的未来价格
通常的折扣价格

当消费者心中出现了一个或多个上述参照框架时，他们的感知价格会偏离商品的标价。研究者发现当心理价位低于标价时，价格对购买倾向造成的影响更大。消费者预期在价格反应中也起着关键性的作用。在拍卖网站上(如 eBay)，消费者知道将来会有类似商品拍卖时，他们将在此次拍卖中给出低竞价。

聪明的营销人员会将价格定在最能彰显其产品价值的水平上。例如，一个相对较昂贵的商品，如果将其价格拆分为若干个小单位，就会显得比较便宜，例如把一个 500 美元的年费拆分成“每月不到 50 美元”，就会显得更便宜，即使总数是相同的。

(二) 价格–质量推断

许多消费者认为价格暗示着质量。基于品牌形象定价对于一些关系到面子的产品(如香水、豪车和定制款服装)是非常有效的。一瓶价格为 100 美元的香水，可能其中的香味只值 10 美元，但是送礼者却愿意支付 100 美元，以表达对接受礼物的人的重视。

人们对汽车价格和质量的感觉是互相影响的。标价较高的汽车会被认为拥有更高的质量，质量高的汽车也会被认为有一个高于其实际价值的标价。当有关产品真实质量的信息可获得时，价格在预示质量方面就不那么重要了；而当这种信息不可获得时，价格就是质量的信号。

一些品牌采用独家生产或限量生产的方法以显示其独特性，使其溢价名正言顺。品牌手表、珠宝、香水等奢侈品企业在宣传信息和渠道战略中经常强调其独享性，对于渴望独一无二的奢侈品的消费者，他们的需求实际上会增加商品价格，因为他们认为很少有人买得起这种商品。

例如，为了保持排他性，法拉利故意将其标志性的 20 万美元以上的意大利跑车的供应量限制在 7000 辆以下，即使中国、中东国家和美国的需求不断增长，但是排他性和市场地位可以随顾客发生变化。Brahma 啤酒在其本土市场巴西是一种基本款的淡啤酒，但其在欧洲却发展得很好，被视为“开瓶畅饮，如置身巴西”。蓝带啤酒是美国大学生怀旧时的最爱，但其在中国销量暴涨。凭借升级的包装瓶和“如苏格兰威士忌一样在珍贵木桶中发酵”的广告词，它能够要价 44 美元。

(三) 价格尾数

许多销售者认为价格不应以整数结尾，因为消费者会将一个 299 美元的商品感知为 200 美元的价位，而非 300 美元。消费者看价格是从左到右的，而不是四舍五入。如果消费者

对较高的整数价格存在心理价格折扣，则这种形式的标价是十分重要的。

价格尾数“9”普遍出现的原因是：它向消费者传达了折扣或减价的信息。所以如果一个公司想要塑造高价形象，它应避免采用带零头的定价策略。例如一项研究表明，当一件女装的价格从 34 美元提高到 39 美元时，需求量提高了 1/3，而从 34 美元上升到 44 美元时需求量没有变化。

标价也经常以“0”或“5”结尾，这是便于消费者处理和记忆。价格标牌旁的“特价”字样可以刺激需求，但是不能被滥用：当一个品类中的一些产品而不是全部产品特价处理时，总销量最高；超过某个数量时，“特价”标志反而会使总销量降低。

当消费者不经常购买或第一次购买某一类别产品以及当产品设计时常更新，价格有季节性变化，或质量、大小在不同店铺有差别时，价格暗示(如“特价”标志或以“9”为尾数标价)会有不错的效果。然而，用多了就不太有效了。供应方面的一些限制(例如“限时三天”)也可以刺激消费者购物的积极性。

第二节　价格制定的因素与流程

当公司研发出一种新产品，将原有产品引入新的分销渠道或地区，或者参与新合同竞标时，公司必须制定价格，公司也必须为其产品质量和价格进行定位。

大多数市场都有三到五个价格层次。例如，万豪国际酒店就擅长开发不同价格定位的品牌：万豪假日俱乐部(度假别墅，最高价位)、Marriott Marquis(高价位)、万豪(高中价位)、万丽(中高价位)、万怡(中等价位)、TownePlace Suites(中低价位)、Fairfield Inn(低价位)。公司制定品牌战略可以向消费者传递产品或服务的价格-质量档次的信息。

一系列的价格档次可使公司覆盖更多的市场，给消费者更多的选择机会，公司制定定价策略时必须要考虑很多因素。该过程的六个主要流程见表 9-2。

表 9-2　公司制定价格策略的因素及流程

1. 选择定价目标	4. 分析竞争者的成本、价格和供应物
2. 确定需求	5. 选择一种定价方法
3. 估计成本	6. 最终确定价格

一、选择定价目标

公司应该首先确定市场供应物的定位。公司的目标越清晰，就越容易制定价格。一般，公司的五大主要目标是生存、当前利润最大化、市场份额最大化、市场获利(撇脂)最大化、产品-质量领导地位。

(一) 生存

如果公司面临产能过剩，激烈的竞争和消费者需求变化的状况，那么生存是公司追求的主要目标。只要价格能补偿可变成本和部分固定成本，公司就仍可维持。生存是一个短期目标，从长期来看，公司必须学会如何增加价值，否则将面临破产。

（二）当前利润最大化

许多公司都会试图制定一个价格使当前的利润最大化。他们评估不同价格下的需求和成本，并选择能产生最大的当前利润、现金流和投资回报率的价格。这个策略假定了企业知道其需求与成本的关系函数，而事实上这些是很难估计的。如果企业过分强调当前业绩，就会忽视其他营销组合变量、竞争者的反应和价格上的法律限制，从而牺牲了企业的长远利益。

（三）市场份额最大化

一些公司希望能使其市场份额最大化，因此他们制定最低价格，认为市场对价格是高度敏感的。他们认为销量越高，产品单位成本越低，长期利润就越高。例如，格兰仕多年来极好的实施了市场渗透定价法，该公司扩大生产规模使微波炉成本下降，尽可能使用低价来赢得较高的市场份额，并随成本降低而进一步降价。

以下条件下适合采用市场渗透定价法：

(1) 市场对价格高度敏感，低价可以促使市场增长。

(2) 随着生产经验的积累，可使生产成本和分销成本降低。

(3) 低价可以减少实际和潜在的竞争。

（四）市场获利(撇脂)最大化

推出新技术的公司喜欢制定高价以使市场获利最大化。国内外的手机制造商经常采用撇脂定价法(Market-Skimming Pricing)，开始时将价格定得很高，然后随时间推移逐渐降价。例如，当华为公司 2016 年推出荣耀 8 产品时，其价格定位在 300 美元左右，而华为通过撇脂定价获得中端市场的最大收益后，一年后随着其新品的推出，荣耀 8 系列产品售价进一步下降，只需 150 美元左右，价格只是原价的 1/2。

然而当有竞争力的对手采用低价策略时，这种策略是致命的。例如，荷兰电子制造商飞利浦将影碟播放器的价格定位在每个产品都能获利的水平时，日本的竞争对手则采用低价策略，并迅速占有市场份额，而这反过来又推动了后者成本的降低。

此外，早期以最高价购买产品的消费者在与后期用低价购买产品的消费者相比时会心生不满。当苹果公司推出 iPhone 两个月就将价格从 600 美元降低至 400 美元时，公众的强烈不满，使得公司给予早期购机者今后购买苹果产品时享受 100 美元的优惠。

市场撇脂定价需要具备以下条件才有效：

(1) 有足够的购买者，并且当前需求很大。

(2) 小批量生产的单位成本不会高到无法从交易中获得好处。

(3) 很高的初始价格不会吸引更多的竞争者进入该市场。

(4) 高价能传达高档的产品形象。

（五）产品-质量领导地位

一些公司可能会致力于成为市场中产品-质量的领导者，许多品牌都想成为“买得起的奢侈品”——这些产品或服务被认为具有很高的质量、品位和地位，价格虽高，但没有超

出消费者的购买能力。一些品牌如星巴克、艾凡达(化妆品)、路易威登、宝马等都将自己定位为行业的品牌领导者，将高品质、奢华和溢价相结合的同时，赢得了大量忠实顾客，Grey Goose 和 Absolut 两个伏加特品牌开创了高盈利的市场，即巧妙地通过店内和店外营销，使得实质上无气、无色、无味的伏特加更显得时尚和独特。

(六) 其他目标

非营利组织和公共机构可能会有其他的定价目标，如果一所大学的目标是收回部分成本，那么他应该很清楚自己必须依靠私人捐赠和公共赠款来收回其余成本；一家非营利医院可能以收回全部成本为定价目标；一家非营利电影院的定价目标可能是上座率达到最高；一个社会服务机构可能会使其服务价格与客户的收入相适应。

不管定价目标是什么，相比那些只用成本和市场决定其价格的企业，将价格作为战略工具的公司能够获得更多利润。比如，艺术博物馆的门票收入只占其总收入的 5%，其定价高低会影响公众形象，从而影响其获得捐赠和资助的数量。

二、确定需求

不同价格导致不同的需求量，从而对公司的营销目标产生不同的影响。价格和需求的反比关系可以用需求曲线来表示，如图 9-1 所示。价格越高，需求越低，对于一些知名产品，需求曲线有时会向上倾斜。如一家香水公司提高其产品价格后，反而卖出了更多的香水，因为一些消费者认为更高的价格代表了更好的产品。然而，如果价格过高，需求可能降低。

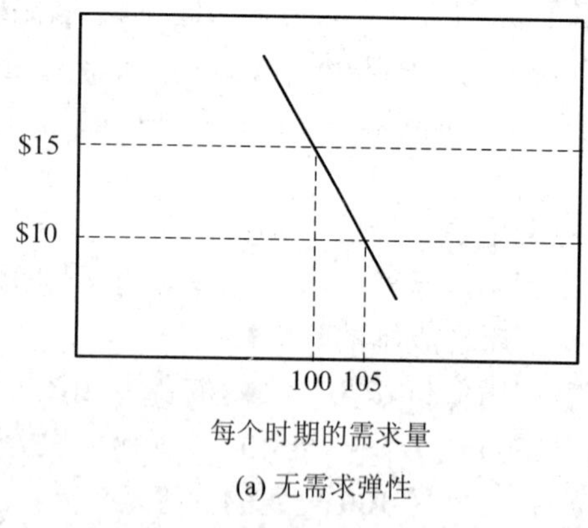

(a) 无需求弹性

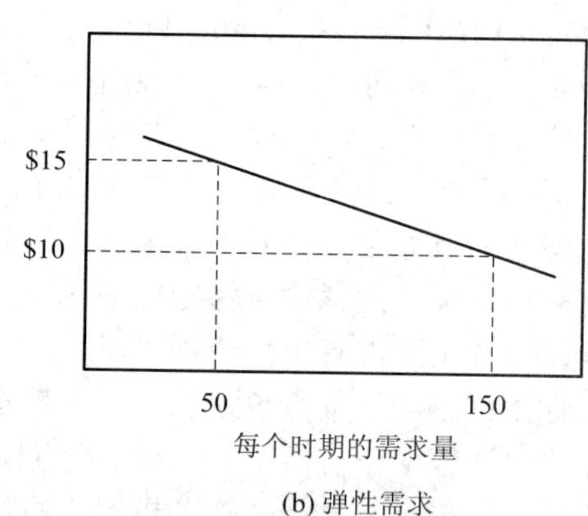

(b) 弹性需求

图 9-1　无弹性需求和弹性需求曲线

(一) 价格敏感性

需求曲线反映了不同价格水平下市场可能的购买量，汇总了不同价格敏感度的许多个体消费者的反应。估计需求量的第一步是明确影响价格敏感度的因素。一般来说，消费者对价格低的或不经常购买的产品较不敏感，他们的价格敏感度在以下情况也会下降：① 替代品或竞争者较少；② 他们还未注意到价格变高；③ 他们改变购买习惯的速度很慢；④ 他们认为提高价格是有道理的；⑤ 价格只是获得、使用和保养产品总支出中的一小部分。

一般来说，公司喜欢价格敏感度较低的顾客。表 9-3 列出了一些与低价格敏感度相关的特征。

表 9-3　导致价格敏感度降低的因素

1. 该产品与众不同	6. 费用的一部分由另一方承担
2. 购买者不知道有其他替代品	7. 该产品是和以前购买的产品结合使用的
3. 购买者不能轻易地比较替代品的质量	8. 该产品被认为具有更高的品质和独特性等
4. 购买该产品的费用只占其收入的小部分	9. 购买者不能储存该产品
5. 与最终产品的总支出相比，该产品的费用很少	

当今互联网的普及使得潜在顾客提高了价格敏感度。在一些已经建立的大额消费的产品品类中(如汽车零售和长期保险)，互联网使消费者支付的价格降低了。汽车购买者通过互联网收集信息并利用在线购买服务来影响价格谈判。但是消费者必须浏览许多网站才能得到这些优惠，而消费者并不总是这么做。过度的关注价格敏感型的消费者会使公司顾此失彼。

(二) 估计需求曲线

许多企业采用不同的方法试图估计需求曲线，其方法有：

1. 调查

调查可以找出不同价格下有多少消费者愿意购买某产品。尽管有时消费者为了阻止企业制定高价，故意隐瞒购买高价商品的意愿，但事实上他们无形中也夸大了购买新产品和服务的意愿。

2. 价格试验

可以通过在一个商店中为不同产品制定不同的价格，或在类似的区域内对同一产品制定不同价格，以观察价格变化如何影响销售。在线电子商务可以通过对每 40 个访客提价 5%来测试消费者对价格的反应。但是该试验必须小心行事，以免顾客疏远该产品或者妨碍市场竞争，即违反《反垄断法》。

3. 统计分析

可以通过对历史价格、销量和其他因素的统计分析来揭示它们之间的关系。这些数据可以是纵向的(时间序列)，也可以是横向的(来自同一时间的不同地区)。建立合适的模型，并用适当的统计方法进行拟合需要相当的技巧，但是成熟的定价优化软件和数据库管理的发展提高了营销人员优化定价的能力。

在测量价格和需求之间的关系时，市场研究人员必须对影响需求的因素加以控制。竞争对手的反应会使需求发生变化。同样，当公司改变了价格之外的其他营销组合变量时，价格变化的作用就很难被区分开。

4. 需求价格弹性

营销人员需要知道需求对价格变化的反应或弹性是多少。分析图 9-1 中的两条曲线。在需求曲线(a)中，当价格从 10 美元提高到 15 美元时，需求量仅从 105 降到 100。而在需求曲线(b)中，同样的价格变化却使需求量发生很大变化，从 150 降到 50。当价格发生小的

变化时，如果需求量变化幅度很小，我们称为需求缺乏弹性；如果需求量变化幅度很大，则说明富有弹性。

需求价格弹性越高，则价格降低1%带来的销量增长也越大。如果需求富有弹性，销售者将考虑降低价格以获得更多的总收入。前提是生产和销售更多产品的成本不会不成比例地增长。

价格弹性取决于预期价格变化的幅度和方向。当价格变化很小时，弹性可以忽略不计；当价格变化很大时，弹性表现显著。降价和涨价时的弹性可能会不一样，而且可能存在价格无差异区间，在这一范围内价格变化的作用很小或根本没有影响。

最后，长期需求价格弹性可能会和短期需求价格弹性不一致。当价格提高时，消费者可能会继续购买相同供应商的产品，但是最终他们可能会转换供应商。在这里，长期需求比短期需求更具有弹性。但是也可能出现相反的状况：购买者得知涨价后可能更换供应商，但是过一段时间会换回来。长期需求弹性和短期需求弹性的区别在于，销售者无法知道价格随时间变化的总效应。研究表明，消费者在经济困难时期往往对价格更敏感，但这并非存在于所有商品类别。

三、估计成本

需求使公司对其产品价格设置了上限，而成本是其下限。公司希望制定一个价格，这不仅能弥补生产、分销和销售成本，还可以为其付出的努力和承担的风险提供合理的利润。然而，当公司对产品的定价覆盖了所有成本，也并不一定就能获得利润。

（一）成本类型和产量水平

企业的成本有两种形式：固定成本和可变成本。固定成本(Fixed Costs，亦称 Overhead)是不随产量或销售收入变化的成本，不管产量高低，每月企业都必须支付租金、供热、利息、工资等费用。

1. 可变成本

可变成本会随产量的变化而变化。例如，在标准化作业中生产每一台平板电脑都包括塑料、玻璃、微处理器芯片、其他电子产品和包装的成本，这些成本对每一单位产量是固定的，之所以被称为可变成本，是因为总可变成本随产量而变化。

2. 总成本

总成本指的是在一定产量下，可变成本和固定成本之和。平均成本是该产量水平下的单位成本，它等同于总成本除以产量。管理人员希望制定的价格至少能弥补一定产量下的总生产成本。

为了更好地定价，管理人员需要明确在不同的产量水平下，成本是如何变化的。比如，三星建造了一个日产 1000 台平板电脑的固定产能工厂，如果每天生产的产品很少，那么单位成本将会提高；当日产量达到 1000 台时，由于固定成本被分摊到更多的产品上而使平均成本降低；当日产量超过 1000 台时，短期平均成本便会提高，因为工厂效率变低了，工人们需要轮流使用机器，他们之间会相互妨碍，设备也容易被损坏，如图 9-2 所示。

如果三星相信它的日销量能达到2000台，那么就应该建立更大的工厂。这个工厂会使用更加高效的机器设备和工作安排，所以生产2000台产品的平均成本肯定比生产1000台产品的平均成本低，这一点可以从图 9-3 长期平均成本曲线中看出。实际上，根据该图还可以看出一个产量为3000台的工厂效率最高，日产量4000台的效率会降低，这是由于规模不经济，有太多工人需要管理，规划工作也慢下来。图 9-3 表明，如果市场需求足够完全消化这一产量的话，日产量为3000台的工厂是最优化的规模。

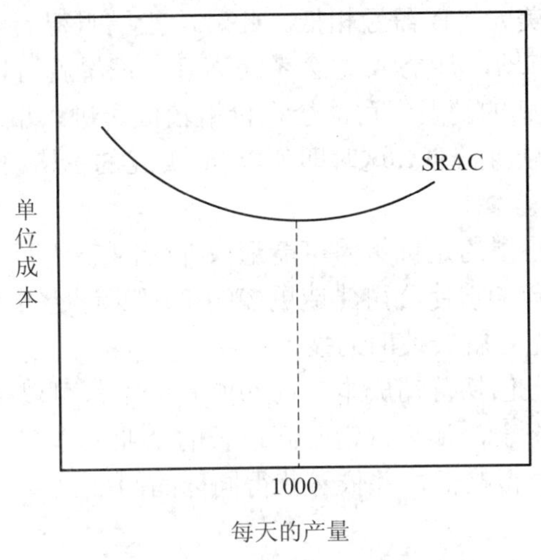

注：SRAC为短期平均成本曲线。

图 9-2 固定规模工厂的成本行为

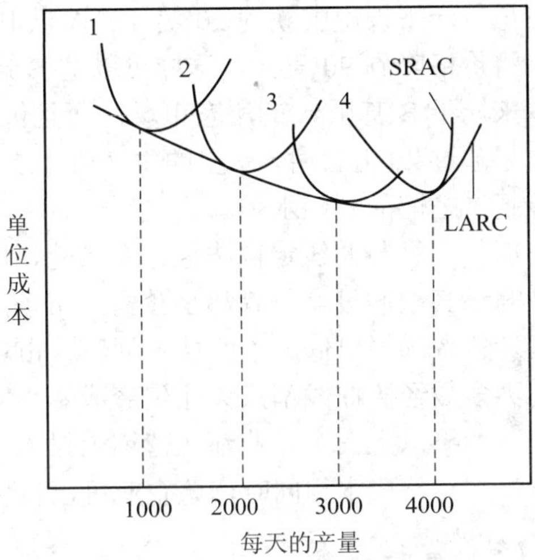

注：LARC为长期平均成本曲线。

图 9-3 综观不同规模工厂的成本行为

除了制造环节之外还有许多成本，如为了估算将产品销售给不同零售商和顾客的获利能力，制造商需要采取作业成本会计法，而不是标准成本会计法。

3. 累计产量

假设三星经营一家日产 3000 台平板电脑的工厂。随着该公司生产平板电脑经验的增加，其生产方法也逐步改善。工人发现了提高生产效率的窍门，物料流动更加顺畅，采购成本也降低了，如图 9-4 所示。

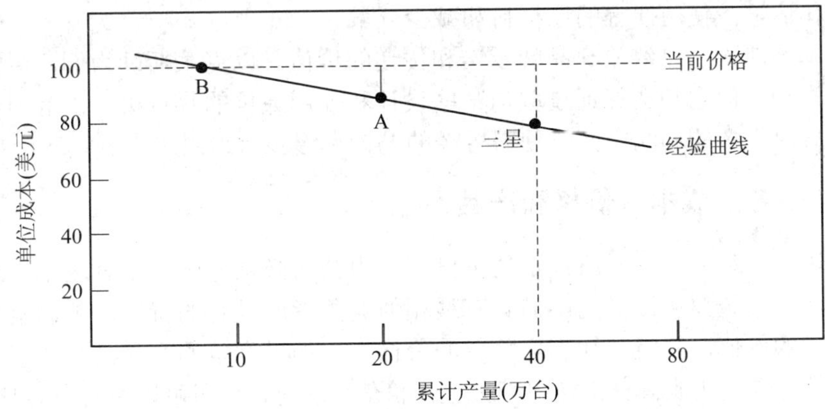

图 9-4 单位成本是累计产量的函数(经验曲线)

随着生产经验的积累和增加，平均成本会降低，因而，生产前 10 万台平板电脑的平均成本是 100 美元一台；当工厂的累计产量翻倍达到 20 万台时，平均成本降到了 90 美元。当累计产量又翻倍到 40 万台时，平均成本下降为 80 美元。平均成本随着生产经验的累积而降低，这被称为经验曲线或学习曲线。

现在假设该行业有三个相互竞争的对手：三星、A 和 B。三星的成本最低，为 80 美元一台，且过去已生产 40 万台平板电脑。如果所有的企业都以 100 美元的价格出售平板电脑，则三星每台平板电脑获利 20 美元。A 获利 10 美元，B 盈亏相抵。此时，三星明智的做法就是将价格降到 90 美元，这样可以把 B 赶出市场，甚至 A 也会考虑离开。三星就可以获得本来属于 B 甚至 A 的所有市场，而且价格敏感的消费者可能会在价格较低时进入市场，当产量超过 40 万台时，三星的生产成本进一步快速降低，这时即使以 90 美元的价格出售，也能超过之前的利润水平。

但是，经验曲线定价法也存在风险，即侵略型的定价策略可能形成廉价的产品形象。该策略还必须假设竞争者都是较弱的市场跟随者，它使公司建造更多的工厂以满足需求。一旦竞争者选择更低成本的技术创新，市场领先者就会被旧的技术束缚。

大多数经验曲线都只关注生产成本，实际上包括营销成本在内的所有成本都可以得到改进。如果以上三个企业都在营销上投入大量资金，那么营销时间最长的企业成本会达到最低，在其他成本相同时，该企业可以将价格定得略低，并依然获得同样的回报。

（二）目标成本

成本会随着生产规模和经验而变化。它也会因设计人员、技术人员和采购人员通过目标成本法来降低成本的活动而发生改变。市场调查明确了新产品应具有的理想功能，并根据产品的吸引力和竞争者的价格水平确定产品的最终售价。从售价中扣取期望利润水平就是营销人员应该达到的目标成本。

企业必须检查每一项成本元素——设计成本、策划成本、生产成本和销售成本，并降低成本，以使最终成本保持在目标范围内。当思念食品决定提高其金牌水饺品牌的标价以弥补较高的生产成本时，零售价从 1.2 美元提高到 1.5 美元。当销量因此显著下降时，该公司管理层承诺将售价调回至 1.2 美元，而这需要通过多种方式降低约近亿美元的其他成本，如统一采购和运输，使用便宜的原材料和减少分量。

削减成本不能太过以致放弃品牌承诺和传递的价值。以克莱斯勒为例，尽管车型在早些年取得了成功，但它却选择通过取消某些设计和使用廉价的收音机、次等材料的方式来削减成本以挤出更多的利润空间，使得曾经的畅销车漫步者最终停产。

四、分析竞争者的成本、价格和产品

在由市场需求和公司成本所决定的价格范围内公司必须考虑竞争者成本、价格和可能的价格反应。如果企业所提供的产品具有最相似竞争者所没有的特征，那么就应该评价该特征对消费者的价值，并将其加到竞争者的价格上。如果竞争的产品具有本产品所不具有的特征，公司就应该从他自身价格中减去这一价值。这时，公司可以决定制定比对手更高、相同还是更低的价格。

价格不可避免地反映了产品和服务的成本结构。增加商品成本和高度竞争的后衰退环境使许多公司有压力去认真管理他们的成本以及决定哪些成本增加应该转嫁到消费者支付的价格上。当阿胶由于原料短缺而价格飙升，压力就落在那些需要驴皮加工制造、熬制的奢侈品制造商上。同样的，当人工成本和其他原材料价格飙升 20%时，房地产企业就不得不将自己的商品房价格提高 8%～10%。

企业可以在许多方面降低成本，例如可口可乐公司为降低成本，将可口可乐碳酸饮料的瓶包装改为袋装；优诺酸奶放弃彩色瓶盖，一年节省了 200 万美元。其他公司正试图在减少他们的产品种类和包装的同时维持价格，并希望消费者没有注意到或并不在意。

轻微的收缩所节省的成本是巨大的。当抽纸的尺寸从 11.4 cm × 9.4 cm 下降到 10.4 cm × 9.4 cm 时，四连包装的高度从 23 cm 下降到 20.3 cm 时，每辆卡车的装载容量增加了 12%～17%，这样可以减少运输中的卡车数量，从而减少了近 80 000 升运输所需的汽油。

一些营销人员试图证明包装可以改变环境(较小的包装是“环保”的)和解决健康问题(较小的包装有“更少的卡路里”)，尽管消费者可能不会上当。

按照以价值定价的竞争对手定价。公司提供物美价廉的产品将获得世界各地消费者的青睐，价值玩家，例如宜家、宝洁、美国西南航空公司、亚马逊和沃尔玛，改变着几乎各个年龄层和不同收入水平的消费者购买家具、洗护用品、机票和其他商品与服务的消费方式。

传统的定价者倍感威胁。新兴公司则往往专注于服务一个或几个消费者细分群体，提供更好的交付产品或提供附加价值，利用高效运营降低成本，以实现更低的价格，他们已经改变了消费者对产品性价比的期望。

一种观点认为，公司应该在下列条件下建立自己的低成本运营优势与以价值定价的竞争对手竞争：① 现有业务会因此变得更具竞争力；② 新业务具有一些无法通过独立运作来获得的优势。

由汇丰银行(HSBC)、荷兰国际集团(ING)、美林证券(MERRILL LYNCH)和苏格兰皇家银行(Royal Bank of Scotland)创立的低成本业务——汇丰旗下的子银行 First Direct、荷兰国际集团旗下的 ING Direct、美林下属的 ML Direct 和苏格兰皇家银行旗下的 Direct Line Insurance——取得了成功，有一部分要归功于新旧业务的协同。大型航空公司也推出自己的低成本航线，但美国大陆航空(Continental Airline)推出的 Lite、荷兰皇家航空(KLM)的 Buzz、北欧航空(SAS)下的 Snowflake 和美联航 United Airliners 的 Shuttle 等廉价航空公司都未成功，部分原因在于缺乏协同效应。低成本运营必须作为一项自身就可以获利的策略来设计和推出，而不仅仅是扮演一个竞争防御的角色。

五、选择定价方法

给定顾客的需求水平、成本函数和竞争者的价格后，企业就可以开始制定价格了，见表 9-4。表 9-4 总结了价格制定时需要重点考虑的三个问题：成本是价格的下限；竞争品的价格和替代品的价格为定价提供了参照点；顾客对产品特性的评价是价格的上限。

公司应选择一个将这三个考虑因素中的一种或多种包含在内的定价方法。我们来看看以下七种定价方法：成本加成定价法、目标收益定价法、盈亏平衡定价法、感知价值定价法、价值定价法、天天低价、随行就市定价法和拍卖定价法。

表 9-4　价格制定的尺度

类 别	条 件
高价	在这个价格区间没有需求
价格上限	顾客对产品特性的评价
价格参照点	竞争品的价格和替代品的价格
价格下限	成本
低价	在这个价格区间没有利润

（一）成本加成定价法

成本加成定价法是最基本的定价方法，就是对产品成本进行一个标准的加成。建筑公司的竞标价格是根据总工程成本加上正常利润估算的；律师和会计常根据他们的时间和成本加上正常利润来定价；出租车司机收取打的费是根据起步价标准加上标准范围外行驶里程费和等候费。其计算公式如下：

$$单位产品售价 = 单位产品成本 \times (1 + 成本加成率)$$

$$单位产品成本 = \frac{固定成本总额 + 变动成本总额}{总产量}$$

$$变动成本总额 = 单位变动成本 \times 总产量$$

【例 9-1】某零件厂商 11 月份的产量是 500 件，固定成本总额是 1 万元，单位变动成本是 80 元/件，加成率 30%，试用总成本加成定价法计算出单位产品售价。

解

$$单位产品成本 = \frac{10000 + 80 \times 500}{500} = 100(元)$$

$$单位产品售价 = 100 \times (1 + 30\%) = 130(元)$$

（二）目标收益定价法

在目标收益定价法中公司将制定能实现其目标投资回报率的价格，公共事业需要获得正常的投资回报就经常采用这种方法。目标收益定价法又称投资收益率定价法，它是根据公司的投资总额、预期产量和投资回收期等因素来确定价格的定价方法。其计算公式如下：

$$单位产品售价 = \frac{总成本 + 预期投资收益总额}{总产量}$$

$$预期投资收益总额 = 投资总额 \times 投资收益率$$

$$投资收益率 = \frac{1}{投资回收年限} \times 100\%$$

【例 9-2】某公司生产一种新产品，投资总额为 500 万元，预期每年产量 30 万件，每年的总成本在 20 万元。预期在 5 年内回收投资，试用目标收益定价法计算出单位产品售价。

解

$$投资收益率 = \frac{1}{5} \times 100\% = 20\%$$

$$预期投资收益总额 = 500 \times 20\% = 100(万元)$$

$$单位产品售价 = \frac{200000+1000000}{300000} = 4(元)$$

(三) 盈亏平衡定价法

盈亏平衡点是指公司的总成本与总收入相等时，利润等于零的一种状态。在这种状态下，公司的营业收入刚刚可以用来弥补生产经营的所有支出，没有盈余，即盈亏平衡，收支相抵。盈亏平衡定价法是指在销量既定的条件下，公司通过考察产量、成本和利润的关系以及盈亏变化来确定产品价格的方法。其计算公式为：

$$单位产品价格 = \frac{固定总成本}{预计销售量} + 单位变动成本$$

【例 9-3】某企业生产某产品的固定成本为 20 万元，单位变动成本为 10 元，盈亏平衡点销量为 4 万件，试用盈亏平衡定价法计算出单位产品价格。

解

$$单位产品价格 = \frac{200\,000}{40\,000} + 10 = 15(元)$$

这种定价方法比较简便，单位产品的平均成本即为其价格，且能保证总成本的实现，其侧重于保本经营。在市场不景气的条件下，保本经营总比停业的损失要小得多。公司只有在实际销售量超过预期销售量时，方可盈利。这种方法的关键在于准确预测产品销售量，否则制定出的价格不能保证收支平衡。因此，当市场供求波动较大时应慎用此法。

(四) 感知价值定价法

越来越多的公司开始以顾客的感知价值作为定价基础，感知价值由几个因素构成，如购买者对产品性能、交付渠道、质量保修、客户支持以及一些软属性(供应商的声誉、可信度和受尊重程度)的印象。公司必须实现其所承诺的价值，而顾客也必须感知这一价值。公司可以采用其他营销组合的因素，如广告、销售队伍和互联网等来传送和提升其在购买者心中的感知价值。

例如卡特彼勒就是利用感知价值来制定建筑设备的价格。尽管其对手的拖拉机售价为 9 万美元，它却将其拖拉机的价格定为 10 万美元。如果一个潜在顾客问卡特彼勒的经销商为什么他需要为卡特彼勒的拖拉机多支付 1 万美元时，经销商可以回答说：

90 000 美元	卡特彼勒拖拉机与竞争者的拖拉机相同的价格
7000 美元	卡特彼勒拖拉机的卓越耐用性的溢价
6000 美元	卡特彼勒卓越可信度的溢价
5000 美元	卡特彼勒卓越服务的溢价
+ 2000 美元	卡特彼勒更长的零件质量保修期的溢价
110 000 美元	体现卡特彼勒卓越价值的正常价格
−10 000 美元	折扣
100 000 美元	最终价格

卡特彼勒的经销商可以很清楚地说明，虽然顾客需要支付 1 万美元的溢价，但是却得到了 2 万美元的额外价值，顾客会选择购买卡特彼勒的拖拉机，因为他相信卡特彼勒拖拉机总的使用成本较低。确保顾客正确评估产品或服务的价值是至关重要的。下面来看看

PACCAR 的经验。

PACCAR 是 Kenwort、Peterbilt 卡车的制造商，它通过对用户体验持续不断地关注实现了总价值最大化，因此它可以提出 10%的产品溢价要求。Contact Freighters 卡车货运公司是 PACCAR 20 年来的忠实顾客，2013 年又下了 700 辆卡车的新订单。尽管它们价格较高，但它们具有较高的感知价值——更高的可靠性、更高的转卖价值，甚至更可能会吸引更好司机的豪华内部装置。PACCAR 不为商品化的浪潮所动，根据每一个顾客的具体规格定制卡车。该公司在技术上投资很多，能够在几个小时而非几天更非几周内完成新部件样品，这就使它更频繁地更新。在燃料密集型的商用重型卡车行业中，PACCAR 是第一家大量生产混合动力卡车的企业(并且以溢价销售)。公司通过耗资 10 亿美元在行业内设计和开发最优质、最高效的卡车，最终成功开发了 Kenworth T680、Peterbilt Model 579、 DAF XF Euro6 型卡车。该公司在它第 74 个持续盈利年——2013 年——创造了总收入 172.1 亿美元、获利 11.7 亿美元的成绩，这要归功于市场范围的扩大和繁荣的售后市场。

即使一个公司宣传它的产品提供更高的总价值也不是所有的顾客都会积极回应，总有一部分消费者只关注价格的高低，当然也存在一个典型的细分市场关心质量。在印度的孟买等城市，雨伞是三个月阴雨连绵的季风雨季中不可或缺的物品，印度的雨伞生产商 Stag 发现自己处在与价格低廉的中国竞争者的艰苦价格战中。在意识到过多地牺牲商品质量时，Stag 的管理者决定提高质量，开发新的颜色、设计和特点，如内置高功率手电筒和事先录好的音乐，尽管价格较高，但改进后的 Stag 雨伞的销售额明显增长了。

感知价值定价法的关键在于提供比竞争对手更多的独特产品价值，并向潜在购买者展示这一点，因此公司需要充分了解顾客的决策制定过程。例如固特异发现很难对价格较高的新型轮胎收取溢价，尽管其开发的新特征延长了轮胎胎面寿命。由于购买者没有参考价格来比较轮胎，他们往往倾向于价格最低的产品。固特异的解决方案是以预期的耐磨损英里数，而不是产品技术特点来定价，这样就使得产品比较起来更为简单。

公司可以尝试以下几种方式来确定产品的价值：内部的管理者判断、同类产品的价值、小组访谈、调查、试验、历史数据分析和关联分析。

(五) 价值定价法

一些公司采用了价值定价法，通过相对低价提供高质量的产品或服务赢得忠实顾客。价值定价法，不是简单的制定低价，它要求公司重新安排经营活动，降低成本却不牺牲质量，吸引大量的注重产品价值的顾客。

价值定价法的最佳实践者有宝洁、宜家家居和美国西南航空。在 20 世纪 90 年代初期，宝洁全线下调超市类消费品售价，如帮宝适、Luvs 尿片和汰渍液体洗涤剂等，此举引起了轩然大波。为了实施价值定价策略，宝洁公司重新设计了其产品开发、制造、分销、定价和营销的方式，以便能够在供应链的每一点上传递更好的价值。在 2005 年以 570 亿美元的价格(是其销售额的 5 倍)收购吉列后，宝洁旗下又增添了一个一直采用价值定价法的品牌。

价值定价法还可以改变公司制定价格的习惯。一家销售和维护各种规格的电话切换器的公司发现，产品故障率和维修成本与用户对切换器的切换次数成正比，而非已安装切换器的货币价值，然而每个切换器的切换次数是不一样的。因此，该公司不再以总安装费用收费，而是基于需要维护的切换器总数量收费。

(六) 天天低价

使用天天低价来定价的零售商制定一个固定的低价，但很少进行价格促销和产品特卖。这些固定的价格减少了不同时间段之间价格的不确定性，也减少了以高-低定价促销为导向的竞争者。而采用高-低定价法的零售商，把日常价格定得较高，但却经常以低于天天低价的价格进行促销。

这两种定价策略都会影响消费者的价格判断，随着时间推移，消费者可能会认为天天低价的价格低于频繁的折扣(高-低定价)的价格，即使它们实际的平均价格相同。近年来高-低定价法在许多领域都被天天低价取代，如丰田 Scion 车型的经销商和 Nordstrom 等高级百货公司。但是把天天低价这一策略运用的最好的企业是沃尔玛，它用实践检验了这一方法。除了每月的一些特惠商品外，沃尔玛还承诺对一些大品牌进行天天低价。

零售商采用天天低价最重要的原因是持续的销量，促销成本很高会侵蚀消费者对日常货架上产品价格可信度的信心。一些消费者也很少有时间和耐心去关注超市特惠和优惠券。

然而，促销和销售确实刺激和吸引了购物者，所以天天低价不能保证成功，并不适用所有公司。杰西潘尼(JCPenney)吸取了惨痛的教训。

JCPenney 聘请美国的零售专家罗斯·约翰逊(Ron Johnson)作为首席执行官时，对于他会如何改变百货商店巨头有很多期待。约翰逊发现，公司前一年举行了 590 场销售活动，近四分之三的销售收入来自价格下调 50%或更多的商品，他决定制定一个简化的定价策略。优惠券和减价销售的形式将被淘汰，取而代之的是全面降价 40%。天天低价定价方案被证明是一场灾难，随之而来的是销售和股价的暴跌，约翰逊很快就被辞退，JCPenney 的客户失去了优惠券和每周促销活动。一系列原因可以解释这一计划的失败。Macy's 百货和 Sears 百货等竞争对手继续执行特价促销和折扣的形式，产生了一种良好交易的感知。天天低价价格被认为对更多功能性产品是更有效的，但这一策略实际上可能伤害更多的技术产品，如 JCPenney 的一个重要产品类别——时装。一位评论员的总结可能最好：“说到底，人们不想要一个公平的价格，他们想要一个优质的交易。”

(七) 随行就市定价法

在随行就市定价法中，公司以竞争者的价格为基础进行定价，在一些钢铁、造纸、化肥等有少数企业垄断的行业，所有的公司一般都收取相同的价格。小企业“跟随领导者”，他们会根据市场领先者的价格变化调整自己的价格，而不是根据自身的需求和成本变化。一些公司会提供一定的优惠和折扣，但是会保持一个固定的价格差。因此，较小的汽油零售商每升汽油的价格会比大型石油公司的稍低一些，但这一差价不会上浮或下调。

随行就市定价法十分普遍。当难以估计成本和竞争者的反应不明确时，公司会认为维持市价是个好办法，因为他是行业集体智慧的表现。

(八) 拍卖定价法

通过网络交易可以销售从生猪到二手汽车的一切商品，而公司通过网络可以处理掉过多的存货和二手产品，于是拍卖定价法变得越来越流行。以下是 3 种主要的拍卖形式和各自的定价过程：

1. 英式拍卖(递增出价)

有一个卖家和多个买家，比如在 eBay、亚马逊、拍拍、淘宝等网站上，卖家放一件商品，买家出售投标(在一定周期)直至达到最高价格。报价最高者便可买到该商品。现在的英式拍卖用于出售艺术品、房地产、二手家电以及车辆等。例如柯达(Kodak)通过拍卖出售数以万计的数码影像专利，筹集了上亿美元。中国各地政府通过拍卖公车来降低三公经费。

2. 荷兰式拍卖(递减出价)

有一个卖家和多个买家，或者一个买家和多个卖家。在前一种情况下，拍卖者(在一定周期)报出一个很高的价格，然后逐渐降低报价直至有人接盘。在后一种情况下，买家先说出他想要购买的商品，潜在的卖家竞价最后以最低价交易。如房屋租赁、二手电器等都可以在网上实现荷兰式拍卖。

3. 密封拍卖

在密封拍卖中，供应商只能报出一个价格，且不能知道其他人的报价。很多国家的政府经常用这种方法进行采购和授予许可证。供应商不能报出低于其成本的价格，但也不能报价太高以免机会流失。二者相互权衡的结果是投标者的期望利润。例如辉瑞制药(Pfizer)为了给自己的药物研发人员采购设备，采用在线逆向拍卖——请供应商在线报出愿意交易的最低价格。国内的一些高校为了采购微机等实验室所具备的电子产品，通常会把采购的信息放在其门户网站上，通知国内一些生产该产品的代理商前来竞标和报价。然而，如果买方在在线拍卖中所获得的费用节省使现有供应商的利润降低，供应商可能感觉公司在运用投机取巧的方法获得价格优惠，供应商可能会在产品的售后服务上打折。在线拍卖拥有大量的竞投者、更高的经济收益和更低的价格可见性，导致交易双方对整体满意度提高以及更积极的未来预期和更少的机会主义感知。

六、制定最终价格

以上定价方法缩小了公司最终售价的取值范围。在确定产品的最终价格时，公司必须考虑一些因素，包括其他营销活动、公司定价政策、收益-风险分担定价以及定价对其他各方的影响。

(一) 其他营销活动的影响

最终价格的确定必须考虑该品牌相对于竞争者的质量和广告支出。在一项经典的研究中，保罗·法里斯(Paul Farris)和戴维·赖伯斯坦(David Reibstein)研究了 227 个消费者业务的相对价格、相对质量、相对广告支出之间的关系，并得出以下结论：

(1) 具有相对平均质量但广告预算较高的品牌能获得溢价，消费者愿意为知名产品支付更高的价格。

(2) 具有相对高的质量和相对高的广告预算的品牌能制定高价。相反，质量最低，广告预算最少的产品售价最低。

(3) 对市场领先者来说，高价和高广告支出之间的正相关关系在产品生产周期的后几个阶段最明显。

这些发现说明，营销过程中，价格并不一定像质量和其他利益那样重要。

（二）公司定价政策

价格必须和公司的定价政策一致，同样在某些情况下，公司也可以实施定价弹性收费模式。国内的铁路公司对车票预售期提前到了30天并实行退改签新政。根据梯次退票政策，开车前15天(不含)以上退票的，不收取退票费。所谓15天(不含)，即要在开车前360个小时(15 × 24小时)以上。例如某旅客购买的是2月4日下午3时出发的火车票，那么1月20日当天下午3时之前退票就是免退票费的，但在下午3时后去退票的话，就要收5%的退票费了。牙医、宾馆、租车公司、水电煤气和其他服务性公司，在顾客、用户失约时会向其收取放空费或滞纳金，但是市场营销人员还是要慎重使用此政策，以免造成顾客流失。然而对营利性的公共服务机构来说很少有顾虑。许多公司创立了单独的定价部门负责制定定价政策，并设定和审批价格，其目的保证销售人员制定价格对顾客合理，同时又能为公司带来利润。

（三）收益–风险分担定价

顾客可能因为风险较高而拒绝接受销售者的建议，如在大型计算机硬件购买或公司健康计划中，当产品没有实现全部承担价值时，销售者可以选择为顾客承担部分或全部风险。

领先的医疗用品公司百特(Baxter Healthcare)成功地和医疗护理服务提供商签订了一个信息管理系统的合约，保证医疗护理服务提供商在八年内能够节省数百万美元的开销。越来越多的公司，尤其是B2B营销者必须随时准备向顾客保证订购该公司产品在运费、退费、产品质量上可以获得更多好处。

（四）价格对其他各方的影响

分销商和经销商对公司制定价格有什么反应？如果他们得不到足够的利润，他们不会选择把产品推向市场。销售人员是否愿意以这个价格出售商品？竞争者会做出什么反应？当供应商看到公司价格时是否会提高他们的价格？政府是否会干预和阻止公司制定这个价格？例如美国的立法机构制定：销售商必须单独制定价格不能与其竞争者商议，操纵价格是违法的。21家航空公司包括英国航空、大韩航空、法航–荷航集团由于在2000年到2006年间人为哄抬客运价格和货物、燃料附加费被罚款总计17亿美元。许多国家都出台了法规保护消费者免受价格欺诈。如果公司制定过高的“常规”价格，然后以接近以往平均价格的水平进行“促销”，将会被视为违法。

由于消费者十分抵制涨价，一些尝试用其他方法增加收入的公司，经常考虑对过去的免费功能收取费用。虽然有些顾客讨厌“斤斤计较”的定价策略，这些小额费用却可以为公司带来巨大的收入。例如2008年国内实施“限塑”以来，很多大型零售商通过执行塑料袋的收费政策，对“收费塑料袋”另行加价获得不小的“额外收入”。

公司将收取额外费用视为既不会导致顾客流失，又能收回成本的唯一合理可行的方法。许多人认为，对那些花费供应者更多成本而仅有一些消费者使用的额外服务进行收费是合理的。这样基本成本维持在较低水平，公司也通过收费回避那些不能给公司带来利润的顾客或者迫使他们改变其购买行为。最终，额外费用的可行性是由市场和消费者决定的，消

费者要么愿意打开钱包支付费用，要么离开。

第三节　价格调整策略与应对价格变化

公司一般不会只设定一个单一的价格，而是会制定一个考虑了区域需求、成本差异、细分市场要求、购买时间、订单量、交货频率、担保、服务合同和其他因素的定价系统。由于存在折扣、折价促销等活动，公司几乎不可能从销售的每一单位商品中获得等量的利润。下面我们讨论几种价格调整策略：地理定价、折扣和折让定价、促销定价和差别定价。

一、价格调整策略

（一）地理定价策略

地理定价是指由公司承担部分或全部运输费用的定价策略。它包含着公司如何针对国内不同地方和各国之间的顾客决定其产品定价。当市场竞争激烈或公司急于打开新的市场时常采取这种做法。通常一个公司的产品不仅在本地销售，同时还要销往其他地区，而产品从产地运到销售地要花费一定的运输、仓储等费用。那么应如何合理分摊这些费用？不同地区的价格应如何制定，就是地区定价策略所要解决的问题。具体有 5 种方法：

1. 产地定价策略

产地定价策略是指顾客(买方)以产地价格或出厂价格为交货价格，公司(卖方)只负责将这种产品运到产地某种运输工具(如卡车、火车等)上交货，运杂费和运输风险全部由买方承担。这种做法适用于销路好、市场紧俏的商品，但不利于吸引路途较远的顾客。

2. 统一交货价策略

统一交货价策略也称邮资定价法，和前者相反，公司对不同地区的顾客实行统一的价格，即按出厂价加上平均运费制定统一交货价。这种方法简便易行，但实际上是由近处的顾客承担了部分远方顾客的运费，对近处的顾客不利，而比较受远方顾客的欢迎。

3. 分区定价策略

分区定价策略介于前二者之间，公司把销售市场划分为远近不同的区域，各区域因运距差异而实行不同的价格，同区域内实行统一价格。分区定价类似于邮政包裹、长途电话的收费。对公司来讲，可以较为简便地协调不同地理位置用户的运费负担问题，但对处于分界线两侧的顾客而言，还会存在一定的矛盾。

4. 基点定价策略

基点定价策略是指公司在产品销售的地理范围内选择某些城市作为定价基点，然后按照出厂价加上基点城市到顾客所在地的运费来定价。这种情况下，运杂费用等是以各基点城市为界由买卖双方分担的。该策略适用于体积大、费用成本比重较高、销售范围广、需求弹性小的产品。有些公司为了提高灵活性，选定许多个基点城市，以按照顾客最近的基点计算运费。

5. 津贴运费定价

津贴运费定价又称为减免运费定价，它是指由公司承担部分或全部运输费用的定价策略。有些公司因为急于和某些地区做生意，负担全部或部分实际运费。这些卖主认为，如果生意扩大，其平均成本就会降低，因此足以抵偿这些费用开支。此种定价方法有利于公司加深市场渗透。当市场竞争激烈或公司急于打开新的市场时常采取这种做法。

（二）折扣和折让定价策略

大多数公司都会调整它们的标价，为预付货款、团购和反季节销售提供折扣和折让，如表 9-5 所示，公司必须非常小心，以免使利润低于计划水平。

表 9-5　价格折扣和折让类型与条件

类型	相关条件
折扣	是对提前购买的顾客的一种价格优惠。典型的支付条件会要求“2/10，net 30”。意思是账款应在 30 天内付清，如果顾客在 10 天内付款的话可以得到 2%的折扣
数量折扣	是针对大批量购买顾客的一种价格优惠。典型的例子是“少于 100 件则每件 10 元，100 件及以上则每件 9 元”。数量折扣必须公平地提供给所有顾客，而且不能超过销售者的成本节省。它可以针对每一笔订单，也可以针对一段时间内的所有订单
职能折扣	也称为行业折扣，是制造商向在产品销售过程中发挥某些职能(如出售、仓储、记账等)的行业渠道成员所提供的折扣。制造商必须对每个渠道内成员提供相同的职能折扣
季节折扣	是对购买过季商品顾客的一种优惠政策。宾馆、航空公司、高铁、旅游等在淡季时都提供季节折扣
折让	为了吸引经销商参与某些项目而提供额外折让。以旧换新折让是用旧商品换新商品时的折让。促销折让是为了奖励经销商参与广告和促销活动的折让

折扣定价已经成为众多公司提供产品和服务时的常用手段，推销员为了达成交易尤其喜欢提供折扣，但是人们很快就会怀疑公司的标价本身就包含“让利优惠空间”，折扣就变成正常现象，降低了产品和服务的感知价值，一些产品品类总是在打折，自毁形象。

一些产量过剩的公司经常会提供折扣，甚至以很大的折扣提供给零售商作为其自有品牌。但是由于自有品牌定价较低，因而会侵蚀制造商的品牌价值。制造商应该充分考虑向零售商提供折扣的影响。提供折扣追求了短期销量目标，却很有可能损害公司的长期利润。

具有更高收入和产品参与度的顾客愿意为产品特色、客户服务、质量、便利和品牌支付更高的价格。所以有实力的独特品牌利用价格折扣应对价格战是个错误。同时，如果公司可以通过折扣得到相应的回报——例如客户同意签订更长期的合同、在线订购或者进行大宗买卖——折扣将是一种很有用的工具。

销售经理需要监测获得折扣的顾客比例、平均价格和那些过分依赖折扣的推销人员。更高层的管理人员应当进行净价格分析来计算出产品或服务的真实价格。真实价格不仅受到折扣的影响，许多其他支出也会受到折扣的影响：假设公司的产品标价为 3000 元/件，

平均折扣为 300 元，公司的促销费用平均为 450 元(标价的 15%)、合作广告费用的 150 元给了零售商以支持其产品销售。该公司产品的净价格为 2100 元，而不是 3000 元。

（三）促销定价策略

公司可以运用多种定价方法以刺激消费者进行早期购买。

1. 亏本出售定价法

超市和百货商场通常会降低知名品牌的价格以增加店面客流量。如果额外的销售收入能补偿特价商品的低利润率，那么这样做是有好处的。被亏本出售的产品制造商通常反对这样做，因为这会损害它们的品牌形象，而且会引起以标价出售的零售商的不满。

近年来，李宁旗下运动产品为了消化库存，通过亏本出售的定价法进行销售，有些商品以几十元的价格出售。虽然库存降低了，但李宁的品牌形象在消费者心目中大打折扣。

2. 特殊事件定价法

在某些特定的时节，销售者都可能会制定特殊的价格以吸引更多顾客，例如每年 9 月都会有“开学特卖”。国内的电商公司每年都不会放过“双十一”、“双十二”以及传统节日来进行促销。有的电商公司还会利用周年庆或某个月来进行事件营销。

3. 特殊顾客定价法

销售者专门向某些特定的顾客提供特殊的价格。体育用品公司 Road Runner Sports 的“奔跑美国俱乐部”(Run America Club)成员拥有“专享”的网购优惠，其折扣幅度比一般消费者多出一倍。在 2017 年 7 月 15 日，亚马逊也搬出了自己的购物节——Prime Day(会员日)。特别是大型的连锁购物公司基本上每周都有会员活动。

4. 现金回扣

汽车公司和其他消费品公司通常会提供现金回扣，促使顾客在待定的时间内购买商家的商品。折扣有助于在不降低标价的情况下清理存货。

5. 低息贷款

公司可以不用降价，而是向顾客提供低息贷款。例如汽车销售商用无息贷款来吸引手头较紧、购买意愿强烈的顾客。

6. 较长付款期限

销售者尤其是抵押贷款银行和汽车公司，通过延长贷款期限来降低每月还款额。顾客通常不太关心贷款成本(利率)，而更关心每用需要承担的还款额。

7. 担保和服务合同

公司可以提供免费或低成本的担保和服务合同，消除顾客的后顾之忧，以此来增加销量。

8. 心理折扣

这种策略是故意给产品定一个高价，然后大幅度降价出售。例如“原价 369 元，现价 289 元”。对正常价格打折是合法的促销定价行为，反之则是欺骗消费者，会受到法律制裁。

促销定价通常是“零和博弈”。如果这种方法有效，则竞争者争相效仿而失效。如果无效，它就浪费了本可以投入到其他营销活动的资金，如提高产品质量和服务或通过广告强化产品形象等。

(四) 差别定价策略

公司经常会调整它们的基础价格，以适应顾客、产品、地区等方面的差异。例如七匹狼服饰生产了许多不同款式、重量和质量的男士夹克。在 2017 年 9 月，一件青年商务时尚休闲棒球领夹克可能只需要 399 元，也可能需要 419 元。当公司以两个或两个以上的价格在不同的平台或地区出售同一服务或产品，而不同价格的同一产品或服务彼此之间的成本差异小于价格差异时，就存在价格歧视，例如苹果公司每次推出的新产品在欧美地区售价明显低于在中国的售价，这也引起不少中国消费者的不满。

在一级价格歧视下，销售者可以根据每个顾客的需求单独制定价格。在二级价格歧视下，销售者对购买数量大的顾客收取较低的价格。然而在手机服务等一些特定服务中，分级定价导致消费者为了更高级的服务支付更多费用。例如随着 iPhone 的出现，3%的用户占用了 AT&T(美国电话电报公司)50%的网络流量，最终带来成本高昂的网络升级，公司应为这些用户制定更高的价格。

在三级价格歧视下，销售者对不同层次的顾客收取不同的价格：

1. 顾客细分市场定价

不同的顾客群对同样的产品或服务支付不同的价格。例如，博物馆对学生和老人收取的门票价格较低。

2. 产品样式定价

不同规格的产品售价不同，但是与其成本变化不成比例。如洋河系列的白酒，一瓶 375 ml 的海之蓝市场价约 150 元左右，但同样规格的一瓶梦之蓝却高达 700 多元。

3. 形象定价

根据产品形象的差异，一些公司为同样的产品设定两个不同的价格水平。例如香水制造商可以将香水装在一个瓶子里，给它一个名称和形象，然后以每毫升 100 元左右的价格出售。它也可以将同样的香水装入另一个瓶子中，给它以另一个名称和形象，然后以每毫升 200 元的价格出售。

4. 渠道定价

可口可乐公司根据消费者购买渠道(高级餐厅、快餐店、自动售货机等)的不同而收取不同的价格。

5. 位置定价

即使成本相同，同样的产品在不同的位置定价也可能不同。电影院根据观众对座位位置的偏好制定不同的座位价格。例如我国的高铁在座位的定价方面是根据商务座、一等座和二等座来分别定价。

6. 时间定价

价格会因季节、日期或小时的不同而变化。餐厅对早到的客户收取较少费用，一些酒店在周末收费较高。玫瑰的零售价会因情人节的到来上涨高达 200%。航运业和酒店业使用收益管理系统和收益定价。它们为数量有限的早期购买者提供折扣，而后期购买则价格较高，但库存产品到期前其价格则是最低的。在同一次航班上，航空公司根据座位的等级、时间(早上或晚上)、日期(工作日或周末)、季节、乘客的雇主、过去的业务往来记录以及身份(年轻人、军人、老人)等的不同而收取不同的费用。这就是为什么从上海浦东国际机场到纽约的肯尼迪国际机场航班中，你花了 3000 元左右的价格购买机票，却可能和支付了 6000 元左右的人坐在一起。

向不同消费者提供不同的价格，并经常调整价格这一现象变得越来越常见。零售商是基于库存水平、项目速度或其销售速度、竞争对手的定价和广告进行价格调整。甚至运动队也在调整票价以反映竞争对手受欢迎的程度和比赛的时间。

许多公司都开始用软件包来实时监控顾客对不同价格变化的反应。亚马逊网站上的商家每小时甚至每分钟改变它们出售商品的价格，这在某种程度上可以确保它们处于搜索结果的榜首。

然而，不断的价格变化对我们所关注的顾客关系可能是棘手的问题。研究表明，当买卖双方之间不存在纽带关系的情形时，持续的价格变化可能是非常有效的。要让差别定价发挥作用，一种办法就是同时为顾客提供独特的产品和服务以准确满足其需求，使他们很难进行价格比较。然而，大多数公司都偏向于将价格差异视为一种对好行为的奖励，而不是对坏行为的惩罚。例如，货运公司 APL 对那些能准确估计所需装货空间且较早预订的顾客收取较低的费用作为奖励。滴滴打车公司对那些新客户会经常赠与优惠券，以促使其长期使用该软件系统。

顾客也慢慢学会如何避免多付价款，改变他们的购买行为以适应动态定价的新现状。但大多数人甚至可能并没有意识到他们成为价格歧视对象的可能性有多高。一些零售商如苏宁、华为则会根据商业成本和消费者对价格的敏感性等一系列因素改变他们的在线和店内价格。一些公司利用计算机的 IP 地址来推断人们的邮政编码，根据他们附近的竞争对手店铺情况来调整价格。

当在线旅行公司携程网的营销人员通过调查发现商务人员为一晚住宿愿多花 30%时，就开始向他们展示不同酒店的定价标准。亚马逊则通过网站上用户的位置和历史记录以及在某一商品停留的时间长短进行大数据分析，作为各部门实施促销方案，进行定价的依据。

虽然某些形式的价格歧视是非法的(如果同一公司为不同的客户提供不同的价格)，如果卖方可以证明，当销售不同的量或向不同零售商销售不同质量的相同产品时其成本是不同的，这种做法就是合法的。但掠夺性定价法——有意图破坏竞争的低于成本的售价——是不合法的。要使差别定价法发挥作用，还需要具备一定条件：一是市场必须是可分割的，每个细分市场具有不同的需求强度；二是低价市场的人不能够将产品再次出售到高价市场；三是在高价细分市场，竞争者必须不能低于公司价格销售；四是细分和监管市场的成本不能超过从价格歧视中获得的额外收益；五是这个做法不会引起顾客的不满和厌恶；六是价格歧视的形式必须合法。

二、发起和应对价格变化

(一) 发动降价

企业经常需要降价或提价。在一些情况下，企业必须降价。一种情况就是公司产能过剩：公司需要更多的生意，但是却无法通过加大营销力度、改进产品和其他方法做到。有时公司降价是受以更低的成本来抢占市场的愿望驱动。公司或者一开始成本就低于竞争对手，或者是希望通过降价获得市场份额并降低成本。

但是，为了留住顾客和打败竞争者的降价行为经常会使顾客要求进一步的价格优惠，并使得销售者接受这一要求。降价策略还可能产生其他困境：

(1) 低质量困境。顾客会认为产品的质量低。

(2) 脆弱的市场份额困境。低价策略能够赢得市场份额却得不到顾客忠诚。这些顾客今后可能会转向价格更低的企业。

(3) 浅口袋困境。价格高的竞争者和低价者相比，它更具有持久力，因为它们有更多的现金储备。

(4) 价格战困境。竞争者以更低的价格回应，从而引发价格战。

顾客经常会对价格变化的动机产生疑问。他们会猜测：这个产品将被新产品所取代；该产品有缺陷或销量不佳；公司陷入财务困境；价格未来会更低或质量降低了。公司必须仔细分析这些问题。

(二) 发动提价

一次成功的提价能带来巨大的利润。如果公司的销售利润率是3%，在销量不变的情况下，提价1%将使利润增加33%。这可以从表9-6中看出。我们假设产品售价为10元，销量为100件，成本为970元，那么其利润为30元。销售利润率是3%。假定销量不变，提价0.1元(即提价1%)，那么利润就增长了33%。

表9-6　提价前后利润比较

要素	提价前	提价后
价格	10元	10.10元(提价1%)
销量	100件	100件
收入	1000元	1010元
成本	–970元	–970元
利润	30元	40元(利润增长33.33%)

引起产品提价的主要原因是成本上升。如果成本的提高和生产收益不匹配，就会压低产品利润率，从而引发新一轮的提价。考虑到未来的通货膨胀和政府对价格的控制，公司提价的幅度一般会超过成本增长的幅度，这种做法称为预期定价。

涨价的另一个原因是需求过度。当公司的供应无法满足所有的顾客时，它就会提高售

价、限量供应或二者兼用。公司可以通过以下的方式提价，不同的方法对顾客的影响不同：

1. 延迟报价

公司在完成产品或出售前并不制定最终的价格。这种定价方法常用于生产交货期较长的行业，如工业建筑和重型机械等。

2. 自动调整条款

公司要求顾客支付交货前由于通货膨胀带来的全部或部分的价格增加。自动调整条款以某些特定的价格指数为基础，并被广泛用于大型的工业项目，如飞机制造和桥梁建设。

3. 分开计价

公司维持原价不变，但对原来产品的一个或几个部分的服务另外收费，如送货和安装。太阳能安装公司会根据规定给用户一定范围内的零部件予以免费，超出范围以外的商品按公司规定的价格另外收费。

4. 减少折扣

公司要求销售人员不能提供正常的现金折扣和数量折扣。虽然有时涨价也会向顾客传达正面的信息，例如产品热销、价值很高，但通常消费者都不喜欢涨价。涨价时，公司应该避免给人留下敲竹杠的形象。可口可乐公司将自动售卖机中的产品随气温的升高而降价，亚马逊根据购买时段的不同而变化价格，这些都成为了头版新闻。公司提供的产品或服务越相似，消费者就越认为涨价是不合理的。因此，通过产品定制、差异化和宣传等手段明示差异就变得至关重要了。

一些方法可以帮助避免消费者在涨价时产生所谓的“价签休克”和反感。其中一种方法是维护他们的公平感，比如提前通知顾客，以便他们可提前购买和货比三家。大幅涨价也需要给出合理的解释。先小幅度不明显地提价也是一个好的办法，如取消折扣、提高最小订购量以及缩减利润率低的产品。长期项目的合同签订和投标应该包含已认可的国内价格指数为基础的自动调整条款。

（三）预期竞争者的回应

任何价格的引入和改变都可以引起来自顾客、竞争者、经销商、供应商甚至政府的回应。当企业数量少、产品同质、买家清楚了解信息时，竞争对手最有可能做出反应。

公司如何预测竞争对手的反应？一种方法是假设竞争对手以一种标准的方式应对价格设置和改变。另一种方法是假设竞争对手将每个价格差异或变化视为新的挑战并且根据自身利益做出反应。现在该公司将需要研究竞争对手目前的财务状况、最近的销量、客户忠诚度和企业目标。如果竞争对手设定了一个市场份额目标，它可能与竞争价格差异或变化相匹配。如果它有一个利润最大化的目标，它的反应可能增加其广告预算和提高产品质量。

这一问题是复杂的，因为竞争对手可以对较低价格和降价有不同的解释：公司正试图窃取市场，它业绩不好并试图提高其销量，或者它希望整个行业降低价格来刺激总需求。当沃尔玛开始投放广告，声称价格低于竞争对手 Publix，这家地方性连锁超市将大约 500 个基本商品的价格降至沃尔玛同类产品以下，并开始自己的广告宣传活动进行报复。

（四）应对竞争者的价格变化

公司应该如何应对竞争者的降价？这需要因地制宜，公司必须考虑到产品在生命周期中所处的阶段、它在公司产品组合中的重要性、竞争者的意图和能力、市场的价格和质量敏感度、成本随产量的变化以及公司的其他投资机会。

在产品高度同质化的市场，公司应该设法强化它的附加产品。如果不能找到方法，公司可能就需要降价了。当提价对整个行业不利时，在同质产品市场上，即使一家公司提高了价格，其他公司也不一定会跟随。这时，首先提价的公司需要把价格降至原来的水平。

在异质产品市场上公司具有更多的主动权，它需要考虑一下问题：① 竞争者为什么要改变价格？是为了抢占市场、充分利用过剩的生产能力满足成本改变条件，还是要引起整个行业的价格变化？② 竞争对手的价格变化是暂时的还是长久的？③ 如果公司维持现状，那么它的市场份额和利润会发生变化吗？其他公司会做出反应吗？④ 竞争对手和其他公司会对各种可能的反应再采取何种应对措施呢？

市场领导者经常会面临小公司大幅度降价以争夺市场份额的情况。富士公司利用价格打击柯达公司，舒适剃须刀利用价格挑战吉列，而国内的汽车生产商利用其制造 SUV 的价格优势抢占国内市场。知名品牌还面临着自有品牌的低价竞争。应对低成本竞争者的 3 种常见策略如下：① 进一步对产品或服务进行差异化；② 实施低成本经营；③ 再造一个低成本的竞争项目。

正确的战略取决于公司创造更多需求和削减成本的能力。当挑战来临时，详细的分析各种备选方案可能并不可行。公司需要在数小时或数天内做出决策，尤其是那些价格多变、反应迅速的行业，如肉类加工业、木料业和石油工业等。这时最佳的应对之策就是预计竞争者可能的价格变化，并制定应对措施。

本 章 小 结

价格是营销组合中唯一能带来收益的因素，而其他因素则会耗费成本。然而，在不断变化的经济和技术环境中，定价决策变得越来越具有挑战性。在制定定价决策时，公司要遵循六个流程：选择定价目标；估计需求曲线和在每个价格上最可能的销量；估计在不同的产出水平、不同的积累生产经验水平、不同的营销产品中所带来的成本的变化；估计竞争者的成本、价格和供应物；选择一种定价方法；制定最终价格。公司一般会制定一个反映区域性需求和成本、细分市场要求、购买时间、订单量和其他因素的定价系统。有以下几种价格调整策略：① 地理定价；② 折扣和折让；③ 促销定价；④ 差别定价。

降价可能是由于过剩的生产力、市场份额的减少、通过低价占领市场的愿望或经济衰退导致的。提价则可能是由成本上升和需求过度引起的，企业提价时必须仔细处理顾客的反应。企业必须预测竞争者的价格变化，并及时做出适当应对，包括维持和改变价格与质量等应对方式。企业面对竞争者的价格变化时，必须试着理解竞争者的意图和新产品价格可能的持续时间。市场领导者被低价竞争者攻击时，可以寻找更好的差异化战略，推出自己的低成本品牌或通过彻底的自我再造等方法来应对。

研究与讨论

(1) 消费者如何处理和评估价格？
(2) 企业定价目标包括哪些类型？
(3) 影响企业定价的主要因素有哪些？
(4) 企业的定价策略与方法主要有哪些？
(5) 企业主动降价的原因有哪些？
(6) 企业怎样对竞争者的价格变动做出反应？

▶▶ 案例分析一

eBay 的商业模式

1995 年，伊朗裔法籍移民皮埃尔·奥米迪亚(Pierre Omidyar)创立了一个拍卖网站，在这里，人人都有平等的渠道通向全球市场。当一名收藏者花费 14.83 美元买下第一件物品——一只坏掉的激光笔时，奥米迪亚简直不敢相信。很快，这个网站就成长为更大型的拍卖网站，消费者可以在这里拍卖棒球卡和芭比娃娃等收藏品。当个人和小商家们发现通过 eBay 可以使他们很便捷地接触到消费者和其他公司，大公司开始使用它作为销售大量滞销存货的好机会时，网站发展动力充足。公司从 1996 年 25 万的拍卖量增长到 1997 年的 2000 万。1998 年，公司任命梅格·惠特曼(Meg Whitman)为首席执行官后，她在同年晚些时候促使了 eBay 的上市。

eBay 的成功引起了一场定价革命。因为它允许顾客决定愿意为某一项目付出的价格。结果使供需双方都满意，顾客获得了控制感并得到最优可能价格，而卖家因为网站的效率和广泛影响范围而获得了很高的利润。

近年来，买卖双方使用 eBay 作为了解市场价值的非正式指南。甚至当那些即将推出新的产品设计的公司想知道从复印机到 DVD 播放器等任意商品的现行价格时，他们也会查看 eBay。在线市场也吸引了经济学家，他们使用在线市场分析定价理论，并与现实购买和销售行为进行比较。

eBay 自身并不购买任何存货或拥有在线销售的产品。它通过拍卖交易收取费用，对于每一个产品收取刊登费，再加上基于拍卖和固定价格的最终价值费。例如，如果一个产品以 60 美元出售，卖家只需支付其中 25 美元的 8.75%加上剩余 35 美元的 3.5%。因此，销售的最终手续费是 3.4 美元。这一定价策略吸引了高交易量的卖家，并阻止了那些仅出售少量低价产品的销售者，随着 eBay 产品类别的延伸——从船只、汽车、旅行到保健、美容、家居和园艺——收藏品现在仅占销量的一小部分。

eBay 现在提供更多的定价选择，包括向那些不想等待拍卖并且愿意支付卖家开出价格的买家提供了固定价格的“立即购买”选项。卖家也可以使用固定价格形式做一个“最佳报价”选项，这允许卖家还价，接受或拒绝一个报价。

eBay 的商业模式将素不相识的人连接在一起。这是第一个在线社交网络，比 Twitter 和 Facebook 早问世好几年。顾客的信任是 eBay 取得成功的关键。起初有人质疑消费者是否愿意购买来自陌生人的产品，奥米迪亚则相信人性本善。eBay 公司的创始团队做了两件事：他们创立了一个很好的在线社区；开发工具帮助增强陌生人之间的信任，通过每次交易的反馈，eBay 追踪并展示买卖双方的信誉度。现在，它有四个卖家指标：商品与描述相符、沟通情况、发货时间、发货和处理速度。这些评价是匿名的，但是对其他买家可见。评价排名最高的卖家出现在搜索结果顶部。

多年以来，eBay 发展它的能力、服务、合作关系，继续建立一个社团并联系全世界的人们，例如，公司收购了一个在线支付服务商 Paypal，2002 年之后，eBay 的用户明白 Paypal 是首选的支付方式。这给消费者一种安全的转账方式以及更低的货币和语言障碍，使得商家将产品销往全世界。

尽管 eBay 是一个备受欢迎的网络公司，并且从那时它就获得了巨大的成功，但它仍然面临着直接的市场份额挑战，这包括了全球经济衰退，来自谷歌和亚马逊的激烈竞争以及全球化扩张的困难(如进入中国市场)。

梅格·惠特曼在 2008 年退休，她领导了公司 10 年，接替她的是约翰·多纳霍(Iohn Donahoe)。在多纳霍的管理下，eBay 完成了 34 个并购——主要是电子商务和支付业务，如 Shopping.com、StubHub 和 Bill Me Later 以及提供后期技术的业务。多纳霍将公司发展成一个可以与亚马逊竞争的商业模式，包括扩展它的在线市场。现在 eBay 的销售额仅有 30%来自拍卖。公司一直在发展 eBay 与 Macy’s Target、家得宝、玩具反斗城等大型零售商合作，在约一小时内送货且收取较低费用。

现在，人们可以在最大的在线市场购买和销售任何产品或服务。从电器用品和计算机到汽车和房地产，商家可以列出任何东西，只要它不是非法的且没有违背 eBay 的规则和政策。

eBay 在全球范围内的影响显而易见。在 2014 年在线市场有几乎 1.5 亿活跃用户，超过 5 亿种产品。每两秒钟就有一双鞋售出，每 23 秒有一条男士领带售出，每 26 秒有一台重要的器械售出，每六分钟有一台 LCD 电视机售出。由于它的产品众多，多纳霍使 eBay 的活跃用户在 2015 年翻到超过两亿，将收入 141 亿美元增加到 230 亿美元。

思考：

(1) 作为在线拍卖市场，eBay 为什么取得成功，而众多其他网站却遭遇失利？

(2) 评价 eBay 的收费结构。这是最佳模式吗？还有可改善之处吗？为什么？怎么改进？

(3) 讨论多纳霍对 eBay 的愿景。远离在线拍卖对公司来说是可持续的发展策略吗？

▶▶ 案例分析二

卓越营销：美国西南航空

美国西南航空于 1971 年进入航空业，当时它的资金很少，但是却有鲜明的个性。该公司自我定位为“有爱的航空公司”，使用鲜红的心形图案以及搞怪的营销来创造口碑和生意。

穿着橘红色热裤的服务员会提供“爱的食品”(Love Bites，花生)和“爱的魔药”(Love Potions，饮料)。现在，它幸运地成为《财富》杂志评选的全球第七大最受尊敬的公司。

低成本运营航空公司是怎么实现的？西南航空公司的商业模式是基于精简运营，从而获得低票价和高满意度、高忠诚度的消费者。公司使用“点对点”的航线网络，在不同的机场或“点”之间进行上千次往返飞行。每架飞机比其他航空公司的飞机运送更多的乘客。每架飞机平均每天飞行 6.25 次，每次大约 12 个小时。西南航空可以完成这样的壮举，因为它避免了传统的“轴辐式”系统，并且停航服务非常快速。成立初期，飞行在机场的停航时间不超过十分钟，现在其平均停航时间也只有 30 分钟——是行业平均水平的一半。

西南航空独特的登机过程也有助于快速起飞。它没有向顾客分配座位，而是将顾客分入 A、B、C 三个组并在登记手续时给他们一个数字，这个数字表示登机顺序。A 组，按顺序(A1～A30)最先登机。登记后可以随便坐在自己喜欢的座位。

西南航空只有波音 737-700 型和 737-800 型飞机，这也节省了成本。同时简化了飞行员、乘务员和维修人员的训练过程，允许管理人员替换飞机、迅速且轻松地重新安排机组人员和调配机械师。

西南航空最大的节约成本的技术之一是提前几年购买燃料期权策略。飞机燃油是航空公司最大的费用，现在占运营成本的 35%，而十年前这一数字为 13%。西南航空的许多长期合同允许航空公司以每桶 51 美元的价格购买燃油，这为它节省了大笔开支，特别是在 20 世纪 90 年代和 21 世纪初，油价飙升至超过每桶 100 美元时。分析师估计燃油套期保值为西南航空节省了 20 亿美元。

西南航空通过使飞机体量减轻的方法也提高了燃油使用效率。机组人员每晚用高压水枪清洗引擎上的污垢，飞机洗手间携带更少的水，座位已经替换为更轻的型号。因为航空公司每年大约消耗 15 亿加仑的飞机燃油，每个小变化加总起来的影响都是可观的。

西南航空通过进入其他航空公司定价过高且服务不周的市场而求得发展，这些市场通常包括二线城市较小的机场，它较低的登机费用和较少的拥塞促进更快的周转并降低了票价。公司认为，当进入一个新的市场后，它可以使票价下降 1/3 到 1/2，它还通过降价使更多的人能够买得起机票来扩大它原有的市场。西南航空于 2011 年以 14 亿美元收购了 AirTran 航空公司，扩大了消费基础，增加了新的目的地，像里士满、孟菲斯和它的第一个国际市场——墨西哥与波多黎各的城市。

西南航空也开创了独特的服务和定价程序，如即日货运服务、老年人折扣、“开心票价”(Fun Fares)和“无票登机”(Ticketless Travel)。

它是第一家建立网站的航空公司，第一家在机票交易中实现实时更新，也是第一家发布博客的公司。近年来，它通过溢价服务等功能增加了收入，溢价票务如门口位置的溢价、提前登机的溢价、自动分配最好的位置的溢价。

在西南航空的历史上，它的广告集中在低票价、频繁的航班、准时到达以及顶级的安全记录上。公司以幽默的方式传达温暖、友善。它的广告词“叮铃！现在您可以在全国随意走动了。”(Ding!You are now free to move around the country.)是对其机上广播的戏仿。这种轻松的态度还反映在有趣的客轮广播、会在飞机起飞前献歌一曲的机组人员和一些个性化的客机上，包括三架客机的机身被喷绘为像飞行的虎鲸的形象。

尽管低票价和不提供不必要的服务听上去不那么高端，但西南航空赢得了顾客的心。

公司一直排在航空公司顾客服务榜的首位，并拥有最低的顾客投诉比例。自1994年以来，它被《财富》杂志评为最受尊敬的美国航空公司和最佳雇主之一。西南航空的财务业绩也非常好：公司连续盈利41年，即便是在经济衰退和恐怖主义担忧造成旅游消沉时也没有裁员。当其他航空公司开始收取行李、饮料和餐食费用时，西南航空公司却违背潮流，实施免费托运行李的政策。

尽管热裤早已消失，西南航空公司纽约交所股票代号“LUV”(意为Love)和公司随处可见的红色心形图案都体现了西南航空员工的精神：“关心自己，关心别人，关心西南航空的顾客。”公司人事主管谢里·费尔普斯(Sherry Phelps)说：“我们的票价能够被超越，我们的飞机和航线可以被复制，但是我们会为我们的顾客服务感到自豪。”这就是为什么西南航空寻找并雇佣能迸发激情的员工。事实上，具有幽默感是该公司雇佣员工的一个选择标准，正如一名员工所解释的：“我们可以训练你做任何工作，但我们无法给你正确的精神面貌。”

思考：

(1) 西南航空已经掌握了低价模式且财务业绩证明了这一点。其他航空公司为什么不模仿西南航空公司的模式？

(2) 西南航空面临哪些风险？作为一家低成本航空公司，在遭遇艰难的经济冲击和被其他航空公司模仿其经营模式时，它能否继续蓬勃发展？

第十章　营销渠道策略

学习目标

(1) 了解营销渠道的概念、特征和作用；
(2) 掌握营销渠道设计的相关流程；
(3) 熟悉渠道中间商的主要类型和作用；
(4) 掌握企业整合渠道的方法；
(5) 掌握渠道管理决策的程序；
(6) 掌握企业管理渠道冲突的方法。

案例导入

要成功地创造价值，就要成功地传递价值。全方位营销人员正将整条供应链视做一个价值网络。这个网络包括供应商的上游供应商和经销商的下游顾客，而不是仅仅关注直接供应商、经销商和顾客。他们也要考虑科技如何改变消费者的购物方式和零售商的销售方式，还要寻找全新的方法来分配、提供他们的产品。思考 L.L.Bean 是如何通过出色地执行渠道策略，从而与顾客建立起牢固的关系的。

1991 年 L.L.bean 创始人利昂·利昂伍德·比恩前往缅因州进行狩猎旅行，回来时除了双脚冰冷潮湿，还带回了一个革命性的想法，就是将皮革鞋面缝合到工人的橡胶轮上，生产出既舒适又实惠的靴子。比恩给一份名单上的狩猎者都邮寄去了三页长的宣传单，里面描述了他新发明的“缅因州狩猎靴”的种种好处，还担保绝对没有任何问题。不过这款软鞋并未一炮而红。在第一批预定的 100 双鞋里有 90 双因为鞋面和鞋底脱离而遭遇退货。比恩恪守承诺，按购买价退款，也解决了产品问题。因其可靠的户外设备以及专业建议 L.L.Bean 迅速成为一家值得信赖的企业。保证顾客百分百满意，这仍是企业业务的核心所在，正如其最初“黄金法则”所说的那样：“销售优质产品获取合理利润。给予顾客人文关怀，他们就会买得更多。”现如今，企业市值 15 亿美元，通过其著名的目录、网上商城以及零售店销售产品。L.L.Bean 也已经向全球扩张，在日本和中国都开设了商店。2011 年，企业推出免运费服务以更好地满足美国顾客的需求。它还在网上开放顾客评级和评论系统。使消费者有机会与售后服务中心交谈以及发送邮件。同时引进了一套能在两分钟内呼叫售后服务中心的“一键通话”系统。企业密切关注顾客的反馈，因而能够在《彭博商业周刊》有关售后服务的排名中夺得头筹。消费者在线上评论里批评其热销产品之一的长城棉床罩，企业很快就将该产品从网站上撤下进行检查。结果发现是因为分销商误加了抗皱处理这一步，才造成棉织物撕裂和破碎。L.L.Bean 马上给购买了有瑕疵的床罩商品的 6300 名顾客更换新床罩，并且销毁了剩余的次品。

第一节　营销渠道概述

一、营销渠道与营销渠道系统

（一）营销渠道的含义

关于营销渠道的定义，常见有以下几种说法。

第一种说法是现代营销学之父菲利普·科特勒提出的，他指出："营销渠道是指某种货物或劳务从生产者向消费者移动时取得这种货物或劳务的所有权或帮助转移其所有权的所有企业和个人。"因此，营销渠道主要包括中间商(因为他们取得所有权)和代理中间商(因为他们帮助转移所有权)。此外，它还包括作为分销渠道的起点和终点的生产者和消费者，但是，它不包括供应商、辅助商等。

第二种说法是斯蒂尔提出的，他对营销渠道的定义是："营销渠道是指当产品从生产者向消费者或产业用户移动时，直接或间接转移所有权所经过的途径(企业或个人)。"

第三种说法是 1960 年美国市场营销协会提出的，该协会为营销渠道做了如下定义："营销渠道是指企业内部和外部代理商、经销商(批发和零售)的组织结构，通过这些组织，商品(产品或劳务)才得以上市营销。"

综合上述观点可以发现，对于营销渠道的论述，主要体现在营销过程或者营销机构的其中一个方面，缺少对这两个要素的联结。

本书认为营销渠道是指商品从供应地向消费地的流转过程中，为转移商品所有权提供服务的企业或个人，包括代理商、批发商、零售商等主要的参与者，是连接制造商和消费者的纽带。

所有类型的渠道对于一家企业能否成功都至关重要，而且会对所有其他营销决策产生影响。营销者应该从生产—分销—销售—服务的全流程角度出发，对不同类型的营销渠道进行评判。

（二）营销渠道系统分析

营销渠道系统是企业营销渠道中的一个特别组成部分，而营销渠道系统的决策是管理者面临的最重要的问题之一。在美国，中间商们作为一个利益集团，赚取的利润高达最终售价的 30%～50%。相比之下，广告费用只占最终售价的 5%～7%，甚至更少。营销渠道最重要的作用就是将潜在买家变成能带来利润的顾客。营销渠道不仅仅服务市场，更要创造市场。

渠道的选择会影响其他所有的营销决策。企业定价取决于它是使用在线上折扣店还是在高档精品店销售。企业的销售力量和广告决策也取决于分销商需要企业提供多少培训和激励。此外，渠道决策还包括对其他企业所做的相对长期的承诺以及一系列的政策和程序。当某家汽车制造商授权独立的经销商销售其汽车时，制造商不能第二天就买回其经销权并

代之以自己的经销点。但同时，渠道选择本身取决于企业基于市场细分、目标市场和定位考虑而制定的营销战略。全方位营销者要确保所有这些不同领域的营销决策整体上能创造出最大价值。

在管理中间商的时候，企业必须决定在推进战略和拉动战略上分别投入多少精力。推进战略利用制造商销售队伍、促销资金或其他手段激励中间商购进、促销产品并将其销售给最终使用者。推进战略适用的情形包括：产品在品类中品牌忠诚度较低；消费者在商店现场选择品牌；消费者出于冲动购买产品；产品的优点是众所周知的。

拉动战略中，制造商利用广告、促销和其他传播方式来吸引消费者向中间商购买产品，以此来激励中间商订货。拉动战略适用的情形包括：品牌忠诚度高且在品类中活跃程度高；消费者能够识别不同品牌间的差异；他们在去商店之前就选好购买哪个品牌。

顶级营销企业，如苹果、可口可乐、耐克、阿里巴巴和小米等，能够娴熟地同时使用推进战略和拉动战略。如果辅以经过精心设计和正确实施的、用于刺激消费者需求的拉动战略，推动战略会更为有效。不过，倘若没有足够的消费者感兴趣，要获得渠道的接受和支持就会变得十分困难；反之亦然。

二、营销渠道特征

营销渠道有如下特征：

(1) 营销渠道是一个由不同企业或人员构成的整体，一端连接生产者，一端连接消费者，它所组织的是从生产者到消费者之间完整的流通过程。例如苹果手机的制造供应商是富士康，苹果主要侧重于研发和营销。

(2) 营销渠道中制造商向消费者或用户转移商品或劳务，是以商品所有权的转移为前提的。商品流通的过程表现为商品价值形式的运动过程，即产品从一个所有者转移到另一个所有者，直至到达消费者手中的过程，被称为商流。例如，消费者在网上订购商品的同时把购买商品的费用支付给卖家，商品所有权发生转移即商流。

(3) 营销渠道是指企业某种特定产品或服务所经历的路线。营销渠道不仅反映商品价值形式的变化过程，而且也反映伴随商流发生的商品实体的空间移动过程，被称为物流。例如网上销售的商品通过快递系统第一时间送到消费者手中，而物流企业在其中起到了关键性的作用。

(4) 企业的营销渠道相对固定化。特定的商品有特定的流通渠道，而特定的流通渠道涉及有关的企业和个人。企业培育出一条有效的营销渠道是不容易的，需要花费大量的时间和资金，如果频繁地变动营销渠道，会影响企业一定时期内的营销组合策略和营销战略的实施。

三、营销渠道作用

生产者为什么愿意把部分销售工作委托给中间机构，放弃对于推销方式和销售对象等方面的控制呢？中间机构凭借各种联系、经验、专业知识以及活动规模，将产品广泛推向市场。比起生产企业独立完成，中间机构往往能取得更好的效果和更高的效率。

许多生产商缺乏直接进行销售的财力资源和专业知识。箭牌(William Wrigley Jr.)企业发现，在世界各处建立口香糖小零售店或者通过网售和邮售都是不现实的，通过私营分销机构所组成的庞大分销网进行销售却很容易。即使是福特公司，凭借一己之力取代其在全球大约 8500 个经销商网点来完成任务，也是困难重重的。

（一）渠道功能和流程

营销渠道执行的任务是把产品从生产者那里转移到消费者手中。它填补了产品、服务与实际需求在时间、空间和所有权方面的差距。营销渠道的成员发挥了一系列重要作用，如表 10-1 所示。

表 10-1　渠道成员的职责

渠道成员的职责
收集市场中潜在的和现有的顾客、竞争者以及其他营销环境中相关参与者的信息
设计和使用具有说服力的传播方式来刺激购买
就价格和其他条款进行磋商，达成协议，以此影响所有权和财产权的转移
向制造商下订单
获取资金，向营销渠道中不同水平的存货提供资金
评估开展渠道工作所涉及的风险
提供连续存货以及搬运实体产品
通过银行和其他金融机构为购买者的付款提供服务
监督机构或个人间的所有权转移

一个销售实体产品和服务的制造商需要三个渠道为它服务：销售渠道、送货渠道和服务渠道。以前，为了销售 Bowflex 健身器，Nautilus 集团一直强调以电视商业信息广告片和广告直复营销、自营和外包呼叫中心、邮件回应及互联网作为其销售渠道，以 UPS 作为送货渠道，以本地修理商作为服务渠道。如今，为了应对快速度变化的消费者购物习惯。Nautilus 也通过百货商店 Sears 和体育用品商店 Dick's Sporting Goods 这样的地区及全国零售商以及亚马逊这样的网上卖家销售 Bowflex 健身器。

对于营销者来说问题不在于上述功能是否需要执行——它们必须执行——而在于由谁来执行。所有这些功能都有三个共同点：它们使用稀缺资源；它们常常可以通过专业化更好地发挥作用；它们可以在渠道成员间转移。当生产者将若干功能转移给中间商时，生产者的费用和价格就降低了，但中间商为了补偿自己的成本，就会在商品原价基础上进行加价。如果中间商比制造商更有效率，消费者承担的价格应该更低。如果消费者自己执行了某些功能，他们应该享受更低的价格。渠道的变化在很大程度上是由于发现了更为有效的集中和分散经济功能的途径，从而实现向目标顾客提供齐全的商品组合这　目的。

（二）渠道层级

生产者和最终顾客是每个渠道的组成部分。我们将用中间机构的层级总数来表示渠道的长度。

1. 零级渠道

零级渠道，也称作直复营销渠道。它是由生产者直接销售产品给最终顾客，主要方式包括邮购、网上销售、电视销售、电话营销、上门推销和厂家直销。从传统来看，收藏品

制造商 Franklin Mint 是通过邮寄方式售卖收藏品，小米主要通过在线平台出售手机，Time-Life 通过广告和时间更长的"商业信息广告片"销售音乐和录音带；非营利机构、政治组织甚至个人利用社交媒体宣传来筹集资金；雅芳销售代表采用的方式是上门推销化妆品；特百惠则是通过家庭聚会来销售容器；苹果在自己的专卖店出售计算机和其他电子消费产品。这些企业中已经有许多家通过网络和目录直接向消费者销售产品，甚至是传统的消费品企业都在考虑将直销的电子商务网站添加到他们的渠道网中，比如金佰利企业就在英国成立了在线舒洁品牌商店。

2. 一级渠道及多级渠道

一级渠道包括一个销售中间商，如零售商。二级渠道包括两个中间商。在消费市场，通常是一个批发商和一个零售商。三级渠道包括三个中间商。如在肉类包装行业中，批发商出售产品给中转商——中转商实际上是小型的批发商——中转商再出售给零售商。在日本，食品分销可能包括六个层级。然而，对生产者来说，渠道层级越多，获得最终用户信息和进行控制也越困难，如图 10-1 所示。

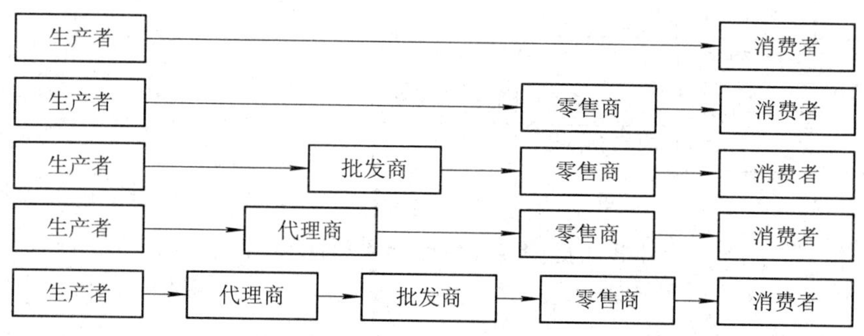

图 10-1　生活资料分销模式

工业制造商可以利用其销售人员直接向工业客户销售，或是先销售给工业品分销商，再由分销商销售给工业客户，或者通过制造商代表或自己的销售分支机构直接销售给工业客户，又或者通过工业品分销商间接销售给工业客户。因此，零级、一级和二级营销渠道都十分常见，如图 10-2 所示。

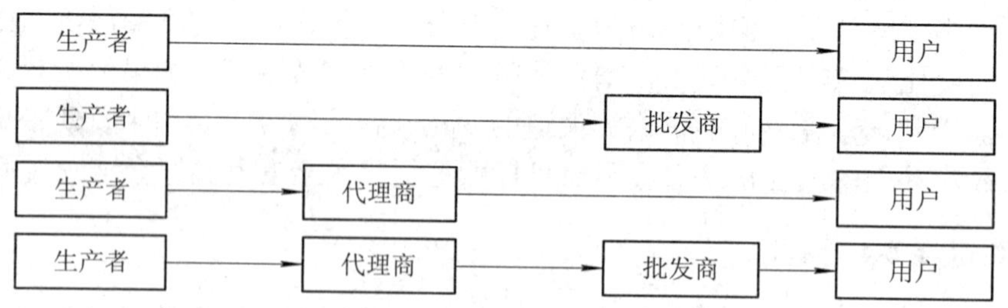

图 10-2　生产资料分销模式

3. 逆向流渠道

渠道一般是指产品从资源到用户的正向运动。但逆向流渠道在以下案例中也十分重要：① 重复使用的产品或容器(如可反复罐装的化学用品桶)；② 可修整再销售的产品(如电路板或计算机)；③ 可循环使用的产品；④ 作为废品处理的产品和包装。在逆向流渠道中活动的中间商包括：制造商的回收中心、社区小组、废品收集专业人员、回收利用中心、废品回收利用经纪商和中央处理仓库。

第二节 营销渠道设计

要设计一套营销渠道系统，营销者必须分析顾客的需求和欲望，确立渠道目标和约束，识别和评价主要渠道方案。其基本设计步骤如下：

一、分析顾客的需求和欲望

消费者会基于价格、产品品类、便利程度和他们自己的购物目标(出于经济考虑、社交用途或尝试性购买)来选择喜欢的渠道。就像产品存在细分一样，营销者必须注意到不同的消费者在购买过程中有着不同的需求。

即使是同一个消费者也可能出于不同的原因而选择不同的渠道。例如有些消费者会“奢侈一把”，光顾高档服装专卖店或品牌珠宝商城，同时也会精打细算，在折扣店购买自有品牌食用油、清洁剂或蔬菜；还有一些消费者可能会在去实体店之前先浏览一下目录，或是在网上下单前先去汽车经销商处试车。

(一) 渠道产生五种服务产出

1. 批量大小

批量大小是指营销渠道允许典型顾客一次购买的单位数量。在购买新汽车时，汽车之家企业偏好能够大批量购买的渠道，而对于家庭来说，只需要购买一辆车的渠道。对于电子商务 B2B 经销商偏好能够大批量购买的渠道，而对于个人来说，只需要一件服饰或多件服饰。

2. 等候和交货时间

等候时间是顾客等待收到货物的平均时间，而顾客更青睐交货更快的渠道。例如京东对于自己配送的货物依照当日上午 11:00 前提交的现货订单(以订单出库后完成拣货时间点开始计算)，当日送达；夜里 11:00 前提交的现货订单(以订单出库后完成拣货时间点开始计算)，第二天 15:00 前送达。

3. 空间便利

空间便利是指营销渠道为顾客购买商品所提供的便利程度。例如，丰田汽车比雷克萨斯有更大的空间便利，因为丰田的经销商更多，这样顾客在购买和维修汽车时就能够节省运输和寻找成本。

4. 产品多样性

产品多样性是指由渠道提供的产品组合的丰富程度。一般来说，顾客更喜欢品种较多的产品，因为这意味着更多的选择，会增加他们找到所需品的机会，不过选择太多有时也会带来负面影响。

5. 服务支持

服务支持是指渠道提供的附加服务(如信贷、交货、安装、维修)。服务支持越强，渠道提供的服务工作就越多。

(二) O2O 模式渠道分析

消费者购物时总会货比三家，以期获得最大的实惠或是拓宽自己的选择范围。现如今，电子商务和移动商务又带来了意想不到的新变化。因为样品间效应，消费者可以在实体店亲身体验某个产品，并在实体店收集有关该产品的数据，但为了获得更低的价格，顾客随后可以在网上零售商处购买，或是干脆在别的零售店买(这是实体店最不愿意看到的结果)，这就是 O2O 模式效应。

智能设备极大地推动了样品间效应的兴起。有研究表明，美国超过半数的移动手机用户，尤其是年轻用户购物时利用手机征求朋友或家人的意见，查看用户评论或是寻找更低价格。

过去零售商担忧的是如何吸引顾客进店，但专家指出，现在他们要顾虑的则是如何卖给那些把别的商店的客户也带进门的顾客。例如亚马逊的手机差价应用软件就可以让顾客在实体店里即时比较价格，移动用户轻轻点击就能访问，在线零售商对传统实体店造成了激烈竞争。因为网上选择面更广、价格更低(经常免税)，还能提供 24 小时的便捷购物体验。

移动手段已经成为许多零售商对抗展览厅的首选。例如滴滴打车公司将二维码、短信抵用券以及新型结账扫描仪结合起来，使得移动返券更快、更容易。宠物卖场 Petsmart 40%的网站流量来自智能手机和平板电脑。eBay 也发现其零售商发送给客户的邮件中有 60%是在移动设备上打开的，而其中超过半数会转移到别的设备进行交易。

百思买和 Target 宣布实体店价格永远与网上零售商价格一致，以正面应对样品间效应。其他百货企业为了应对此种趋势，也将实体店与网站更紧密地联系起来。沃尔玛、大润发、苏宁易购等可以让顾客网上下单，进店选购，线上购买。许多零售商正努力使顾客进店体验时获得更多信息和回报。服饰品牌 Guess、SunPac 给店里的销售人员配备 iPad 和其他平板电脑，这样他们就能收集更深入的产品信息与购物者分享。参与熟客奖励计划的购物者能快速下载自己的购买历史、产品偏好以及其他有用的背景信息。

这些举措的主要目的是留住消费者。一种研究表明，样品间效应的受众中，有 70%的人更可能从如下特征的零售商处购买产品：精心设计的网站和应用；有力的多渠道支持；可以通过二维码来比较价格。如果零售商能避免顾客光顾别处，那么实际上将销售从实体店转移到网上销售更有利可图。

二、确立渠道目标和约束

营销者应当用服务产出水平、相关成本以及支持水平描述渠道目标。在竞争情况下，渠道成员应该对各个功能任务进行安排，在降低费用的同时仍能提供令顾客满意的服务产出水平。一般来说，设计者可依据不同服务产出水平的需求来识别细分市场，进而为每一个细分的市场选择最佳渠道。

产品的特性不同，渠道目标也不同。体积庞大的商品，例如建筑材料，要求采用运输距离最短，搬运次数最少的渠道布局。非标准化产品，如顾客定制的机器等则由销售代表直接销售。需要安装或维修服务的产品。如冷热系统，通常由企业和独家特许经销商销售并维护。单位价值高的产品，如发电机和叶轮机等，一般通过企业销售，很少经由中间商。

营销人员必须使渠道目标适应整个大环境。经济不景气时，生产商就希望通过更短的渠道将产品推入市场，并取消会提高产品最终定价的非必要服务。法律和限制也会影响渠道设计，例如美国法律禁止那些会严重减少竞争或造成垄断的渠道安排。

企业在进入新市场时通常会密切关注其他企业的动态。法国零售商欧尚在决定进入波兰市场时，会重点考虑本国的竞争对手家乐福等零售商在波兰市场的表现。苹果企业希望为消费者创造生动的零售购物体验，但目前的渠道还无法满足，因此苹果选择自己开设实体店。

三、识别主要渠道方案

每种渠道——从销售人员到代理商、分销商、直邮、电话销售和互联网，都有各自的优势和劣势。销售人员能够处理复杂的商品和交易，但会产生高昂的费用。借助电子商务平台可以降低成本，但却无法处理复杂的商品交易。分销商可以创造销售额，但企业失去了与顾客的直接联系。可以让多名客户来共同分摊制造商代表的成本，但针对每一个顾客的销售努力相较于用企业销售人员进行销售有所减弱。

渠道方案由三方面因素决定：中间商的类型、所需的中间商数量、渠道成员的条款和责任。现在我们来看一下这些要素。

（一）中间商的类型

假设一家生产卫星收音机的电子产品要选择中间商，那么有如下几种渠道可供选择：可以将收音机作为汽车元件卖给汽车生产商、经销商、租赁企业；可以通过直接销售和分销商卖给卫星收音机专营商；可以通过企业门店、在线零售商、邮购目录售卖；可以通过诸如百思买这样的大型商场进行售卖。

有时由于运用主要渠道时会遇到问题，成本方面的困难或是效果不佳，企业会选择一个全新或是非常规的渠道。

Netflix 创始人里德黑·斯达斯(Reed Hastings)深信 DVD 是未来家庭视频媒介，于是在 1997 年推出了一种通过邮定的录像带租赁分销模式。企业凭借合理的订购费用(低至每月 9 美元)，通常可以次日送达的快捷服务以及成千上万无需滞纳金的影视节目，快速培养顾客坚定的忠诚度并且赢得了良好的口碑。企业提供的服务还包括拥有专利权的软件，可以让顾客搜索、挖掘冷门的和最新的电影。为了提高搜索质量，Netflix 赞助举办了一场奖金高达百万美元，并且得到广泛宣传的比赛，吸引了成千上万名参赛者。最终胜出的解决方案使租赁分销模式的有效性翻了一番。由于面临着数千个 Redbox 自助租赁服务机以及亚马逊网站下载服务的竞争，Netflix 开始重点关注主流媒体视频和实时送达系统。企业在经历了最初的失策后，将业务一分为二：每月对这两项业务(DVD 实物以及一套流媒体下载方案)大约各收取八美元。如今，Netflix 是北美地区最大的单个下载流量源，占全部下载流量三成以上，不过企业预计其 4000 万个订户的 DVD 租赁也会有所增长。Netflix 的成功已经吸引了好莱坞的注意。在 Netflix 在线社区浏览发表评论和反馈意见的顾客将会是影片粉丝的一个重要来源。Netflix 自己也制作优质的电视节目，并且打入国际市场，将业务扩展到了

加拿大，欧洲和拉美地区。

（二）所需的中间商数量

有3种基于中间商数量的渠道战略：专营性分销、选择性分销和密集性分销。

(1) 专营性分销意味着严格限制中间商数量。它适应的情况是生产商试图提高中间商的服务水平和努力水平，而且要求生产商和中间商保持更紧密的合作关系。专营性分销用于销售新汽车或某些常用的家电和女性服装品牌。

专营性分销通常包括排它性交易安排，在日益受价格驱动的市场更是如此。颇具传奇色彩的意大利设计企业Gucci由于专卖店和折扣店的过度曝光，其形象严重受损，因此决定终止与第三方供应商的合作开始控制分销渠道，并开设自己的专卖店以挽回昔日的荣光。

(2) 选择性分销只依赖于愿意销售某种特定产品的某些中间商。无论是成立已久还是刚成立的企业使用选择性分销都无需担心分销机构过多。相较于密集性分销，此种分销方法可以通过更大的控制权和更低的成本获得足够的市场覆盖率。斯蒂尔是选择性分销的成功典范。

斯蒂尔(STIHL)生产手持户外动力设备。其所有产品都以同一品牌命名，且不为其他企业生产自由品牌。斯蒂尔以链锯最为人熟知，不过其业务也扩展到除草器、吹风机、绿篱机和切割锯等领域。它特许销售给美国6家独立分销商和6家自营的营销分销中心，由他们向全美超过8000家服务零售商销售产品。同时企业也向80个国家出口产品，是全国屈指可数的几家不通过大众分销商、目录或网上销售的户外动力设备企业之一。斯蒂尔甚至还发起了一场名“为什么(Why)的广告战役”。通过诸如“为什么世界上销量最高的链锯品牌不在Lowe’s和家得宝销售呢？”、“手提式吹风机威力太大因而无法在Lowe’s和家得宝销售的原因何在呢？”这样的大标题来夸耀其独立经销商的实力和支持。

(3) 在密集性分销中，制造商在尽可能多的销售网点中销售商品或服务。这种战略适用于零售、软饮料、啤酒、卫生用纸、糖果和口香糖这类消费者经常购买或购买地点多样的产品便利店，例如国内的悦客、京东便利店、联华快客等，日本的7-11、Family Mart(全家)等。

制造商一直试图从专营性分销和选择性分销转向更密集的分销以增加覆盖率和销售额。这种战略在短期内有效，但如果操作不当，就会因为鼓励了零售商之间的竞争而损害了长期绩效。价格战会侵蚀利润，降低零售商对产品的兴趣，还会损害品牌资产。一般企业不愿意产品到处卖。在Sears百货商店收购Kmart连锁折扣店后，耐克从Sears撤回了全部产品以确保其不在Kmart销售。

（三）渠道成员的条款和责任

每个渠道成员都必须受到尊重并有获得盈利的机会。例如“贸易关系组合”中的主要因素有价格政策、销售条件、地区权利以及每一方所应提供的具体服务。

(1) 价格政策：要求制造商制定中间商认为公平且充分的价目表和折扣与补贴明细表。

(2) 销售条件：是指付款条款和制造商担保。大多数制造商对较早付款的分销商给予现金折扣。它们也可以向分销商提供有关产品质量缺陷或降价等方面的担保，以此鼓励分销商订购更多的商品。

(3) 分销商地区权利：确定分销商的管辖地区并规定生产商允许其他分销商进入的条件。分销商一般喜欢把自己销售地区的所有业绩都归功于自己，不管这些销售是否由他们促成。

(4) 每一方所应提供的具体服务：必须十分谨慎地加以确认，尤其在采用特许经营和独家代理等渠道形式时。麦当劳向加盟的特许经营经销商提供店面、促销支持、记账制度、人员培训、一般行政管理和技术协助。另一方面，特许经营商必须在设备实施方面符合企业标准，配合企业新的促销方案，提供企业所需信息，从特定供应商进货，还要支付每月的加盟费。

四、评估主要渠道方案

每一种渠道都需要对经济性、可控性和适应性标准进行评估。

(一) 经济性标准

每一种渠道都会产生不同水平的销量和成本。如图 10-3 展示了根据每笔销售创造的附加值和每次交易成本依次排列的六种渠道。例如，销售成本在 2000～5000 美元之间的工艺品，每笔交易的成本估测分别是 500 美元(现场销售)、200 美元(分销商)、50 美元(电话销售)和 10 美元(互联网销售)。咨询企业 Booz Allen Hamilton 的一项研究表明，银行在提供零售性服务时，每笔交易的平均成本分别为 4.07 美元(柜台服务)、0.54 美元(电话银行)、0.27 美元(自助取款机)、0.01 美元(互联网)。

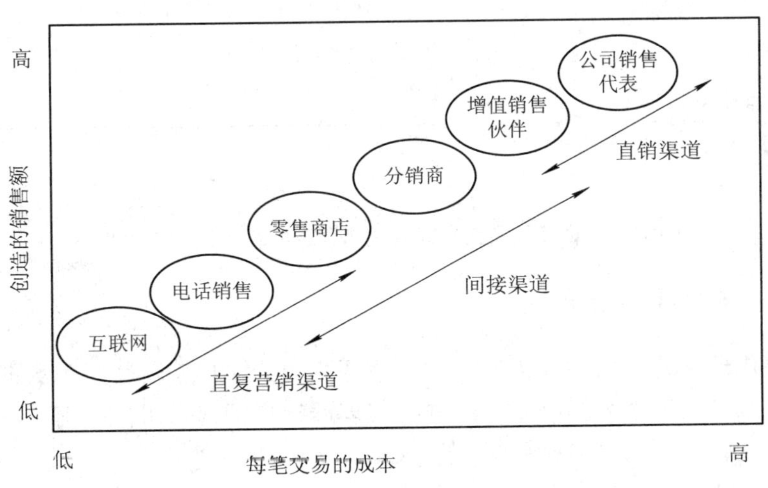

图 10-3　六种渠道的交易成本

显然，只要每笔销售创造的附加值充足，销售商总是千方百计地用低成本渠道代替高成本渠道。我们来看下面这个案例：

一家位于北卡罗来纳州的家具制造商想要将产品出售给美国西海岸的零售商。一种方案是雇 10 名销售代表到旧金山推销产品，他们可领取基本工资加佣金。另一种方案是利用旧金山当地与零售商有广泛联系的制造商销售代理商机构内的 30 名销售代表，他们可得到基于销售业绩的佣金奖励。

第一步是估计每位销售代表能够创造多少销售额。一方面，企业的销售代表完全致力于售卖本企业的产品；他们在销售本企业的产品方面受过较好的训练；他们更富有进取心，因为他们的未来与企业的成功密切相关；他们更可能获得成功，因为顾客喜欢直接与企业打交道。另一方面，销售代理商有 30 个销售代表，不只是 10 个，代理商的推销员可能和直接销售队伍同样积极，这取决于佣金水平；顾客可能会更容易接受，因为代理商更具有独立性；代理商与市场有着更广泛的联系，市场知识也更丰富。营销者需要评估所有因素以形成这两种渠道的需求函数。

下一步是估计每种渠道实现不同的销售额时的成本。图 10-3 显示了成本分布的情况。销售代理商的固定成本比企业自己组建销售队伍低，但前者涨幅比后者快，这是因为销售代理商的佣金比企业销售代表高。

最后一步是比较销售额与成本。如图 10-4 所示，两种渠道的销售成本在某一水平(S_a)上是相同的。当销售量小于 S_a 时，利用销售代理商是更加明智之选；当销售量大于 S_a 时，利用企业自建的销售队伍则更为适宜。据此，小企业或者大企业在某一销售量很低的较小区域都倾向于使用销售代理商就不足为奇了。

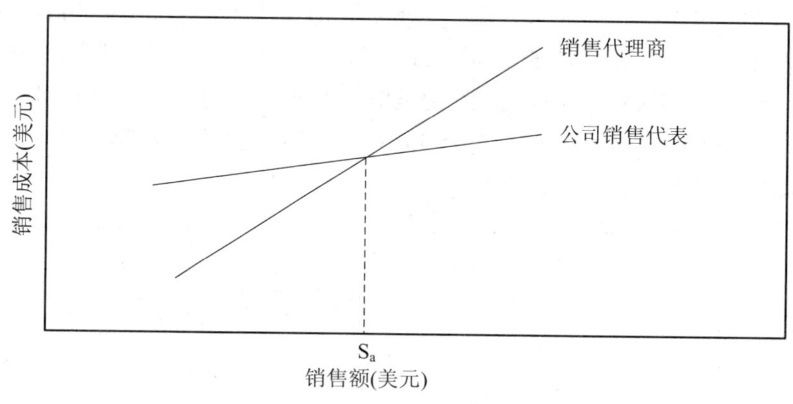

图 10-4　企业销售代理商与销售代表两种选择的盈亏平衡

(二) 可控性和适应性标准

使用销售代理商就会引发可控性问题。代理商会关注那些购物量最大的顾客，而非那些购买本企业产品数量很少的顾客。此外，代理商的推销人员可能没有掌握企业产品的技术细节或是无法有效利用促销材料。

为了发展渠道，渠道成员必须在一个特定时期内对彼此做出承诺。但这些承诺势必会降低生产商应对变化和不确定性的能力。生产商需要寻求适应性高的渠道结构和政策。

第三节　营销渠道的中间商类型

中间商是指在制造商与消费者之间“专门充当媒介进行商品交换”的经济组织或个人。中间商可以按照不同的标准进行分类。本章主要依据中间商是否拥有商品所有权、销售对象的不同及平台类型等将其划分为批发商、代理商、零售商、网络销售等。

一、批发商

批发商是为进一步转售、生产、加工或其他商业用途而出售商品的中间商。批发商服务的对象都是非最终消费者的组织或个人；批发商的业务特点是成批购进和成批售出，业务量比较大；批发商一般主要集中在工业、商业、金融业、交通运输业较发达的大城市以及地方性的经济中心(中小城市)，其数量比零售商少，其分布也远不及零售商那样广，但批发业务往往比零售业务量大，覆盖的地区也比零售商广。

批发商具有集散商品，分装编配，储运商品，信息咨询；稳定物价、资金融通；承担市场风险的功能作用。批发商的类型很多，可从不同角度进行划分。

1. 按营销商品的用途划分

按营销商品的用途划分，可分为消费品批发商和生产资料批发商。消费品批发商是专门从事消费品批发业务的批发商。生产资料批发商是专门从事某种或某类型生产资料批发业务的批发商。例如在阿里巴巴 1688.com 上，你可以查到 50 多万家与生产资料相关的批发商。

2. 按经营商品的范围划分

按经营商品的范围划分，可分为专业批发商、综合批发商和工业分销商。

(1) 专业批发商是专门经营某类或某几类商品的批发商。它主要向某行业的各个生产用户进货，销售给其他批发商、零售商或工业用户。专业批发商经营的产品品种规模较多，型号齐全，品种之间的消费替代性和连带性较强，同一产品或同一品种进销批量都比较大，为购买者提供了充分的比较选择的余地。

(2) 综合批发商是经营多条产品线、多类产品的批发商。综合批发商经营的商品范围广，品种规格也较多，但不及专业批发商有深度。我国的工业品批发市场、农产品批发市场、小商品批发市场及一些百货企业、百货站、工业品贸易中心等均属于综合批发商。

(3) 工业分销商通常提供储存、信贷、送货等服务。例如传统的物资企业、生产资料批发市场都属于此种类型。

3. 按服务地区范围划分

按服务地区范围划分，可分为全国批发商、区域批发商和地方批发商。全国批发商是指担负全国商品批发业务的批发商，例如义乌市小商品批发市场；区域批发商是指承担一个省、区范围批发业务或相邻省、区某些批发业务的批发商；地方批发商则是指只负担某一市、县或某一贸易区商品批发业务的批发商。

4. 按是否拥有商品所有权划分

按是否拥有商品所有权划分，可分为经销批发商和代理批发商。经销批发商是指拥有经营商品所有权的批发商；代理批发商是指不拥有经营商品所有权的批发商。

二、代理商

代理商对所代理销售的商品不拥有所有权，只是受被代理人的委托，在一定的区域范围内，以被代理人的名义代理其开展商务活动。代理商大多经营批发销售业务，但在整个批发销售量中所占的比重不大。代理商开展业务是在被代理人的委托下进行的，它不是独

立的经销商，不承担商品销售的市场风险，主要功能就是为买卖双方牵线搭桥，促进交易，获得销售佣金，它和制造商的关系是委托关系，多见于食品、不动产、保险和证券行业。代理商在指定的销售区域内一般只能销售其代理的商品，而不能再销售其他有竞争性的商品。但仍可经营或再代理与其代理的制造商没有竞争关系的其他相关商品。代理商又具体分为企业代理商、销售代理商和佣金代理商。

1. 企业代理商

企业代理商是一种同时为多家生产企业代理销售业务的专职代理商，它们同委托代理的企业有书面合同。对价格政策、地区、订单处理程序、商品和服务保证以及佣金等都有稳定的协议，有利于其熟悉市场的条件，为各生产企业在其能力不可达的地区推销产品。企业代理商的销售区域是确定的，在非同类产品的情况下，可接受任何其他企业的委托代理业务。

2. 销售代理商

销售代理商是一种受某生产企业委托独家代理销售其全部产品的代理商。销售代理商类似于该企业的销售部门，除负责推销该企业的产品外，其他限制比较小，因此在价格、地区和交易条件方面有较大的自主权。

3. 佣金代理商

佣金代理商是一种接受生产者临时委托，代理销售产品，并按销售收入提取佣金的代理商。佣金代理商一般能预先获得产品实物，自行销售，然后将所得货款去除佣金和相关代理开支后返还给生产者。

三、零售商

（一）零售商的定义及特征

零售商是指位于分销渠道的末端，直接向消费者提供商品或服务的企业或个人。零售商可以从制造商或者批发商处进货，是连接生产和消费的一个重要的纽带，它将来自渠道上游的商品以拆零、分包等形式提供给消费者。一般有以下特征：

1. 多品种、小批量的购销模式

由于终端用户的需求多样化，对商品的花色、品种、规格、档次等表现出不同的要求，而且购买数量也相对较少，这就要求零售商在采购进货的过程中，为满足消费者的需求，尽可能地以多品种的采购方式进行。而且为了加速资金的周转速度，减少库存积压，零售商通常也不会大量进货，因此零售商的购销模式主要以多品种、小批量为主。

2. 经营方式多元化

零售业的经营方式是多种多样的，包括杂货店、便利店、连锁商店、超级市场、专业商店、折扣商店等多种形式，多元化的经营方式可以满足消费者购买时不同的体验和需求。随着经济的发展，零售业的经营方式还在不断地优化和创新。

3. 销售区域集中

对于零售业而言，大多数的顾客主要是来自营业点附近的居民和流动人口，销售区域相对集中。这是因为大多数的消费者都有就近消费的习惯。因此，营业点附近的人流量对该营业点的销量有直接的影响，这也就使得零售门店的选址问题成为零售业运营时的管理重点。

4. 零售业竞争激烈

与渠道的其他中间商相比，零售业的竞争更加激烈，主要的原因如下：① 市场中零售业者的数量是众多渠道中间商里面最多的，不仅有注册的独立机构，还包含大量的个体户、街边流动摊贩等，数量难以估计；② 这些零售者为了抢夺顾客，使尽浑身解数，从各方面强化自己的企业形象、商品价值，并通过各种形式的促销手段，与同行零售业者展开多方面竞争。

（二）零售商的类型

随着市场竞争的日益加剧以及各种新的理念、新的平台的产生和发展，零售商的类型不断创新，层出不穷。通常以零售业经营的形态为标准，可以把零售商分为两类：

1. 商店零售商

所谓商店零售商是指利用实体店面来销售商品的零售机构或个人。

1) 百货商店

百货商店是指经营多个商品大类的大型零售商店，主要以柜台销售和开架面售方式向消费者提供零售服务。百货商店的零售模式源自19世纪的欧洲，主要强调的是体验式的消费理念，力求为顾客营造一个商品类别丰富、服务功能齐全、兼具时尚和品味的零售综合体。在现代生活中，百货商店的经营范围主要包含服饰、家电、数码、家具、饮食、娱乐等消费者比较感兴趣的商品类型。现在的大型购物中心就是百货商店未来发展的主流形态之一。

2) 超级市场

超级市场，又叫自选商场，是指经营范围包含食品、饮料、家庭日用品、化妆品、文具等商品类别的大型综合性零售商场，以顾客的自选模式为主。通常，超级市场具有场地面积较大、商品品种齐全、明码标价、价格低廉等主要的特点，还附带一定的服务设施。顾客可以在超级市场的营业时间内自由地选购商品，而不受到任何干扰，这是现代都市人都比较喜欢的一种购物模式。

3) 专用品商店

专用品商店是指经营某一商品大类的零售商店。通常专用品商店经营的专业化程度较高，可以为顾客提供品种、花色、规格较为齐全的商品，充分满足顾客个性化和多样化的需求。由于目标市场定位准确，近几年专用品商店发展速度非常快。

4) 便利店

便利店是以经营即时性商品或服务为主的小型零售商店，一般位于居民区或交通枢纽附近。便利店销售的商品多为生活必需品，比如饮料、方便面、饼干、日用杂货、报纸杂志等。而且营业时间一般比较长，甚至通宵，节假日也保持营业状态。因此对于顾客来说，可以随时前往购物，十分方便。但是便利店商品的价格一般高于市场的均价，这是因为便利店的经营规模有限，不得不以多品种小批量的方式来进行采购，进货成本和配送费用都

较高，而且由于便利店的选址一般位于人流较为密集的地段，店面租金也较贵，经营时间普遍较长，人工成本也较高。

5) 折扣店

折扣店是指以低价销售某些限定品种、款式、花色的品牌商品为主，并以有限的店铺面积、服务及设施进行经营的零售商店。折扣店销售的商品主要是非耐用消耗品，比如服装、日用小商品、体育用品等。这种零售商店一般选择在租金较低的地段来进行销售，一方面可以降低店铺的租金，进行低成本运营；另一方面，可以吸引较远的顾客群。

6) 仓储商店

仓储商店是指以薄利多销方式经营的连锁零售企业，具有低成本、大批量、低售价的特点。这种零售企业的主要服务对象是工薪阶层和机关团体，主要以低价销售吸引消费者。首先，仓储商店通过从厂商直接进货的方式来降低采购成本；其次，通过简化装修、减少广告促销、大包装销售来控制运营费用；最后，就是将选址设置在次商业区以减少地价和租金。

2. 无商店零售商

无商店零售商是相对于商店零售商而言的，是指无固定实体店供顾客购买商品的零售组织或个人。

1) 直复营销

直复营销是指利用一种或多种广告媒体向消费者直接传递商品的销售信息，以寻求对方的直接回应(包括问询或订购)，使之达成交易的一类零售模式。随着各种媒体手段的进步以及通信手段的发展，直复营销展现出多种多样的形式，主要包括邮寄购物、电视购物、电话购物、目录营销和网购等。

2) 上门推销

上门推销是指销售人员以主动上门走访的方式，向消费者提供产品的样品、说明书，同时进行解说，以促成交易实现的零售模式。上门推销是最常见的无商店零售形式，通常销售是否成功非常依赖销售人员的推销技巧。这就要求推销员在销售过程中，要发挥积极性和主动性，向顾客正确地传递商品的真实信息，使顾客能够对商品有一个基本的认识，即便初次上门推销不成功，亦可给顾客留下深刻的印象。

3) 自动售货

自动售货是指利用投币控制的自动售货机实现销售的零售模式。这种零售模式一般不受时间、地点、人手的限制，只要自动售货机器插上电源，顾客通过投币即可轻松实现自助购买，方便快捷。目前这种零售主要有饮料自动售货、日用品自动售货和综合自动售货三种形式。

4) 购买服务组织

购买服务组织是指专门为学校、医院、政府机构等特定顾客提供销售服务的商业机构，一般不设销售空间。通常，购买服务组织都有一批长期合作的供货商，如果这些特定的顾客成为该组织的会员，那么就可以用较低的价格购买相应的产品。例如学校要购买微型计算机，就可以通过购买服务组织的推荐，到指定的某计算机供货商那里以折扣价格购买，相应的该供货商要向购买服务组织支付一笔手续费。政府可以将弱势群体急需的服务和公益、养老、就业、培训等社会普遍需要的民生服务，转交给社会组织、企事业单位履行，以提高公共服务供给的质量和财政资金的使用效率，改善社会治理结构，满足公众的多元化、个性化需求。

四、网络销售

网络销售是指利用互联网来进行商品销售的模式。随着互联网的发展以及近几年智能手机的普及，上网人数持续增加，越来越多的年轻人开始接受以及尝试通过电商平台来进行购物。

（一）网络销售特点

1. 购物的便捷性

在这个时代，一部智能手机就足以满足人们的购买欲望。网络时代的消费者几乎可以随时随地、足不出户就买到自己所需的商品。

2. 商品选择范围广

对于喜欢货比三家的消费者来讲，网络购物绝对是一个不错的选择。即便消费者有再多的购物热情，愿意穿梭于各个商场寻找自己喜欢的物品，也会受到时间、地理位置等因素的限制，无法了解到尽可能多的商品信息，但是网络购物却可以轻松地获得同类或相似商品的各种信息，而且选择范围在空间上并不受限制。例如在亚马逊网、阿里巴巴等平台上可以买到全球的任何商品。

3. 价格优势

与实体店的价格相比，网上销售的同类商品的价格要更有优势。这是因为网上销售的商品无需在渠道中间商处流转，可以直接面向终端用户销售，中间交易成本可以大大压缩。而网购平台是虚拟商店，不需要像实体店一样支付租金、店面装修费、销售人员工资以及税金等，使得企业的营业成本大大降低。

4. 信息反馈性

在电子商务平台购物的过程中必然伴随着各种各样的信息流，而且这些信息公开、透明，可以及时地反馈给所有的网购者。对于商家来讲，可以在网上轻松地发布产品的有关信息，同时还可以直接跟消费者沟通、了解消费者对产品的意见，追踪市场需求的变化，及时对产品进行调整；对于消费者来说可以快速获得各类商家的信息，货比三家，同时还能够直接地了解其他消费者对产品的售后反馈，以便更准确地做出购买决策。

（二）网上销售的主要类型

1. B2B

B2B(Business to Business)是指企业与企业之间通过互联网技术来进行的商务交易模式。B2B 是电子商务时代最主要的一种表现形式。对于参与这个模式进行交易的企业而言，主要是通过互联网的平台来完成发布供求信息、下达采购订单、确认订货、货款支付、票据签发等活动，以促进交易的实现。例如阿里巴巴、聪慧网都属于 B2B 模式。

2. B2C

B2C(Business to Customer)是指企业与消费者之间通过互联网技术来进行交易的模式。B2C 一般以企业通过网络零售为主，借助于互联网直接面向消费者开展在线销售活动。消费者通过网络了解商品信息，进行购物和支付。目前，像苏宁易购、京东商城、天猫、1号店都属于这种模式。

3. C2C

C2C(Customer to Customer)是指个人与个人之间通过互联网技术来进行交易的模式。在这种模式下，买卖双方可以在在线交易平台进行商品的销售、拍卖和竞价。例如一个消费者想将自己的一台计算机售出，可以通过在线平台，卖给另外一个消费者，就属于这种交易模式。目前，采用 C2C 模式的主要有 eBay、淘宝网、易趣网、拍拍网等。

第四节　营销渠道管理

企业在确定了渠道方案之后，必须对每个渠道中的中间商进行挑选、培训、激励和评价。同时还要随时调整渠道设计和安排，包括扩展进入国际市场的可能性。

一、渠道的管理决策

（一）挑选渠道成员

对顾客来说，渠道就是企业。不妨设想，如果麦当劳、壳牌石油或梅赛德斯-奔驰的一个或多个分支机构或经销商一直表现得邋邋遢遢、效率低下或令人不快，将会给顾客留下多么恶劣的印象？

为了更好地挑选渠道成员，生产商应该确定用以甄别优秀中间商的特征——经商年限、其他产品的经营情况、成长和盈利记录、资金优势、合作态度以及服务声誉。如果中间商是销售代理商，生产商还要评价其所经销的其他产品的数量和特点，以及其销售队伍的规模和素质。如果中间商是要求专营性分销的百货商店，那么商店的地理位置、未来增长潜力和客户类型就至关重要。

（二）培训和激励渠道成员

企业要像对待最终客户那样对待中间商。企业需要明确中间商的需求，并为其设计合适的渠道产品，从而给他们提供高价值。

认真执行培训、市场研究以及其他能力建构方面的项目，能激励中间商并且提高他们的绩效。企业必须不断传达这样一种观念：中间商是企业的重要合作伙伴，二者携手才能满足最终客户的要求。微软企业要求第三方的服务工程师参与一系列的课程并参加资格证书考试。通过考试的人正式成为微软认证专家(Microsoft Certified Professional)，他们可以利用这个认证来开展业务。其他企业不采用考试的方法，而是通过顾客调查来考察。

1. 渠道权力

不同生产商管理分销商的能力千差万别。渠道权力是指改变渠道成员行为的能力，从而使他们采取本不会采取的行为。制造商可以动用以下权力来鼓励合作：

(1) 强制权力：制造商威胁，如果中间商不合作，就收回资源或终止合作关系。这种权力可能很有效，但行使此权力会招致中间商的不满，从而使他们组织起反抗力量。

(2) 奖励权力：中间商执行特定活动或功能时，制造商给予其额外奖励。行使奖励权力的效果通常比强制权力更好，但每当制造商想促成某一活动时，中间商可能都期待得到奖励。

(3) 法定权力：制造商依据合同规定要求中间商实施某种行为。只要中间商将制造商视为合法领导者，法定权力就生效。

(4) 专家权力：制造商拥有中间商看重的专门知识。不过，一旦中间商掌握了这项专门技术，专家权力就弱化了。制造商必须不断开发新的专业技术，只有这样，中间商才会想要继续合作。

(5) 借势权力：制造商广受尊重，因而中间商以与制造商合作为荣。例如，IBM、卡特彼勒和惠普等企业都有很高的借势权力。

强制权力和奖励权力客观上是可以观察到的；而法定权力、专家权力和借势权力则更为主观，依赖于各方识别并认可这些权力的能力和意愿。

大多数制造商将获得与中间商的合作视为一项巨大的挑战。他们经常使用各种正面激励的方法，例如较高的利润、特殊优惠、奖金、合作性广告补助、陈列津贴以及销售竞赛。有时他们也会采用反面制裁，例如威胁削减利润、暂缓交货或是终止合作关系。此种方法的弱点在于制造商采用的是简单应激的思考方式。

零售商在很多情况下掌握着营销渠道权力。例如有人做过估计，在制造商每周给全美各地的超市供应的150～250件新产品中，70%的产品消费者都不买账。制造商需要了解顾客、采购委员会以及商店经理的接受标准。AC尼尔森咨询通过访谈发现。如果有强力的证据表明顾客的接受度高，广告和促销计划是精心设计的，且财务刺激十分丰厚，则商店经理最易受到影响。

2. 渠道伙伴关系

精明的企业会努力与他们的分销商结成长期合作伙伴关系。制造商明确告知分销商自己想从它那得到什么，比如市场覆盖率、存货水平、营销开发、客户要求、技术建议和服务以及市场信息等，还可能会引入完成任务的奖励计划。

为了简化供应链并降低成本，许多制造商和零售商采用了高效消费者响应(ECR)的做法，从3方面管理他们的合作伙伴关系：① 需求侧管理，即与消费者合作，旨在通过联合促销计划和销售活动刺激消费者需求；② 供给侧管理，即与上游供应商合作，旨在通过联合管理物流和供应链环节来优化供给；③ 驱动力和整合力，即合作性的信息技术和流程管理工具，旨在支持能减少运营问题、提高标准化程度的联合活动。

研究表明，尽管ECR对制造商的经济绩效和能力发展有积极影响，但制造商可能会觉得不公平，因为他们承担了采用ECR的负担，却没有从零售商那里得到足够多的应有回报。

(三) 评价渠道成员

生产商必须定期按照一定标准评价中间商的表现。这些标准包括销售配额完成情况、

平均存货水平、向顾客交货时间、对损坏和遗失货品的处理方式以及对企业促销培训项目的合作情况。生产商有时会发现已向某些中间商支付太多，超过他们实际完成的工作。因为分销商仓库中有存货，一家制造商对其做出补偿，却发现分销商实际上将货物储存在由生产商付费的公共仓库中。生产商应该建立起职能性折扣，这样可以根据渠道成员对每项约定服务的表现向他们支付特定的报酬。表现不佳的渠道成员需要接受辅导、重新培训、激励或是终止合作。

（四）改进渠道设计和安排

没有一种渠道策略在产品的整个生命周期都奏效。在进入壁垒较低的竞争市场里，最佳的渠道结构无可避免会随着时间的推移而发生变化。新技术已经创造了数年前无法想象的网络渠道。这种改变意味着增加或减少传统渠道中的个别市场渠道或渠道成员，抑或开拓崭新的销售方式。

由于面临着亚马逊的竞争，连锁书店 Borders 的命运较为悲惨，该企业于 2011 年宣布破产。而另一家连锁书店 Barnes & Noble 的销量在 2013 年开始疲软，当年收入下滑 4%。2012～2016 年，该企业收入下滑超过 15%。2016 年沃尔玛斥资 33 亿美元收购电商平台 Jet.com 就被视为向亚马逊发起的挑战。

新企业刚起步时往往只用开展本地业务，通过几个现有的中间商专注于细分的市场。这时候识别最佳渠道可能不是问题，真正的问题在于如何使潜在的中间商接受企业的生产线。

企业成功后，可以利用不同的渠道开拓新市场。在较小的市场中，企业可能直接向零售商出售；在较大的市场中，企业可以通过分销商销售。在农村地区，企业可以与销售常规商品的商家合作；而在城市，企业可以与出售某些专营性产品的商家合作。企业也可以选择创建自己的网上商城，将产品直接卖给消费者，企业既可以授权专营性渠道，也可以通过有意愿销售产品的折扣店销售，企业可以在一个国家使用国际性的销售代理商，也可以在其他国家与当地企业开展合作。

早期购买者可能愿意为高附加值的渠道买单，但后来的购买者则会转向低成本渠道。办公室小型复印机最初是由制造商的直接销售人员销售，后来经由办公设备经销商，再后来通过大卖场，现在则是通过邮购企业和网络营销商销售。总而言之，渠道体系的演进受制于当地的市场需求和条件、潜在的威胁与机遇以及企业的资源和实力。

（五）渠道改进决策

生产商必须定期检查和改进渠道设计和安排。因为可能出现以下情况：分销渠道不能按计划运转；消费者购买方式发生变化；市场扩张；出现新竞争者；创新的分销渠道兴起；产品进入生命周期的最后阶段。

企业在增加或减少个别渠道成员时需要进行增量分析。顾客数据库和尖端的分析工具可以为这些决策提供指导。一个基本的问题是：使用或放弃这家中间商对企业的利润会产生怎样的影响？或许最困难的决策是：是否要修改整个渠道策略？例如由于越来越多的女性迈入职场，雅芳必须修改化妆品上门推销系统。

二、渠道冲突、合作和竞争

无论渠道设计和管理多么完美，冲突总是存在，最根本的原因在于各个独立的企业实体的利益很难达成一致。当一个渠道成员的行为妨碍其他成员实现目标时，渠道冲突就会发生。软件界巨头甲骨文受困于其得力的销售人员和合作伙伴之间产生的渠道冲突，因此采取了数种措施，包括使用新的“合作伙伴全权负责”计划。除了特定的一些战略性客户外，所有的交易都由精选的甲骨文合作伙伴提供渠道，而且允许他们发展价值十几亿美元的大客户。

渠道协调是指各个渠道成员搁置彼此可能互不相容的目标，而共同致力于实现整个渠道的目标。下面我们将考虑三个问题：渠道中出现的冲突类型有哪些？造成冲突的原因是什么？营销管理人员如何化解这些冲突？

(一) 冲突和竞争的类型

假设一个制造商建立了包括批发商和零售商在内的垂直渠道，力求实现渠道合作，并且为每个渠道成员带来更丰厚的利润。但是水平、垂直和多渠道的冲突都会发生。

1. 水平渠道冲突

水平渠道冲突是指存在于同一层次的渠道成员间的冲突。例如缤美意(Pizza Inn)比萨店的一些特许经营店抱怨其他一些特许经营店在配料上弄虚作假，服务质量低劣，损害了整个缤美意的品牌形象。

2. 垂直渠道冲突

垂直渠道冲突是指同一渠道中不同层次之间的冲突。当雅诗兰黛为了销售芭比波朗(Bobbi Brown)和倩碧(Clinique)这两个品牌而新建了一家网站后，Dayton Hudson 百货马上减少了摆放雅诗兰黛产品的空间。更多的零售商整合——美国最大的10个零售商每年占制造商平均交易额的80%——已经增加了零售商的价格压力和影响力。沃尔玛是包括迪士尼、宝洁、露华浓(Revlon)在内的许多制造商的最大买家。因此，沃尔玛能够要求这些制造商和其他供应商降低价格或提供更高的数量折扣。

3. 多渠道冲突

多渠道冲突产生的情况是制造商已经建立了两个或更多的渠道向同一市场销售，当某个渠道获得更低的价格时(如大量购买)或毛利较低时，多渠道冲突就会特别激烈。固特异(Goodyear)通过 Sears、沃尔玛和 Discount Tire 出售其他畅销轮胎的行为激怒了他的独立经销商，为了平息后者的不满，固特异向他们提供在其他零售店买不到的独家销售的轮胎型号。

(二) 渠道冲突原因

有些渠道冲突的原因容易解决，另一些却十分棘手。冲突产生的原因有：

1. 目标不一致

制造商想要通过低价策略快速渗入市场。经销商则恰恰相反，他们追求高毛利和短期盈利。

2. 角色和权利不明晰

惠普企业通过自己的销售人员向大客户销售个人电脑，但他授权的经销商也试图向大客户推销。区域边界和销售额的归属常常是冲突的根源。

3. 认知差异

制造商可能对短期经济前景持乐观态度，因此希望经销商提高存货量，但经销商对经济前景较为悲观。在饮料行业，制造商和经销商对于最佳广告战略常常发生争论。

4. 中间商对制造商的依赖

特许经销商的利益与制造商的产品和价格决策息息相关，这就为二者的冲突埋下了隐患。

（三）渠道冲突管理的策略

一些渠道冲突可以产生建设性的作用，使企业更好地适应不断变化的环境，但大多数的冲突会导致渠道运转不畅。企业面临的挑战不在于消除所有的冲突——这是不可能的——而在于如何更好地管理冲突。口头责备、罚款、扣除奖金以及其他方法可以惩罚违规企业，震慑其他企业。

1. 战略性解释

在某些情况下，一个有说服力的战略性解释——比如渠道成员们为不同的领域服务，因此竞争并没有他们想象的那么激烈——可以减少渠道成员之间的潜在冲突，可以为不同的渠道成员提供不同的产品。

2. 双重回报

双重回报是指为通过新渠道进行的销售向现有渠道付费。例如当一家保险企业开始在线销售保险，它通过支付给代理人 2%的佣金，激励他们为那些在网上获得报价的顾客提供面对面的服务。虽然这低于代理人典型的 10%离线佣金，但确实缓解了渠道间的紧张关系。

3. 高级目标

渠道成员可以就他们一致追求的初级和高级目标达成一致，无论该目标是生存、市场份额、高品质或顾客满意。当渠道面临外部威胁时，如出现了更有效的竞争渠道、出台了不利的法规或是消费者需求发生了改变，这种策略通常最有效。

4. 员工交换

一种有效的方法是在两个或两个以上层级间交换员工。通用汽车的主管可能会愿意到某些经销商店进行短期工作，某些经销商也可以在通用汽车的经销商政策部门工作一段时间。这样一来，一方的参与者就能对另一方有更深入的了解。

5. 会员互认

类似地，营销者可以鼓励不同行业协会之间设立共同会籍。例如，美国食品加工产业协会和美国食品营销协会进行了良好的合作，双方的会员企业代表了美国食品行业产业链的绝大部分，他们的合作推动了美国商品统一条件的开发应用。这两家协会可以一起考虑食品制造商和零售商之间的问题，并且以有序的方式解决。

6. 吸纳

吸纳是一个组织通过将另一个组织的领导者纳入其咨询委员会、董事会等以赢得这些领导者的支持。如果发起组织认真对待对方的领导人并听取他们的意见，吸纳就能减少冲突；不过发起方为了赢得对方支持，可能需要对自己的政策和计划做出让步。

7. 协商、调解或仲裁

当出现长期性或比较尖锐的冲突时，冲突方可能需要更强硬的手段。协商是指冲突双方都派出个人或团队与对方面对面地解决冲突。调解依赖于能协调双方利益且经验丰富的中立第三方。仲裁是双方同意把纠纷交由一个或多个仲裁机构，并接受其仲裁决定。

8. 诉诸法律

如果上述方法都无效，那么渠道成员可能会选择诉诸法律。当可口可乐公司决定向沃尔玛的区域仓库直接分销“动乐”(Powerade)解渴饮料时，60 家制瓶商抱怨这种做法会损害它们核心的店铺直送(Direct-store-delivery，DSD)业务并提起诉讼。后来，双方达成共识，共同开发新的服务和分销系统作为 DSD 系统的补充。

本 章 小 结

营销渠道决策是公司管理层面临的至关重要的决策。公司所选择的渠道将对其他营销决策产生深远的影响。公司利用中间机构是因为公司缺乏直复营销的财力资源，或者直接营销并不可行，抑或是通过中间机构营销公司更有利可图。中间商执行的最重要的功能有搜集信息、促销、谈判、订货、融资、承担风险、占有实体商品、付款和所有权转移。

制造商进入某个市场的渠道有很多。他们可以直接销售或者使用 1～3 个层次的渠道，决定使用哪一种渠道需要分析顾客需求、建立渠道目标、确认和评价可供选择的主要渠道(包括这些渠道中的中间商类型和数量)。渠道的类型很多，每一种中间商的类型都有自己的优势和劣势，选择何种渠道要根据自身产品、财务、管理等方面进行有效的决策。有效的渠道管理需要选择中间商并培训、激励他们，而目标是建立长期的伙伴关系，并使所有渠道成员获益。

所有的营销渠道都存在潜在的冲突和竞争，原因在于：目标不一致、角色和权利不明确、认知差异和相互依赖的关系。公司可以通过双重回报、高级目标、员工交换、吸纳以及其他途径管理渠道冲突。渠道安排取决于公司，但在实践中有一些法律和道德问题需要考虑，比如独家经销或排他性区域、搭售协议和经销商权利。

研究与讨论

(1) 什么是营销渠道？营销渠道具有哪些基本职能？

(2) 试评批发商的类型及其经营特点。

(3) 零售商在消费品营销渠道中有何作用？

(4) 简述渠道中间商管理决策程序。

(5) 如何设计营销渠道？

(6) 如何正确处理渠道成员之间的利益冲突？

▶▶ 案例分析一

亚马逊的成功之道

杰夫·贝佐斯于1995年创立了“全世界最大的书店”——亚马逊网站，但最为讽刺的是，亚马逊上的书没有一本归亚马逊所有。不过贝佐斯承诺要革新零售业。数年之后，他开辟了电子商务创新的新路，引来众多高管学习研究，无数企业纷纷效仿。

亚马逊最初通过提供比传统书店更多的有用的信息以及更多的选择，为每位消费者创造个性化的书店界面。读者可以对图书发表评论，并通过一个1～5颗星的系统进行打分。而浏览者可以依据有用程度对读者的评论打分。亚马逊的个人推荐服务汇总了购买习惯数据，并据此推测顾客的购书喜好。亚马逊也引入了具有变革意义的一键式购物，即让顾客只需点击一次就可轻松完成购买。

亚马逊在20世纪90年代末开始对自己的产品线进行多样化扩充，首先加入了DVD和录像带。然后开始销售消费性电子产品、游戏、玩具、软件、电子游戏和礼物。企业一直在扩大自己的产品种类，在2007年推出了“亚马逊视频点播”服务，消费者可以租赁或购买电视电影节目，然后在自己的电脑或电视上观看。2007年末，亚马逊推出了Amazon Mp3,直接与苹果的iTunes竞争，而且争取到了所有主流唱片企业的参与。

亚马逊推出的最成功的产品是著名的电子阅读器Kindle，它可以在数秒内获取成百上千的图书、杂志、微博和报纸。阅读器轻薄得如同一本杂志或平装书，从2009年起就一直是亚马逊最畅销的产品。如今，亚马逊网站上的产品几乎应有尽有。所有类型商品的卖家都可以在网站上销售，因此亚马逊成功地成为全球最大的网上零售商。

除了核心业务，亚马逊还运行“联盟”计划，该计划允许独立卖家和商家以不同方式向顾客推荐亚马逊产品，包括直接加链接、横幅广告，还有利用可以展示亚马逊产品多样性的小型应用 Amazon Widget，并且顾客完成最终购买后，他们都可以收取佣金。联盟会员只需承担低风险，并不要任何其他成本或编程知识，就可以轻松开设由亚马逊负责运营的网店。一个名为“亚马逊物流”的服务负责为顾客分拣、包装和运送商品。

亚马逊一直可以取得成功的关键在于愿意投资最新技术，使购物对顾客和第三方商家来说更快、更容易，也更个性化。2012年旺季，亚马逊每秒卖出大约306件商品，即每天的销售量为2600万件。有这么多的货物要运送，亚马逊一直寻找提高运货效率的方法也就不足为奇了。缴纳99美元年费成为亚马逊高级服务Amazon Prime的高级会员后，就可以享受亚马逊为百万件商品提供的无限次免费快递。虽然免费快递和价格折扣有时不受投资者欢迎，但贝佐斯相信这么做能提高顾客满意度和忠诚度，并且增加他们的购物频率。

2013年，亚马逊宣布和美国邮政总局合作，开始在周末送货。贝佐斯在电视节目中也预测不久以后，亚马逊可能会在距离配送仓库较近的地区使用无人机提供轻商品同日送达服务，不过一些批评者认为出于种种原因，这一设想不可能实现。

亚马逊在扩充商品线的过程中自始至终都保持竞争力和低价。企业深知低价的重要性，这样才能推动使亚马逊成为市场领军者和地域扩张所需的销量。然而，亚马逊以极低的折扣价销售图书的做法让出版业的一些渠道伙伴深感不安，因为此举表明亚马逊有意成为独立出版商。

从一开始贝佐斯就强调，虽然亚马逊是以在线书店起家，但他希望最终将其建成一个向所有人售卖一切商品的网络平台。公司将继续大力投资科技，并着眼长远，通过业务广泛的 Amazon Web Services 将自己成功定位为一家科技公司。这种基础服务的不断完善可以满足几乎所有规模的虚拟零售公司的需求。亚马逊已经多次成功实现自我革新，为全世界的商家创造了一个重要渠道，使他们能接触到全球近 20 亿的消费者。

思考：

(1) 当很多企业失败的时候，为什么亚马逊的网上业务成功了？

(2) Kindle 会颠覆传统图书行业吗？为什么？

(3) 亚马逊的下一个目标是什么？企业还能向哪个方向发展。

▶▶ 案例分析二

Costco 的营销管理策略

Costco 的使命是“不断为我们的会员以尽可能低的价格提供优质的产品和服务”。Costco 于 1983 成立，在 30 多年的时间里突飞猛进，一跃成为全球排名的第二大零售商，目前有超过 7500 万持卡会员，营业额超过 1100 亿美元，Costco 的成功来源于多年来通过营销、价格策略和成本消减政策创造的顾客忠诚度。

Costco 营销策略的重点是以极低的价格提供丰富的品牌商品和自营商品。但是与一般食品杂货店的 4 万个最小存货单位(SKU)或沃尔玛的 15 万个 SKU 相比，Costco 只有 3750 个左右的 SKU——在同一品类中只向一家供应商采购那些具有最畅销的品味、规格、型号和颜色的商品。例如，Costco 只销售四种品牌的牙膏，而沃尔玛则销售 60 种。这种高效的产品采购模式带来了如下好处：大批量销售、高存货周转率、极低的价格和更好的产品管理。

Costco 直接从制造商处采购，商品直接运送到它的仓库或分仓库，在 24 小时内再从分仓库重新配送到仓库。这个过程没有分销商和中间商的参与，节省了与存储、运送和处理相关的成本。在仓库中，货物已拆装，堆在托盘上，随时准备出售。

多年来，Costco 为了不断延伸自己的产品和服务，从销售简单的盒装商品如麦片和纸制品，逐步扩展到出售生鲜食品和花卉，这些产品要求摆放精美、管理精细。如今，公司销售的产品包括乳制品、烘烤食品、海产品、服装、书籍、电脑软件、吸尘器、家电、电子产品、珠宝首饰、轮胎、艺术品、葡萄酒、白酒、浴盆和家具。Costco 的服务部门包括配药、验光、照片处理、美食中心和加油站。公司的自有品牌 Kirkland Signature 以比同类品牌产品更低的价格提供高品质的商品——从纸尿布、床单到咖啡和化妆品——而受到消费者的青睐。

在 Costco 销售的 4000 种商品中，有 3000 种是常规商品，而且长期售卖；而余下的 1000 种属于 Costco 的“寻宝”商品，这些特殊商品只在短期内售卖，且比较少见，包括 Coach

手袋、Waterford 水晶和昂贵的珠宝。Costco 相信这些“寻宝”商品可以令顾客兴奋，提升他们的忠诚度，吸引人们一次次前来“寻宝”，流连忘返。

公司的定价策略也很透明，它将任何品牌的加价控制在 14%以内，任何自有商品的加价控制在 15%。(相比之下，超市和百货商店的加价一般在 25%～50%。)如果制造商价格过高，Costco 就会剔除这种商品。Costco 的创立者和前任首席执行官吉姆·塞内加尔(Jim Sinegal)解释道：“传统零售商会说‘现在我以 10 美元的价格出售此商品。我想知道为什么不能提高到 10.5 美元或 11 美元呢？’而我们会说：‘现在我们以 9 美元的价格出售这件商品。怎样才能把价格降到 8 美元呢？’”有一种常规商品是热狗加饮料套餐，从 1985 年起价格就维持在 1.5 美元不变。2013 年 Costco 仅在美国就销售出总价达 1.68 亿美元的这种套餐。

Costco 的成本削减策略广泛运用于其遍布全球的 634 家仓储式商店。大多数商店平均面积约为 14.3 万平方英尺，经过精心设计可以使销售空间、商品摆放和库存管理达到最优化的水平。商店的装饰十分简单：水泥地面，简单的标牌，产品直接摆放在货盘上。中央天窗和日间照明系统可以监控能源使用情况，公司不提供购物袋，这也有助于减少成本。作为替代，顾客可以使用自己的袋子或是放在收银台附近的用剩下的纸箱或板条箱来装商品。Costco 在营销和促销方面花费很少，除了偶尔通过直接邮寄吸引潜在的新会员或向老会员寄送折扣券。

不过 Costco 没有在职工待遇上削减开支。职工平均时薪是 17 美元，比山姆会员店的薪资高 42%。除此之外，85%的职工拥有医疗保险，这一比例比 Target 和沃尔玛高出两倍以上。因此，Costco 的员工流动和员工内部偷盗发生率都很低，而且员工都经过良好的培训，工作中兢兢业业。Costco 忠实的顾客群欣赏的是它的低折扣源于战略性商业规划，而非以损害员工的利益为代价。

Costco 的顾客不仅非常忠诚，而且多数很富裕。他们的平均家庭年收入是 74000 美元，31%的家庭年收入超过 10 万美元。Costco 的会员费从每年 55 美元起步，可以升级到“尊享”(Executive)级别，这一级别的会员可以享受更多好处。Costco 只接受借记卡、现金、支票和美国运通卡支付。虽然有会员资格的顾客才能在实体店消费，但没有会员资格的顾客可以在网上购物，他们需要为每一笔采购支付 5%的费用。

Costco 的成功源于对一系列经营实践的专注：出售数量有限的商品；保持低成本；依赖大销量；支付高工资；要求消费者成为会员；定位服务于高端消费者和企业主。这些经营实践帮助 Costco 取得了诸多成就，包括在世界 500 强中名列第 22 位，在《财富》最受尊敬企业的榜单中名列第 23 位。Costco 也是第一家在不到 6 年时间内销售额从零飙升到 30 亿美元的公司。

思考：

(1) Costco 的渠道管理流程有何特殊之处？哪些部分值得其他零售商借鉴或使用？

(2) Costco 可以在哪些方面进行改进？它是否应该提供更多的产品或做更多的广告？为什么？

第十一章 促销策略

学习目标

(1) 掌握促销的流程与策略；
(2) 熟悉开发一个广告方案需要的步骤；
(3) 掌握营销者应该如何选择广告媒介和测量广告效应；
(4) 掌握公司制定促销决策的方法；
(5) 熟悉事件和体验营销的策略；
(6) 掌握公司开发公共关系和宣传的潜力；
(7) 应用促销组合理论分析公司促销中存在的问题。

案例导入

由于互联网的普及，营销者使用人员传播的数量大幅增长，尽管如此，大众媒体仍然是大多数营销传播方案中的重要组成部分。然而，“好广告等于好生意”的时代早已过去。为了激发消费者的兴趣和刺激销售，需要用其他传播方式来对大众媒体进行补充并认真整合。例如，凭借全面整合性的“为母亲喝彩”奥运主题活动，宝洁获利颇丰。

继在2010年温哥华冬季奥运会作为美国国家队的赞助商并带来约1亿美元的收入增长之后，宝洁又签约成为2012～2020年连续五届夏季与冬季奥运会的官方赞助商。该公司瞄准的是女性的“照顾者和家庭的主心骨”作用，其赞助行为得到了“为母亲喝彩”全球多媒体营销活动的支持。在2012年伦敦夏季奥运会的网络与电台广告活动中，广告片《最佳工作》声情并茂地刻画出了奥运冠军背后的母亲的伟大作用。每条广告结尾都显示了宝洁的公司标志及其一些价值上亿美元的大品牌，如帮宝适、吉列、金霸王和Bounty等。在此次全面整合性的活动中，超过7000万美国观众看过至少一条数字广告或视频。此次活动还结合了促销、公共关系、事业营销及其他传播方式，力图“在204个国际市场，面向各个层次，在各种平台上，从智能手机到店铺，令消费者完全融入其品牌与信息中”。宝洁的营销人员估计，公司从该活动中获得了2亿美元的销售额增长。在2014年俄罗斯索契冬季奥运会中，公司发起了“把他们扶起来”的活动，“生动描绘了母亲赋予子女的谆谆教导与无私关爱，以达到向全球运动健儿的母亲表达敬意的目的”。其他在线视频还讲述了不同国家奥运健儿的真实生活故事。

尽管宝洁的多媒体奥运广告运动大获成功，但是其他经营者还在试图掌握如何在这个不断更新的、不断改变的传播环境中最有效地使用大众媒体。在本章中，我们将介绍四种大众传播工具的性质和用途：人员推销、广告、事件和体验以及公共关系。

第一节　促销的概述

促销是营销活动中的关键组成部分，它由各种激励工具，主要是短期激励工具构成，用来刺激消费者或经销商更快或更多地购买特定产品或服务。广告提供了购买的原因，而促销提供了一种激励。

一、广告与促销

尽管近年来促销支出在预算支出中所占的比例有所上升，但在一些商品中，它的增长速度开始变慢了。例如，近年来随着中国家用汽车市场的饱和，汽车制造商在此期间采用过零利率贷款、大量现金折扣、赠送相关服务功能和特别租赁计划等手段，但他们发现此后很难再让消费者接受不含折扣的价格了。

有些促销工具的目的是建立消费者特许权。这些工具伴随促销传递一种销售信息，比如免费样品、购买频率奖、带有销售信息的优惠券和与产品相关的赠品等。通常非品牌建立型的促销工具包括减价包装、与产品无关的消费者赠品、竞赛和抽奖、消费者返利和经销商折扣等。

在品牌相似度高的市场中进行促销能够在短期内产生较强的销售反应，但在长期得不到永久性增长。在品牌差异度高的市场，促销可能会永久性地改变市场份额。除了品牌转换，消费者可能还会囤积产品，即比通常更早购买(购买加速)或购买多余数量。但促销之后，销售可能会有所下降。

价格促销可能会无法永久性地增加整个产品类别的销量。针对超过 1000 个促销进行的一项研究指出，只有 16%的促销得到了回报。市场份额小的竞争者可能会受益于促销，因为他们在广告预算方面无法与市场领导者相抗衡，也无法在不提供经销商折扣的情况下获得货架空间，或是在不提供激励时鼓励消费者试用。优势品牌进行促销的频率较低，因为大多数促销只是补贴当前使用者。

建立消费者特许权的促销可谓一箭双雕——在销售产品的同时建立品牌资产。麦当劳、宝洁、星巴克都曾送出过上百万份新产品的样品，因为消费者喜欢它们，而且样品经常能为高质量产品带来更高的长期销量。宝洁的洗衣粉品牌 Gain 的“一嗅钟情”(Love at First Sniff)广告运动使用了直邮和店内香味撕纸以及“货架视觉电视”(Shelf Vision TV)来吸引消费者去闻他的商品，这使得出货量比预计增长了将近 500%。

增长速度最快的促销工具是数字优惠券，消费者可以利用智能手机进行兑换或者下载到打印机上。数字优惠券没有印刷成本，减少了纸张浪费，容易更新，并且兑换率更高。每天有上千万人访问大众点评网以获知本地区的餐馆美食、购物、休闲娱乐、生活服务、活动优惠打折信息等。现在许多零售商会根据消费者购买历史为客户提供定制的优惠券。

二、促销的作用

1. 加强公司与消费者的沟通

在现代市场经济活动中，不管是生产经营单位还是消费者，都迫切地希望获得尽可能多的市场信息。对于生产经营单位而言，掌握消费者对产品及服务环节的意见，有助于公司及时对自身的不足进行完善，以便更好地满足消费者的需求、带动消费。对于消费者而言，他们希望获得商品的各种信息，以帮助自己在琳琅满目的商品中，做出称心如意的选择。促销活动能够将生产经营单位及消费者良好地串联起来，增进双方之间的沟通和交流，各取所需。

2. 加强消费者对品牌的认知

很多新产品在进入市场初期，往往不能轻易地吸引消费者的注意，促使其尝试购买。这其中的原因有很多。首先，新产品在市场上鲜有人知，消费者在选购商品时习惯性地直奔熟悉的品牌，从而使得新产品成为选购的“盲区”；其次，消费者对已有品牌存在忠诚度，忠诚度越高，消费者越不容易转向新品牌购买；最后，购买新产品存在一定的风险，如果新产品不符合消费者的需求，则会增加消费者的重置成本，例如对于食物口味有偏好的消费者，就很难接受新口味，在尝试购买以后，如果发现不适合，往往容易引起消费者的厌恶。因此，部分消费者对于新产品具有抗拒心理。而促销活动对产品进行广泛的宣传，可以增进消费者对于产品的认知，改变一些消费者的使用习惯，同时一些免费试用、赠送的促销活动还可以降低或免除消费者初次购买的成本，从而更加容易吸引消费者的注意。

3. 刺激消费，扩大销量

一般来说，消费者在初次使用了产品以后，如果没有不满意的地方，那么就有可能再次购买，但是这种购买欲望一开始并不强烈。此时，公司可以通过促销手段来调动消费者的购买欲望，培养消费者对产品的兴趣，尽快地将潜在的消费者群体固定下来。这是因为，大多数的消费者比较容易受促销活动的经济刺激，当促销价格或促销优惠让他们觉得有利可图的时候，就会驱使他们采取购买行动，增加购买量。现实生活中容易囤积的产品，在商家采取优惠促销的情况下，购买量往往会大量提升。比如洗衣粉、沐浴露、家庭卫生用纸等。除此以外，在促销活动的带动下，还有可能将消费者的购买视觉扩大到商场里的其他商品，带动这些商品销量的增长。

4. 培养及强化品牌忠诚度

对于公司而言，要获得长期发展的动力，就必须要有销售量的保障，而销售量的稳定往往来自公司的长期消费者。为此，公司有必要适时地针对这些老消费者进行相应的激励，比如在每年的各个例行的节假日，公司可以开展促销活动来让利消费者，以表达对广大消费者的酬谢。同时针对一些特别的消费者，如 VIP 消费者，公司还可以提供积分兑奖、生日赠送礼品等做法，来巩固这些特别的消费者的忠诚度。

5. 抵御竞争对手

当竞争对手采取促销手段来争夺消费者的时候，为了抵消其促销活动带来的市场效应，公司最为普遍的做法就是同竞争对手采取相同的促销手段。这是因为促销活动的市场渗透力强，能够加速市场的占有，如果自身不加以还击，就有可能流失大量的消费者。同样的，竞争对手也会在企业采取促销活动的情况下，做出相似的反应，以达到针锋相对、互相抵消的作用。

三、促销的流程与策略

在使用促销时，公司必须建立目标、选择工具、制订方案、实施并控制方案以及评估结果。

（一）建立目标

促销目标源自传播目标，而传播目标源自根本的产品营销目标。

对消费者而言，促销目标包括在使用者中鼓励更频繁地购买或更大的购买量、使未使用者进行试用以及从竞争品牌处吸引转换者。如果能够使一些品牌转换者试用品牌，那么促销就能达到提高市场份额的目的。最理想的情况是，对消费者进行促销既能够产生短期销售影响，又能够对长期品牌资产产生效果。

对零售商而言，促销目标包括说服零售商购入新产品或持有更多库存、鼓励淡季购买、鼓励囤积相关产品、抵制竞争者的促销、建立品牌忠诚以及获得新零售店惠顾。

对销售人员而言，促销目标包括鼓励他们支持一款新产品或新型号、鼓励他们寻找更多潜在客户以及刺激淡季销售。

（二）选择促销工具

促销策划者应该考虑市场类型、销售促进目标、竞争环境和每种工具的性价比。促销的工具有样品、优惠券、返现(回扣)、特价包装(减价促销)、常客奖励计划、赠品(礼品)、奖品(竞赛、抽奖、游戏)、光顾奖励、免费试用、产品质保、搭售促销、交叉促销等。制造商促销，例如汽车行业的制造商促销包括回扣、为鼓励试驾和购买而发送礼品以及高值换购积分。零售商促销包括降价、专题广告、零售商优惠券以及零售商竞赛或奖金。

（三）制订方案

在策划促销方案时，营销者越来越多地将几种媒体混合到一个整体活动概念中。在促销方面三星的获奖促销比较成功。

三星为了宣传它最昂贵的(450 美元)相机品牌 Galaxy Camera，开发了一项巧妙的移动设备社交活动——“人生如画，尽情拍吧”。在为期两个月的竞赛中，来自 8 个国际市场的 32 位在手机应用 Instagram 上最具有影响力的人物被邀请利用他们最喜欢的手机应用软件来赢得三星 Galaxy Camera 相机。他们的任务是使用这个新相机向他们的 Instagram 和 Tumblr 社区展示该相机的成像效果有多好。每个星期该相机都有一个新的特色被展示出来，同时粉丝们为最喜欢的照片进行投票。记录这次活动的一段视频得到 130 万次观看，Galaxy Camera 的品牌知晓度提高了 58%，而且购买意向提升了 115%。

在决定使用某一特定激励时，营销者必须首先确定其规模。促销想要成功，特定的最低额度是必需的。其次，营销经理必须建立参与条件。激励可以面向每一个人，也可以面向特定的群体。第三，营销者必须决定促销的持续时间。第四，营销者必须选择一个分发媒介。一张减让 5 元的优惠券可以装入产品包装、店内派发、邮寄、在线派发或在广告里分发。第五，营销经理必须确定促销的时机。最后，营销经理必须确定促销的总预算。促销成本等于管理成本(印刷、邮寄和宣传)加上激励成本(赠品或打折的成本，包括优惠券兑换成本)，再乘以期望销量。确定优惠券促销的成本时，应该考虑到只有一部分消费者会兑换优惠券。

(四) 实施和评估方案

营销经理必须准备好实施和控制计划，考虑到每个促销的提前期和销售延续时间。促销提前期是在实施方案前进行准备所需的时间。销售延续期开始于发起促销的时候，结束于大约 95%的促销商品已经在消费者手上的时候。制造商可以使用销售数据、消费者调查和实验来评估方案。

1. 销售(条码扫描)

销售(条码扫描)数据可以帮助分析使用促销的人群类型，促销之前他们购买什么以及之后他们面对该品牌和其他品牌时的行为如何。当促销吸引了竞争者的消费者并使其转移到自己的品牌上时，促销是最成功的。

2. 消费者调查

消费者调查可以揭示有多少消费者能够回忆起促销，他们对促销的看法如何，有多少人使用了促销以及促销对后来的品牌选择行为产生何种影响。

3. 实验

实验可以随激励价值、促销时间长度和分发媒体等属性的不同而改变。例如，可以将优惠券发给消费者样本中的半数家庭。扫描数据可以追踪优惠券是否以及何时促使更多的人购买了产品。

额外的促销成本包括促销可能会有使品牌忠诚度降低的风险，或者促销可能要比它们看上去更加昂贵。有些促销不可避免地被分发给了错误的消费者。特殊定制品、额外的销售人员努力和特殊要求也导致其他成本。最后，某些促销会刺激零售商，导致它们可能会要求额外的贸易折让或拒绝合作。

第二节 人员推销

人员推销是公司通过派出销售人员与一个或一个以上可能成为购买者的人交谈，作口头陈述，以推销商品，促进和扩大销售。人员销售是销售人员帮助和说服购买者购买某种商品或劳务的过程。

人员推销是最传统的，也是最不可缺少的促销方式。公司进行人员推销决策时，要制定销售队伍的组织结构，人员规模和职责等。另外，销售人员也是公司的资源和财富，如果由公司花费很多时间和金钱培养起来的优秀销售人员因故离开了，将会给公司造成巨大的损失，因此公司还必须加强对销售人员的管理。

一、人员推销特点

1. 销售的灵活性

与消费者面对面进行洽谈是人员推销的显著特征。通过这种推销模式，销售人员可以

直接了解消费者对产品的要求、购买动机、购买习惯，进而可以根据不同消费者的特点，确定具体的推销方案、推销手段，并有针对性的进行适时调整，以达到强化推销的效果，提高推销的成功率。

2. 信息传递的双向性

在销售的过程中，推销人员与消费者之间可以进行有效的沟通，互换信息。从消费者的角度来说，通过与推销人员的交谈，可以直接了解产品的功能、质量、价格、使用说明、售后等相关信息以便更好地做出购买决策；从推销人员的角度来说，通过与消费者的交流，可以及时掌握消费者对公司及其产品的态度、要求和意见，并将这些信息反馈给公司，为公司制定和调整营销策略提供市场依据。

3. 买卖关系的情感性

推销人员在销售的过程中，需要与消费者直接打交道，在此基础上，双方通过情感交流，可以增进彼此之间的理解和信任，逐渐建立起良好的友谊关系，使消费者能够更容易接受推销人员的介绍，尝试使用或者持续购买某种产品。通过维持这种在销售过程中建立起来的友谊关系，可以培养消费者对产品的忠诚度，进而稳定产品的销量。

4. 推销成本高

人员推销的成本比较高，尤其是在市场范围比较大的情况下，为了增强人员推销的效果，覆盖较多的消费群，公司往往需要在人力、物力、财力和时间等各方面增加投入，因此往往推销成本会比较高。

5. 管理难度大

随着市场竞争的加剧，新的产品、技术层出不穷，公司对推销人员的素质和能力的要求也越来越高，一方面，推销人员要掌握各种销售技巧，并且能够熟练地运用它们；另一方面，推销人员还必须能够掌握与产品有关的信息，以便对消费者进行介绍和答疑。而从目前的从业市场来看，推销人员的入行门槛一般比较低，从业人员的素质参差不齐，流动率高，公司要对销售人员进行有效管理，往往比较困难。

二、人员推销的对象

人员推销活动的开展，首先必须确定推销的主体，这是正确采取推销手段的前提。通常，可以将人员推销的对象分为制造商、中间商和消费者三大类。

1. 向制造商推销

制造商采购的主要目的是满足生产的需要，所需的物品主要是原材料、物料、零配件、设备等，由于采购的物品直接与生产相关，并且影响制造商的成本和效益，因此，制造商在选择采购对象时一般都比较谨慎，不会轻易做出决定。推销人员要获得制造商的信任，同时说服他们进行购买，就必须在推销之前，做好充分的调研工作，包括了解制造商的经营管理、生产规模、产品类别、技术类型和资金情况等主要信息，在推销时尽量地突出产品的特点、采购优惠、使用帮助、技术支持及售后服务等内容，以获得制造商的信任。

2. 向中间商推销

渠道中间商主要是以赚取购销商品的差价作为自己的利润。在一定程度上，中间商销售的产品好坏会直接影响到他们的销量。为了保障自己的利润，中间商通常都不会轻易去销售质量没有保障、缺乏市场前景、品牌形象差、进货成本高及存在推广问题的产品，因为所有冒险的行为都有可能给他们带来库存的积压、消费者的投诉，甚至是经营的风险。因此，在进货时，中间商也与生产用户一样，会根据市场行情、业务经验，理性处理购买行为。对推销人员来说，面对业务知识丰富、熟悉商品行情的中间商，显然要具备相当的业务能力和较高的推销技巧，才能够成功说服他们进行购买。

3. 向消费者推销

相比起制造商、中间商群体，消费者群体的规模要大得多，而且更加分散。大多数的消费者在购买商品时，受购买需求、购买动机、购买力、购买习惯和个人身份特点等诸多因素的影响。购买行为有理性消费，也有非理性消费。对于推销人员来讲，应付这些千差万别的消费者，要采取的推销技巧因人而异。这就需要推销人员要加强与消费者的沟通，准确而恰当地把握消费者的需求，施以不同的推销技巧，与他们构建良好的买卖关系，提高推销的成功率。

三、人员推销的基本形式

1. 上门推销

上门推销是推销人员直接走访消费者，并将携带的产品目录、样品、使用说明书和订单展示给消费者，通过面对面的解说，以说服消费者购买的一种推销形式。这种推销形式的优势是十分明显的，消费者可以直接与推销人员接触，并通过推销人员的描述和展示，形成对产品的初步认识，即便推销不成功，也可以让消费者留下良好的第一印象。当消费者要购买同类产品时，如果能够记起这个推销员及其推销的产品，将会大大地提高购买的几率。上门推销是最常见的人员推销形式，在国外比较流行，由于国内消费者消费心理的习惯、目前这种推销的方式在国内的发展仍受到限制，但从推销的效果来讲，是一种值得推广的方式。

2. 柜台推销

柜台推销是公司在特定的区域设置固定的场所，陈列商品等客上门，然后由销售人员接待消费者并介绍商品的一种推销形式。相较于上门推销，柜台推销的成功率更高。因为在上门推销的模式中，由于推销人员主动上门，消费者或多或少会对推销人员的到来感到突然，而对商品不感兴趣的消费者，甚至会觉得反感，这无形中会减少购买的几率。而柜台推销基本是消费者主动上门寻找商品，购买的目的性、针对性和可能性都比较强，而且由于店面的商品种类齐全，有一定的存货，不仅能够满足消费者多方面的购买要求，而且能够为消费者提供更多的方便，即便商品出现任何问题，消费者还可以直接前往该门店寻求帮助。当然，对于喜欢逛街消费的消费者来讲，柜台推销还能获得一种比较好的购物体验。

3. 会议推销

会议推销主要是利用各种会议寻找特定消费者，并向与会人员介绍、宣传和销售产品的一种推销形式，常见的会议推销有展销会、订货会、交易会等主要的形式。近几年，这种推销形式在我国逐渐兴起，并且受到公司和广大消费者的欢迎，这主要是因为会议推销的形式本身具有一些显著的特点。对于公司来说，通过这种推销形式可以集中地向多个消费者推销产品，让品牌在短期内为大众所熟悉，投资较少且回收较快；对于消费者来说，通过这种推销形式，可以一次性对多家公司的产品进行选购，减少消费者辗转于各家门店的时间耗费，同时在这种购买形式中，由于大多数的公司为了吸引消费者大量购买，都会有试用、赠送或折扣的优惠行为，消费者可以获得一定的好处，因此受到大多数消费者的欢迎，像每年在广州定期举行的广交会就是一个很好的成功典范。

四、推销人员的基本素质

人员推销是一个既涉及沟通又涉及销售和服务的复杂过程，它能够产生经济效果，离不开一支优秀的销售队伍。大量的营销实践表明，营销人员必须具备相关的素质和能力，才能够胜任销售工作，完成公司的销售任务。

1. 良好的职业道德

良好的职业道德是当今所有销售从业人员都应该具备的基本素质。主要可以从两个角度来说，一是对消费者的诚信，二是对公司的忠诚。

一个成功的推销人员，在推销产品的过程中，不仅仅是在推销产品，而且还是在推销自己。推销人员只有先成功地将自己推销出去，获得消费者的认可和信任，才有可能进一步地说服消费者进行购买，这是推销成功的先决条件。而推销人员要获得消费者的认可，首先必须要做到的就是对消费者诚信，实事求是，真心诚意为消费者服务，设身处地为消费者着想，不弄虚作假，不哄骗欺诈，恪守职业道德。

同时，推销人员作为公司的雇佣对象，在执行推销工作的过程中，还必须时刻维护公司的利益，不向竞争对手出卖公司的商业信息，在自己的工作职责范围内尽最大的努力完成公司指定的销售任务。

2. 强烈的敬业精神

人员推销是一项非常辛苦的工作，推销人员如果想要提高自己的业绩，就必须具有强烈的事业心和高度的责任感，不辞辛苦，勇于探索。在执行推销业务的过程中，要不断地总结经验教训，认识自己的不足，自我提高，并将这些思考和经验积累不断应用到工作当中，这样才有可能使推销工作获得成功。而在这个过程中，强烈的敬业精神是促使推销人员达到最终目标的前提条件，因为推销工作不能假手于他人，只有靠自己的实际行动和时间积累才会成功。

第三节 广 告 促 销

广告是为了某种特定的需要，通过一定形式的媒介，公开而广泛地向公众传递信息的宣传手段。

广告是一种低成本高收益的信息传播方式，无论是用来建立品牌偏好，还是育人施教，广告都能够达到良好的传播效果。即使在今天这个富有挑战性的媒体环境中，好的广告依然能创造收益。

在开发广告方案时，营销管理者必须从识别目标市场和购买者动机开始，然后他们可以做出五个主要决策：任务——我们的广告目标是什么；资金——我们能够支出多少钱；如何在不同媒体类型之间进行分配；信息——广告活动应该传递什么信息；媒体——我们应该使用哪种媒体；测量——我们如何评估结果。

一、设定广告目标

广告目标必须产生自先前的关于目标市场、品牌定位和市场方案的决策。广告目标是指在一段特定时间内针对特定受众所要实现的特定传播任务以及要达到的程度。广告目标分为告知、说服、提醒和强化四类。

1. 告知型广告

告知型广告的目标是为新产品或现有产品的新特性创造品牌知名度和知识。如高露洁、宝洁和联合利华等日用消费品公司常常侧重于关键的产品优势。

2. 说服型广告

说服型广告的目标是创造对产品或服务的喜欢、偏好、信念和购买意愿。一些说服广告属于比较型广告，对两个或更多品牌的属性进行直接比较。例如，克莱斯勒为 Dodge Ram 车型所做的电视广告中问道："如果你的 Ram 没有了马力、组距和保修范围会怎样？噢，结果你得到了一辆福特 F-150。"如果能够同时激发消费者的认知情感动机，并且当他们用细致的分析方式处理广告信息时，比较型广告的效果最佳。

3. 提醒型广告

提醒型广告以促进产品和服务的重复购买为目标。杂志上华丽的可口可乐四色广告就是在提醒人们购买可口可乐。中央电视台的脑白金广告，则提醒年轻群体在送中老年人礼品时要选脑白金。

4. 强化型广告

强化型广告的目标是说服现有购买者相信自己做出了正确选择。汽车广告中常常会刻画那些享受着自己新车特性的满意消费者。

广告目标应该产生于对现有市场情况的透彻理解。如果产品处于成熟期，公司是市场领导者，并且品牌使用率低，那么目标应该是促进更多的消费者来使用；如果产品是新推出的，公司并非市场领导者，并且品牌比领导者的好，那么目标应该是说服市场相信品牌的优越性。

二、决定广告预算

公司如何能知道自己用于广告的开支是适当的？尽管广告被当做一种当前支出，部分广告开销确实当属一项能够建立品牌资产和客户忠诚度的一笔投资。当公司在固定设备上

花费 500 万元时，它会将设备看作折旧期为 5 年的资产。并且在第一年只冲销全部成本的 1/5。而当它为推出一款新产品在广告上花费 500 万元，必须在第一年冲销全部成本，并减少其账面利润，即使广告效果可能在多年之后才会体现出来。

(一) 影响预算决策的因素

1. 产品生命周期阶段

新产品一般需要花费高额的广告预算来建立知晓度并获得消费者试用。成熟品牌通常需要的广告预算在销售额中所占的比例较低。

2. 市场份额和消费者基数

市场份额较高的品牌要维持份额，一般需要的广告支出占销售额的比例较低。而通过扩大市场规模来提高市场份额时则需要更多的广告支出。

3. 竞争和干扰

在拥有很多竞争者、广告支出高的市场中，一个品牌必须做大量广告才能脱颖而出。即使是与同品牌无直接竞争关系的广告也会造成干扰，公司需要做更多的广告。

4. 广告频率

向消费者重复品牌信息的次数对广告预算有明显的影响。

5. 产品可替代性

产品差异度较低或是相似度较高的产品类别(啤酒、软饮料、银行和航空公司)，其品牌需要大量广告来建立独特的形象。

(二) 广告弹性

广告的主要反应函数通常是凹形的，但也可能是 S 形的。当消费者反应呈 S 形时，需要一定数量的广告产生销售影响，但销售增长最终会趋于平缓。

一项经典研究发现，在半数情况下，增加电视广告的预算能够对销售产生显著影响。对于新产品和生产线延伸来说，当文案或媒体策略有所改变时(如扩大目标市场)，其广告成功率比成熟品牌更高。当广告使销售增长之后，其影响在支出高峰期后能够持续两年。长期销售增长大约是增加广告支出第一年所带来的销售增长的两倍。

三、广告开发策略

广告商采用艺术与科学两种手段来开发广告的信息策略或定位(即广告试图传达品牌的什么信息)与创意策略(即广告如何表达品牌诉求)。他们使用三个步骤：信息产生和评估、创意开发和执行以及社会责任审核。

(一) 信息产生和评估

广告商总是在寻找出色的创意，以求在理性和感性上引起消费者共鸣，将品牌与竞争者区分开，这些创意还必须足够宽泛和灵活，才能使用于不同媒体、市场和时间段。想要创造独特的诉求和定位，新鲜的视野至关重要。

一个好的广告一般只强调一个或两个核心卖点。在完善品牌定位的过程中，广告商需要进行市场调研，确定哪种诉求对其目标受众来说效果最好，然后准备一到两页的创意摘要。它是定位陈述的详细解释，包括对关键信息、目标受众、传播目标(行为、认知、信念)、关键品牌优势、对品牌承诺的支持及媒体等考虑因素。

在做出选择之前，广告商应该创造多少备选的广告主题？广告主题越多，越有可能找到一个优秀主题。幸运的是，广告公司的创意部门能够通过在电脑文件中绘制静态或动态图像，以低廉的成本在短时间内创造出很多备选广告。营销者还能够通过利用消费者作为创意团队而大幅削减创意成本，这种策略有时被称为“开源”或“众包”。

匡威是最先使用消费者创作广告的主要营销者之一，它的获奖活动“品牌民主”(Brand Democracy)在一系列电视和互联网广告中使用了消费者制作的影片。亨氏的“电视短片挑战赛”曾邀请公众为亨氏番茄酱品牌创作广告，获胜者将赢得 57000 美元。活动收到了超过 6000 份作品，吸引了上千万次在线浏览，销售量连年上涨超过了 13%。除了创作广告，消费者还能够帮助传播广告。T-Mobile 在英国播放的名为“生命即分享”(Life's for Sharing)的广告中，400 人打破舞蹈套路一起在利物浦街地铁站跳舞，该广告只在《名人老大哥》电视节目中播出了一次，但通过电子邮件、博客和社交网络的传播，它在互联网上被观看了超过 1500 万次。麦当劳为了 2012 年伦敦奥运会的赞助权，也同样发起过一次热门的用户创作广告活动。学术研究者曾指出，与公司制作广告相比，消费者创作广告能够在观看者中创造更多情感与个人诉求，会被认为更加可靠与真实，能带来更高水平的品牌忠诚与购买意向，只要消费者不是过分多疑就好。

尽管将品牌的营销努力交付给消费者是种天才的想法，但它也可能造成令人遗憾的失败。当卡夫想要为自己在澳大利亚的标志性产品 Vegemite 咸味酱的一种新口味系列寻找一个好名字时，它将前 300 万罐命名为“为我取名”(Name Me)来征集消费者的支持。然而，营销者从 48000 个候选中选择了一个被众人搞笑的名字——“iSnack 2”(爱零嘴 2.0)，之后销量直线下滑，公司不得不将 iSnack 从货架撤下，并为该产品重新取了一个比较常规的名字 Cheese Bite(芝士之吻)。

(二) 创意开发和执行

广告的影响力不仅取决于它说了什么，更重要的是它怎么说。创意执行具有决定性的作用。每种广告媒体都有自己的优势和劣势。在这里，我们简单介绍电视、印刷和广播广告媒体。

1. 电视广告

电视一般被认为是最强有力的广告媒体，它能够以较低的单位曝光成本影响较大范围的消费者。电视有两个特别重要的优势。首先，它能够生动地展示产品属性并说服性地解释产品对消费者的益处。第二，它能够戏剧性地刻画用户形象和使用的情境、品牌个性及其他无形特征。

然而，由于广告的特征是转瞬即逝，而且广告中的创意元素经常令人分心，使得与产品相关的信息和品牌本身就可能被忽视。此外，电视上一些大量的节目计划之外的素材对广告造成了干扰，使消费者容易忽视或者遗忘广告。不过，设计和执行得当的电视广告仍然可以成为一种强有力的营销工具，并提升品牌资产，影响销售和利润。在竞争激烈的保

险行业，广告可以帮助一个品牌脱颖而出。

2. 印刷广告

印刷媒体与广播媒体完全不同。由于读者按照自己的节奏进行阅读，因此杂志和报纸可以提供详细的产品信息并有效地传播用户的使用情境。但是，印刷媒体上视觉形象的静态特征难以被动态地呈现和展示，而且印刷媒体是相当被动的。

杂志和报纸这两种主要的印刷媒体有很多共同的优点和缺点。尽管报纸更具时效性和普遍性，但杂志通常在建立用户和使用形象方面更有效。报纸更适合本地广告，尤其是零售广告。尽管网络报纸的阅读量越来越大，但在中国城市平均每天约有三分之一的成年人会阅读报纸。虽然广告商在设计和投放报纸广告时有一定的灵活性，但相对较差的印刷质量和短暂的上架期会减弱广告的影响力。

据研究者公布，印刷广告的图片、标题和文案的重要性依次降低。图片必须能够引起关注。标题必须能够强化图片并引导人们阅读文案。文案必须很有吸引力，而且品牌名称必须突出。即便如此，只有不到 50%的读者会注意到一则确实突出的广告，大约 30%能回忆出标题的要点，25%记得广告商的名字，不到 10%会阅读大部分文案。而普通的广告甚至无法达到上述结果。

3. 广播广告

广播是一种普遍的媒体，例如在美国 12 岁以上的美国公民中有 90%左右每天收听广播，其中老年人居多，平均每周约 20 个小时，近年来这些数字一直保持稳定。很多收听广播的情况发生在运动、车上及出门在外时。为了取得成功并且令听众能够随时随地收听，广播电台正在向数字多平台化迈进。

广播的主要优势是灵活性，广播电台非常具有针对性，广告的制作和投放相对便宜，而且广告的排期迅速，能够得到快速的反应。通过将畅销品牌、当地特色和强烈的个性结合在一起，广播广告能够令听众完全融入其中。在早上，广播是一种特别有效的媒体，它还能使公司在全国性和地方性的市场覆盖之间获得平衡。

广播的明显缺点是它缺乏视觉画面，导致消费者的处理相对比较被动。不过，广播广告仍然可以极富创意。对声乐、声音和其他创意工具的巧妙应用能够开发听众的想象力。

美国最大的廉价汽车旅馆 Motel 6 成立于 1962 年，当时“6”代表 6 美元一晚。它的商业资产于 1986 年跌落谷底，入住率仅为 66.7%，此后，Motel 6 在营销方面做出了一系列改变，包括推出幽默的 60 秒广播广告，在广告中，平易近人的作家汤姆·博德特说出了这句聪明的广告语：“我们将为您留灯”。这场运动被《广告时代》提名为 20 世纪 100 大广告运动之一，它曾连续获奖，其中名为“DVD”的广告获得了 2009 年广播水星奖。在这个广告中，博德特介绍了他最新广告的“DVD 版”，使用标志性的自嘲风格对自己的表现提供了“幕后”评论。这场运动现在仍然进行的轰轰烈烈，它提升了入住率，使这个品牌获得了重生，并持续至今。

（三）法律和社会问题

为了从干扰中脱颖而出，一些广告商认为自己必须拓宽消费者所能见到的广告内容的范围。然而，他们必须确保没有逾越社会与法律规范，也没有侵犯公众、种族、少数族群和特殊利益群体。

在美国，广告受到大量法律法规的监管。美国法律规定，广告商不得进行虚假说明，使用虚假演示或制作具有欺骗性的广告，即使没有人会真的被骗。地板蜡的广告商不能说该产品能够保护地板 6 个月，除非在正常情况下它确实能做到。减肥面包生产者不能仅仅因为面包片更薄就说它所含卡路里更低。挑战在于区分欺骗与“夸大”——后者只是简单的夸张，并不打算让人相信，而且这是法律所允许的。

在美国，销售者有法律义务不得发布诱发性广告，即用虚假方式吸引购买者。假设一个销售者为一台价值 149 美元的缝纫机做广告。当消费者要购买广告中的机器时，销售者不能为了让消费者购买一台更贵的机器而拒绝销售、降低产品性能、展示有毛病的机器或是承诺不合理的交货时间。

四、广告媒体的选择

选择信息后，广告商的下一个任务是选择传播广告的媒体。选择步骤为：确定到达率、频率和影响力；从主要媒体类型中进行选择；选择具体的媒体载体，确定媒体投放时间和地理分配。然后，营销者对这些决策的结果进行评估。

（一）到达程度、频率和影响力

媒体选择指寻找最经济的媒体按照期望的曝光次数和曝光类型向目标受众传递信息。期望曝光次数是指什么呢？期望曝光次数是一种心理学现象，指人们会单纯因为自己熟悉某个事物而产生好感。这一现象所囊括的事物十分广泛，例如文字、画作、人像照片、多边形及声音等。在人际关系的研究中，一个人在自己眼前出现的次数越多，自己越容易对其产生偏好和喜爱。广告商要实现特定的广告目标及目标受众的反应，如产品试用的目标水平。除了其他因素，这个水平还取决于品牌知名度。

(1) 到达程度。在一个特定时间段，某个特定媒体计划向多少个不同人或家庭至少曝光一次。

(2) 频率。在特定时间段内，平均每个人或家庭接触到的信息次数。

(3) 影响力。曝光在特定媒体上的定性价值。比如，一则食品广告登在《好胃口》(Bon Appetite)杂志上产生的影响力要大于登在《财富》杂志上。

曝光的到达程度、频率和影响力越高，受众知晓度就会越高。期间的权衡取舍是非常重要的。假设媒体计划者有 100 万美元的广告预算，并且普通质量的每千次曝光成本为 5 美元。这意味着可以实现 2 亿次曝光，即 1 000 000 ÷ (5/1000) = 200 000 000。如果广告商想要达到平均为 10 的曝光频率，那么根据给定的预算，广告的到达程度为 2000 万人，即 200 000 000 ÷ 10 = 20 000 000。但是如果广告商想要的是更高质量的媒体，其每千次曝光成本为 10 美元，那么广告的到达程度为 1000 万人，除非广告商愿意降低期望曝光频率。

在推出新产品、侧翼品牌、知名品牌延伸或购买频率低的品牌的延伸或是在追求未确定的目标市场时，到达程度是最重要的。当存在较强的竞争者、需要讲述一个复杂的故事、

消费者阻力较高或是处于频繁购买阶段时，频率是最重要的。

重复投放广告的关键原因是遗忘。与品牌、产品类别或信息相关的遗忘率越高，需要重复的次数就越多。然而，广告商不应该始终使用旧广告，而应该坚持让广告公司执行新鲜广告。

（二）从主要媒体类型中进行选择

媒体策划者必须了解主要广告媒体类型在到达程度、频率和影响力方面的能力。表 11-1 介绍了主要媒体类型的成本、优势和局限性。媒体策划者在进行选择时要考虑目标受众的媒体习惯、产品特点、信息要求和成本等因素。

表 11-1 主要媒体类型的特征

媒体	优势	局限性
报纸	灵活，及时，本地市场覆盖好，可信性高，接受范围广	保存期短，印刷质量差，传阅者少
电视	结合图像、声音和动作，感染力强，吸引高度注意，到达程度高	绝对成本高，干扰大，曝光时间短，受众选择性较低
直邮	受众选择性高，灵活，在同一媒体内没有广告竞争，个性化	成本相对高，易造成“垃圾邮件”的印象
广播	大众化，在地理和人口统计方面选择性高，成本低	只有声音展示，比电视获得的注意少，费率结构不合理，曝光时间短
杂志	在地理和人口统计方面选择性高，可信、权威，印刷质量高，保存期长，传阅者多	广告购买的前置期长，存在一定的发行浪费
户外	高度的重复曝光、成本低、灵活、竞争小	受众选择性有限，创意受限
黄页	本地覆盖率高，可信度高，到达广，成本低	高度竞争，广告购买的前置期长，创意受限
新闻简报	高度选择性，控制全面，有互动机会，成本相对较低	成本可能会失控
宣传手册	灵活，控制全面，能够使信息戏剧化	过量制作可能导致成本失控
移动手机	用户多，有接触个人的机会	成本较高，消费者阻力越来越大

（三）评估其他媒体

通过将广告放置在任何消费者哪怕只有几秒钟时间去关注它们的地方，非传统媒体通常能够以低成本高收益的方式吸引非常精准的受众。广告信息必须简单直接。例如，户外广告常被称为“15 秒推销”，相比创造新的品牌联想，它在提高品牌知名度或品牌形象方面更有效。

然而，为了冲破信息干扰而设计独特的广告地点也可能会被认为是具有侵略性和强加于人的，尤其是在那些以前从未出现广告的地方，如学校、警察巡逻车和医院候诊室等。不过，可能是由于其无处不在，现在一些消费者已经不像从前那样抵触这些非传统媒体了。

非传统媒体面临的挑战是通过可信、独立的研究展示自己的到达程度和效果。但创意空间永远存在，例如，英特尔与著名的巴塞罗那足球队签订了一份五年合约，将它的“内置英特尔”标志放在球员运动衫的里面，这样，当他们进球后撩起衣服时(一种习惯庆祝动作)，英特尔的标志就会呈现出来。

超过一半的美国成年人和几乎所有十几岁的青少年(97%)平时都玩电子游戏，大约 1/5 的人每天或几乎每天都玩，大约 40%的游戏玩家是女性，她们偏好解谜和协作型游戏，而男性则对竞争性或模拟类游戏更感兴趣。考虑到游戏这种爆炸性的普及率。许多广告商决定加入其中。

一款顶级“广告游戏”的开发成本在 10 万美元到 50 万美元之间。人们可以在发起者的公司网站首页上、游戏门户网站甚至餐厅等公共场所玩到这一游戏。在 M&M’s 的巧克力工厂游戏中，玩家借助 M&M’s 角色闯过一家糖果厂内的 12 个不同关卡，还可以在 Facebook 和 Twitter 上分享内容，营销者通过注册信息收集到了宝贵的消费者数据，并常常得到允许向消费者发送电子邮件。在福特的 SUV 翼虎所赞助的一款游戏的玩家中，54%的玩家同意接收电子邮件。

研究表明，游戏玩家比较接受广告及其影响游戏体验的方式。一项调研指出，70%的玩家感到游戏中的动态广告“让游戏显得真实”，“适合游戏”并且看上去“很酷”。

(四) 选择具体的媒体载体

媒体策划者必须从所选的媒体类型内寻找性价比最高的载体。假设一个广告商决定在网络电视上购买 30 秒的广告，如果广告出现在一个新节目上，花费为 30 万元；如果是一个受欢迎的黄金时段节目，比如湖南卫视每周六晚 8 点到 10 点的《快乐大本营》，那么其一年的广告签约费约为 7 亿元；又如中央台的《新闻联播》与《天气预报》之间的 3 分钟，每秒广告费为 30000 元左右；而 2015 年“中国好声音”总决赛节目，其在网络平台上插播一则 60 秒的广告，价值竟高达 3000 万元。

营销策划者会求助各种测量服务机构来估计受众数量、组成和媒体成本。然后，计算每到达 1000 人所需的成本。2014 年，《体育画报》(Sports Illustrated)上一个整页四色的广告费用约为 412500 美元。如果《体育画报》的读者数量约为 3000 万人，那么广告的千人成本约为 13.75 美元。《人物》(People)杂志上同样一个广告费用约为 337400 美元，可以到达 3475 万人，它的千人成本稍低，约为 9.71 美元。这些杂志经常为广告商制造“读者档案”，记录读者的平均年龄、收入、居住地点、婚姻状况和休闲活动。

营销者需要对千人成本的计算进行一些调整。首先，他们应该考虑受众质量。对于一个婴儿护肤露广告，拥有 100 万年轻父母读者的杂志具有的曝光价值为 100 万美元；如果它的读者是 100 万青少年，那么它的曝光价值基本为零。第二，他们应该考虑受众关注概

率，《时尚》的读者可能比《体育画报》的读者更关注广告。第三，要考虑媒体的编辑质量，也就是其权威性和可信性。人们更有可能相信他们喜欢的电视或广播节目中的广告。第四应该要考虑广告投放政策和附加服务价值，比如杂志针对各个地区和职业版本以及不同的前置期要求会有不同的传播方向。

（五）决定媒体投放时间和分配

选择媒体时，广告商面临着宏观和微观排期的决策。宏观排期决策与季节和商业周期相关。假设一个产品 70%的销量发生在 6 月至 9 月之间，那么这家公司可以按照季节模式改变它的广告支出，也可以采用背季节模式，还可以在全年保持不变。

微观排期决策要求在短期内分配广告支出以获得最大的影响。所选择的模式应该满足营销者的传播目标，并考虑三个因素：① 购买者周转率是指新购物者进入市场的速率，这个速率越高，广告应该越连续；② 购买频率是指这段时间里购买者购买产品的平均次数，购买频率越高，广告应该越连续；③ 遗忘率是指购买者忘记品牌的速率，遗忘率越高，广告应该越连续。

在推出一个新产品时，广告商必须在连续式、集中式、间歇式和脉冲式(突然变化)之间进行选择。

(1) 连续式。连续式是指曝光在既定时间段内平均出现。通常，对于正在扩大的市场、购买频繁的商品和购买者有限的商品，广告商会使用连续式广告。

(2) 集中式。集中式要求将所有广告费用全部花费在某段时间内。这种方式适合销售期为某一个季节或假期的产品。

(3) 间歇式。间歇式要求在一段时间内投放广告，下一段时间不投放，再下一段时间第二次投放。当资金有限、购买周期相对不频繁或产品有季节性时，这种方式比较有用。

(4) 脉冲式。脉冲式是指以低水平连续投放广告，并定期以大量的活动来进行强化。它集中了连续式广告和间歇式广告的优势，创造出一种折中的排期策略。支持这种方式的人认为，受众能够更透彻地理解广告信息，并且对于公司来说成本更低。

除了时间分配，公司还必须在空间上分配广告预算。当公司在全国电视网络或全国发行的杂志上做广告时，它进行的是“全国性购买”。当它只在几个市场的电视节目时段或地区性杂志上做广告时，它进行的是“定点性购买”。这些市场被称为主导影响地区或指定管销地区。当公司在某地的地方性报纸、广播或户外地点做广告时，它进行的是“地方性购买”。

五、评估广告效果

多数广告商都会试图测量广告的传播效果，即广告对品牌知晓度、认知和偏好的潜在影响。他们还希望测量广告对销售的影响。

（一）传播效果研究

传播效果研究又称为文案测试，目的是确定一个广告的传播是否有效。在广告投放到媒体之前和广告被印刷或播出之后，营销者都应该进行这种测试。测试的技术分为事前测试和事后测试。

广告事前测试的主要做法是受测试的广告被放置在杂志上，然后将杂志分发给消费者。之后公司会联系并采访这些消费者，回忆测试和识别测试被用来确定广告效果。

事前测试的批评者认为，广告代理公司设计的广告可能测试结果很好，但在市场上的表现却不一定好。支持者认为，事前测试能够带来有用的诊断信息，但不应该将它们当做唯一的决策标准。作为公认的最擅长进行广告宣传的公司，耐克很少进行事前测试，这是广为人知的。

事后测试是指将已经投放的广告与实际获得效果进行比较，以检验计量该广告的可行性、可靠性，并据此对现行广告进行调整和改进的一种方法。

很多广告商使用事后测试来评估已完成的广告运动的整体影响力。如果一家公司希望将品牌知晓度从20%提高到40%，但却只成功地提高到了30%，那么这家公司可能花费得不够，或者是它的广告不好，又或者是它忽视了一些其他因素。

（二）销售效果研究

一个将品牌知晓度和品牌偏好分别提高了20%和10%的广告带来了多少销售呢？产品特征和价格等其他因素越少或越可控，测量广告的销售效果就越容易。在直销的模式下，销售效果最容易测量；对于建立品牌或公司形象的广告，效果最难测量。

公司通常想要知道在广告上是否支出过多或过少。回答这个问题的一种方法是可以通过费用份额、声音份额(知名度)、关注份额(关注度)及市场份额四个方面来综合评判。研究者还可以使用历史方法来测量销售影响，该方法利用高级统计技术计算过去销售与过去广告费用间的相关性。另一些研究者使用实验数据来测量广告的销售效果。越来越多的研究者选择测量广告费用的销售效果，而不是测量其传播效果。

第四节　事件和体验

一、事件和体验

事件和体验是一种适宜于短期推销的促销方法，它是公司为鼓励购买、销售商品和劳务而采取的除广告、公关和人员推销之外的所有公司营销活动的总称。它是公司用来刺激早期需求或强烈的市场反映而采取的各种短期性促销方式的总称。

据 IEG 咨询关于活动赞助市场的报告估计，2013 年北美营销者花在赞助上的资金达198 亿美元，其中 70%用于体育，10%用于休闲娱乐和景区，4%用于节日、集市和年度活动，4%用于艺术，3%用于协会和会员组织，9%用于公益营销。让事件和体验成为消费者生活中关乎个人的时刻之一，可以拓宽并加深公司或品牌与目标市场的关系。

每天与品牌的相遇还能影响消费者的品牌态度和信念。氛围是“被包装的环境”，它能够创造或强化购买产品的倾向。使用东方地毯和橡木家具进行装饰的律师事务所传达的是“稳定”和“成功”的信息。五星级饭店会使用典雅的吊灯、大理石柱和其他奢华

的有形标志。

二、事件营销的目标

1. 识别特定的目标市场或生活方式

通过事件可以从地理、人口统计、心理或行为方面对消费者进行定位。男性护理品牌 Old Spice 赞助了校园赛事，如每年的 11 月举行的 Old Spice Classic 大学篮球赛，从而强调其产品的重要性，并从 16～24 岁的男性目标受众中进行了抽样。

2. 提高公司或产品名称的显著性

赞助能够为品牌提供持续的曝光，这是强化品牌显著性所需要的条件。世界杯足球赛的赞助商阿联酋航空公司、现代、起亚和索尼获得了相当高的品牌知晓度，这受益于在长达一个月的赛事中不断重复的品牌和广告曝光。OPPO 手机制造商、美的电器、李宁运动产品等为了提高曝光率，近年来在国内一些大型赛事上也不乏身影。

3. 创造或强化关键品牌形象联想的感知

事件本身的联想能够帮助创造或强化品牌联想。为了强化自身形象并吸引美国中心地区的消费者，丰田 Tundra 皮卡赞助了 B.A.S.S.钓鱼锦标赛和 Brooks & Dunn 乐队的乡村音乐巡演。

4. 强化公司形象

赞助可以使公司令人喜爱和颇具声望的感知得到提升。Visa 将自己对奥运会的长期赞助看做一种提升品牌国际知晓度和增加使用量的方法，同时它还引发了一些美国国民的爱国意识，并将其融入了奥林匹克精神中。体操王子李宁 2008 年参加北京夏季奥运会开幕式点燃了鸟巢主火炬，其个人效应不仅为李宁公司股票带来近 5.6%的单日涨幅，更使李宁品牌的附加值在短短数日内上涨 1.44 亿人民币。

5. 创造体验并唤起情感

令人激动或有意义的事件所引发的情感能够与品牌间接地连接在一起。奥迪的多种车型在 2010 年的《钢铁侠 2》中惊艳亮相，包括主角托尼 · 斯塔克(Tony Stark)的个人座驾 R8 spyder，还有 A8、Q5、Q7SUV 以及 A3 掀背车。历经一个月的营销闪电攻势，该品牌的正面口碑翻了一倍。

6. 表达对社区或社会问题的承诺

事业关联营销赞助的是非营利组织和慈善机构。国内的一些知名公司如苏宁、海航集团、中国平安、农夫山泉等把资助慈善机构作为公司回馈社会的一种责任。星巴克、美国运通等公司都已经将支持公益事业作为营销计划中的重要基石。

7. 取悦关键客户或奖励关键员工

很多事件都慷慨地面向大众，而有些事件仅仅是为赞助商及其客户提供特别的服务或活动。这些特殊事件能够带来商誉并建立有价值的商业联系。从一个雇员的角度来说，事件还可以鼓舞参与性和士气或作为一种激励。美国南部和东南部的主要银行和金融服务商 BB&T 公司利用它对 NASCAR Busch 系列赛的赞助来取悦商业客户，而且它对棒球小联盟的赞助使员工们非常兴奋。

8. 创造推销或促销的机会

很多营销者将竞赛或抽奖、店内推销或其他营销活动与一个事件相结合。福特和可口可乐就是以这种方式赞助了颇受欢迎的电视选秀节目《美国偶像》。云南白药通过赞助《星光大道》，进一步提升了产品在消费者心目中的品牌形象及行业领导者的地位。

尽管存在这些潜在的溢出，事件的结果可能仍然无法预测甚至令赞助者无法控制。很多消费者都会称赞赞助商，因为他们提供了财政支持而让活动得以举行，但仍有一些消费者可能对事件营销的商业化愤愤不平。

三、事件和体验营销的策略

要想办好成功的事件与体验营销，必须选择合适的事件、设计最佳赞助方案并测量赞助效果。

(一) 选择事件

由于机会较多，成本高，很多营销者在选择赞助事件时变得更加挑剔。事件必须符合品牌的营销目标和传播策略，还必须具有足够的知晓度和符合要求的形象，并能创造出期望的效果。受众必须与目标市场相匹配并对赞助商的参与做出正面评价。一个理想的事件还应该是独特的，没有很多赞助商扎堆，能够辅助营销活动，而且能够反映或强化赞助商的品牌或公司形象。

(二) 设计赞助方案

很多营销者认为，配合事件赞助的营销计划最终决定其能否成功。花在相关营销活动上的支出至少应该是赞助支出的两到三倍。

事件创造是为非营利组织筹集资金进行宣传的特别重要的技巧。筹资者已经开发了大量特别事件，包括周年庆典、艺术展、拍卖、义演晚会、义卖、竞赛、舞会、聚会、时装表演、捐赠物义卖、巡演和步行马拉松等。现在越来越多的公司通过冠名竞技场、体育场及其他举办事件的场所来提高其产品的知名度。

(三) 测量赞助活动

测量事件是否成功是个难题，一般有两种方法：供给测量法和需求测量法。

1. 供给测量法

供给测量法是用来估计一个事件的媒体覆盖率，比如品牌在电视屏幕上清晰可见地出现了多少秒钟，或网络新闻中提及某品牌的型号，或某产品在国产大片中的出现频率。这些潜在“曝光”的价值可以转换成在特定媒体上做广告所花费的成本。一些行业咨询师估计，公司商标在一个电视事件中曝光 30 秒的价值相当于一个 30 秒电视广告的 6%、10%甚至 25%。

尽管供给测量法可以提供量化指标，但将媒体覆盖率等同于广告曝光这一做法忽视了各自的传播内容。广告商可以利用媒体空间和时间去传播一条具有战略设计的信息。媒体

覆盖和电视广播只是对品牌进行曝光，但不一定会直接塑造品牌意义。一些公共关系方面的专业人士认为，正面的媒体报道的价值相当于相应广告价值的 5～10 倍，但是赞助很少能达到这种效果。

2. 需求测量法

需求测量法是用来确定赞助对消费者品牌认知的影响。营销者可以对事件的观众进行调查测量他们对事件的回忆以及对赞助商所产生的态度和意向。

（四）创造体验

地方性的草根营销中有很多属于体验营销，它不仅传播产品或服务的特征和优势，还将它们与独特有趣的体验联系在一起。“不是要去卖什么，而是去展示品牌如何能够丰富消费者的生活。”很多公司都创造了自己特有的事件和体验，以激发消费者和媒体的兴趣和参与感。

消费者似乎比较喜欢这种方式。一项调查发现，4/5 的受访者参与事件的程度比所有其他形式的传播都更高。绝大多数还感到体验营销比其他传播方式提供的信息更多，并且使他们更有可能将该体验告知他人以及更容易接受该品牌的其他营销。如苏宁易购通过实体店体验，网上浏览商品订单支付，获得不少的消费者关注。

公司甚至可以通过邀请潜在和现有客户参观总部和工厂来创造强有力的形象。国内的双汇、蒙牛、伊利等公司由于产品质量出现过问题，为了改变产品在消费者心目中的形象，每年都举办各种公司观光活动，并通过观光者的亲身体验，来提高公司产品的口碑和形象。如美国一些公司在总部或总部附近建造了公司博物馆，用于展示它们的历史以及播放关于制造和营销产品的故事。很多公司还创造非实地的产品和品牌体验，亚特兰大和拉斯维加斯就有“可口可乐世界”体验店。

第五节　公 共 关 系

一、公共关系及职能

公司不仅需要积极地与顾客、供应商和经销商联系，还必须与大量感兴趣的公众相联系。公众是指对公司实现其目标的能力有实际或潜在的兴趣或影响的任何群体。

公共关系包括宣传、保护公司形象或个别产品的各种计划。睿智的公司采用具体的步骤来管理它们与关键公众的关系。多数公司都有公共关系部门，它们监控公众的态度，并传播信息来建立商誉。优秀的公共关系部门会建议高层管理者采用积极的方案并消除有问题的做法。公共关系部门有以下 5 个职能：

(1) 与新闻界的关系——以最积极的方式呈现关于公司的新闻和信息。

(2) 产品宣传——为宣传特定产品而举办各种活动。

(3) 公司传播——通过内部和外部传播，促进对公司的了解。

(4) 游说——与立法者和政府官员打交道，从而促进或否决法律和规定。

(5) 咨询——在顺境和逆境中就公共议题、公司定位和形象向管理层提出建议。

二、营销公共关系

很多公司开始使用营销公共关系来支持公司或产品的宣传及形象塑造。营销公共关系以前被称为宣传，任务是确保在印刷和广播媒体上占据非付费报道空间(而不是付费空间)，从而为推广或“炒作”一个产品、服务、想法、地点、人物或组织服务。营销公共关系并非简单的宣传，它在以下任务中发挥着重要作用：

(1) 推出新产品。

OPPO 手机、洋河白酒系列的“海之蓝、天之蓝、梦之蓝”、比亚迪电动汽车等品牌之所以能一鸣惊人，都要归功于强有力的宣传。

(2) 重新定位成熟产品。

曾经有一个经典的公共关系案例：20 世纪 70 年代，纽约市在新闻界的名声很差，直到“我爱纽约”运动的出现才改变了这一状况。

(3) 建立对某一产品品类的兴趣。

公司和行业协会使用营销公共关系来重新建立人们对正在衰退的产品的兴趣，如自行车、手表、碳酸饮料等。

(4) 影响特定目标群体。

为了建立商誉，麦当劳在拉丁裔和非洲裔美国人社区赞助特别的邻里活动。

(5) 保护面临公共问题的产品。

公共关系的专业人员必须擅长危机管理，比如泰诺、丰田、肯德基、百度、腾讯等著名品牌在近年来所遭受的危机。

(6) 建立能够积极地反映在产品上的公司形象。

史蒂夫·乔布斯(Steve Jobs)在万众瞩目的 Macworld 展会上的几次主旨演讲帮助苹果公司建立了一种创新的、打破传统的形象。

随着大众广告力量的削弱，营销经理开始使用营销公共关系来为新产品和成熟产品建立知晓度和品牌知识。在覆盖地方社区和到达特定群体方面，营销公共关系同样奏效，而且性价比高于广告。营销公共关系越来越多地出现在网络上。不过，它必须与广告和其他营销传播活动一起进行策划。

很明显，具有创意的公共关系能够影响公众知晓度，而其成本仅仅是广告的一部分。公司不需要为媒体空间或时间付费。只需要员工去开发和传播故事以及管理特定事件。媒体挑选的一个有趣故事的价值相当于上百万美元的广告。一些专家称，消费者受新闻报道文案影响的可能性比广告大 5 倍。

三、营销公共关系的主要决策

在考虑何时以及如何使用营销公共关系时，管理层必须建立营销目标，选择公共关系信息和载体，执行计划，并评估结果。表 11-2 介绍了主要的营销公共关系工具及功能。

表 11-2　营销公共关系的主要工具及功能

出版物	广泛地依靠出版材料来到达和影响目标市场。这些材料包括年报、宣传册、文章、公司新闻简报和杂志以及视听材料
事件	通过安排和宣传新闻发布会、研讨会、户外活动、贸易展、展览、竞赛和周年庆等能够到达目标公众的特殊事件，吸引人们对新产品或公司其他活动的关注
赞助	公司通过赞助和宣传体育、文化事件和备受瞩目的公益活动来宣传自己的品牌和公司名称
新闻	公共关系专业人员的一个主要任务就是发现和创造关于公司、产品及其人员的正面新闻，并促使媒体接受和参加新闻发布会
演讲	越来越多的公司主管必须在销售会议上回答媒体提问或进行演讲，而这些露面能够帮助公司建立更好的形象
公共活动	公司通过将资金和时间贡献给一项好的公益活动来建立商誉
身份媒介	公司需要一个公众能够立刻识别的可视化身份。可视化身份的媒介可以是公司商标、宣传册、符号、业务形式、业务名片、建筑物、制服以及着装要求

（一）建立目标

营销公共关系通过在媒体中植入故事来吸引人们关注产品、服务、个人、组织或想法，从而建立知晓度。它还可以通过新闻报道传播信息来建立可信性。它也可以在推出新产品前用该产品的故事来帮助提高销售人员和经销商的热情。因为营销公共关系的成本低于直邮和媒体广告，所以它还可以降低促销成本。

好的营销公共关系运动能够达到多重目标。在声誉下降之后，思科发起了“东山再起运动”来重新建立人们对公司愿景和领导能力的信心。该运动还提升了公司一些关键全球管理者的形象，引起了两次适时的全球研究，并且展示了一些公司特有的技术产品和解决方案，从而使股票股价上升了 25%，销售收入增加了 11%，雇员信心提高了 15%。

（二）选择信息和载体

假设一个相对不知名的学院想要更加引人关注，营销公共关系执行者就要搜寻故事。有没有教员正在进行不寻常的研究项目？有没有新的、不寻常的课程？校园里有没有发生有趣的事件？如果没有有趣的故事，营销公共关系执行者就应该策划一些学院可以赞助的有新闻价值的事件。这里的挑战是要创造有意义的新闻，公共关系创意包括举办重要的学术会议、邀请专家或名人演讲以及召开新闻发布会。每个时间和活动都是针对不同受众进行开发大量故事的机会。

尽管公共关系执行者通过大众媒体到达目标公众，但营销公共关系越来越多地借助网络和直接响应营销的技术与方法一对一地到达目标受众成员。

(三) 执行计划和评估结果

营销公共关系的最终效果很难测量，因为它常与其他促销工具一起使用。营销公共关系效果最简单的测量指标是在媒体上的曝光次数。公关人员可以向客户提供一份剪报，展示刊登了产品新闻的所有媒体，并附带一段汇总陈述。

一个更好的测量指标是营销公共关系所导致的产品知晓、理解或态度的改变(排除其他促销工具的影响之后)。例如，有多少人能够忆起听到的新闻？多少人将它告诉了别人(口碑的测量指标)？多少人在听到之后改变了想法？

本 章 小 结

促销是营销活动中的关键组成部分，它由各种激励工具构成，主要是短期激励工具，用来刺激消费者或经销商更快或更多地购买特定产品或服务。广告提供了购买的原因，而促销提供了一种激励。人员推销是最传统的，也是最不可缺少的促销方式。公司进行人员推销决策时，要制定销售队伍的组织结构、人员规模和职责等。另外，销售人员也是公司的资源和财富，如果由公司花费很多时间和金钱培养起来的优秀销售人员因故离开了，将会给公司造成巨大的损失，因此公司还必须加强对销售人员的管理。

广告是能够被识别的赞助商以非个人方式呈现和宣传想法、产品或服务的任何付费形式。广告商不仅包括企业公司，还包括慈善、非盈利和政府机构。开发一个广告方案需要五个步骤：

(1) 设定广告目标；

(2) 确定预算；

(3) 选择广告信息和创意策略；

(4) 决定媒体；

(5) 评估传播和销售效果。

促销主要由短期激励工具组成，用来促进消费者或经销商更快或更多地购买特定产品或服务。在使用促销时，公司必须建立目标、选择工具、制订方案、执行和控制方案以及评估结果。事件和体验能够成为消费者生活中特别的而且更关乎个人的时刻。事件可以拓宽并加深赞助商与目标市场的关系，但这只是在管理恰当的情况下才能实现。公共关系(PR)包括设计用来宣传或保护公司形象或个别产品的各种计划。营销公共关系(MPR)的目的是支持营销部门进行公司或产品宣传和树立形象，能够影响公众知晓度，其成本只是广告成本的一部分，而且它通常更可信。公共关系的主要工具包括出版物、事件、新闻、社区事务、身份媒介、游说和社会责任。

研究与讨论

(1) 试述促销流程与策略。

(2) 开发一个广告方案需要哪些步骤？请举例说明。

(3) 简述人员推销的特点和基本形式。

(4) 事件营销的目标有哪些?

(5) 公司怎样才能开发公共关系和宣传的潜力?

▶▶ 案例分析

吉列(Gillette)了解男性。公司不但理解男性为了修饰自己需要什么样的产品，而且还深知如何向全世界各国、各文化和各语言的男性营销产品。如今，吉列在剃须刀行业遥遥领先，全球市场份额高达70%，年销售额为80亿美元。这帮助其品牌价值达到229亿美元。吉列的大众吸引力取决于几方面因素，包括高品质的创新、广泛的消费者调研和成功的大众传播。

自从1901年金·C·吉列发明了安全剃须刀，吉列已经在产品创新方面取得了众多突破。这包括1971年推出的首个双刀片剃须刀Trac II，1977年推出的旋转刀头剃须刀Atra，还有1989年的内置弹簧的双刀片剃须刀Sensor。1998年，吉列首次推出了三层刀片系列“锋速3”，该产品的销售额达到了数十亿美元，直到被2006年推出的六层刀片的“锋隐”所超越，它被宣传为“全球最佳剃须刀”。如今，“锋隐”和“锋隐超顺”已占美国男性剃须刀销量的大约45%。

在推出高质量产品的同时，吉列令人印象深刻的营销知识和大众营销活动还帮助公司取得了国际性的成功。吉列曾经使用全球统一的营销信息而不是针对各个国家和地区的特定营销信息。该营销信息得到了大量广告活动的支持，包括体育比赛赞助、电视广告活动、店内促销、印刷品广告、在线广告以及直复营销。

也许吉列的营销策略中最关键的要素是体育营销。从1910年开始，吉列的广告中就出现过汉克·阿伦、米基·曼特尔和霍纳斯·瓦格纳等棒球英雄，而且公司对美国职业棒球大联盟的赞助可以追溯到1939年。该品牌天然的特性使得它适合赞助棒球比赛，并且已形成的传统帮助公司与其核心受众建立了情感联系。美国职业棒球大联盟的执行副总裁蒂姆·布罗斯南解释道:“吉列是体育营销的先驱，为现代体育赞助和代言开拓了道路。”吉列也与橄榄球建立了紧密的联系，它赞助过“橘子碗、砂糖碗、棉花碗和玫瑰碗”橄榄球赛。现在，公司每年支出700万美元赞助吉列体育馆和新英格兰爱国者队的主场，同时它还是美国国家橄榄球联盟的企业赞助商。

吉列还赞助过拳击比赛、美国大学生篮球联赛、美国大学生橄榄球联赛、NASCAR赛车比赛、美国职业高尔夫巡回赛、冠军巡回赛等。在国际上，公司还赞助过足球世界杯、“吉列杯”板球赛等。体育营销的全球总监格雷格·维亚解释道:“我们的品牌策略有一段为期18个月的周期。我们在全球范围内生产许多产品，而且试图全面寻求主要的合作关系。这需要付出大量的策划与工作。我们公司并不是只想在一个广告或一个单品上寻求合作。我们想在电视、数字、社交媒体和店内促销等各方面达成合作关系。”公司还经常在赞助中融入创意。例如，在国家冰球联盟比赛中，公司将Zamboni磨冰机改装成巨大的“锋隐”剃须刀形象，以制造一种吉列剃须刀刚刚为冰场彻底刮了遍胡子的联想。

吉列还与个别运动员合作来传播它的营销信息并展现品牌形象。2004年，公司与足球明星大卫·贝克汉姆签约，请他在吉列的广告和全球促销活动中代言。

体育营销是吉列营销策略的关键要素，但该品牌的目标是到达所有男性，因此它还与音乐表演、电子游戏和电影建立了合作关系。在007电影《金手指》中，就有一把带有自动跟踪装置的吉列剃须刀。

吉列的广告多年来一直都能充分引起消费者的共鸣，并在广告史上留下一些令人熟悉的宣传语。其中两个最广为人知的是“目光锐利，感觉锐利”和“男人的最佳选择”。

2005年，当宝洁以570亿美元(销售额的5倍)收购吉列时，它的目的不仅是获得销量和利润。作为针对女性的营销专家，宝洁想要了解如何在全球范围内向男性进行营销，而吉列在这方面首屈一指。如今，剃须和美容产品占宝洁总收入的9%，其中剃须刀是利润最高的业务之一，其营业利润率达31%。

思考：

(1) 吉列成功地说服全世界：就刀片数量和剃须刀的其他优良特性而言是“越多越好”。它是怎样做到的？为什么这在过去是有效的？将来这依然奏效吗？为什么？

(2) 解释为什么吉列的体育营销合作会如此地成功？

(3) 一些吉列的代言人，如德里克·杰特和泰格·伍兹，在成为了形象代言人后卷入了一些是非之中，这是否伤害了吉列的品牌资产或营销信息？请解释。

(4) 在针对女性营销方面，吉列能否也取得像男性营销那样成功？为什么？

第十二章　市场营销计划、组织与控制

学习目标

(1) 了解市场营销计划的含义和类型，掌握市场营销计划的内容和编制步骤；
(2) 掌握现代市场营销组织的各种形式以及营销部门与其他职能部门之间的关系；
(3) 了解营销计划执行的过程和容易出现的问题；
(4) 能够运用几种主要的评估和控制市场营销业绩的方法。

案例导入

宝洁公司的营销运作

宝洁公司的市场部是公司的龙头，其职能涉及产品策划、市场研究等，其最大的特点就是实施品类管理。公司产品分为护发、洗发品类；护肤、个人清洁类(化妆品、香皂)；妇女卫生用品类；口腔保健类(牙膏、牙刷)等。公司市场部需要协调下属 7 个系统的总经理，例如护发、洗发类用品一年的销售收入达 30 亿元，提多大比例支持市场，由系统总经理决定(一般达到销售额的 8%)，分到每个品牌占多少，再具体策划。广告计划由销售部、促销部制定并具体执行。市场部就某个品牌扶植可对生产、营销、财务整个过程进行管理，但变更计划要该品牌总经理同意。通常市场部一个星期由中心计划员安排开一次调度会，宝洁公司有一个由十几个人组成的中国工作委员会，包括销售总监、品牌总经理等，按照董事会决议每月开一次会。品牌总经理会随时就品牌市场情况进行评价。市场研究部有十几个经理不断提供市场信息，调查社会和消费者需求变化，通过与国内外市场调查公司合作的形式，定期开展市场分析，例如选多少消费者、调查几家商店、测评电视广告的收视率高低等。

为了掌握宝洁产品的商业动态，公司花 350 万美元投入软件系统，在广州黄埔建有一个控制中心，由 2000 个电脑点的网络来支持，主要选用了德国软件进行生产、销售、供应、财务管理，还可与其他软件接口。网络有公司内部网，可查各种档案，例如公司电子邮件、上互联网交换数据。另外，还有分销商一体化系统，是根据公司经营理念特别设计的，可调用打印机货单，反应极快。大连锁店系统软件，直接可以反映像麦德龙这样的超市的供应情况。还有电脑预测系统，一个星期进行一次滚动性预测。公司总部对市场的投入十分重视，广告投入约占销售额的 12%，以电视广告为主。作为广告宣传特定形式的产品派送，费用占销售额的 1%～2%，主要用于培育市场，例如牙膏派送，从学校小学生口腔卫生教育抓起。向学校派送牙膏，形成学生心目中的品牌，同时当地商店供货及时跟上，以保证供应。

宝洁公司是世界最大的日化企业，其产品在全球的许多国家和地区都很畅销。多年来，公司通过科学的管理，保证了其庞大的全球营销系统的良性运行，其管理经验对中国本土日化企业具有很好的借鉴作用。

前面几章我们从市场营销战略和策略的角度分析了企业的营销活动，本章我们要对企业的内部营销管理方面进行分析。市场营销计划、组织和控制是一项重要的保证企业市场营销活动顺利进行的综合性工作。计划系统根据企业总的战略规划要求，执行市场营销计划；通过一定的组织系统执行计划；控制系统负责考查计划执行的结果和效果，诊断并反馈问题，提出改善措施，对计划进行调整。无论是市场营销计划的编制、市场营销组织与执行还是市场营销活动的控制都包含了一系列复杂的内容和方法。

第一节　市场营销计划的制订

一、市场营销管理过程

企业的营销管理过程——也就是市场营销的计划、组织和控制过程——是企业根据市场环境变化，结合自身发展情况，制定、执行和调整营销战略，以实现营销目标的管理活动。它包括以下四部分主要内容：

（一）分析市场机会

市场机会是指市场所存在的尚未满足的或未完全满足的市场需求。哪一个企业满足了这些需求，哪一个企业就可以获得相应的利益。市场上尚未满足的需求有很多，但并不是每一个都会成为企业的市场机会，只有那些有利于发挥企业优势、符合企业战略目标并有利可图的机会才是企业的市场机会。因此，寻找、分析和评价市场机会，是企业市场营销管理人员的主要任务，也是市场营销管理过程的首要步骤。机会和威胁总是并存的，如果不能及时发现机会就有可能给企业造成损失。所以企业要重视市场调研工作，建立市场营销信息系统，及时掌握必要的可靠的信息，才能够及时识别和利用市场机会。

（二）选择目标市场

市场的范围很广，但不是整个市场都是企业的目标市场。市场营销管理人员需要根据一定的划分标准对市场进行细分，客观、科学地评估各个细分市场，并在此基础上选择目标市场，在选定的目标市场上，为企业、产品或品牌树立一定的特色即进行市场定位，以突出自己与竞争对手的差别。

（三）制定市场营销战略计划

市场营销计划是在营销调研与预测的基础上进行的。市场营销计划是对企业市场营销活动方案的具体描述，规定了企业各项营销活动的目标、任务、策略以及实现目标所必需

的时间、人员、费用等条件，使企业的营销工作按照既定的计划有条不紊地进行，从而最大限度地避免营销活动的混乱和盲目性。

（四）执行与控制市场营销活动

执行和控制市场营销计划是整个市场营销管理过程的一个极其重要的步骤。市场营销计划需要借助一定的组织系统来实施，需要执行部门将企业资源投入到市场营销活动中去，需要控制系统来考察计划执行情况，诊断产生的问题及其原因，进而采取改正措施，或改善执行过程，或调整计划本身使之更切合实际。因此，在现代市场经济条件下，企业必须高度重视市场营销的组织、执行与控制。

二、市场营销计划

（一）市场营销计划的含义和作用

“凡事预则立，不预则废”，说明做任何事情都要有计划的重要性。所谓计划，就是对行动方案作详细而系统的说明。企业要在激烈的市场竞争中求得生存和发展，必须不断地为自己明确前进的目标以及为实现目标而采取的策略。

市场营销计划是在对企业的营销环境进行深入调研、对市场需求进行科学预测的基础上，根据企业的经营方针及策略，确定一定时间内(通常为一年)的营销活动目标和相关的指标以及为实现这些目标和指标所要进行的各项营销活动的策略、方法和步骤。

正确制订和实施市场营销计划，是实现企业总任务和总目标的重要保证。通过制订营销计划，可以使企业明确发展的方向，使企业的各种营销活动都指向营销目标，从而最大限度地避免营销活动的盲目性，使每一次营销活动都能按计划有条不紊地进行。市场营销计划是在市场调研、分析和预测的基础上制订的，可以使企业识别不利的环境因素和有利的营销机会，在利用环境提供机会的同时，最大限度地降低风险，做到有备无患。营销计划还明确了为达到营销目标而采取的营销策略和具体的行动方案，便于营销人员进行任务分工，明确各自的职责和工作步骤，从而积极主动地去完成具体任务。市场营销计划有助于监测各种市场营销活动的效果，有助于企业控制各种经营活动，及时作出调整。

市场营销计划大致包括六个方面：① 企业计划。企业计划涉及的问题都是全局性和具有深远意义的。内容一般是关于整个企业的任务、发展策略、投资决策等，不涉及各个部门的具体工作；② 局部计划。主要阐明一个地区或部门的任务、目标、发展和获利能力等。其内容包括销售、财务、生产、人事等各项政策和目标；③ 产品品类计划。主要是描述特定产品品类的目标、策略及政策等；④ 产品计划。具体描述产品群或某一特定产品的目标、策略及政策；⑤ 品牌计划。具体描述产品群中特定品牌的目标、策略及政策；⑥ 市场计划。市场计划是指开发某一特定市场或为某一特定市场服务的计划。

（二）市场营销计划的类型

营销计划有各种不同的类型。对于不同的企业或同一企业的不同部门，计划的类型也不相同。一般情况下，营销计划的类型是由企业的规模、市场的状况、战略的方向等多方面因素决定的。

1. 按形式划分

从形式上看，市场营销计划可分为正式营销计划与非正式营销计划。

正式营销计划一般由企业专门的计划人员或各级管理人员按一定的程序编制，并写成计划书，作为企业经营管理的纲要及准则。

非正式计划往往是由高级管理人员自己制订，根据市场环境的变化随时计划、随时调整，无须写成计划书。该类型的计划具有较强的灵活性、适应性。

2. 按时间跨度划分

从时间跨度上看，市场营销计划可分为长期计划、中期计划和短期计划。

长期计划的时间跨度一般是5年以上，有的长达10年甚至更长。长期计划是从企业战略的角度对未来较长时期内的经营活动的部署，例如，组织的扩大、高级领导人员的增加、生产或服务的改进与发展以及新厂房的建立等。它是编制中短期计划的依据。

中期计划的时间跨度为1年到5年。其内容与中级和一线管理人员的日常工作有更多的直接联系。中期计划较为稳定，受环境因素变化的影响较小，是大多数企业制订计划的重点。

短期计划以年度计划为主，时间跨度通常是1年，同时也包括一些适应性计划。短期计划对管理人员的日常工作有更大的影响作用。

3. 按计划涉及的范围划分

从计划设计的范围大小上看，市场营销计划可分为总体营销计划和专项营销计划。

总体营销计划，是企业营销活动的综合性计划，它反映企业的总体营销目标以及实现总体目标所必须采取的策略和主要的行动方案，是制订各种专项营销计划的依据。

专项营销计划，是为解决某一特殊问题而制订的计划，例如市场调研计划、产品开发计划、促销计划等。专项计划涉及的面较窄，较容易制订，但要特别注意与总体营销计划的衔接。

4. 按计划的性质划分

从计划的性质上看，市场营销计划可分为战略计划、策略计划和作业计划。

战略计划，是对企业营销活动带有全局性和长远性的谋划，其期限一般较长，影响面较广，是企业制订其他各种营销计划的依据。

策略计划，是就企业营销活动某一方面所做的谋划。

作业计划，是企业各项营销活动的执行性计划，其特点是细致具体，例如某一次具体的促销活动计划，对活动的内容、时间、地点、活动方式、参加人员等均做详细的规定和说明。

（三）市场营销计划的内容与步骤

虽然市场营销计划可以分为很多不同类型，但从整体来看，大部分营销计划的基本内容大致相同，尤其是产品和品牌计划，应该包括计划概要、市场营销现状、机会与威胁、营销目标、市场营销策略、行动方案、费用预算、控制方法，如图12-1所示。

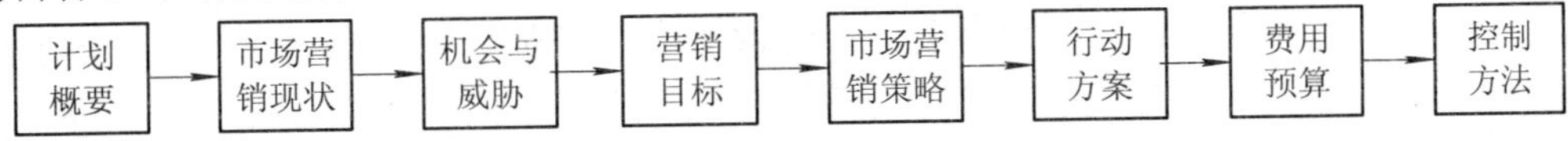

图12-1　市场营销计划的内容

1. 计划概要

营销计划的开头需要概括说明计划主要的背景、总体目标、任务对象和建议事项等。概要在整个计划中起统领和介绍作用，目的是让管理者能够迅速把握计划的要点，并据此检查研究和初步评审计划的优劣。内容目录应附在计划摘要之后。

2. 市场营销现状

现状分析是对企业当前市场营销情况的分析，也就是对企业市场处境的分析。包括但不限于以下内容：

(1) 宏观环境。这部分描述社会宏观环境现状和发展趋势，涉及人口、经济、自然、科学技术、政治法律、社会文化等方面对企业营销活动的影响。

(2) 市场状况。营销计划需要了解一系列市场背景，包括市场规模和容量、市场增长状况、过去几年市场总销量、细分市场状况以及顾客需求、品牌认知、购买行为等内容。

(3) 竞争状况。分析本企业及产品的主要竞争对手，了解对手的产品特征、生产规模、发展目标、市场占有率，并且分析其营销战略和策略，了解其发展意图、方向和行为，为本企业制定对应策略打好基础。

(4) 营销组合状况。产品状况分析需要考虑近几年有关产品的开发、销售、收益和净利润等方面，渠道状况阐述企业分销渠道的销售规模、地位、策略、管理能力等内容，定价状况主要分析目前的价格策略及执行情况，促销状况主要分析公司目前的促销组合现状。

在这一部分中，应该尽可能多地收集信息，详细分析、描述企业所处的营销现状。这些内容有助于提高市场营销计划后续阶段的制定营销目标、营销策略、行动方案和费用预算等工作的准确性。

3. 机会与威胁

在现状分析后，总结企业在宏观环境和微观环境方面的特点，可进行 SWOT 分析，从而提出下一步的目标和对应策略。

(1) 机会。要从环境现状分析中寻找新的市场需求，从企业内部经营资源中找到有利条件，决定自己的发展方向和努力目标。

(2) 威胁。在分析现状时通过大量可靠数据，找出营销环境中的问题，包括企业面临的严重的竞争局面，以便在计划中采取必要的对应手段。

(3) 优势。明确企业存在哪些优势，例如优于竞争对手的资源、管理能力或者独有的生产技术优势等，这些因素是企业开发机会、对付外来威胁的关键力量。

(4) 劣势。在分析中显露出企业内部与行业内其他企业的一些能力差别。

4. 营销目标

营销目标是营销计划中最基本的要素，是企业营销活动所要达到的最终结果。营销目标一般分为总体目标和专门目标这两大类。

总体目标是给企业及其市场营销计划指明方向，通常描述为提高市场份额、增强对主要客户的独立性、增大销售能力、提高品牌知名度及改善企业形象等。

专门目标是指在令企业的各种主要业绩能够被衡量评估，并且当目标不能实现时可以采取改进的行动，同时还要保证所有市场营销职能或功能的协调配合。专门目标通常可以用具体指标来描述，例如销售量、销售利润率、市场占有率、市场增长率等。

在某些企业的营销计划中，营销目标也可能放在营销现状分析之前。

5. 市场营销策略

营销策略是企业实现营销计划目标的途径和方法的总体指导思想。形式上可以建立表格，也可以用文字说明。内容上一般包括市场细分及目标市场选择、竞争策略、营销组合策略。

(1) 市场细分及目标市场选择。市场营销策略应详细而清楚地说明企业重点关注的细分市场。这些不同细分市场的消费者爱好、提供的盈利机会、对市场营销工作的反应是互不相同的。因此企业必须敏锐地觉察到这些区别，将自己的物力和精力集中投入那些最有利的细分市场，即应为每个目标市场制定相应的市场营销策略。

(2) 营销组合策略。在营销计划书中，市场营销管理人员还应概括提出有关市场营销组合的各种具体策略，例如产品策略、价格策略、分销策略及其促销策略等，并根据前述对市场机会和威胁的分析，说明采取上述各种不同策略的原因和理由。

(3) 竞争策略。现代市场充满了激烈的竞争，市场营销人员应充分了解自己的企业或产品在市场上所处的竞争地位——是市场领先者、市场挑战者、市场追随者还是市场补缺者。然后据此制订适合自身的竞争策略。

6. 行动方案

营销策略确定以后，要真正发挥效用，还必须将其转化为行动方案。行动方案是指营销活动“要做什么”、“什么时候做”、“在哪里做”、“由谁来做”、“怎么做”这一系列的具体问题。行动方案必须是具体的、细节化的，全面考虑时间、空间、步骤、责任、项目费用等要素。一般需要使用表格或者图形，把各个要素的实际表现陈列出来，使整个方案条理清晰、一目了然。

7. 费用预算

费用预算实际就是一份计划的损益表，它根据目标、策略和行动方案来编写，包括收入和支出两个模块。收入涉及预估的销售数量和平均可实现价格；支出反映研发成本、生产成本、实体分销、物流成本和各项营销活动的费用。收入与支出的差额就是预估利润。企业的高层管理人员负责预算的审核，一经批准后就是企业营销部门进行采购、生产、人力资源分配以及营销管理的依据。

8. 控制方法

确定控制方法是营销计划的最后一个环节，是对执行整个营销计划过程的管理。营销控制一般是将计划规定的目标和预算按月份或按季度分解，以使企业营销管理部门进行有效的监督与检查，确保市场营销计划的顺利完成。

另外，这一部分还应包括一些应急方案。应急方案要简要地列举计划执行过程中可能出现的各种危机和困难，每一种危机发生的概率、危害程度及应急措施。

以上 8 个部分就是市场营销计划的主要内容。企业制订的营销计划经过企业高层管理者的审核批准后，就成为了市场营销组织在一定时期内的行动纲领，成为各项营销活动的主要依据。市场营销计划是关于未来营销活动的行动方案，而未来实施中存在许多不确定因素，因此，企业在制订营销计划时一定要留有余地，在环境因素发生变化时，能对原定

计划加以修订或调整。

第二节 市场营销组织

企业营销计划需要通过一定的组织系统来实施。市场营销组织是指企业内部涉及市场营销活动的各项职位安排及其结构。企业中的营销部门与其他职能部门的关系，受到市场环境、企业营销观念、企业所处的发展阶段和业务特点等诸多因素的影响。

一、市场营销组织形式

(一) 营销组织形式的演变

现代普遍采用的营销组织形式是市场经济发达的西方国家随着经营思想的发展和企业管理经验的积累逐渐发展和演变形成的，共经历了 5 种典型形式。

1. 简单推销部门

20 世纪 30 年代以前，西方国家企业营销活动主要以生产观念为指导，其内部市场营销组织属于简单推销部门。当时推销和财务、生产都是企业最基本的职能构成，财务部门管理资金、账务，生产部门负责产品制造，推销部门则负责产品销售。推销部门由一位副总经理负责，管理推销人员及其促销工作。推销部门只负责把生产出来的产品销售出去，而不过问生产的质量、种类、规格，也不涉及生产过程。

2. 具有营销辅助功能的推销部门

20 世纪 30 年代以后，很多企业进一步扩大规模，市场竞争趋于激烈，销售工作变得更为复杂。在推销观念的指导下，很多企业通过市场研究、广告等促销活动积极推动销售。随着这方面工作量的增加，便需要设立岗位，负责这些具体、专门的工作。于是出现了具有营销辅助功能的推销部门，部门内设置岗位承担如市场调研、广告宣传和销售服务等推销辅助功能。

3. 独立营销部门

随着企业经营规模和业务范围的进一步扩大，原来只作为辅助职能的市场调研、广告促销甚至产品开发等工作需要进一步加强，原有的推销部门工作量和管理难度大大增加，于是市场营销部门随着一系列工作的独立而脱离出来，成为一个与推销部门并立的职能部门，由一位市场营销副总经理负责。营销副总经理与销售副总经理同时直接由总经理领导。

4. 现代营销部门

在经历了独立营销部门之后，逐步诞生现代营销部门。推销部门与营销部门活动的出发点具有差异，前者追求当前单纯的销售量；后者则从产品开发、产品形象、市场开发等方面全面考虑企业的各项活动，从企业各环节考虑满足顾客的需求。推销部门和营销部门之间差异的协调过程，形成了现代市场营销部门的基础，即由营销副总经理全面负责推销部门和营销部门的工作。

5. 现代营销公司

如果企业把营销活动仅仅看做是一种销售功能，就不具备现代营销公司的条件。只有当所有的管理人员都认识到企业一切部门的工作都是“为顾客服务”，营销不仅仅是一个部门的名称，而是企业的经营宗旨时，这个公司才能成为一个真正意义上的现代营销公司。

（二）现代营销组织形式

现代企业营销部门的组织形式是多种多样的，但无论采用哪一种组织形式，都要体现以顾客为中心的营销指导思想。常见的现代营销组织形式有以下 6 种：

1. 职能型组织

这是最常见的组织形式，如图 12-2 所示，它是营销部门内部根据新产品开发、销售、广告、服务等职能设置相应的机构和人员，他们分别对营销副总经理负责。这一组织形式强调市场营销各职能的重要性。

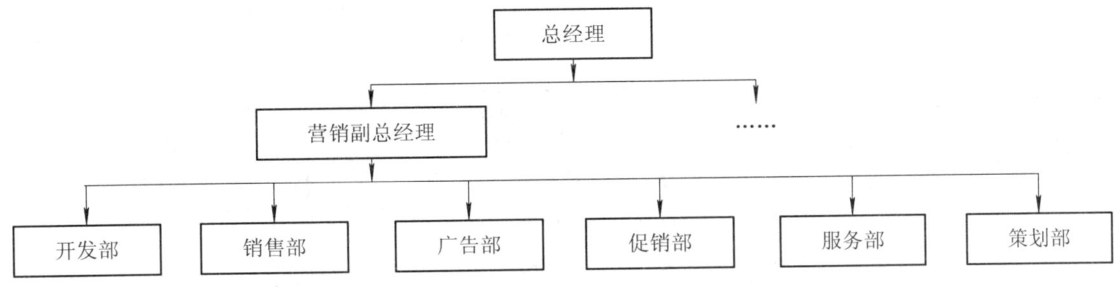

图 12-2　职能型组织

职能型营销组织的优点是管理层次少，管理性质简单。当企业产品种类较少或所有产品的市场营销方式大体相同时，这种组织形式便可以满足企业的需求。但是随着产品种类的增多和市场规模的扩大，这种组织形式的效率会越来越低。首先对具体产品和市场缺乏针对性，没有一个人对某种产品或市场完全负责，这样没有被各职能部门重视的某些产品就很容易被忽略。其次，各个职能部门为了获得更多的预算和更多的权利而互相竞争，使得营销副总经理常常面临协调纠纷的问题。

2. 地区型组织

如果企业的业务涉及较大范围的市场，往往会按照地理区域来安排和组织市场销售力量。这类组织按地区范围大小，分层次设置地理区域经理，层层负责。例如，某跨国企业，业务涉及东亚、北美、西欧、南美、北非五个大区，分别设置五个大区经理，他们又对各自下设的地区经理负责，地区经理负责管理各个片区的经理，片区经理管理下属推销人员，如图 12-3 所示。

3. 产品、品牌管理型组织

如果企业生产多种产品或拥有多个品牌，通常会建立产品、品牌管理型的组织，即在职能型组织的基础上，增设产品或品牌经理，负责各种产品的策略与修正等，如图 12-4 所示。这种组织并没有替代职能型组织，而是充当组织管理的另一层级。产品经理管理产品大类经理，产品大类经理管理单个产品或品牌的经理。如果企业的产品是不尽相同的，或

者管理全部的产品数量已经超出了职能型组织的管理能力，那么产品管理型组织就是明智的选择。

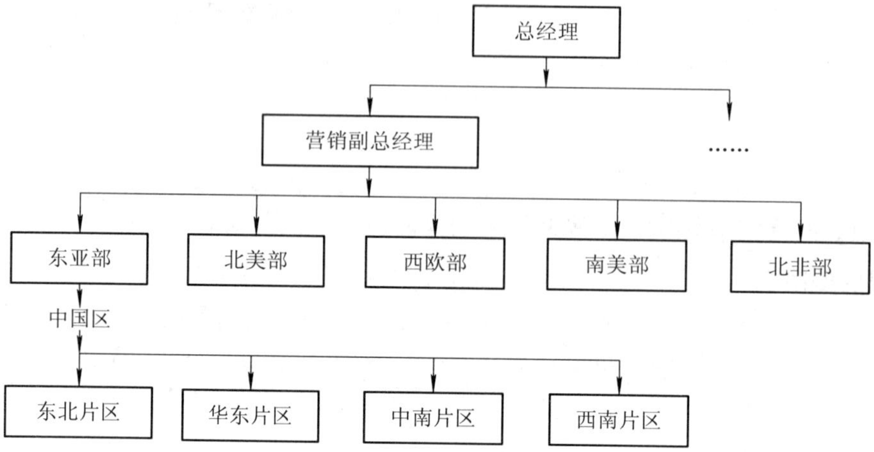

总经理
营销副总经理
……
东亚部
北美部
西欧部
南美部
北非部
中国区
东北片区
华东片区
中南片区
西南片区

图 12-3　地区型组织

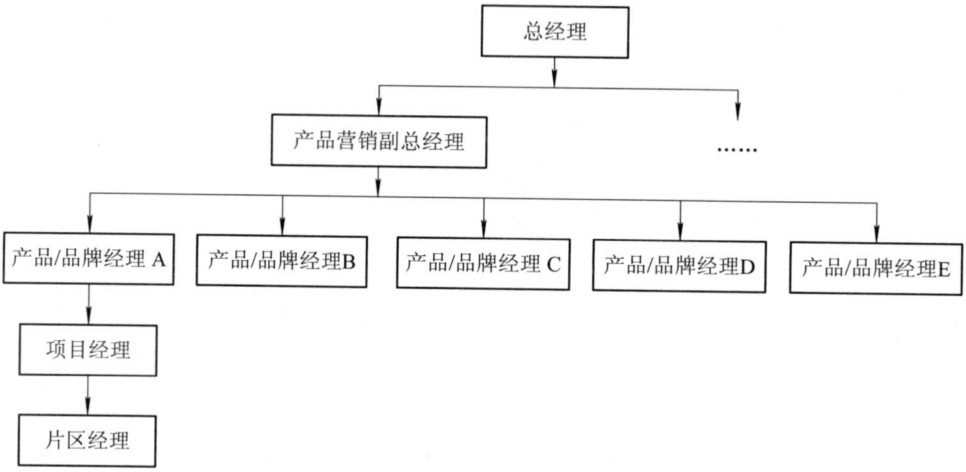

总经理
产品营销副总经理
……
产品/品牌经理 A
产品/品牌经理B
产品/品牌经理 C
产品/品牌经理D
产品/品牌经理E
项目经理
片区经理

图 12-4　产品、品牌管理型组织

产品、品牌管理型组织的优点是可以让产品经理集中精力于具有成本效益的营销组合，并对新产品投放市场做出快速的反应；由于每种产品和品牌都有专门的产品经理负责，因此公司的小品牌也不会被忽略。

这种组织的缺点是由于产品、品牌经理权力有限，在与广告、推销、生产等部门合作的过程中可能会出现协调上的困难；产品、品牌经理较容易成为自己所负责产品领域的专家，但不容易熟悉其他产品、品牌或业务；产品、品牌管理人员的增加会增加企业的人工成本；产品、品牌经理的任期一般比较短，短期管理导致短期计划，使产品营销规划缺乏连续性，无法建立长期优势。

4. 市场管理型组织

如果可以按照顾客不同的偏好和购买习惯细分市场，可以采用市场管理型组织。这种组织形式将市场划分为若干个子市场，每个子市场的经理负责自己所管辖市场的短期和长期发展计划，如图 12-5 所示。

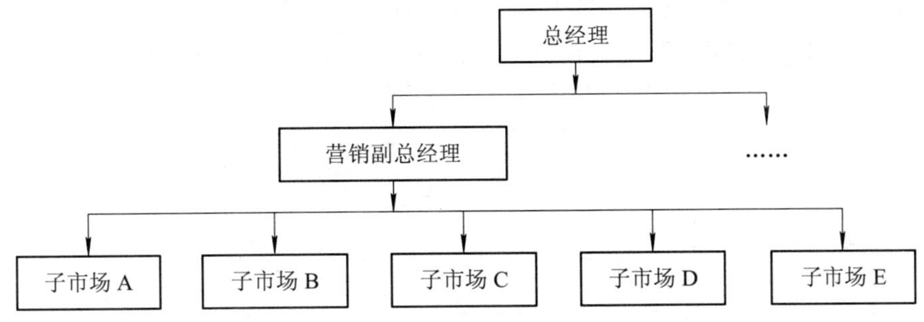

图 12-5　市场管理型组织

市场管理型组织的优点是企业可以针对不同顾客的不同需要开展一体化的营销活动，而不是把重点放在彼此割裂开的产品或地区上。在市场经济环境中，越来越多的企业是按照这一组织方式建立的。一些营销专家甚至认为，以各主要目标市场为中心来建立相应的营销部门和分支机构，是确保公司实现"以顾客为中心"的现代营销观念的唯一办法。但是市场管理型组织也存在产品、品牌管理型组织一样的缺点，即存在权责不清和多头领导的问题。

5. 矩阵式组织

如果企业生产多种产品并向多个市场销售，常常会遇到如何设置营销组织的难题。如果采取产品、品牌管理型组织，就需要产品经理熟悉高度分散的差异性很大的不同市场；如果采取市场管理型组织，则需要市场经理熟悉各式各样的产品的特点。为解决这一难题，就产生了把两者结合在一起的组织方式——矩阵式组织。在矩阵式组织中，同时存在产品经理和市场经理，如图 12-6 所示。产品经理负责产品的销售和利润计划，为产品寻找新的用途；市场经理负责开发现有的和潜在的市场。这种组织形式适用于多元化经营的企业。

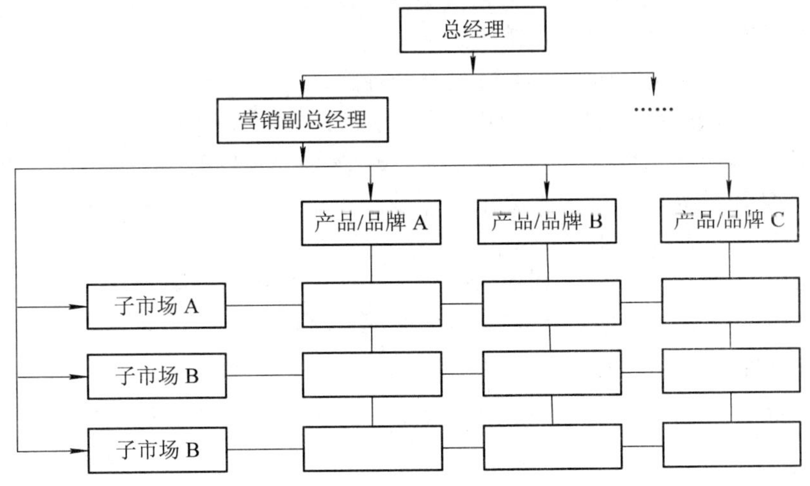

图 12-6　矩阵式组织

6. 事业部制组织

当企业规模很大，产品种类和细分市场很多时，常常把主要产品或市场分设为独立的事业部。事业部独立经营，对公司的利润负责，各事业部内设有较为齐全的职能部门，如图 12-7 所示。事业部制组织有利于发挥产品和地区事业部的积极性、能动性和创造性，有助于企业的稳定性，使其适应激烈的市场竞争和国际市场开拓工作。

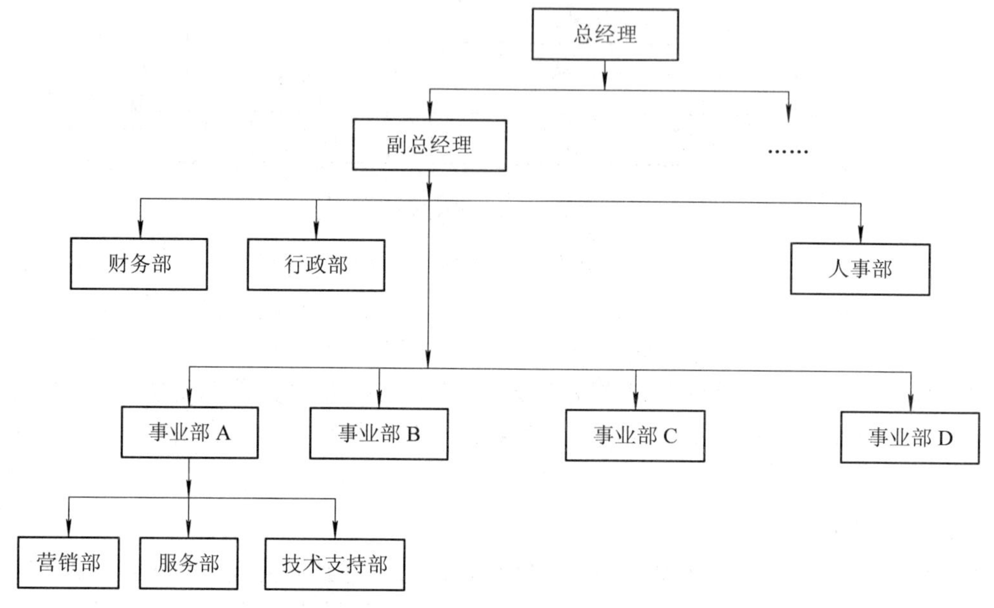

图 12-7　事业部制组织

二、影响营销组织设置的因素

企业无论选择怎样的营销组织形式，根本目标都是要保证企业各项营销计划的顺利实施。所以在设置市场营销组织时，必须要结合市场环境和企业自身的状况，选择适当的组织形式。具体来说，企业在设计营销组织形式时，应重点考虑以下几个因素：

(1) 企业规模。企业规模的大小影响着企业市场营销组织的设置。一般来说，企业规模越大，需要的专职部门、层次和营销人员就越多，管理幅度越大，因而往往采用比较复杂的组织形式，例如产品型、地区型、市场管理型、矩阵式组织形式。若企业规模较小时，市场营销组织就相对简单，可考虑采用职能型组织形式。

(2) 产品因素。如果企业经营的产品或品牌种类、数量很多，且产品、品牌之间的差异性较大，可以考虑采用产品、品牌型组织形式为主的营销组织形式。

(3) 市场因素。若企业实行市场多元化方针，营销市场的地理分布区域广泛，它们的营销环境彼此有较大差别，则可以考虑以地区型为主的营销组织形式。

(4) 企业营销最高管理层的态度。如果企业营销最高管理者倾向于加强对营销活动的“集权”控制，则可能选择产品、品牌型的营销组织形式。反之，如果他倾向于“放权”的经营做法，企业可能选择地区型的组织形式。

事实上，没有一种严格的划分方法确定企业必须选择哪一种营销组织形式，而是根据产品、市场、技术、资源等实际情况，选择一种有利于企业发展的形式。

三、营销部门与其他部门之间的关系

现代营销管理思想认为，企业各职能部门应密切协调配合，以实现企业的整体目标。但实际上，由于认识问题和利益问题的存在，各部门之间的关系可能表现为强烈的竞争和不信任。

理论上，所有的职能部门应该对顾客的满意承担责任，尽管责任有轻有重，所有的部门都应该以“满足顾客需求”这一原则为中心，营销部门则应该在日常活动中向其他职能部门灌输这一原则。在企业内部，营销经理承担着两大任务：一是协调公司内部营销活动，二是协调营销部门与财务、生产以及公司其他职能部门之间的关系。一般而言，营销经理主要靠说服而不是权力来进行这两项工作，除非特别时期，公司总部授予其节制其他部门的权力。

营销部门和其他部门之间的不协调，归根到底是对“顾客导向”观念的坚持程度不同。营销部门强调顾客满意，而其他部门也同样强调它们各自工作的重要性。下面将详细讨论各个职能部门与营销部门之间关注问题的差异以及如何化解这些矛盾。

（一）研究开发部

研究开发部门由科学技术人员组成，他们喜欢探讨前沿技术问题，而不关心眼前的销售利润，喜欢在较少人监督和较少谈及研究成本的情况下工作。而营销部门由具有商业头脑的人员构成，他们希望看到更多的具有特色的新产品销售给顾客，有一种注重利润的紧迫感。市场营销人员常常认为研究开发人员书生气十足、不懂得怎样做生意；相反，研究开发人员认为市场营销人员过于是故、唯利是图。这些消极而顽固的思维定式，妨碍了双方之间有效的协同配合。

从发展驱动力的角度上看，企业可以分为三种类型：技术驱动型、营销驱动型以及两者并重型。在技术驱动型的企业里，研发人员热衷于研究各种基本问题，寻求重大技术突破，力求产品的技术性能尽善尽美。在这些企业里，研究与开发的费用很高。虽然有时也会研究出一些重要的新产品，但新产品投入市场的成功率较低。

在营销驱动型的企业里，研发人员根据特定市场的需要去设计产品，因而主要是应用现有技术对现有产品进行技术改进，新产品投入市场的成功率较高，但产品生命周期较短。

在技术、营销驱动二者并重的企业中，营销部门与研究开发部门形成了有效的组织协调关系，他们共同负责以市场为导向的创新活动，研发人员不再为发明而发明，而是从事有实效的革新创造。销售人员也不再是只追求产品适合销售的特色，而是协调研究人员寻找能满足要求的创新途径。

研究表明，创新的成功与研究开发和营销一体化紧密相关。促进研究开发和营销一体化可以采用以下几种方法：① 共同举办研讨会，以加强彼此之间对对方工作目标、作风的理解和尊重，互相学习、互相促进；② 每个新项目要分派研究开发人员与营销人员，他们将在项目整个执行过程中密切合作。同时，还应在项目执行初期共同确定营销计划和目标；③ 与研究开发部门的合作一直要持续到销售阶段，包括写技术手册、举办贸易展览、向顾客做售后调查，甚至从事一些销售活动等；④ 双方产生的一些矛盾应由高层管理者解决，

并制定明确的解决矛盾的程序。在同一企业中，研究开发部门与营销部门向同一副总经理负责。

(二) 工程技术部门

工程技术部门负责寻找设计和生产新产品过程中所需要的实用方法。工程师们较为关心技术质量的保证、成本费用的节约以及制造工艺的简便化。如果营销人员要求生产多种型号的产品，特别是需要用定制配件而不是标准配件去生产特殊商品时，工程技术人员与营销人员的矛盾便会显现出来。工程技术人员认为营销人员只要求外观美，而不注重产品内在质量。不过这种情况在那些懂得生产技术的人担任营销经理的企业里并不突出，因为他们能与工程技术人员较好地沟通。

(三) 采购部门

采购人员负责以最低的成本买进质量、数量都合适的原材料与零配件。通常他们的购买量大且种类较少，但营销经理通常会争取在一条生产线上推出几种型号的产品，这就需要采购量少而品种多的原材料与零配件。采购部门还认为营销部门对原材料及零配件的要求都过高，他们尤其反感营销人员不正确的预测，这将迫使他们不得不以较高的价格条件购进原材料，甚至还会造成库存过多而积压的现象。

(四) 生产制造部门

生产人员负责工厂的正常运转，以达到用合适的成本、合适的时间生产合适数量的产品的目的。他们每天忙于处理机器故障、原料缺乏、劳资纠纷、怠工等问题。他们认为，营销人员不了解工厂的实际情况，却埋怨工厂生产能力不足、生产拖延、质量控制不严、售后服务不佳等，而且营销人员还经常作出不正确的销售预测，推荐难于制造的产品，向顾客承诺过多的服务等。营销人员看不到工厂可能遇到的困难，他们关注的只是顾客方面的要求，诸如要货迫切、到货有瑕疵和售后服务不足等问题。营销人员对为满足顾客需求而导致成本上升等问题并不关心。这个问题不仅反映了两个部门之间存在信息沟通不畅的问题，还反映了两个部门在实际利益方面存在冲突。

企业可采用不同的方法来解决这些问题。在生产驱动型的企业里，人们所做的任何一件事情都是为了保证生产顺利进行和降低成本。这种企业倾向于生产简单的产品，希望生产线窄一些，而生产批量大一些。那些需要加速生产来配合促销活动的情况几乎没有，顾客在遇到延迟交货时不得不耐心等待。

另一些企业是营销驱动型的。这种企业想尽一切办法来满足顾客需要。例如，在一家大型化妆品公司里，只要营销人员一声令下，要求生产什么东西，生产人员就立即行动，而不考虑加班费用、短期生产效益等。结果造成生产成本过高，而且成本不固定，产品质量也欠稳定等问题。

企业应逐渐向生产驱动与营销驱动协调的方向发展。在这种协调的导向下，双方共同确定哪些是企业的最大利益。企业的盈利能力很大程度上取决于营销部门与生产制造部门的良好协调关系。营销人员必须具备良好的了解生产制造部的能力。制造人员也必须定期、不定期地到市场上走一走，以便了解营销人员的情况。

（五）财务部

财务经理以具备评估不同业务活动的盈利能力而骄傲，但遇到营销经理时却常常为难。营销人员将大量预算用于宣传、促销活动和推销人员的开支，却不能具体说明这些经费能带来多少销售利润。财务人员怀疑营销人员所作的预测是自己随意编的，并没有考虑经费与销售利润的关系，以便能把预算投向活力更多的领域。他们认为，营销人员急于大幅降价销售是为了获得订单而不是真正为了盈利。

同时，营销经理认为，财务人员资金太紧，拒绝把资金用于长期的潜在市场的开发，他们把所有的营销经费看做一种浪费，而不是投资，财务人员过于保守，不愿意冒风险，从而使得企业与许多机会失之交臂。财务主管人员应当善于运用财务工具和理论支持对全局有影响的营销工作。

（六）风险控制部

信用评估人员负责评估潜在顾客的信用等级，拒绝或限制向信用不佳的顾客提供信贷。他们认为，营销人员和谁都做买卖，甚至和那些支付有困难的人也做买卖。营销人员则常常感到风险控制的标准定得太高，他们认为“完全没有坏账”的观念实际上会使企业在销售和盈利方面遭受更多损失，而且他们好不容易谈成了客户，听到的却是因这些顾客的信用不佳而不与之成交的消息。

（七）营运部

“制造”这个术语用于工业企业生产有形的产品，而“营运”是用于创造与提供服务的行业。例如，在酒店，营运部的人员包括前台接待员、门卫、服务员等。营运人员如果没有顾客导向观念，在工作中可能会倾向于他们自己的方便性，表现出一般的服务态度和提供习惯性的服务质量，这将影响顾客对企业的评价，而服务行业在很大程度上是靠口碑来支撑的。营销者希望这些人员将注意力集中于提高顾客的方便性，表现积极和友好的态度并提供出色的服务。要实现这一目标，营销人员就必须要了解这些提供服务的人的能力和心态，不断地帮助他们改进。

要减少营销部门与其他职能部门之间的矛盾，关键是要改变企业的观念，建立技术与营销共同驱动的企业模式；加强营销部门与其他职能部门沟通交流的机会，化解彼此之间的不理解、不协调；同时可以从市场营销部门中提拔一位营销副总经理，统一协调营销部门与其他职能部门的关系，从更高的层面上推动工作的进行。

第三节　市场营销计划的执行

营销计划必须通过有效的执行才能体现出其价值。营销计划的执行是指企业将营销计划转为行为和任务，并保证这种任务的完成，以实现营销战略目标的过程。营销计划执行是一个艰巨而复杂的过程。研究表明，许多战略目标之所以未能实现，就是因为没有得到

有效执行。营销管理人员常常难以判断营销工作具体实施中的问题。营销失败的原因可能是由于战略本身的问题，也有可能是由于正确的战略没有得到有效的执行。

一、市场营销计划执行过程中的问题

企业在执行营销战略和营销计划过程中经常会出现以下几方面问题：

（一）计划脱离实际

企业的营销战略和营销计划通常是由上层的专业计划人员制订的，而执行则要依靠营销管理人员。计划制订者和执行者之间常常缺乏必要的沟通和协调，从而导致一系列问题的出现：① 计划制订者只考虑总体战略而忽视执行中的细节，结果使营销计划过于笼统和流于形式；② 计划制订者往往不了解执行过程中的具体问题，所以常常脱离实际，导致制订者和执行者相互对立和不信任；③ 制订者和执行者之间缺乏沟通与协调，致使执行者在计划执行过程中经常遇到困难，不能完全理解需要他们去执行的营销战略和营销计划。

（二）长期目标和短期目标的不一致

营销战略通常着眼于企业的长期目标，涉及今后3～5年的营销活动。而具体执行这些营销战略的营销人员则是依据其短期工作绩效，例如销售量、市场占有率等指标来实施奖惩的，所以营销人员常常重视短期行为。为了克服长期目标和短期目标之间的矛盾，企业必须采取适当措施，设法求得两者的协调。

（三）组织中存在的惰性

企业的营销活动往往是为了实现既定的战略目标，新的战略如果不符合企业的传统和习惯，就可能会遭到抵制。新旧战略之间的差异越大，执行新战略遇到的阻力可能就越大。要想实施与旧战略截然不同的新战略，往往需要打破企业传统的组织结构。

（四）缺乏具体明确的执行方案

有些营销战略和营销计划之所以失败，是因为制订者没有进一步给出具体明确的执行方案。企业的决策者和营销管理人员只有制订详尽的执行方案，规定和协调各部门的活动，编制详细周密的实施时间表，明确各部门经理的职责，企业的营销战略和营销计划的执行才能有保障。

二、营销计划的执行过程

（一）制定行动方案

想要有效地执行营销计划，必须事先拟定详尽的行动方案。行动方案执行的具体安排，包括人员配备、目标分解、资源分配、时间要求等。行动方案应该明确营销计划执行的关键性决策和任务，并将执行这些决策和任务的责任落实到人，同时，还应确定行动的具体时间安排。

（二）建立组织结构

企业的正式组织在营销计划的实施过程中有决定性的作用，企业规模、性质不同，需建立不同的组织结构。组织结构必须同企业计划相配合，必须同企业本身的特点和营销环境相适应。组织结构具有两大功能：一是提供明确的分工，将全部工作分解成便于管理的几个组或部分，再将它们分配给各有关部门和人员；二是发挥协调作用，通过正式组织的联系和信息沟通网络，协调各部门和人员的安排。

（三）设计决策和报酬制度

为执行营销计划，还必须设计相应的决策和报酬制度。这些制度直接关系到计划实施的成效。例如，企业对管理人员工作的评估和报酬制度，如果以短期的经营利润为标准，管理人员的行为必定趋于短期化，对实现长期计划目标就不会有积极性。

（四）开发人力资源

营销计划最终是由企业内部员工来实施的，人力资源的开发至关重要。这涉及人员的考核、选拔、安置、培训和激励等问题。在考核选拔管理人员时，要根据具体情况考虑从内部还是从外部选拔更合适；在安置人员时要注意因岗设人，人尽其才；为了调动人员的积极性，必须设置合理的工资、福利和奖惩制度。另外，企业还必须决定管理人员、业务人员和一线工人之间的比例。现在，许多外国企业已经削减了公司一级的行政管理人员，目的是减少管理费用和提高工作效率。应当指出的是，不同的计划需要不同性格和能力的管理者。

（五）建设企业文化和管理风格

企业文化是指一个企业内部全体人员共同持有的和遵循的价值标准、基本信念和行为准则。这些标准和信念通过模范人物的塑造来体现，通过正式和非正式组织予以树立、强化和传播。企业文化体现了集体责任感和集体荣誉感，它甚至关系到员工的人生观和他们所追求的最高目标。企业文化是企业的精神支柱，具有增强员工向心力和凝聚力的作用。企业文化一旦形成，具有相对稳定性和连续性，一般情况下不会轻易改变它。

与企业文化相关联的，是企业的管理风格。有些管理者的管理风格属于“独裁型”，他们独揽大权，严格控制，坚持采用正式的沟通渠道，不容许非正式的组织和活动。有些管理者的管理风格属于“民主型”，他们主张授权给下属，协调各部门的工作，鼓励参与管理。不同的战略计划需要不同的管理风格与之配合。一个企业具体需要什么样的管理风格，取决于企业的任务、组织结构、人员素质和营销环境。

三、影响营销计划执行的因素

美国学者托马斯·波诺马(Thoma Bonoma)认为，影响企业执行营销计划的因素有以下四类：

（一）诊断技能

诊断技能是指发现和诊断一个问题的技能。当营销计划的执行结果达不到预期目标时，

战略与执行之间的内在紧密关系会造成一些问题难于诊断，例如销售率低究竟是由于战略欠佳还是由于执行不当呢？此外还得确定究竟是应诊断什么，还是应确定采取什么行动的问题？对每个具体的问题都需要具体的管理技术和解决办法。

（二）确定公司层次

确定公司层次是指对公司存在问题的层次作出评估的技能。市场营销执行中的问题可能发生于公司的 3 个层次：① 行使营销职能的层次，这一层级关系到基本的营销功能能否顺利实施，例如公司怎样才能从某广告代理商处获得更有创意的广告；② 营销规划层次，主要是制订营销方案的问题，如何能够把所有的营销功能协调地组合在一起，构成整体行动。这一层次出现的问题常常发生在把一项新产品引入另一个新兴的市场时；③ 营销政策层次，这一层次关系到营销战略，例如公司需要所有雇员对待所有顾客都用最好的态度和最好的服务。

（三）执行技能

为了有效地实施营销方案，公司的每个层次，即功能、方案、战略等都必须运用一整套技能。主要包括 4 种技能：① 分配技能。它是指营销经理在职能、战略和方案三个层次上分配时间、资金和人员的能力；② 调控技能。包括建立和管理一个对营销活动效果进行追踪的控制系统；③ 组织技能。常用于发展有效工作的组织中，理解正式和非正式的市场营销组织对于开展有效的营销实施活动是非常重要的；④ 相互影响技能。它是指营销经理影响他人把事情办好的能力。

（四）评价技能

将执行的情况和计划相对照，如果计划正确而执行力不足，则调整人事，改变政策；如果计划与变化了的环境不相适应，则更正计划。

第四节　市场营销控制

市场环境和企业内部环境都处于动态发展的过程中，任何策划完备的计划都可能因环境变化导致实施结果偏离预期甚至完全失败。同时，由于执行人员对计划的理解不同或者执行力度不均也将使策划的营销目标不能很好地实现。因而营销管理者对营销活动的监督和控制十分必要。

所谓市场营销控制，就是企业营销管理部门为了营销目标的实现，保证营销计划的执行取得最佳效果而对实施过程中各营销要素进行监督、考察、评价和修正。营销计划控制的程序包括以下方面：① 确定控制对象；② 设置控制目标；③ 建立衡量尺度；④ 确定控制标准；⑤ 比较实际效果；⑥ 分析偏离原因；⑦ 采取改进措施。

具体而言，市场营销控制的方式有：年度计划控制、盈利能力控制、效率控制和战略控制。

一、年度计划控制

在实际工作中，很多企业都对自己的营销活动制定了严密的计划，但执行的结果常常与之产生比较大的距离。除了外部因素的影响之外，往往是由于执行过程不能及时找出偏离问题并得以解决。年度计划控制是一种短期控制方法，指企业在本年度内，针对销售额、市场占有率和营销费用进行实际效果与计划之间的检查，以便及时采取改进措施，保证、促进营销计划目标的实现与完成。

年度计划控制包括 4 个主要步骤：

(1) 制定标准。分解计划目标，确定本年度各个阶段的目标、任务。

(2) 监督检查。将实际实施效果与计划预期目标相对比，发现差距。

(3) 因果分析。剖析、研究发生偏差的原因。

(4) 修正行为。及时采取补救和调整措施，缩小差距，努力使实施效果与计划目标相一致。

企业营销管理人员通常可以运用下列指标进行年度计划控制：

(一) 销售分析

销售分析是用于衡量和评估市场营销人员所制定的计划销售目标与实际销售额之间关系的方法，包括 2 种具体方法：

(1) 销售差额分析。这种方法用于分析各个不同因素对销售绩效不同的影响程度。

【例 12-1】某企业在年度计划中制定了目标：第一季度产品销量 10 000 件，每件 1 元，即目标销售额 10 000 元。但实际情况是该季度只销售了 8000 件，每件 0.90 元，即实际销售额 7200 元。销售绩效差额为 2800 元。

可见，总销售额降低既有销售数量减少的原因，也有价格降低的原因。那么，二者各自对总销售额的影响有多大呢？计算如下：

$$\text{价格下降的差距} = (1 - 0.90) \times 8000 = 800(\text{元})$$

$$\text{价格下降的影响} = \frac{800}{2800} \times 100\% = 28.57\%$$

$$\text{销量下降的差距} = (10000 - 8000) \times 1 = 2000(\text{元})$$

$$\text{销量下降的影响} = \frac{2000}{2800} \times 100\% = 71.43\%$$

可见，有 71.43%的销售差额应归因于没有完成预期销售数量。找出原因后，企业可以进一步细分原因，并思考需要做哪些工作提高销售数量。

(2) 地区销售量分析。这种方法可以衡量导致销售差额的具体产品和地区。

【例 12-2】某企业产品在甲、乙、丙三个地区销售，计划销售额分别是 1500、1000、2000 元，总销售额为 4500 元。但实际销售额分别为 1400、1060、1640 元，总销售额为 4100 元，与计划销售额的差距分别是 −6.67%、+6%、−18%。可见，引起不良绩效的主要原因是丙地区销售量大幅度下降。企业应集中注意力分析丙地区的销售管理状况，可能是销售员工的问题，可能是进入有力的竞争者，也可能是该地区消费水平下降。

（二）市场占有率分析

在企业经营活动中，如果销售额增加了，可能是由于企业所处的整个经营环境发生了改变造成的。而市场占有率剔除了一般环境因素来考察企业本身的经营情况。如果企业产品的市场占有率升高，表明其比竞争者绩效更好；市场占有率降低，表明其比竞争者绩效差。衡量市场占有率有以下几种度量方法：

(1) 总体市场占有率。以企业的销售额占整个行业销售额的百分比来表示。需要注意的是：① 正确认定行业的范围，即明确本行业所应包括的产品、市场等；② 要以单位销售量或销售额来表示市场占有率。

(2) 目标市场占有率。以企业的销售额占企业目标市场的百分比来表示。目标市场一是指企业产品适合的市场，二是指企业市场营销努力所及的市场。

(3) 相对市场占有率(相对于市场领导者)。以企业销售额相对于市场领导者的销售额的百分比来表示。相对市场占有率超过 100%，表明该企业是市场领导者；相对市场占有率等于 100%，表明企业与市场领导者同为市场领导者；当相对市场占有率小于 100%且增加时，表明企业正接近市场领导者。

(4) 相对市场占有率(相对于三个最大竞争者)。以企业销售额对最大的三个竞争者的销售额的总和的百分比来表示。例如某企业有 30%的市场占有率，其最大的三个竞争者的市场占有率分别是 20%、10%、10%，那么其相对市场占有率为 30%÷(20%+10%+10%)=75%。一般来说，企业的相对市场占有率高于 33%即被认为是实力较强的企业。

（三）市场营销费用率分析

市场营销费用率指市场营销费用与销售额之比。它包括五种费用对销售额的比率：销售人员费用与销售额之比，广告费用与销售额之比，促销费用与销售额之比，市场调查费用与销售额之比，销售管理费用与销售额之比。

管理部门必须监控这些费用比率，它们可能出现一些容易被忽视的小波动，而这些小的波动往往就是某些管理问题的先兆，因此这些指标一旦超过正常波动幅度就必须加以注意。当一种费用与销售额的比率失控时，就必须用综合的数据来调查这一问题。另外，费用与销售额的比率应在一个总的财务框架结构中分析，以确定企业在何处及如何获得收益。

（四）财务分析

现在的营销管理者经常使用财务分析来发现更有价值的利润增长点。管理者通过财务分析来研究影响组织资本净值报酬率的各种因素，资本净值报酬率与两个比率有关：资产报酬率和财务杠杆率。

（五）顾客满意度追踪

在对企业的市场营销活动进行上述财务和定量性质控制的同时，还需要制定一些定性标准，以便向管理部门提供市场份额即将发生变化的早期预警。顾客满意度追踪是指企业通过设置顾客抱怨和建议系统、建立固定的顾客样本或者通过顾客调查等方式，了解顾客对本企业及其产品的满意度情况。这种在顾客偏好和满意度的变化对销售产生影响之前就进行监控的做法，可使管理部门及时掌握市场动态，较早采取行动。

(六) 行为校正

当企业绩效偏离计划目标过远时，管理部门需要实施校正。通常先采取一些小的校正行动，若无效，则采取更严厉的措施。例如，公司可以采取如下一套逐步加强的补救措施：① 削减产量；② 有选择性地减价；③ 对销售人员施以更大的压力以完成定额；④ 削减人员雇用与培训、广告、公共关系、研究开发的预算；⑤ 通过解聘和提前退休开始解雇人员，将某些业务出售给其他公司；⑥ 开始寻找欲购买本公司的买主等。

二、盈利能力控制

盈利能力控制是用来测定不同产品、不同销售区域、不同顾客群体、不同渠道以及不同订货规模盈利能力的方法。由盈利能力控制所获取的信息，有助于管理人员决定各种产品或市场营销活动是扩展、减少还是取消。以下是盈利能力控制常用的一些指标：

(一) 市场营销成本

市场营销成本直接影响企业利润，它由下列项目构成：

(1) 直销费用。包括直销人员的工资、奖金、差旅费、培训费、交际费等。

(2) 品牌宣传费用。企业 CIS 导入费用、各类公关费用、展览会费用。

(3) 促销费用。包括广告费、产品说明书印刷费用、赠奖费用、促销人员工资等。

(4) 仓储费用。包括租金、维护费、折旧、保险、包装费、存货成本等。

(5) 运输费用。包括托运费用等，如果是自有运输工具，则要计算折旧、维护费、燃料费、牌照税、保险费、司机工资等。

(6) 其他市场营销费用。包括市场营销人员的工资、办公费用等。

营销费用和生产成本构成了企业的总成本，直接影响到企业的经济效益。其中有些与销售额直接相关，称为直接费用；有些与销售额并无直接关系，称为间接费用。有时二者也很难划分。

(二) 盈利能力的考察指标

取得利润是每一个企业最重要的目标之一。正因为如此，企业盈利能力历来为市场营销人员所重视，因而盈利能力的控制在市场营销管理中占有十分重要的位置。在对市场营销成本进行分析之后，应该考察盈利能力指标。

(1) 销售利润率。销售利润率是指利润与销售额之间的比率，表示每销售 100 元使企业获得的利润，它是评估企业获利能力的主要指标之一。其计算公式是：

$$销售利润率 = \frac{本期利润}{销售额} \times 100\%$$

(2) 资产收益率。资产收益率是指企业所创造的总利润与企业全部资产的比率。其计算公式是：

$$资产收益率 = \frac{本期利润}{资产平均总额} \times 100\%$$

(3) 净资产收益率。净资产收益率是指税后利润与净资产的比率。净资产是指总资产减去负债总额后的净值。其计算公式是:

$$净资产收益率 = \frac{税后利润}{净资产平均余额} \times 100\%$$

(4) 资产管理效率。可通过资产周转率来衡量。资产周转率是指一个企业以资产平均总额去除产品销售收入净额而得出的比率。其计算公式是:

$$资产周转率 = \frac{产品销售收入净额}{资产平均占用额} \times 100\%$$

资产周转率可以衡量企业全部投资的利润效率,资产周转率高说明投资的利用效率高。

(5) 存货周转率。存货周转率是指产品销售成本与产品存货平均余额之比。其计算公式是:

$$存货周转率 = \frac{产品销售成本}{产品存货平均余额} \times 100\%$$

存货周转率是说明某一时期内存货周转的次数,从而考核存货的流动性。存货平均余额一般取年初和年末余额的平均数。一般来说,存货周转率次数越高越好,说明存货水平较低,周转快,资金使用效率较高。

三、效率控制

效率控制的目的是分析效率,找出高效率的方式,使之更好地管理销售人员、广告、销售促进及分销工作。

(一) 销售人员效率控制

企业各地的销售经理要记录本地区内销售人员效率的几个主要指标,包括:① 每个销售人员销售访问次数;② 每次会晤的平均访问时间;③ 每次销售访问的平均收益;④ 每次销售访问的平均成本;⑤ 每百次销售访问而订购的百分比;⑥ 每期间的新顾客数;⑦ 每期间丧失的顾客数;⑧ 销售成本对总销售额的百分比。

在销售人员效率评估之后,营销管理人员需要比照计划的差距促使企业对效率低下的环节加以改进。企业从以上的分析中,可发现一些非常重要的问题。例如,销售代表每天的访问次数是否太少?每次访问所花时间是否太多?在每百次访问中是否签订了足够的订单?是否增加了足够的新顾客并且保留住原有的顾客?

(二) 广告效率控制

企业市场营销人员应做好广告效率分析,可以作以下统计:① 各种媒体类型、媒体工具接触每千名购买者所花费的广告成本;② 顾客对每一媒体工作注意、联想和阅读的百分比;③ 顾客对广告内容和效果的意见;④ 广告前后顾客对产品态度的比较;⑤ 受广告刺激而引起的询问次数。企业市场营销管理人员可以采取若干步骤来改进广告效率,包括进行更加有效的产品定位,确定广告目标,选择广告媒体,进行广告后效果测定等。

（三）促销效率控制

对每次促销活动，企业市场营销管理人员应该对促进的成本及销售的影响做好记录，并作下列统计：① 由于优惠而销售的百分比；② 每一销售额的陈列成本；③ 赠券收回的百分比；④ 因示范而引起询问的次数。企业还应观察不同销售促进手段的效果，并使用最有效果的促销手段。

（四）分销效率控制

分销效率是指对企业存货水平、仓库位置及运输方式进行分析和改进，以达到最佳配置并寻找最佳运输方式和途径。管理者需要寻找更加经济的分销渠道，提出几种可以提高存货控制、仓库位置和运输方式效率的模式。

四、战略控制

战略控制是指对整体营销效果进行评价，以确保企业目标、政策、战略和计划与市场营销环境相适应。在企业战略控制过程中，最常使用的工具是营销效益等级评定和市场营销审计。

（一）营销效益等级评定

营销效益等级评定可从顾客宗旨、整体营销组织、充分的营销信息、战略措施和营销效率五个方面进行衡量。这五个方面为编制营销效益等级评定表的基础，由各营销经理或其他经理填写，最后综合评定。每一方面的分数都指出了有效营销行动的哪些因素最需要注意，这样，各营销部门便可据此制订校正计划，用以纠正其主要的营销薄弱环节，见表 12-1。

表 12-1　营销效益等级评量表

第一部分　顾客宗旨	
	A. 是否认识到根据目标需要确定企业营销计划的重要性？
0	营销重点把现有产品或新产品出售给任何愿意购买的人
1	考虑对范围广泛的市场和服务给予同等效率的服务
2	营销重点在经过慎重选择而定的目标市场
	B. 是否认识到根据不同细分市场制定不同营销组合策略的重要性？
0	没有
1	做了一些工作
2	做得相当好
	C. 是否认识到规划业务活动时着眼于整体营销系统观念(供应商、渠道、竞争者、顾客)？
0	不是。致力于向当前的顾客出售和提供服务
1	有一点。致力于向当前的顾客出售和提供服务，也从长远的观点考虑它的渠道
2	是的。从整体营销系统观点出发，充分了解系统中每个部分变化可能对企业带来的影响
第二部分　整体营销组织	
	D. 层次的营销控制对于各个重要的营销功能是否有市场？
0	没有。并由此产生一些非生产性的摩擦
1	有一点。但缺乏令人满意的合作和协调

续表一

2	是。各重要营销部门被高度有效地控制在一起
	E. 是否对营销部门的要求觉得不合理？
0	没有。其他部门对营销部门的要求觉得不合理
1	还可以。在各部门立足于维护本身利益基础上，相互之间关系还是融洽的
2	是的。各部门都从企业全局利益出发考虑问题，并进行有效的合作
	F. 在新产品的制作过程中是如何组织人员的?
0	制度为明确规定，管理不善
1	制度形式上存在，但缺乏有经验的人员
2	制度结构完善，配备专业人员
第三部分　充分的营销信息	
	G. 最近一次营销调研是何时进行的?
0	若干年前
1	一、二年前
2	最近
	H. 在衡量不同营销支出的成本方面采取了什么措施?
0	一无所知
1	略有所知
2	了如指掌
	I. 在衡量不同营销收入的效益方面采取了什么措施?
0	很少或没有措施
1	有一些措施
2	大量措施
第四部分　战略措施	
	J. 正规营销计划的策划情况如何?
0	很少或没有正规营销计划的策划情况
1	制定年度营销计划
2	构建详细的营销目标体系，并不断修正
	K. 现有营销战略的质量如何?
0	现有战略不明确
1	现有战略明确，但只代表传统战略
2	现有战略明确，富有创新性，根据充足，合情合理
	L. 有关意外事件的考虑和计划做得如何?
0	很少或不考虑意外事件
1	有一定考虑，但没有正式的应急计划
2	重视对意外事件的辨认，并制订应急计划

续表二

第五部分　营销效率	
	M. 在传播和贯彻企业决策层的营销思想方面做得如何?
0	很差
1	一般
2	很成功
	N. 是否有效利用了各种营销资源?
0	没有。相对于所要完成的工作而言，营销资源是不足的
1	做了一些。营销资源足够，但没有得到充分的利用
2	是的。对充分的营销资源进行了有效的部署
	O. 是否具有对环境变化迅速有力的反应能力?
0	没有。营销信息不及时，企业反应迟钝
1	有一点。一般能获得现实的营销信息，相关部门的反应快慢不一
2	是的。企业有科学的营销信息系统，并能及时作出反应

(注：量表的使用方法是对每个问题选定一个答案，然后把各题的得分(备选答案前的数字)相加，总分应该在 0～30 分之间。下列得分分别表示不同水平的营销效益：0～5 分表示“无”；6～10 分表示“差”；11～15 表示“普通”；16～20 表示“良”；21～25 表示“很好”；26～30 表示“优秀”。)

(二) 营销审计

营销审计又叫“营销稽核”、“营销审核”，它通过对企业或业务单位的营销环境、目标、战略和活动，进行全方位的、系统的、独立的和定期的检查，发现营销机会，找出营销问题，提出正确的短期和长期的行动方案，保证营销计划的实施或使不合理的营销计划得到修正。

由于开展营销审计应体现全面性和系统性原则，所以营销审计包括的内容非常广。一般认为，营销审计的内容包括营销环境审计、营销战略审计、营销组织审计、营销系统审计、营销效率审计和营销职能审计六大部分。

(1) 营销环境审计。营销环境是市场营销活动的根本制约因素，因而营销环境审计是其他审计内容的基础。企业通过对其所处的营销环境进行审计，以分析营销战略是否与营销环境相适应以及是否要对原有的营销计划进行修订。营销环境审计的具体内容包括外部环境和市场环境两方面。

(2) 营销战略审计。主要检查企业制定的目标和任务是否体现了市场导向，选择的竞争地位是否正确。具体包括：选择的目标市场是否科学，关键策略是否可靠，完成资源预算是否充分等。

(3) 营销组织审计。主要审查营销领导机构选择决策和控制决策的能力，职能部门对营销工作的分析、规划和执行的能力，营销部门对市场环境的应变能力，以及与其他部门的联络工作是否存在问题等。

(4) 营销系统审计。评估企业营销的控制系统、信息系统是否完善和有效，新产品开发系统是否健全以及各系统对外部反映的灵敏性和系统之间的协调型。

(5) 营销效率审计。主要进行利润分析和成本效益分析。内容包括销售收入绩效审查、销售费用绩效审查、货款回收与存货绩效分析、成本支出是否过高及降低成本的措施等。

(6) 营销职能审计。营销职能审计是指对营销组合诸因素，例如产品、价格、分销、人员推销、营销组织的业绩考核以及广告管理、公共关系效果的审计。

本 章 小 结

市场营销计划是在对企业的营销环境进行深入调研、对市场需求进行科学预测的基础上，根据企业的经营方针及策略，确定一定时间内(通常为一年)的营销活动目标和相关的指标，以及为实现这些目标和指标所要进行的各项营销活动的策略、方法和步骤。从整体来看，大部分营销计划的基本内容大致相同，尤其是产品和品牌计划，应该包括：计划概要、市场营销现状、机会与威胁、营销目标、市场营销策略、行动方案、费用预算、控制方法。

市场营销组织是指企业内部涉及市场营销活动的各项职位安排及其结构。现代企业营销部门的组织形式是多种多样的，但无论采用哪一种组织形式，都要体现以顾客为中心的营销指导思想。常见的现代营销组织形式有以下六种：职能型组织，地区型组织，产品、品牌管理型组织，市场管理型组织，矩阵式组织和事业部制组织。企业中的营销部门与其他职能部门的关系，受到市场环境、企业营销观念、企业所处的发展阶段和业务特点等诸多因素的影响，有时表现出不协调的问题，需要企业予以关注和解决。

市场营销控制，就是企业营销管理部门为了营销目标的实现，保证营销计划的执行取得最佳效果而对实施过程中各营销要素进行监督、考察、评价和修正。具体而言，市场营销控制的方式有年度计划控制、盈利能力控制、效率控制和战略控制。

研究与讨论

(1) 市场营销管理的过程包括哪些？

(2) 简述市场营销计划的内容与步骤。

(3) 如何设置市场营销组织？

(4) 营销计划在执行中经常遇到什么问题？为什么？

(5) 企业营销管理人员通常可以运用哪些指标进行年度计划控制？

▶▶ 案例分析

一家狗粮公司的营销故事

中国一家狗粮公司正在拓展全国市场，公司经理派刚刚入职的小王到外省的一个二线城市去了解市场。小王到该城市后发回一封短信；“这里的人不养狗，没有市场。建议公司放弃这个市场。”

于是经理又派出第二个营销人员小张。小张在到达那里一个星期后发回了一封短信："这里的人不养狗，但是我们可以让他们养狗，把我们的狗粮卖给他们。"

公司对结果不满意，又派出了第三个人老周。两个星期后，他发回一封电子邮件："这里很多人养狗，市场巨大，只是人们偷偷地进行，效益不理想。"

公司又派出了第四个营销专家老李，试图摆脱困境。他到这个城市两个月，为政府提供了一份养狗的利弊分析报告以及各城市对养狗的规定，政府终于解除了养狗的限令。他发回一封邮件；"在居民的呼吁下，政府将很快废止禁止养狗的条例，这样会使这里养狗的居民大大增加，建议公司做好大规模的市场推广活动。"

遗憾的是，狗粮在这里仍然销售不畅。于是公司开会分析原因。

经理：谁的狗粮最有营养？

员工：我们的。

经理：谁的宣传战打得最漂亮？

员工：我们的。

经理：谁的销售力量最强大？

员工：我们的。

经理：那我们的狗粮为什么卖不出去？

经过一段时间的沉默之后，一个员工回答；"因为狗不喜欢吃我们的狗粮。"

随后公司进行消费者(狗)的调查，开发出狗喜欢吃的食品。新的狗粮推向市场后，销售仍不理想。公司再次开会分析原因。

经理：狗最喜欢吃谁的狗粮？

员工：应该是我们的。

经理：谁的宣传战打得最漂亮？

员工：我们的。

经理：谁的销售力量最强大？

员工：我们的。

经理：那我们的狗粮为什么卖不出去？

经过一段时间的沉默后，一个员工回答："因为狗主人不喜欢买我们的狗粮。"

经历：为什么狗主人不买我们的狗粮？

全场鸦雀无声。这不是一下子就能回答的问题。

公司经理决定不能这样一事一议了，需要好好规划设计一下，从下一年度开始拟定一份可行的营销计划。

思考：

(1) 这家公司的产品营销存在的问题是什么？

(2) 公司下一年度的营销计划应该包括哪些具体内容？你的具体建议是什么？

(3) 为公司拟定一份年度营销计划书。

第十三章　市场营销发展的趋势

▶▶ 学习目标

(1) 熟悉营销界的新理论和新方法，包括服务营销、绿色营销、网络营销、整合营销；

(2) 了解服务营销的内涵和特征，掌握服务营销的过程管理；

(3) 了解绿色营销的含义和特征，熟悉绿色营销的策略；

(4) 了解网络营销的概念、特点及其与传统营销的区别，熟悉网络营销与传统营销整合的路径；

(5) 认识整合营销的起源，了解整合营销的特征，熟悉整合营销的基本程序。

▶▶ 案例导入

从“喜茶”爆红看中国90后消费模式

从2016年夏天开始，中国新晋茶饮品牌“喜茶”突然一夜爆红，在以互联网为代表的新媒体上频频“刷屏”，“数百人排队只为一杯茶”，“一般都要排队四到六个小时”，“黄牛加价倒卖喜茶，一杯饮料卖上百元”等新闻层出不穷，成为一款不折不扣的“现象级”产品。

中国茶饮品牌到处都是，为何这一家如此火爆，受到90后群体的大力追捧？我们试图从个体特征和市场营销的角度，来探寻“喜茶”与众不同的与目标消费者的有效沟通模式。

2012年喜茶(Heytea)起源于广东江门一条名叫江边里的小巷，原名皇茶(Royaltea)，为了与层出不穷的山寨品牌区分开来，故全面升级为注册品牌喜茶。2016年初，皇茶更名为“喜茶”，在珠三角、广西等地开设有50多家分店，还进军了长三角。2017年2月，喜茶开出上海首店，位于上海人民广场来福士商场。

新店瞬间引来上百人的长队，慕名而来的消费者在大厅被蛇形通道分成六条，等候少则半小时，多则六小时，就是为了购买一杯喜茶。这家店每天卖出近4000杯，日营业额达8万元人民币，而这已经是喜茶的第50多家店。

喜茶的创始人是一位不折不扣的90后创业者聂云宸，2012年创业时只有21岁。2016年初，聂云宸放弃了原有“Royaltea皇茶”商标，将品牌名改为“喜茶”。聂云宸表示，改名之后，喜茶进一步强化自身的品牌宣传，门店环境、LOGO也会进一步升级，希望用“一杯喜茶，激发一份灵感”的概念提高消费者品牌辨析度。去年，这家奶茶店还完成了1亿元人民币融资，投资方包括IDG、真格资本这样的资本大鳄。

中国的传统茶在过去10年产量翻倍，但仍长期处于“七万茶企不敌一家立顿”的局面。甚至从2012年开始，星巴克在中国的“圈地运动”加速，2013年至2015年间新添了1100多家门店，这让中国茶行业更为尴尬。如何让中国年轻人爱上喝中国茶，而不仅仅是倾心于以咖啡为代表的舶来饮料，是喜茶创立之初的目标。

聂云宸的特点就在于，他切入茶生意的方式一点都不传统。喜茶以专业、快捷以及不断的新鲜感，引领茶饮潮流，一切都在“不走寻常路”。

喜茶更了解90后的消费者群体。根据不完全统计，喜茶的消费者客户群中90后占了80%以上，这和喜茶自身 “年轻饮品、快乐创新”的定位不谋而合，而最关键的一点是，喜茶显然更了解90后，在与90后消费者群体的沟通中毫无障碍，融为一体，每每总是抓住90后群体的“痛点”和“欢心”，这与喜茶的市场沟通策略密不可分，更与作为90后的创始人最了解90后的沟通模式密不可分。首先，90后是个性鲜明的一代。诞生在中国社会改革开放的中后期，整体社会的个性自由、言论氛围、宽容度大大提高，加之与外界交流无障碍，不愿意从众，不走寻常路，是90后身上最为显著的标签。90后的自我意识非常强，自我认知也很明确。其次， 90后是互联网化的一代。90后的出生伴随着互联网的诞生，其思考和行为模式是真正的“互联网化”，对网络工具的使用得心应手，他们是微信、QQ、微博等即时通信工具的最大使用群体，人际交流基本上全部通过网络完成。第三，90后更追求平等，价值观更加多元。90后知识结构更全，利用媒体能力强，外语水平高，国际知识了解得多，使用工具的能力更强，所以更追求平等的权利，作为个体形成的价值观也更加多元，对新鲜事物的接受能力更强，更看重自我价值的实现。最后，90后是快乐(享乐)主义者。不管是购物、读书、择业、择友、朋友圈，“是否有趣”都是他们的重要标准。90后对于当下的生活和工作是否有趣的关注，比起对未来可能产生的更大的期望和回报要更多。

那么，“喜茶”又是如何点中90后“死穴”，达到精准营销的目标的呢？一是大打颜值经济，大打个性牌。喜茶大打颜值经济牌、个性牌，不管是店招、店面设计、LOGO还是茶饮杯体、杯盖都精心设计，以符合年轻消费者的审美情趣，同时明显区别于其他品牌的茶饮，这与90后崇尚个性的特点完全一致。二是利用网络社交媒体不断制造话题和关注点。90后的生活重心几乎全在网上，了解新鲜事物的渠道也大多来自网上，同时，他们对网络信息的认可度大大高于传统媒体。喜茶的营销推广也是几乎全部在线进行，而且没有采用购买搜索广告的方式，而是采用话题制造的方式让网络媒体、自媒体等免费成为其营销的推手，其转化率和品牌忠诚度也远远高于付费营销的方式。三是喜茶的沟通方式更加平民化，接地气。按照年轻人的偏好，喜茶的店面设计和桌椅布置更加简约舒适，就像在90后自己的客厅或者卧室，你可以站着喝茶、坐着喝茶，甚至可以斜躺着。“我就是一杯茶，不端着、不装，不西服革履、不高高在上，没有命令，没有灌输，买的不是茶，是快乐心情。”这与90后崇尚参与，而不是自外而内的灌输与命令的特点有关。说真话，不要打官腔，尊重他们是获得90后认同和认可的关键。四是喜茶的沟通方式更加有趣，将喝茶变成一种体验和社交。如果你有空去喜茶的专卖店和网上社区看看，你会发现，喜茶将喝茶这种日常消费行为变成了一场大规模的社交体验，所有爱好或者不是那么爱好喝茶的人，都可以借此进行身份认证和关系链接，尤其是讲究圈子的90后群体，喝茶已经不重要，重要的是参与，是体验，是手里拿着印有巨大喜茶LOGO饮料杯吸引来的路人的目光，是网上社区的

沸沸扬扬的哪一种茶才是“茶王”“茶后”和“四大金刚”的讨论。

喜茶店面是年轻人的“第三空间”，喜茶的产品不仅仅是一杯茶饮，环境、感觉和体验更是其重要的组成部分，茶饮需要品牌文化。坚持“一切以产品和消费者为核心”的喜茶，从 2014 年中山小榄的店开始，主动将店面扩大到 100 多平方米，留给消费者更多的社交空间。这一点，满足了 90 后群体极为突出的社交属性。

从 20 世纪 50 年代市场营销理论逐渐兴起，有关市场营销的一些新的概念和新的理论就接连不断地出现在我们的市场当中，通过一些实践，也相继验证了这些理论在当前快速变化的市场中具有一定的生命力。随着消费者消费意识的提高，科学技术的飞速发展，当前市场营销面临新的变化和新的发展。针对现今市场营销实践中所出现的新问题和新情况，国内外市场营销专家也提出了一些新的观点与看法，从而使市场营销相关理论进入到一个新的发展阶段。现在，在该领域也出现了不少讨论新概念的论文与著作，这些无疑是对市场营销理论发展的补充。本章由于篇幅缘故，很难对目前学界出现的所有新理论做充分的阐述和比较，这里我们只能对服务营销、绿色营销、网络营销和整合营销的相关基础性问题和观点内容进行介绍。

第一节　服务营销

随着经济全球化的发展，市场营销竞争愈演愈烈，由于科学技术的广泛运用，信息传递的速度越来越快，企业的产品及质量趋于同质化，产品之间的差异越来越不明显。企业开始在市场中寻找新的竞争优势，由于消费者不再满足基本的吃住行消费，而渐渐追求消费中的满意或是更多的价值回报，于是很多企业把目光集中到提供给消费者优质的服务上，由此，服务营销作为一种新的营销策略手段应运而生，社会开始进入服务经济时代。

花旗银行(Citi Bank)迄今已有近 200 年的历史。进入新世纪，花旗集团的资产规模已达 9022 亿美元，一级资本为 545 亿美元，被誉为“金融界的至尊”。时至今日，花旗银行已在世界 100 多个国家和地区建立了 400 多个分支机构。在非洲、中东，花旗银行更是外资银行抢滩先锋。

自 20 世纪 70 年代花旗银行开创银行服务营销理念以来，就不断地将银行服务寓于新的金融产品创新中。而今，花旗很行能提供多达 500 种的金融服务，花旗服务已如同普通商品一样琳琅满目，任人选择。1997 年，花旗与旅行者公司的合并使花旗真正发展成为一个银行金融百货企业。在 20 世纪 90 年代的几次品牌评比中，花旗都以卓越的金融服务位列金融业的榜首。今天，在全球金融市场步入竞争激烈的买方市场后，花旗银行更加大了它的银行服务营销力度，同时还通过对银行服务营销理念的进一步深化，将服务标准与当地的文化相结合，在加强品牌形象的统一性时，又注入了当地的语言文化，从而使花旗成为行业内国际化服务营销的典范。

一、服务与服务营销理解

作为服务市场营销学基石的“服务”概念，营销学者一般是从区别于有形的实物产品的角度来进行研究和界定的。如菲利普·科特勒把服务定义为“一方提供给另一方的不可感知且不导致任何所有权转移的活动或利益”。又如，美国市场营销学会将其定义为“主要为不可感知，却使欲望获得满足的活动，而这种活动并不需要与其他的产品或服务的出售联系在一起。生产服务时可能会或不会利用实物，而且即使需要借助某些实物协助生产服务，这些实物的所有权将不涉及转移的问题”。在综合各种不同服务定义和分析“服务”的真正本质的基础上，我们认为，服务是一种涉及某些无形因素的活动、过程和结果，它包括与消费者或他们拥有的财产间的互动过程和结果，并且不会造成所有权的转移。在我们的定义中，服务不仅是一种活动，而且是一个过程，还是某种结果。例如，个人电脑的维修服务，它既包括维修人员检查和修理计算机的活动和过程，又包括这一活动和过程的结果——消费者得到完全或部分恢复正常的计算机。

现实经济生活中的服务可以分为两大类。一种是服务产品，产品为消费者创造和提供的核心利益主要来自无形的服务。另一种是功能服务，产品的核心利益主要来自形成的成分，无形的服务只是满足消费者的非主要需求。贝瑞和普拉苏拉曼(1991)认为，在产品的核心利益来源中，有形的成分比无形的成分要多，那么这个产品就可以看作是一种“商品”(指有形产品)；如果无形的成分比有形的成分要多，那么这个产品就可以看作是一种“服务”。

与服务的这种区分相一致，服务营销的研究形成了两大领域，即服务产品的营销和消费者服务营销。服务产品营销的本质是研究如何促进作为产品的服务的交换；消费者服务营销的本质则是研究如何利用服务作为一种营销工具促进有形产品的交换。但是，无论是服务产品营销，还是消费者服务营销，服务营销的核心理念都是消费者满意和消费者忠诚，通过取得消费者的满意和忠诚来促进相互有利的交换，最终实现营销绩效的改进和企业的长期成长。

二、服务特性

针对服务的定义，在设计营销方案时，必须看到服务具有以下几点特征。

1. 服务的无形性

无形性是服务区别于有形产品的重要特性，它可以从三个不同的层面加以理解。首先，服务不是某一种具体的有形实物，而是一种无形需求的满足。其次，服务组成的元素都是无形、无质的，人们不能通过触摸或肉眼进行感知，因此消费者在购买服务产品之前不能对其质量进行准确判断，实际得到服务的质量具有极大的不确定性。最后，消费者使用服务后得到服务的价值很难被察觉或是要等一段时间后才能感觉到服务价值的存在。因此，往往消费者在接受服务后也不能立刻地、很明确地总结出服务质量的优劣，故难以客观地做出对服务质量的评价。

服务的无形性是一个区别于有形产品的相对概念，但服务产品中或多或少地包括一部分有形产品或服务产品依托于有形产品而存在，如有形产品的定制服务。因此，具有完全无形性特点的服务极少，很多服务需要服务人员依托有形实物才能完整地完成服务过程。例如餐饮服务业中，不仅要提供厨师的烹调服务，还必须有菜肴的实物加工作为依托。

此外，消费者需求的不是有形产品本身，而是这些有形产品所承载的服务或效用。随着企业服务水平的日益提高，很多消费品或生产原料都会辅之以服务一起出售给消费者，消费者在购买某些有形商品，例如汽车、家用电器、手机等有形商品时，会得到保养、维修、产品升级等服务。

由于服务的无形性，消费者在初次购买服务前必须参考许多来自不同方面的相关信息，努力地寻找服务质量的标志和论据，通常会根据服务环境及服务人员外表及亲朋好友的经历来评估服务质量的好坏，然后再决定是否购买，并且在接受服务的过程中以主观的方式来感知服务。因此，企业必须努力利用各种有形证据和市场沟通手段来增加消费者的购买信心，同时注重提高服务过程中消费者对服务质量的感知。当再次购买服务时，消费者则更多依靠先前的购买经验。

2. 生产和消费的同时性

对服务产品而言，服务的生产过程与消费过程是同时进行的。有形产品从生产、流通到最终消费的过程中，往往要经过一系列中间环节，这一系列中间环节消费者很少介入其中，故企业生产和消费者使用具有一定的时间间隔。但是，服务人员向消费者提供服务的过程，也正是消费者享受服务的过程。服务的生产和消费在时间上不可分离，并且在这一过程中，消费者可随时关注服务的产生。例如当一个消费者来到美发店，美发师提供服务的同时消费者也在享受服务，并且可随时对发型样式提出需求。由于服务生产与消费具有同时性，因此消费者必须参与到服务过程中来，而且在消费者享受之前，服务产品无法被生产出来。这就要求企业对服务的管理和营销必须具有实时性，即在服务生产和消费者消费的过程中同时进行。企业切不可将服务的生产等同于有形产品的生产，也不可单纯利用有形产品的质量控制方法和先生产后促销的方法来实现服务的生产、营销。

3. 消费者参与性

在服务行业中，消费者亲身参与到服务的生产过程中，消费者是服务过程的重要组成部分。例如，只有消费者就餐时，酒店才能完成餐饮的服务过程，消费者不仅仅是服务的对象，同时也要作为一种资源要素亲自参与服务产品的生产。

在不同的服务中，消费者参与的程度和参与的环节不同。如在接受航空服务时，消费者需要参与订票、前往机场、检票、登机、乘坐飞机、出机场的全过程；当业主要求物业部门修理漏雨的墙壁时，也许物业维修人员会在住户不在家的情况下进行修理，但业主至少需要打电话联系修理工前来修理，所以业主还是参与了服务过程。

4. 不可储存性

服务产品具有不可储存性。服务不可能像有形产品那样生产出来后被储存起来，以备择时出售。虽然服务产品的不可储存性可为企业省去产品库存费用及运输费用，但服务如果不在有效时间内消费，就会给服务提供者造成损失。例如，电影院里的空座，第一场电影的放映服务是没有办法在第二场电影放映过程中销售的。如果某种服务在某一时段的需求很小，尽管企业的生产资源很充足，却只有少量消费者前来消费，服务生产能力得不到充分实现，对于企业来说无疑是一种浪费；或者在某一时段内服务需求很大，但由于企业生产资源的限制，不能同时提供足够多的服务来满足当时的需求，对企业来说也是一种损失。例如，高海拔地区的旅游业受气候影响明显，冬季严寒，旅游服务需求很小，景区、

宾馆等服务生产资源的生产力没有得到充分发挥，旅游车的上座率与宾馆的入住率都很低，这无疑是对服务生产资源的浪费。到了夏季，旅游服务需求很大，但宾馆、交通等服务资源有限，满足不了消费者旺盛的需求，形成损失等。

5. 异质性

服务的无形性和消费者参与性特征，致使服务产品无法同有形产品一样实现标准化生产，服务的生产需要利用多种资源并在员工与消费者的互动中进行，所以服务生产过程中消费者、员工和环境的差异对服务的生产和传递过程乃至最终质量都会产生影响，甚至相同的消费者每次接受相同的服务，其质量很可能是不同的。

服务具有“异质性”特征：第一，由于服务人员心理状态、服务技能、努力程度等自身因素，即使是同一个服务人员，其提供的服务在质量上也难免有差异；第二，消费者参与服务的准备程度、偏好等多方面的原因也会直接影响消费者接受服务的质量，例如，一同去旅游的游客，有人兴致勃勃、乐而忘返，有人却败兴而归；第三，由于服务人员与消费者相互作用的原因，在多次服务购买和消费的过程中，即使是同一服务人员向同一消费者提供的服务也可能存在差异；第四，服务的差异性也可能由从事服务生产的时间、地点、环境等方面的差异所致，例如，进行同样的美发服务，在装修精美的理发店里和在行人嘈杂的马路边完成，消费者感受到的服务质量必然存在差异。

6. 不涉及所有权的转移

服务产品无形且不可储存，交易完成就消失，消费者并不拥有实质的产品，不涉及所有权的转移。有形产品所有权的转移发生在生产之后、消费之前，而服务产品因其生产与消费同时进行，使所有权转移这一步骤消失了，消费者付出的服务费用直接转化为对自身的效用。例如，乘坐轮船从 A 地去往 B 地，当到达 B 地后，消费者拥有的只有船票，其消费的服务已在行程中接受完毕，不涉及所有权的转移。再如，客户从银行取款，交易完成一定数目的货币，这似乎是产生了所有权的转移，但实际上这笔钱的所有权一直为客户所有，银行不过是在一定时间里帮客户保存这笔钱，并利用它为自己赚取利润，实际上在接受银行存取或服务的过程中没有发生货币所有权的转移。由于购买服务不涉及实物所有权的转移，客户会因消费风险产生消费心理障碍，如何减少或杜绝消费者产生这种消费心理障碍，促进服务销售，是营销管理人员待以解决的问题。例如，企业可通过馈赠有形产品的方法减少消费者的服务消费心理障碍，也可以通过“会员制”与消费者建立长期关系，并给予某些特殊优惠，使消费者在心理上产生拥有企业所提供的服务的感受。

三、服务营销构成要素

质量、组织、知识、计划、定价、沟通和人际关系这七项内容是服务营销的关键要素，我们称为服务营销要素模型。

1. 质量

质量包括两个方面：产品质量和服务质量。在竞争激烈的专业服务领域里，良好的经营背景仅仅是进入这一行业的入场券，重要的是在与消费者打交道的过程中，消费者对你的产品和服务的认可程度。从根本上说，消费者最期待的是没有服务的产品，当然理想与

现实有一定的距离。那么消费者会退而求其次去期待专业的服务，并且能在产品出现问题后迅速地解决好，达到让他们满意的结果。从另一个角度看，客户同时也会评价整个服务过程，为了使市场营销获得成功，作为专业的服务提供者应该了解客户是怎样评价服务的过程与结果的质量的。

服务质量定义有两个关键问题：第一，专业服务机构提供的服务质量水平必须高于消费者的期望值。第二，消费者对服务质量的感受才是与客户期望值直接相关的因素。所以，服务提供者必须注意那些影响消费者期望值的因素。这些因素包括专业服务人员的承诺、客户过去的经验和该服务企业的口碑。从客户的角度看，有 5 项因素是直接表明了服务质量的，他们是：服务提供者的可靠度、对消费者的敏感度、对消费者的承诺、敬业程度以及整体外观。

如消费者买了空调，使用三天后，空调就不制冷只出风。打客服电话，客服人员记录问题后，称尽快派遣维护人员上门维修，约定当天下午某一时间段准时上门，可是等了一下午没有人上门，也没有售后人员打个电话联系，再次电话询问，客服称维修人员忙，又把时间约定在第二天上午某一时间段。第二天该顾客请假在家，仍不见人员上门，再次打电话询问又称忙，又将时间约定在第三天下午时间段，维修人员终于上门。安装人员简单的看了看，确定不是安装问题，是空调质量问题，不关安装的事情。之后售后来电话，称要维修并换模板。该消费者才买的几天新空调，当然是要求换货或者退货。不过此要求一提，售后服务人员便说要向上级反映，在三天之内给以回复……

服务质量是顾客感知的对象，既要有客观方法加以制定和衡量，又要按照顾客主观的认识加以检验；服务质量发生在服务生产和交易的过程中。消费者使用空调实质上是对服务质量的感知，顾客在提出维修要求的过程中，客服及维修人员没能满足顾客的期望，说明其服务水平存在问题。

2. 组织

服务是有组织、有计划的盈利产品，服务组织的存在为客户提供了一个保障平台，组织中的任何一个人、一个级别员工都和客户满意度有关系。如某银行，无论从营业厅的有形环境还是银行人员的工作情况都非常不错，但一进门令人感觉不大舒服的是银行的保安员。他双手抱胸斜靠在银行的大门口，衣服着装也不太整洁。显然保安的工作规范和行为有待改进。但银行方面如果抱着这保安不归银行管理，是物业企业外派的，他和银行没有关系这样的态度来对待此事，这必然会给消费者带来不好的印象。

服务机构应该致力于深层次的理解客户的需求和欲望，以创造出不但能满足客户需要而且能超越客户期望值的服务。这就要求专业服务组织掌握并使用市场营销技巧及其原则，同时必须建立和创造一个以客户为中心和导向的组织结构。

3. 知识

一个严谨的市场营销计划是以信息为基础的。此时，专业的知识就显得很重要。每一个专业服务人员都必须进行全面而系统的市场调查，然后再使用所收集的信息去引导市场营销活动。比如：关注客户是谁；对客户来说，什么是重要的；客户他们是怎样选择专业服务机构的；他们是怎样评价服务和他们的竞争对手的；该使用怎样的方式去接近客户；服务的动机和目标是什么。

4. 计划

没有哪个企业愿意浪费时间和金钱以自己的经济利益做赌注进行随意的选择。战略性计划是适应不断变化的竞争环境的一个重要工具。它致力于战略性的磨合，使组织的目标和能力与所处的不断变化的环境相适应。专业服务机构要分析内部环境、市场环境、公共环境、竞争环境以及宏观环境，然后制订周密的计划。

5. 定价

服务机构不但要开发出能吸引客户的服务，还必须进行合理的定价。因为客户评价服务的定价与物品不同。在获得服务的过程中，他们也会付出非金钱的成本。经常看到的一个笑话：一件衣服标价几十元可能几个月都无人问津，把标价改成几百元后不到一个星期就卖出去了。在客户眼中，价格在很大程度上暗示了服务质量的高低。低廉的收费，很可能给客户留下对你不利的印象。

6. 沟通

专业服务机构的一切言行都在向消费者传递着信息，他们面临的挑战是确定向消费者传递的人员信息是一致的，清晰而有效的。

服务人员可使用多种不同的工具与客户沟通：广告、人员销售、促销、出版物以及直复营销。当涉及向市场传播什么内容，向谁传播，如何使传播得到巨大的效果的问题时，专业服务机构必须努力确保机构内的每一位员工都用“同一种声音”说话。

其中，对大多数专业服务机构而言，通过个人接触进行的人员销售，很可能是机构所能使用的所有销售工具中最重要的一个。通过个人接触，服务人员能够说服潜在客户并保持现有客户。

7. 人际关系

摩托罗拉副总裁 Fred 提出人际关系类似于自行车的后轮，具体指有耐心、有礼貌，能设身处地地为别人着想，有良好的沟通技巧，友善。大部分人能享受和他人在一起的快乐，并渴望拥有和他人交往的能力。专业服务机构和它的客户之间深厚的业务关系对双方都是有益的，并且都可以简化彼此的工作。深厚和有意义的关系使双方不必再继续寻找、评估、选择和发展新的业务类型，由此简化了双方的工作程序。

例如金融产品应该是服务于社会，服务于现实经济及金融政策，适应市场经济发展，能够为投资者谋利益的产品。在现实生活中，我国的金融产品往往是为某种政务或某种形式而设立的。这种产品缺乏竞争力，因为它没有考虑到市场需求。所以说中国目前仍处于金融产品匮乏时期。此外，许多金融机构及产品在设计与推广上没有考虑到消费者的需求，这也是近年来民营银行能够迅速崛起并对国有商业金融机构产生重大挑战的主要原因。现在如果讨论我国商业性、股份制金融业面临的风险，我认为，不是在人，不是在机构网点，而是在它的服务上。

四、服务营销过程与管理

（一）有形产品的营销过程

我们知道，传统的生产过程具有封闭性特征，消费者并不直接参与生产过程，他们在

目标市场上购买的有形产品是在企业里对各种要素(如人力资源、技术、原材料、知识和信息等)合成而产生的结果。传统营销的职责是通过对市场供给及消费者需求的分析，然后在对企业内外部环境进行综合分析的基础上，确定目标市场和产品特性组合后进行生产，再通过外部营销活动(如广告等)将产品具有的特性传递给目标市场消费者，并将产品投放到消费者需要的地方去。一般情况下，传统营销是专职营销或销售人员组成的营销部门或销售部门的“专利”，传统营销主要集中生产前的市场调研和产品生产出来后的推广促销，如果企业宣称的这些产品的特性与消费者的需求非常吻合，消费者就会购买产品进行消费，企业的利润也就得到实现，如果企业不断地生产出能够满足某类消费者群体需求的产品，消费者就会持续购买；反之，消费者就会转向购买其他企业的产品。在这种交易模式下，企业的营销人员通过将消费者视为与企业没有固定联系的个体，而不会为保留某个消费者进行专门的营销努力，图 13-1 对产品营销三角形进行了说明。

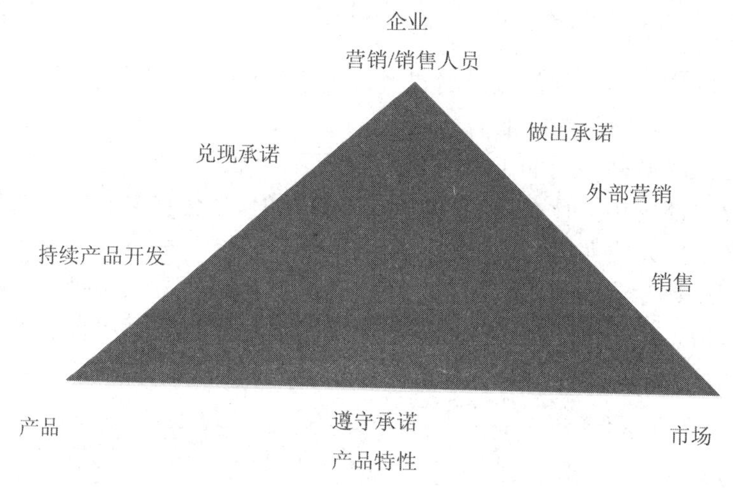

图 13-1　有形产品营销三角形

图 13-1 表明了有形产品营销中三个最重要的组成部分，即市场、产品、营销与销售部门代表的企业，三角形的三条边表示的是营销的三个基本功能，即做出承诺、遵守承诺和兑现承诺。营销职责(包括销售)就是要了解消费者所需要的产品特性(如市场调研)，然后通过外部营销活动(如广告等)来利用这些特性对目标消费者做出承诺，并通过消费者可以获得的渠道投放出去。如果这些产品的特性满足了消费者的需求，企业就会遵守先前对消费者做出的承诺。最后，企业通过继续生产满足消费者需求的产品来维系有价值的消费者，并兑现企业的承诺。

（二）服务产品的营销过程

服务产品异于传统有形产品，其服务营销的过程、内容与传统营销也有较大差异。由于服务产品具有生产与消费的同时性，不能提前生产出来进入库存，所以在消费者接受服务的同时，也参与了服务的生产过程，因此服务产品的生产过程是一个开放的过程，在消费者参与服务消费前，服务企业的营销部门会对市场需求进行调查，并依据调查结果，向市场中的潜在消费者宣传企业的经营范围和服务理念，在消费者向企业寻求特定服务产品时，企业会依照消费者的特定需求和大致描述的所需服务流程来调配员工、设备以及筹备好其他各项资源，并在消费者与这些资源的互动中生产出服务产品。由于服务的受众是具有个性需求的消费者(个人和组织)，如果每次提供服务都针对不同的消费者，就需要频繁了解、掌握并适应消费者的特定需求，营销难度极大。因此，服务企业更加乐于为尽可能相同的消费者提供服务，并与这些消费者保持长期的营销关系，这样不仅可以提高服务效率，也可以减少为满足消费者的新需求而带来的营销成本。

服务人员是兼职营销者。企业中的营销部门和专职营销人员只是企业营销系统的一部分，在大多数情况下，直接与消费者接触的企业服务人员比营销部门和专职营销人员更便于获取每位消费者的信息，并为他们提供个性化的服务。这些服务人员的数量通常远远多于专职营销人员的数量，他们直接获取消费者的信息，其知识水平、技能水平和服务态度都直接影响消费者的服务感知。从消费者方面来说，消费者只有对企业提供的服务产品感到满意时，才会再次购买，所以说服务人员的服务行为本身就是一种营销，因此他们被称作兼职营销者。

在服务过程中，企业资源也与消费者存在着交互作用。从营销的角度来看，除兼职营销者外还有许多资源要素也是非常重要的，他们影响着消费者感知服务质量和感知价值的形成。例如，员工的知识和技能对技术解决方案的形成影响很大，消费者的时间管理也可视作技术资源。

另外，不管是个体消费者还是组织消费者，都可以成为决定价值形成的要素。在服务过程和服务结果方面，消费者都具有影响作用，并由他们自主形成感知的服务质量，所以说消费者也是服务企业的重要资源。图 13-2 表示的是服务产品营销三角形，其表示方式与有形产品的营销三角形近乎相同，但其中包含的要素却完全不同。服务营销中的三个组成部分是指企业、消费者和员工。三角形的三条边分别表示营销的三个基本功能，即做出承诺、遵守承诺和兑现承诺。

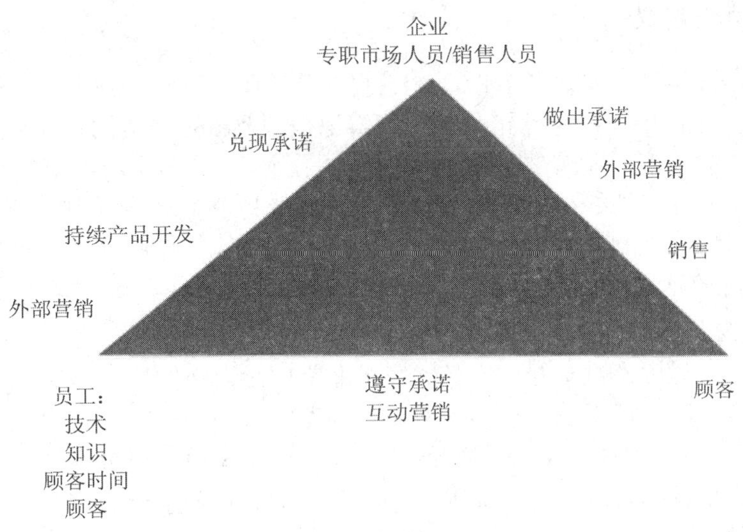

图 13-2　服务产品营销三角形

首先，由企业专职营销部门进行市场信息搜集，掌握市场中消费者的服务需求，并向潜在消费者做出承诺。

其次，由服务人员依据消费者需求利用企业资源向消费者提供服务。如果提供的服务满足了消费者的需求，使消费者满意，则企业遵守了承诺。

最后，企业利用内部营销人员提供的消费者需求信息不断改进服务产品，并通过内部营销向服务员工提供知识和技术支持，促使服务员工在营销中贯穿关系营销的理念，达到持续为消费者提供满意服务的目的，最终履行对消费者的服务承诺。

通过对传统有形产品与服务产品营销过程的对比分析，可以看出传统的营销是以促进产品交易为目的，而服务营销不能被简单地归纳为以服务这一功能促进产品的交换，服务营销有着更深刻的内涵。

第二节　绿 色 营 销

企业的可持续发展是随着现代企业经营环境的变化而产生的。新世纪的企业经营环境，体现出两个明显特点：一是环境污染与资源紧缺；二是世界范围内的“绿色浪潮”冲击。企业如何适应这种经营环境，是我们面临的重要课题。根据现代营销的基本原理，有新的需求，就有新的机会。“绿色浪潮”虽然给企业带来了压力和冲击，但同时也带来了许多新的机会，谁能率先发现并有效地利用他满足人们的绿色需求，谁就掌握了主动权。因此现代企业必须树立新的经营观念。事实证明实施绿色营销是捕捉“绿色机会”的一种有效手段。传统的营销，其重点是放在企业、消费者与竞争者三者的关系上，虽然它重视了企业利益同消费者及社会长远利益的结合，但却并未重视社会的可持续发展；而绿色营销则考虑了企业营销活动同自然环境的关系，并突破了国家和地区的界限，关注全球环境，关注企业及社会的可持续发展。

一、绿色营销的含义

英国威尔斯大学肯•毕提(Ken Peattie)教授在其所著的《绿色营销——化危机为商机的经营趋势》一书中指出：“绿色营销是一种能辨识预期及符合消费的社会需求，并且可带来利润及永续经营的管理过程。”绿色营销观念认为，企业在营销活动中，要顺应时代可持续发展战略的要求，注重地球生态环境保护，促进经济与生态环境协调发展，以实现企业利益、消费者利益、社会利益及生态环境利益的协调统一。从这些界定中可知，绿色营销是以满足消费者和经营者的共同利益为目的的社会绿色需求管理，以保护生态环境为宗旨的绿色市场营销模式。

目前，西方发达国家对于绿色产品的需求非常广泛，而发展中国家由于资金、消费导向及消费质量等原因，还无法真正实现对所有消费需求的绿化。以我国为例，目前只能对部分食品、家电产品、通信产品等进行绿化；而发达国家已经通过各种途径和手段——包括立法等——来推行和实现全部产品的绿色消费，从而培养了极为广泛的市场需求基础，为绿色营销活动的开展打下了坚实的根基。以绿色食品为例，英国、德国绿色食品的需求完全不能自给，英国每年要进口该食品消费总量的80%，德国则高达98%。这表明，绿色产品的市场潜力非常巨大，市场需求非常广泛。

绿色营销只是适应二十一世纪的消费需求而产生的一种新型营销理念，也就是说，绿色营销还不可能脱离原有的营销理论基础。因此，绿色营销模式的制定和方案的选择及相关资源的整合还无法也不能脱离原有的营销理论基础，可以说绿色营销是在人们追求健康(HEALTH)、安全(SAFE)、环保(ENVIOROMENT)的意识形态下所发展起来的新的营销方式和方法。经济发达国家的绿色营销发展过程已经基本上形成了绿色需求—绿色研发—绿色生产—绿色产品—绿色价格—绿色市场开发—绿色消费为主线的消费链条。

二、绿色营销的特征

1. 绿色营销具有鲜明的绿色标记

绿色营销与其他营销方式根本的不同之处就是企业在市场调查、产品开发、分销和售后服务等活动过程中都和维护生态平衡、重视环境保护、提高人们的生活质量和情趣的“绿色”观念紧紧相扣，并将其贯穿于营销活动的始终，从而使营销带上了鲜明的“绿色”标记。

2. 绿色营销是人类建立可持续发展社会新思想的产物

环境的污染和资源的减少威胁到人类的生存，这促使人们重新审视过去，社会经济的发展方式决定由粗放型经营转向集约型经营，追求人与自然的和谐，走可持续发展道路。绿色营销以满足绿色需求为中心，为消费者提供生产、流通、消费过程中能有效防止资源浪费、环境污染及损害健康的产品。绿色营销所追求的也正是人类的长远利益与可持续发展，它能够协调企业经营与自然环境的关系，实现人类行为与自然环境的融合发展。

3. 无差别性特点

绿色标准及标志呈现世界无差别性。尽管世界各国对绿色产品的标准不尽相同，但都是要求产品质量、产品生产、使用消费及处置等方面符合环境保护要求、对生态环境和人体健康无损害。绿色营销是着眼于社会层面的新观念，所要实现的是整个人类社会的协调发展。在竞争性的市场上，必须有完善的政治与经济管理体制，制定并实施环境保护与绿色营销的方针、政策，制约政府和企业的短期行为，以全社会和全人类的共同努力，来维护全社会和全人类的长远利益。

4 双向性特点

绿色营销不仅要求企业树立绿色观念、生产绿色产品、开发绿色产业，同时也要求消费者购买绿色产品，对有害产品进行抵制，树立绿色观念。消费者需求由低层次向高层次发展，是不可逆转的客观规律，绿色消费是较高层次的消费观念。人们的温饱等生理需要基本满足后，便会产生提高生活综合质量的要求，产生对清洁环境与产品的需要。满足绿色需求，是绿色营销的出发点。

三、绿色营销的策略

实施绿色营销战略是与企业的长期发展规划和战略分不开的。企业对于绿色营销的实

施和开展必须要有充足的准备，以便为绿色营销提供必要的条件。这些都要求企业在深入地进行目标市场调研的基础之上，将企业产品和品牌进行合理的市场定位，分析潜在市场容量和潜在消费者购买能力，对绿色营销资源有效整合，发挥绿色营销独特的作用，扬长避短，实现绿色营销的综合效益最大化。

针对绿色营销的战略意义，要求企业有一个明确的绿色发展计划，作为绿色营销计划的实施基础。其中应该详细表述产品绿色发展周期、绿色品牌实施计划、绿色产品研发计划、绿色营销推广计划、绿色营销服务通道计划、绿色商流物流价值流计划、绿色营销管理方案等绿色计划。

另外，企业在实施绿色营销前，要对企业实行绿色营销的过程管理、人力资源管理、资金流和价值流的管理进行系统地计划，确保营销过程中各种资源适时的有效整合，推动整个绿色营销进程的实施，为最终实现各种利益体的共赢打下坚实基础。

1. 绿色产品和品牌策略

营销理论的发展已经给大家一个共识：营销从采购开始。绿色营销的开端更是要从源头抓起。只有这样，才能保证绿色产品供应链的有效运转，最终实现绿色消费，达到对生态环境保护并减少污染的目的。

首先，绿色产品设计成为重中之重。要求采取绿色营销的企业从材料的选购、产品结构、功能性能、设计理念、制造过程开始层层把关，加强生态、环保、节能、资源利用等方面的控制与遴选，确保绿色消费的达成。除此之外，在产品的包装、运输、储存及使用、废弃物的处理等方面都要考虑各种有可能受到影响的绿色因素。

其次，绿色产品讲究综合成果。即绿色产品要能够体现健康、安全、环保，体现对社会的一种责任意识，将原本属于社会职能的内容考虑进企业的经营管理当中，并认真负责地承担起解决这些社会问题的义务。

另外，企业只有对外树立起良好而健康的企业形象，才能够真正实现打造绿色品牌的任务。企业在进行品牌战略时，要切实抓紧绿色产品这一载体，赋予绿色品牌更多的内涵，体现绿色经营管理文化，灌输绿色经营管理观念，丰富品牌承载量，扩展品牌深度，从而实现品牌价值最优化、最大化。绿色品牌策略包括如下内容：一是具有高度责任意识的绿色品牌定位；二是精细而健康的绿色品牌维护；三是科学系统的绿色品牌经营管理；四是长期不懈地进行绿色品牌修正。

2. 绿色产品的价格策略及市场定位

首先，绿色产品具有较高附加值，拥有优良的品质，无论从健康、安全、环保等诸多方面具有普通产品无法比拟的优势。因此，在其市场定位上应该着眼于较高的消费需求。企业可以根据市场环境因素，对不同市场进行不同的产品定位。研究表明，在欧美发达国家，即使普通的消费也都倾向于绿色消费，所以绿色产品在发达国家，已经非常普通，其市场定位当然也较为普通；但在发展中国家，绿色产品的消耗量还很小，对于普通消费者来说还是奢侈品，因此其必须要在一个较高基点上进行市场定位。

其次，在价格策略上，绿色产品由于支付了相当昂贵的环保成本，在产品选材及设计上的独特性和高要求，使其具有普通产品无法比拟的高附加值，因此其价格比一般普通产品高是极其正常的。消费者也很愿意接受这样的一种价格。因此，企业在为绿色产品进行定价时，要充分地将环保成本、研发设计成本、其他诸如绿色包装、绿色材料、绿色渠道、绿色服务等的成本考虑在内，从而制定出对于企业和消费大众都是比较合理的市场价格。逐步在消费者心目中灌输一种“污染者付费”、“环境有偿使用”的现代观念。

另外，企业在对绿色产品进行定价时，应该遵循一般产品定价策略。根据市场需求、竞争情况、市场潜力、生产能力和成本、仿制的难易程度等因素综合考虑。切不可盲目采取撇脂定价策略，亦不宜完全应用渗透定价策略。注重市场信息收集和分析，分析消费者的绿色消费心理，制定合理可行的绿色价格方案是完全必要的。

3. 绿色渠道策略

企业开展绿色营销，其绿色营销渠道的畅通是关键。企业只有充分保障绿色产品物流、商流、价值流、信息流在渠道中畅通无阻，才能最终实现绿色消费。在绿色渠道建设中，企业要结合产品特点，充分发挥产品的绿色特质，实现渠道绿化。

(1) 建设属于绿色营销的专用渠道。我们知道，企业在进行绿色营销过程中，不可能完全排斥非绿色产品。通常一个企业的主导产品是非绿色产品，而绿色产品仅仅是企业的一部分。这种情况下，企业可能为了节省成本和渠道费用，将绿色产品放入普通渠道进行销售。这样做，表面上看可以节约许多成本费用，但从长远考虑，会使企业的绿色产品价值降低，消耗企业绿色品牌美誉度和品牌价值，部分绿色品牌或产品因此而退出绿色营销领域。显然，将绿色营销和普通营销的渠道混为一谈的做法是不明智的，也是不可取的。缘于此，我们建议企业要进行绿色营销就要单独建设纯绿色渠道。

(2) 绿色代表着健康向上，绿色中间商或经销商也要具有良好的绿色本质和气质。一方面，绿色经销商或中间商要具有良好的绿色信誉，能够并愿意为绿色事业做出贡献；另一方面，能够接受并秉承绿色营销理念，要求其在日常的经营过程中已经注意绿色环保的重要性，并通过其绿色经营已从中获取相当可观的绿色收益；再就是，绿色经销商或中间商在日常经营过程中愿意接受企业相关的绿色指导，采取正当可行的绿色竞争手段，实施可持续发展的绿色健康竞争秩序。

(3) 作为辅助，企业可以开设一些绿色专营店，确保专营店“纯绿色经营”，对于建立产品良好的绿色信誉，确保消费者的对于绿色产品的认知，都将发挥较大作用。

4. 绿色促销策略

绿色促销就是围绕绿色产品而开展的各项促销活动的总称。其核心是通过相关活动，达到树立企业绿色健康形象，丰富企业绿色营销内涵，促进绿色产品推广和消费。这样，企业可以巩固其绿色产品市场地位，开拓绿色市场容量。

企业开展绿色促销要严格与传统促销活动区分开来。绿色促销要重点开展具体的营销和推广活动，将企业的绿色行动付诸实施。企业可以通过一些媒体宣传自己在绿色领域的所作所为，并积极参与各种公益及环保活动，大力提倡绿色环保产品的推广和使用，并带头推动一些有意义的环保事业。

另外，绿色营销本身就是一项具有高度责任感的事业。企业必须时刻以对自然、对他人、对未来、对竞争对手负责的态度，来奉献自己的绿色爱心，提高公众的绿色意识，引导绿色消费需求。

因此，制定绿色促销策略，不但要突出爱心、责任、奉献等人文因素，也要具有长期

的战略眼光，将企业的长期利益与企业的短期目标结合起来，要有重点、有秩序地层层推进，切不可虚张声势、不讲实际。

5. 绿色服务

随着经济的不断发展，服务已经由原来的营销辅助功能转为创造营销价值的主要营销功能。而针对绿色营销而开展的绿色服务更是必不可少，它将为绿色营销最终价值的实现发挥极其重要的作用。随着近些年企业服务意识的加强，普通产品营销企业在服务上已经开通了具有划时代意义的绿色服务通道，极大地方便了消费者与产品供应者之间的沟通，不但解决了消费者的后顾之忧，也为企业信息的收集和传输建立了渠道。而绿色营销更应该建立绿色服务通道。这一通道的建立将执行如下几项功能：一是传播绿色消费观念，减少绿色消费误区；二是真正从专业化的角度解决消费者在绿色消费中出现的问题，指导消费者进行纯绿色消费；三是实现绿色产品价值再造。通过绿色服务，减少资源浪费、节约物质消耗、减少环保成本、实施资源综合利用，实现绿色产品在绿色服务中的价值最大化。

6. 绿色管理

企业在对外推行绿色观念的过程中，也要将绿色观念融入企业的生产经营管理活动中。目前，国际上比较通行的做法是“5R”原则：研究(Research)，就是把环保纳入企业的管理决策中来，重视对于环保的研究及相关的环境对策；减消(Reduce)，通过采用新技术、新工艺、新材料，减少或消除有害废异物的排放；再开发(Rediscover)，积极进行科研活动，变普通产品为绿色产品，积极创造绿色品牌；循环(Recycle)，对废旧产品进行回收处理，循环利用；保护(Reserver)，积极参与环境整治活动，培养员工环保意识，树立企业绿色形象。

企业通过绿色管理原则，建立绿色发展战略，实施绿色经营管理策略，制定绿色营销方案，才能加快企业绿色文化的形成，推动企业绿色技术、绿色生产发展的脚步，生产出满足公众绿色需求的产品，实现社会和企业经济的可持续发展。

绿色营销观要求企业家要有全局、长远的发展意识。企业在制定发展规划和进行生产、营销的决策和管理时，必须时刻注意绿色意识的渗透，从“末端治理”这种被动的、高代价的对付环境问题的途径转向积极的、主动的、精细的环境治理。在可持续发展目标下，调整自身行为，从单纯追求短期最优化目标转向追求长期持续最优化目标，将可持续性目标作为企业的基本目标。

第三节　网 络 营 销

一、网络营销的产生与发展

网络营销是以现代电子技术和通信技术的应用与发展为基础，与市场的变革、竞争以及营销观念的转变密切相关的一门新学科。网络营销相对于传统的市场营销在许多方面都具有明显的优势，它是一场营销观念的革命。

20 世纪 90 年代初，Internet 的飞速发展在全球范围内掀起了互联网应用热潮，世界各大企业纷纷利用互联网提供信息服务和拓展企业的业务范围，并且按照互联网的特点积极改组企业内部结构和探索新的营销管理方法，网络营销宣布诞生。

网络营销的出现为企业提供了适应全球网络技术发展与信息网络社会变革的新技术和新手段，是现代企业走入新世纪的营销策略。网络营销的产生有其在特定条件下的技术基础、观念基础和现实基础，是多种因素综合作用的结果。具体地分析其产生的根源可以更好地理解网络营销的本质。

（一）互联网的发展是网络营销产生的技术基础

互联网络起源于 1969 年。在加利福尼亚大学洛杉矶分校的计算机实验室里 6 名科学家首次将一台计算机与远在千里之外的斯坦福研究所的另一台计算机联通，宣布了网络世界的到来。1974 年，计算机网络已拥有 100 多个站点。再后来的发展就是爆炸性的，根据 EMarketer 统计，2017 年全球近 47%的人口每个月至少使用一次互联网，年增幅 6.1%。其中利用 Internet 进行商业交易的网络消费人数超过 20 亿。

互联网是一种集通信技术、信息技术、时间技术为一体的网络系统。其形式并非来源于全球性的系统规划，它之所以有今天的规模得力于其本身的特点：开放、分享与价格低廉。在互联网上任何人都可以享有创作发挥的自由，所有信息的流动皆不受限制，网络的运作可由使用者自由地连接，任何人都可加入互联网，因此网络上的信息资源是共享的。互联网从学术交流时就开创了免费的先河，当商业化后各网络服务商也只能采取低价策略，这些因素促使了互联网的蓬勃发展。

互联网上各种各样的服务体现出连接、传输、互动、存取各类形式信息的功能，使得互联网具备了商业交易与互动沟通的能力。企业利用互联网开展经营活动，显示出越来越多的区别于传统营销模式的优势。以 Internet 为技术基础的网络营销产生已是社会经济发展的必然。

（二）消费者价值观的改变是网络营销产生的观念基础

满足消费者的需求是市场营销的核心。随着科技的发展、社会的进步、文明程度的提高，消费者的观念也在不断地变化，这为建立在 Internet 上的网络营销提供了普及的可能，这些观念变化可概括为：

1. 个性消费的回归

消费者以个人心理愿望为基础挑选和购买商品或服务，心理上的认同感是做出购买决策的先决条件，以千姿百态的商品供应为基础的单独享有成为社会时尚。

2. 消费主动性的增强

由于商品生产的日益细化和专业化，消费者购买的风险感随选择的增多而上升。消费者会主动通过各种途径获取与商品有关的信息并进行分析比较以减少购买失误的可能。

3. 对购物方便性的追求

由于现代人工作负荷较重，消费者希望购物方便，时间和精力支出尽量节省。特别是对某些品牌的消费品已经形成固定偏好的消费者，这一需要尤为重要。

4. 对购物乐趣的追求

现代人的生活丰富多彩，购物活动不仅是消费需要也是心理需要，很多消费者以购物为生活内容从中获得享受。

5. 价格仍然是影响购买的重要因素

虽然现代市场营销倾向于以各种策略来削减消费者对价格的敏感度避免恶性价格竞争，但价格始终对消费者产生重要的影响。只要价格削减的幅度超过消费者的心理预期，难免会影响消费者既定的购物原则。

以上这些消费者观念的改变是人们普遍接受网络营销的重要基础。

（三）激烈的市场竞争是网络营销产生的现实基础

当今的市场竞争日趋激烈，企业为了取得竞争优势想方设法吸引消费者。传统的营销已经很难用新颖独特的方法来帮助企业在竞争中出奇制胜了，市场竞争已不再依靠表层的营销手段，经营者迫切需要更深层次的方法和理念来武装自己。

网络营销的产生给企业的经营者带来了福音，可谓一举多得。企业开展网络营销可以节约大量昂贵的店面租金，可以减少库存商品的资金占用，可以使经营规模不受场地限制，可以方便地采集客户信息等。这些长处使得企业经营的成本和费用降低运作周期变短，从根本上提高了企业的竞争力。

二、网络营销的内涵与特征

（一）网络营销的内涵

网络营销是直销的最新形式，是由互联网替代了传统媒介，其实质是利用互联网对产品的售前、售中、售后等环节进行跟踪服务，它自始至终贯穿于企业经营的全过程，包括市场调查、客户分析、产品开发、销售策略、信息反馈等方面。总的来说网络营销就是企业整体营销战略的一个组成部分，它是借助互联网，计算机通信技术和数字交互式媒体来满足客户需求，实现企业营销目标的一系列营销活动。简单地说，网络营销就是以互联网为主要手段进行的，为达到一定营销目的的营销活动。

（二）网络营销特点

市场营销中最重要也最本质的是在组织和个人之间进行信息的广泛传播和有效交换。如果没有信息的交换，任何交易都会变成无源之水。互联网技术发展的成熟以及互联网的方便性和成本的低廉，使得任何企业和个人都可以很容易地将自己的计算机或计算机网络连接到互联网上。遍布全球的各种企业、团体、组织以及个人通过网络跨时空地联结在一起，使得相互之间信息的交换变得“唾手可得”。因为互联网具有营销所要求的某些特性，使得网络营销呈现出以下一些特点：

1. 跨时空

通过网络能够超越时间约束和空间限制进行信息交换，因此使得脱离时空限制达成交易成为可能，企业能有更多的时间和在更大的空间中进行营销，每周 7 天，每天 24 小时，随时随地向消费者提供全球性的营销服务，以达到尽可能多地占有市场份额的目的。

2. 多媒体

通过互联网可以传输文字、声音、图像等多种媒体的信息，从而使为达成交易进行的信息交换可以用多种形式进行，能够充分发挥营销人员的创造性和能动性。

3. 成长性

随着网络的普及，网民数量的飞速增长，同时上网者中大部分是年轻的、具有较高收入和高教育水准的人，由于这部分群体的购买力强，而且具有很强的市场影响力，因此网络营销是一个极具开发潜力的市场渠道。

4. 整合性

在互联网络上开展的营销活动，可以完成从商品信息的发布到交易的收款和售后服务的全过程，这是一种全程的营销渠道。同时，企业可以借助因特网络将不同的传播营销活动进行统一的设计规划和协调实施，通过统一的资讯传播方式向消费者传达信息，从而可以避免因不同传播渠道中的不一致而产生的消极影响。

5. 经济性

网络营销能够使交易的双方通过互联网进行信息交换代替传统的面对面的交易方式，可以减少印刷与邮递成本；采用无店面销售而免交租金，节约水电与人工等销售成本，同时也减少了由于多次交换带来的损耗，提高了交易的效率。

6. 技术性

建立在以高技术作为支撑的互联网为基础上的网络营销，使企业在实施网络营销时必须有一定的技术投入和技术支持，必须改变企业传统的组织形态，提升信息管理部门的功能，引进懂营销与电脑技术的复合型人才，方能具备和增强本企业在网络市场上的竞争优势。

7. 超前性

互联网是一种功能最强大的营销工具，它同时兼具渠道、促销、电子交易、互动顾客服务以及市场信息分析与提供的多种功能。它所具备的一对一营销能力，正是符合定制营销与直复营销的未来趋势。

8. 高效性

计算机可储存大量的信息，可传送的信息数量与精确度，远超过其他媒体，并能应市场需求及时更新产品或调整价格，因此能及时有效地了解并满足消费者的需求。

9. 交互式

借助互联网可以展示商品图像，为商品信息资料库提供有关的查询来实现供需互动与双向沟通，还可以进行产品测试与消费者满意调查等活动。互联网为产品联合设计、商品信息发布以及各项技术服务提供了最佳工具。

10. 个性化

互联网上的促销是一对一的、理性的、消费者主导的、非强迫性的、循序渐进式的，

而且是一种低成本与人性化的促销，避免推销员强势推销的干扰，并通过信息提供与交互式交谈，与消费者建立长期良好的关系。

三、网络营销与传统营销的区别与联系

网络营销可视为一种新兴的营销渠道，它并非一定要取代传统的渠道，而是利用信息技术的发展，来创新与重组营销渠道。不论是传统营销还是网络营销，营销的目标是使消费者的需要和欲望得到满足和满意，网络营销只不过是借助互联网络、电脑通信和数字交互式媒体的威力来实现这一目标。网络营销和传统营销两者之间既有区别又有联系。

（一）网上营销与传统营销的区别

传统的以 4P 理论为典型代表的营销理论的经济学基础是厂商理论、即利润最大化。所以 4P 理论的基本出发点是企业的利润，而没有把消费者的需求放到与企业的利润同等重要的位置上，它指导的营销决策是一条单向的链。而网络互动的特性使得消费者能够真正参与到整个营销过程中来，消费者不仅参与的主动性增强，而且选择的主动性也得到加强，在满足个性化消费需求的驱动之下，企业必须严格地执行以消费者需求为出发点、以满足消费者需求为归宿点的现代市场营销思想。据此，以舒尔兹教授为首的一批营销学者从顾客需求的角度出发研究市场营销理论，提出了 4C 组合。其要点是：

(1) 先不急于制定产品策略(Product)，而以研究消费者的需求和欲望(Consumer’s wants and needs)为中心，卖消费者想购买的产品。而传统营销关注的是产品本身质量和包装等。

(2) 暂时把定价策略(Price)放到一边，而研究消费者为满足其需求所愿付出的成本(Cost)。而传统营销关注的是价格，包括价格的设定，同行业定价及市场变化等。

(3) 忘掉渠道策略(Place)，着重考虑怎样给消费者方便(Convenience)以购买到商品。而传统营销关注的是产品的铺货和渠道建设等。

(4) 抛开促销策略(Promotion)，着重于加强与消费者的沟通和交流(Communication)。而传统营销注重的是促销手段与方法方式等。

也就是说 4P 反映的是销售者关于能影响购买者的营销工具的观点。从购买者的观点来看，网络营销的每一种营销工具都是为了传递顾客利益(即所谓的 4C)。也就是说企业关于 4P 的每一个决策都应该给消费者带来价值，否则这个决策即使能达到利润最大化的目的也没有任何用处，因为消费者在有很多商品选择余地的情况下，他不会选择对自己没有价值或价值很小的商品。

（二）网络营销与传统营销的联系

网络营销虽然以新的媒体(Internet)、新的方式、方法和理念实施营销活动，但它脱胎于传统营销，两者有着不可分割的联系。一是两者有着相同的目标，都是使消费者的需要和欲望得到满足和满意，只不过借助于网络，网上营销更容易、也能更好地实现营销的这一目标。二是网络营销的基本要素仍然是产品、价格、促销和分销渠道四个方面，虽然这四个要素的内容有较大的变化。但是两者并行不悖，谁也无法取代谁，而且往往两者互相

配合，网络营销手段可为传统商务服务，传统营销手段也可为网上的电子商务服务正好说明了这一点。

四、网络营销基本理论

网络营销理论基础主要包括网络整合营销理论、软营销理论、直复营销理论、网络关系营销理论等。

（一）网络整合营销理论

网络整合营销传播是上个世纪90年代以来在西方风行的营销理念和方法。它与传统营销“以产品为中心”相比，更强调“以客户为中心”。它强调营销即是传播，即和客户多渠道沟通，和客户建立起品牌关系。

网络整合营销理论就是以整合企业内外部所有资源为手段，重组再造企业的生产行为与市场行为，充分调动一切积极因素，以实现企业目标的、全面的、一致化营销，简言之，就是一体化营销。

其基本思路是以整合为中心，讲求系统化管理，强调协调与统一，注重规模化与现代化。

（二）软营销理论

软营销理论是相对强势营销而言的。该理论认为消费者在购买产品时，不仅满足基本的生理需要，还满足高层次的精神和心理需求。因此，软营销理论的一个主要特征是对网络礼仪的遵循，通过对网络礼仪的巧妙运用获得希望的营销效果。

网络社区和网络礼仪是网络营销理论中所特有的两个重要基本概念，是实施网络软营销的基本出发点。

网络社区是指那些具有相同兴趣、目的，经常交流，互惠互利，能给每个成员以安全感和身份意识等特征的互联网上的单位或个人所组成的团体。

网络礼仪是互联网自诞生以来逐步形成并不断完善的一套良好、不成文的网络行为规范，如不在网上随意传递带有欺骗性质的邮件等。网络礼仪是网上一切行为都必须遵循的准则。

（三）直复营销理论

直复营销理论是20世纪80年代引人注目的一个概念。美国直复营销协会对其所下的定义是：“一种为了在任何地方产生可度量的反应和达成交易所使用的一种或多种广告媒体的相互作用的市场营销体系。”直复营销理论的关键在于它说明网络营销是可测试的、可度量的、可评价的，这就从根本上解决了传统营销效果评价的困难性，为更科学的营销决策提供了依据。基于互联网的直复营销更加符合直复营销的理念，这表现在4个方面：

(1) 直复营销作为一种相互作用的体系，特别强调直复营销者与目标消费者之间的双向信息交流，以克服传统市场营销中的担心，信息交流方式的营销者和消费者之间无法沟

通的致命弱点。

(2) 直复营销活动的关键是为了每个目标消费者提供直接向营销人员反映的渠道，企业可以凭借消费者反应找到不足，为下一次直复营销活动做好准备。

(3) 直复营销活动强调在任何时间、任何地点都可以实现与消费者的信息双向交流。

(4) 直复营销活动最重要的特性是直复营销活动的效果是可测定的。

(四) 网络关系营销理论

关系营销是1990年以来受到重视的营销理论，它包括2个基本点：

(1) 在宏观上认识到市场营销会对范围很广的多个领域产生影响，包括消费者市场、劳动力市场、供应市场、内部市场、相关者市场及影响者市场；在微观上，认识到企业与消费者的关系不断变化，市场营销的核心应该从过去简单的一次性交易关系转变为注重长期的关系上来。

(2) 企业是社会经济大系统中的一个子系统，企业的营销目标要受到众多外在因素的影响，企业的营销活动是一个与消费者、竞争者、供应商、分销商、政府机关和社会组织发生相互作用的过程，正确理解这些关系是企业营销的核心，也是企业成败的关键。

关系营销的核心是为消费者提供高度满意的产品和服务价值，通过加强与消费者的联系，提供有效的消费者服务，保持与消费者的长期关系，并在与消费者保持长期关系的基础上开展营销活动，实现企业的营销目标。

通过互联网交易，企业可以实现对从产品质量、服务质量到交易服务等过程全程质量的控制。通过互联网还可以实现与相关的企业和组织建立关系，实现双赢发展。

五、网络营销的方法

网络营销的方法很多，我们主要介绍当前企业常用的几种营销手段：搜索引擎营销、电子邮件营销、病毒营销、微营销和IM营销。

1. 搜索引擎营销

搜索引擎营销分两种：SEO(Search Engine Optimization)与PPC(Pay Per Click)。SEO即搜索引擎优化，是通过对网站结构(内部链接结构、网站物理结构、网站逻辑结构)、高质量的网站主题内容、丰富而有价值的相关性外部链接进行优化而使网站对用户及搜索引擎更加友好，以获得在搜索引擎上的优势排名为网站引入流量。

PPC是指购买搜索结果页上的广告位来实现营销目的，各大搜索引擎都推出了自己的广告体系，只是形式不同而已。搜索引擎广告的优势是相关性，由于广告只出现在相关搜索结果或相关主题网页中，因此，搜索引擎广告比传统广告更加有效，客户转化率更高。

2. 电子邮件营销

电子邮件营销是以订阅的方式将行业及产品信息通过电子邮件的方式提供给所需要的用户，以此建立与用户之间的信任与信赖关系。

大多数企业及网站都已经利用电子邮件的营销方式。毕竟邮件已经是互联网基础应用的服务之一。开展邮件营销需要解决三个基本问题：向哪些用户发送电子邮件、发送什么内容的电子邮件以及如何发送这些邮件。邮件营销的优势：精准直效，个性化定制，信息丰富，全面、具备追踪分析能力。

3. 病毒式营销

病毒营销(Viral Marketing，又称病毒式营销、病毒性营销、基因营销或核爆式营销)是利用公众的积极性和人际网络，让营销信息像病毒一样传播和扩散，营销信息被快速复制传向数以万计、数以百万计的观众，它能够像病毒一样深入人脑，快速复制，迅速传播，将信息短时间内传向更多的受众。病毒营销是一种常见的网络营销方法，常用于进行网站推广、品牌推广等。

也就是说，病毒营销是通过提供有价值的产品或服务，“让大家告诉大家”，通过别人为你宣传，实现“营销杠杆”的作用。病毒式营销已经成为网络营销最为独特的手段，被越来越多的商家和网站成功利用。病毒式营销也可以称为是口碑营销的一种，它是利用群体之间的传播，从而让人们建立起对服务和产品的了解，达到宣传的目的。

4. 微营销

微营销是以营销战略转型为基础，通过企业营销策划、品牌策划、运营策划、销售方法与策略，注重每一个细节的实现，通过传统方式与互联网思维实现营销新突破。

微营销是传统营销与现代网络营销的结合体，在互联网使用中存在有线网络和无线网络；无线网络营销即移动互联网营销，就是不用网线连接，用无线技术连接网络而已。微营销不是微信营销，微信营销是微营销的一个组成部分。微博、微信、微信公众平台、微网站、APP 同时组合在一起也不是微营销，他们都是实现微营销的一个工具或方法的一部分。

5. IM 营销

IM 营销又叫即时通信营销(Instant Messaging)，是企业通过即时工具 IM 帮助企业推广产品和品牌的一种手段，常用的主要有以下两种情况：

第一种，网络在线交流。中小企业建立了网店或者企业相关的网站一般会有即时通信在线，这样潜在的客户如果对产品或者服务感兴趣自然会主动和在线的商家联系。

第二种，广告。中小企业可以通过 IM 营销通信工具，发布一些产品信息、促销信息，也可以通过图片发布一些网友喜闻乐见的表情，同时加上企业要宣传的标志。

六、网络营销与传统营销的整合

(一) 网络营销对传统营销的冲击

在网络营销里，人员推销、市场调查、广告促销、经销代理等传统营销手法将与网络相结合，并充分运用网上网下的各项资源，形成以最低成本投入、获得最大市场销售量的新型营销模式，这给一些主要依赖传统营销模式的企业带来了很大的冲击。

1. 对标准化产品的冲击

作为一种新型媒体，互联网可以在全球范围内进行市场调研，通过互联网厂商可以迅速获得关于产品概念和广告效果测试的反馈信息，也可以测试客户的不同认同水平，从而

更加容易地对消费者行为方式和偏好进行跟踪。在网络营销里，对不同的消费者可以提供不同的商品。

美国亚马逊书店把即将出版的书的某些章节用各种语言装载到互联网上，以便全球范围的访问者试读。样品书中包含有与作者及其他相关材料有关的信息，这样，当来自全球的访问者在试读之后产生对本书的需求与意见反馈时，它可将材料翻译成访问者的当地语言以符合其当地化的需求。这种客户化方式的驱动力是最终消费者，而非按惯例由国外分销商的兴趣决定。同时，互联网的新型沟通能力又加速了这种趋势。因此，怎样更有效地满足消费者个性化的需求是每个企业面临的一大挑战。

2. 对营销渠道的冲击

通过互联网，中间商的作用将被改变。生产商可与最终用户直接联系，中间商的重要性因此而有所降低。这造成两种后果：一是由跨国企业所建立的传统的国际分销网络对小竞争者造成的进入障碍将明显降低；二是由于目前直接通过互联网进行产品销售的生产商来说，其售后服务工作是由各分销商承担，但随着他们代理销售利润的消失，分销商将很有可能不再承担这些工作。所以在不破坏现存渠道的情况下，如何提供这些服务将是网上企业不得不面对的又一问题。

3. 对营销策略的冲击

对营销策略的冲击主要是对定价、品牌和广告策略的冲击。

(1) 网络营销对定价策略的冲击。如果某种产品的价格标准不统一或经常改变，客户很快会通过互联网认识到这种价格差异，并可能因此导致客户的不满。所以，相对于目前的各种媒体来说，互联网先进的网络浏览器可以随时读取服务器中的数据，会使变化不定的且存在差异的价格水平趋于一致。这将对分销商分布海外并在各地采取不同价格的企业产生巨大冲击，价格折扣的不同会使世界各地的互联网用户和那些通过分销商或本来并不需要折扣的业务受到影响。通过互联网搜索特定产品的代理商也将认识到价格差别，从而加剧了价格歧视的不利影响。这对于执行差别化定价策略的企业来说是一个严重问题。

(2) 网络营销对品牌全球化管理策略的冲击。与现实企业的单品牌与多品牌的决策相同，对上网企业的一个主要挑战是如何对全球品牌和共同的名称或标志识别进行管理。就实行情况来看，企业由于下列情况的存在而拥有多个节点：只有一个品牌的企业允许地方性机构根据需要发展自己的节点；各品牌分别有明显不同的市场和形象，企业为每一个品牌单独设置节点。这样，多个节点分别以不同的格式、形象、信息和内容进行沟通时，在给消费者带来便利的同时也会引起消费者的困惑。另一方面，如果为所有品牌设置统一节点，虽然可以利用知名品牌的信用带动相关产品的销售，但也有可能由于某种品牌的不足导致全局受损。实行单一节点策略还是实行多节点策略以及如何加强节点管理是网络营销企业面临的现实问题。

(3) 网络营销对广告策略的冲击。通过网络营销，我们可以消除很多广告障碍。首先，相对于传统媒体来说，由于网络空间具有无限扩展性，因此在网络上做广告可以较少地受到空间篇幅的局限，尽可能地将必要的信息一一罗列。其次，迅速提高的广告效率也为网上企业创造了便利条件。如有些企业可以根据其注册用户的购买行为很快地改变向访问者发送的广告；有些企业可根据访问者特性如硬件平台、域名或访问时搜索主题等信息有选择地显示其广告。总之，网络营销都将降低跨国企业所拥有的规模经济的竞争优势，从而使小企业更易于在全球范围内参与竞争。

4. 对传统营销方式的冲击

随着网络技术迅速向宽带化、智能化、个人化方向发展，网民可以在更广阔的领域内实现声、图、像、文一体化的多维信息共享和人机互动功能，“个人化”把 “服务到家庭”推向了“服务到个人”。正是这种发展使得传统营销方式发生了革命性的变化。甚至以每一个用户的需求来组织生产和销售。

5. 企业组织的重整

互联网(Internet)相继带动企业内部网(Intranet)的蓬勃发展，使得企业内外部沟通与经营管理均需要依赖网络作为上网的渠道与信息源。它带来的影响包括：业务人员与直销人员减少、组织层次减少、经销代理与分店门市数量减少、渠道缩短、虚拟经销商、虚拟门市、虚拟部门等企业内外部虚拟组织盛行。这些影响与变化，都将促使企业对于组织再造工程需要变得更加迫切。

企业内部网络的兴起，改变了企业内部作业方式以及员工学习的方式，工作者的独立性与专业性将进一步提升。因此，个人工作室、在家上班、弹性上班、委托外包、分享业务资源等行为，在未来将会十分普遍，也使企业组织重整成为必要。这样就给那些努力将其全球业务转换到这种新媒体的企业提出了特别严峻的组织性挑战。

(二) 网络营销的劣势

尽管网络飞速发展并不断普及，但网络营销要完全替代传统营销，还为时尚早，这主要是由于以下几方面的因素：

(1) 消费是一种行为，而不仅仅是一种商业活动，从心理学的角度看，对于消费行为至少有两种动机，一种是并不是为了购买，而是为了享受消费的过程，这种动机的消费者则是把整个挑选、试货等过程看作是一种享受，不会愿意把这个过程缩短。另一种则是真的产生了购买的需要，这种情况只要能够及时地使消费者安全地得到该需要就可以，这种动机的需要可以被网络满足。但传统营销过程中的优点是网络营销所无法取代的。

(2) 消费者购物往往有眼见为实的心理，在商品的挑选上，传统营销与网络营销相比有更多的自主性，消费者到商场购物，常常会对所需商品的各方面进行辨别，确定它是否符合自己的需要。这种选择是完全自主的，可以了解到想知道的几乎所有的信息，但网络营销的方式是虚拟的。消费者从网上对商品的了解程度，在于营销人员输入到网络中的信息量，有些信息如商品的质量、质地、重量、大小等，不一定会在网上全部介绍。因为网络营销环境具有虚拟性的特点，因此消费者在购买某些商品时，有一种不踏实的感觉。即使消费者亲临商场购物都怕会购买到假冒伪劣，更何况在网上。所以，对有的产品，企业完全用网络营销取代传统营销，并不能取得预期的效果。

(3) 网络营销还要面对许多传统领域无法体会的问题，网络给人们带来种种便利，同时也带给人们更多的烦恼。尽管电子商务日趋普及和完善，但网络依然存在这些安全的脆弱性，像目前的金融结算体系还不能完全适应电子商务的要求，无法消除用户对交易安全

性的顾虑。网上交易，首先要防黑客，还要防诈骗，尤其是C2C方面，网络欺诈行为还比较严重。国内一些电子商务站点还存在一些安全漏洞，攻击者可以轻易盗取用户账号和交易密码，并可使用用户资金进行网上交易，这些都将直接影响电子商务站点的信誉与进一步发展。

（三）传统营销是网络营销的基础

网络营销作为一种新的营销方式或技术手段，是营销活动中的一个组成部分。如果想用网络手段产生价值，必须将网络与传统的企业方式结合起来，看在多大程度上节省了成本和促成了价值生成，也就是产生了多大的价值。否则，仅靠一个信息手段来做商务必将因为对行业不了解和资源缺乏而失败。网络营销与传统营销相比，既有相同之处，又有其显著的差异。消费者的需求是多样的，尽管网络购物很方便，但并不是对所有的消费者都具有同等的诱惑力。传统营销和网络营销之间没有严格界限。网络营销理论也不可能脱离传统营销理论基础，网络营销与传统营销都是企业的一种经营活动，且都需要通过组合运用来发展功能，而不是单靠某一种手段就能够达到理想的目的。两者都把满足消费者的需要作为一切活动的出发点。网络营销环境下“4p”理论被发展演变为“4C”模式，随着网络营销的发展，“C”的数量还可能会不断增加。但是，如果忽略对“P”的重视，“C”也就无从谈起。现代企业应清楚地看到，无论用什么手段开展营销，首要的问题，是要了解自己的顾客和潜在顾客的需求，然后采取一定的措施满足用户要求。我们必须明白一个前提，那就是互联网实际上是一种信息中介，互联网不能完全取代传统的行为模式。大量的交易还是要通过离线方式进行，网络只是一种营销手段，而不是营销活动的全部。网络经济的主体是利用互联网提供的便利大幅度降低交易成本和向消费者提供更好的服务的传统企业。研制、生产、销售或提供互联网技术改造价值链，降低生产成本和交易费用，互联网经济才能有足够的支撑。

（四）网络营销与传统营销整合的有效策略

企业的根本目的是通过提供产品和服务，满足消费者需求，使企业得以长久地生存和发展。网络时代的企业提供产品和服务的方式，必须适应消费者需求的变化，必须根据网络的特点来制定有效的营销策略。

1. 努力提供个性化的产品与服务，确立合适的目标定位

在网络环境下，由于企业在物理空间和实体形象方面距离的缩小，致使企业之间竞争难度大大增加。因此，企业要想成为各方面都胜出对手的全能冠军具有很大的难度，但如果在某一专业领域做精、做专、做深，在其中一个业务领域建立很强的竞争优势，则胜出的可能性很大。这就促使企业根据自身特点确立合适的消费者目标定位。

2. 建立产品和企业信誉

信誉是网络营销的前提，尤其在网络市场迅猛发展的中国，网民在购买商品的过程中还是很理性的，要不断地查询商家的客户评价门店信誉等内容，而商家还要确认消费者需求的真实性等，这都可归结为信誉的问题。另外在建立企业门户网站的过程中，网站的知

名度、服务质量等条件也是一种品牌的营造。产品信誉和企业信誉在进行网络营销的过程中是一个长期的战略性问题，通常企业可以从以下几方面树立信誉：

(1) 优质的服务。随时为消费者提供真正需要的方便优质的服务。

(2) 良好的运作。包括向消费者提供最低价位的产品及服务，同时尽量避免给消费者添麻烦。

(3) 不断创新。不仅要求向消费者提供质量好的产品，还要求向消费者提供更有新意、更有特色的产品，为消费者带来更多的利益。

3. 适时改变价格策略和促销策略

传统营销的价格策略考虑的是产品的生产成本和同类产品的市场价格，而且同一产品的价格因国家或地区的不同而不同，即实行价格歧视。而消费者利用互联网可迅速得到同类产品或相关产品的不同价位信息，势必会给实行地区价格差异策略的企业带来非常大的冲击。为了消除这些消极影响，企业应尽量减少价格差异或实行价格统一化。尤其是网络上的消费者非常理性，企业在实施价格策略时不要忘了考虑其价值观。

4. 提高企业员工素质和服务效率

网络营销要求企业员工，特别是营销和网络管理人员，不仅具有深厚的基础知识，还要在市场营销方面有独当一面的能力，不但有收集整理分析信息的能力，还有强烈的服务意识和人员沟通能力。企业要注意吸引和培养复合型人才，提高员工综合素质。

网络营销对企业的组织结构和服务效率也提出了更高的要求，网络的特点要求企业对外界，特别是消费者的反应必须及时处理。为此，企业要与电子商务认证机构、金融部门和各类物流企业建立良好的合作关系，以保障身份认证支付结算和物流配送的安全，同时要建立更加快捷迅速且服务周到的售后服务机制，包括退货机制。

5. 完善企业网站建设

网站是企业进行网络营销的基础。通过企业自己有特色的网站，一方面可以树立自己的形象，另一方面可以吸引新消费者，维护老顾客，而这一点又直接影响营销的效果。因此作为企业脸面的网站，必须注意以下几点：

(1) 尽可能吸引网络“观众”。主页的版面设计、编排，必须围绕企业的目标消费者群，而不只是一堆绚丽的图片和空泛的文字说明。

(2) 快捷的信息提供。网上的内容要不断更新，使消费者及时了解和获取企业及产品的信息。

(3) 提高网站的质量与专业性。精良和专业的网站设计，如同制作精美的印刷品，会大大刺激访问者的购买欲望。

(4) 加强网站的推广与宣传。优秀的网站同样需要辅之以成功的推广。应用搜索引擎、即时通信、有效链接、电视广告、新闻媒体与印刷品等宣传方式来扩大企业的影响力。

(5) 及时回应顾客的需求。网络化经营的企业对于顾客反馈必须及时反应，要设专门职能部门处理，利用 E-mail、线上常问问题等与顾客做双向沟通。

(6) 把方便留给访问者。如果企业想促使访问者在线购买产品、获得服务，那么必须为他们建立一条方便的通道，以便他们得到各种想要的信息，如在网页添加快速进入网站

各级页面的导航条，在网站上加入内部的搜索引擎，迅速回复消费者的来信等。

6. 控制营销绩效

企业应随时统计进站访问的消费者次数与消费者信息，做好消费者资料管理、消费者分析及成本效果分析，以便及时修正营销策略。

面对网络市场变革，企业唯有保持清醒的头脑，充分利用网络营销的优势，注重其与传统营销的整合，才能在新经济时代中占据制高点。

第四节　整合营销

一、整合营销的起源

整合营销的理论产生和流行于 20 世纪 90 年代，是由美国西北大学市场营销学教授唐·舒尔茨(Don Schultz)提出的。整合营销就是“根据企业的目标设计战略，并支配企业的各种资源以达到完成战略目标的目的”。传媒整合营销作为“整合营销”的分支应用理论，简言之，就是从“以传播者为中心”到“以受众为中心”的传播模式的战略转移。整合营销倡导更加明确的消费者导向理念，因而，传媒整合营销理论对我国新的改革形势下传媒业的发展应该具有重要的指导意义和实用价值。

舒尔茨认为，传统的以 4P(产品、价格、渠道、促销)为核心的营销框架，重视的是产品导向而非真正的消费者导向，制造商的经营哲学是“消费者请注意”。面对上世纪 90 年代市场环境的新变化，企业应在营销观念上逐渐淡化 4P、突出 4C。制造商的经营哲学应更加“注意消费者”。

随后，整合营销传播开始扩展为整合营销。1995 年，Paustian Chude 首次提出了整合营销概念，他给整合营销下了一个简单的定义：整合营销就是“根据目标设计(企业的)战略，并支配(企业各种)资源以达到企业目标”。菲利普·科特勒在《营销管理》一书中从实用主义角度揭示整合营销实施的方式，即企业里所有部门都为了消费者利益而共同工作；这样整合营销就包括两个层次的内容：一是不同营销功能——销售、广告、产品管理、售后服务、市场调研等必须协调；二是营销部门与企业其他部门，如生产部门、研究开发部门等职能部门之间的协同。

尽管对于整合营销的定义仍存在很大争议，但它们的基本思想是一致的，即以消费者需求为中心，变单向诉求和灌输为双向沟通。树立产品品牌在消费者心目中的地位，建立长期关系，达到消费者和厂家的双赢(Win-Win)。

现今互联网上，微博、博客、微信、论坛、贴吧等都是企业关注的营销“面包”，每一种营销渠道的出现必然带动行业小浪潮。以互联网为载体，以符合网络传播的方法和理念来展开实施的营销活动，成为企业延伸品牌的公信度与品牌影响力、增强经济效益的有效途径。整合营销正切合当下企业的营销需求，能够达到最佳营销效果，这是领先的营销方式，未来也将主宰互联网营销。

忽视互联网的信息传播能力，再好的产品也会在偌大的互联网里淹没。整合营销就可以让每个营销渠道互相关联促进，相辅相成，达到 1+1＞2 的效果。

其实当下，乃至未来，真正的互联网营销应该兼具互动传播、活动营销、事件营销、SEO、SEM 媒体资源整合等多项综合手段，这样整合营销就可以将企业信息以更高效的手段向自己的目标用户、合作伙伴等群体快速传递。

二、整合营销的内涵与特征

整合营销是一种对各种营销工具和手段的系统化结合，根据环境进行即时性的动态修正，以使交换双方在交互中实现价值增值的营销理念与方法。整合就是把各个独立地营销综合成一个整体，以产生协同效应。这些独立的营销工作包括广告、直接营销、销售促进、人员推销、包装、事件、赞助和客户服务等。企业应战略性地审视整合营销体系、行业、产品及客户，从而制定出符合企业实际情况的整合营销策略，包括旅游策划营销、事件营销等相关门类。

整合营销的特征最明显的表现有消费者处于核心地位；对消费者深刻全面地了解，是以建立资料库为基础的；整合营销传播的核心工作是培养真正的"消费者价值观"，与那些最有价值的消费者保持长期的紧密联系；以本质上一致的信息为支撑点进行传播。企业不管利用什么媒体，其产品或服务的信息一定得清楚一致；以各种传播媒介的整合运用作为手段进行传播；紧跟移动互联网发展的趋势，尤其是互联网向移动互联网延伸、手机终端智能化以后，新技术对原有 PC 互联带来了前所未有的颠覆和冲击，在这个过程当中应当紧盯市场需求。

三、整合营销的重要意义

1. 有利于优化资源配置

实施整合营销，能够将消费者需求同企业发展相结合，企业可以利用有限的资源，实现企业目标的最大化。整合营销，可以通过各种渠道搜集市场信息，对市场资源进行总结分析，能够有效分析消费者需求，对企业生产和发展进行策略指导，对生产出来的产品又能进行有效宣传，促进产品销售，能够实现整个营销的一体化发展。整合营销包涵了企业的整个营销模式，能够为企业制定出合理的营销理念，进而将企业资源进行有机整合，最终实现企业效益的最大化。

2. 实现协调统一性

整合营销其自身具有协调统一性，这个特点不仅能够保障企业发展过程中实现内部发展的协调统一，而且有利于实现企业同外部市场之间的统一协调，保障生产出来的产品适合市场需求，满足消费者需要。协调统一也有利于企业内部管理的一体化，能够实现企业系统化管理，实现企业内部资源的整体配置，企业部门之间的有机配合，实现企业同合作人之间的密切配合，有利于形成有力的竞争优势。

3. 实现企业规模化经营

整合营销属于一体化的营销模式，因此在发展过程中，对企业的现代化生产和规模化生产比较重视。整合营销能够为企业发展提供规模化和现代化的发展战略，保障企业发展具备现代化、科学化的管理理念，而规模化发展理念又为整合营销的发展提供了发展空间。

4. 市场经济发展的必然性

随着市场经济的快速发展，单一的营销理念已经很难适应市场发展的需要，难以跟上快速发展的现代化市场经济。整合营销符合市场经济的发展需求，能够将多样化的市场媒介进行有机整合，从而形成独特的营销模式，有利于实现企业资源配置，优化企业内部结构，提高企业竞争力，满足消费者需求。

5. 有利于企业走国际化营销发展道路

整合营销适应了市场经济的发展之路，整合营销的发展有利于企业进行优化升级，实现自身有机整合，它不仅能够推动企业内部资源的优化配置，而且有利于实现企业部门之间的整合，实现企业近期目标和长远发展的有机整合，从而为企业开展国际化发展提供战略化决策。

四、整合营销的层次

一般来说，整合营销包含两个层次的整合：一是水平整合，主要包括信息内容整合、传播工具整合和传播要素资源整合。二是垂直整合，主要包括市场定位整合、传播目标整合、4P 整合和品牌形象整合。

（一）水平整合

1. 信息内容的整合

企业所有的与消费者有接触的活动，无论其方式是媒体传播还是其他的营销活动，都是在向消费者传播一定的信息。企业必须对所有这些信息内容进行整合，根据企业想要的传播目标，对消费者传播一致的信息。

2. 传播工具的整合

为达到信息传播效果的最大化，节省企业的传播成本，企业有必要对各种传播工具进行整合。所以企业要根据不同类型消费者接受信息的途径，衡量各个传播工具的传播成本和传播效果，找出最有效的传播组合。

3. 传播要素资源的整合

企业的一举一动、一言一行都是在向消费者传播信息，应该说传播不仅仅是营销部门的任务，也是整个企业所要担负的责任。所以有必要对企业的所有与传播有关联的资源(人力、物力、财力)进行整合，这种整合也可以说是对接触管理的整合。

（二）垂直整合

1. 市场定位整合

任何一个产品都有自己的市场定位，这种定位是在市场细分和企业产品特征的基础上制定的。企业营销的任何活动都不能有损企业的市场定位。

2. 传播目标的整合

有了确定的市场定位以后，就应该确定传播目标了，想要达到什么样的效果？多高的知名度？传播什么样的信息？这些都要进行整合，有了确定的目标才能更好地开展后面的工作。

3. 4P 整合

其主要任务是根据产品的市场定位设计统一的产品形象。各个 P(产品、价格、渠道和促销)之间要协调一致，避免互相冲突、矛盾。

4. 品牌形象整合

主要是品牌识别的整合和传播媒体的整合。名称、标志、基本色是品牌识别的三大要素，它们是形成品牌形象与资产的中心要素。品牌识别的整合就是对品牌名称、标志和基本色的整合以建立统一的品牌形象。传播媒体的整合主要是对传播信息内容的整合和对传播途径的整合，以最小的成本获得最好的效果。

五、整合营销的基本程序

(一) 建立数据库

整合营销规划的起点是建立数据库。数据库是记录顾客信息的名单，含有每个顾客或潜在顾客的有关营销数据，包括历史数据和预测数据。其中，历史数据记录了姓名、地址、最新购买、购买次数、对优惠措施的回应、购买价值等历史信息；预测数据则通过对顾客属性进行打分，用以鉴别哪个群体更可能对某项特定优惠做出回应，它有助于说明顾客未来的行为。

数据库是企业最有价值的资产。成功的营销依赖于重复营销，企业的营销挑战来自于如何有效地吸引和保持有价值的终身客户，数据库营销是解决这一问题的最好途径之一。当前，市场营销已经由客户采集(赢得新客户)阶段，经过客户保持(终身客户)阶段，转向客户淘汰阶段(放弃没有赢利价值的客户，仔细挑选和维护有更高收益的客户群体)，企业建立数据库的目的在于通过对数据库的管理，确定有价值的终身客户，并与之发展良好的客户关系。

数据库管理的主要内容包括数据库的建立、数据贮存、数据挖掘、数据处理、数据维护等，通过上述工作，企业可以更好地了解消费者和潜在消费者。建立数据库的初衷是获得顾客，终极目标则是确定和保留有价值的顾客；通过对数据库中贮存的大量顾客信息进行分析挖掘，可以揭示出隐藏在数据中的顾客价值；数据库的处理为更准确地确定目标顾客创造了更多机会；数据库的维护能增加顾客名单的准确性，并提高顾客回应的成本效益。

(二) 选择目标市场

根据数据库资料，企业可以首先进行市场细分，在此基础上，选择企业拟进入的目标市场，并进行相应的市场定位。同时，在特定的目标市场，还要根据消费者及潜在消费者的行为信息将其分为三类：本品牌的忠诚消费者、其他品牌的忠诚消费者、游移消费者，并依据他们在品牌认知、信息接收方式及渠道偏好等方面的差异，有针对性地开展各项营

销活动。

(三) 进行接触管理

整合营销的起点和终点都是消费者，无论是企业的价值供应活动(产品开发、价格制定、分销)，还是营销传播活动(广告、人员推销、公共关系)均需以 4C 模式为基础。需要注意的是，在买卖双方之间存在着界面，必须通过某种接触通道将二者联系在一起，才能实现价值共享。唐 · E · 舒尔茨把“接触”定义为：凡是能够将品牌、产品类别及其他与市场相关的信息传输给消费者或潜在消费者的所有方式、渠道、行为，都是通道，它包含了媒体、营销传播工具及其他可能与消费者接触的形式，例如，媒体广告、店内推广、产品包装、亲朋邻里的口头交谈等。李奥贝纳广告企业的一项研究表明，消费者拥有 102 种类似“广告”的不同媒体——从电视到购物袋以及企业发起的活动事件等。消费者和企业只有通过接触通道才能发生联系，因此必须对其进行管理。

舒尔茨认为，每个接触通道都应该是营销沟通工具。接触管理就是要强化可控的正面传播，减缓不可控的或不利于产品与服务的负面传播，从而使接触信息有助于建立或强化消费者对品牌的感觉、态度与行为。具体地说，接触管理要解决的问题是合理选择与消费者进行沟通的时间、地点、方式，具体做法是，首先，要确定目标消费者的所有可能接触通道，列出影响消费者购买或使用产品的接触渠道清单；其次，要对清单进行分析，找出能够诱发消费者联想到产品和品牌的重要接触点，从而确定最能影响“消费者”购买决策的关键通道和最能影响“潜在消费者”信息传递的关键通道；最后，要根据不同类别的消费者分别确定明确的营销沟通目标。

(四) 制定营销战略

在以上步骤的基础上，依据数据库提供的营销数据，制定明确的营销战略目标，并将其与企业战略及企业的其他业务相结合，实现企业层次的营销整合。

(五) 选择营销工具

在营销战略目标的指导下，根据消费者的需求和欲望、消费者愿意付出的成本、消费者对购买便利的需求以及消费者的沟通方式确定具体的营销工具，并找出最关键的工具，将其与其他营销工具予以整合。

(六) 进行沟通整合

沟通整合是整合营销的最后也是非常重要的一个步骤。依据顾客信息，对不同行为类型的消费者分别确定不同的传播目标，使用不同的传播工具，如广告、营业推广、公共关系、人员推销等，并根据实际情况的需要将多种工具结合使用以整合成协同力量。

本章小结

服务营销的研究形成了两大领域，即服务产品的营销和消费者服务营销。服务产品营销的本质是研究如何促进作为产品的服务的交换；消费者服务营销的本质则是研究如何利用服务作为一种营销工具促进有形产品的交换。服务具有无形性、消费者参与性、生产与消费的同时性、异质性、不可储存性且不涉及所有权的转移。

企业在实施绿色营销前，要对企业实行绿色营销的过程管理、人力资源管理、资金流和价值流的管理进行系统地计划，确保营销过程中各种资源适时的有效整合，推动整个绿色营销进程的实施，为最终实现各种利益体的共赢打下坚实基础。绿色营销观要求企业要有全局、长远的发展意识。企业在制定企业发展规划和进行生产、营销的决策和管理时，必须时刻注意绿色意识的渗透，从“末端治理”这种被动的、高代价的对付环境问题的途径转向积极地、主动地、精细地环境治理。

网络营销是以现代电子技术和通信技术的应用与发展为基础，与市场的变革、竞争以及营销观念的转变密切相关的一门新学科。网络营销相对于传统的市场营销在许多方面都具有明显的优势，它是一场营销观念的革命。网络营销理论基础主要包括网络整合营销理论、软营销理论、关系营销理论、直复营销理论等。网络营销的主要方法有搜索引擎营销、电子邮件营销、病毒营销、微营销和 IM 营销等。网络营销有自身的优点和劣势，网络营销是企业整体营销的一部分，网络营销不可能代替传统营销，二者只有整合，才能真正意义上满足客户要求，实现企业目标。

整合营销是一种对各种营销工具和手段的系统化结合，根据环境进行即时性的动态修正，以使交换双方在交互中实现价值增值的营销理念与方法。整合就是把各个独立地营销综合成一个整体，以产生协同效应。整合营销的基本程序：(1) 建立数据库；(2) 选择目标市场；(3) 进行接触管理；(4) 制定营销战略；(5) 选择营销工具；(6) 进行沟通整合。

研究与讨论

(1) 简述服务营销的内涵与特征。
(2) 简述企业开展服务营销的过程。
(3) 企业实施绿色营销的基本策略有哪些？
(4) 试述网络营销与传统营销的区别与联系？
(5) 网络营销的基本理论与方法有哪些？
(6) 简述网络营销与传统营销整合的原因。
(7) 企业实施整合营销的基本程序是什么？

▶▶ 案例分析一

一家电梯维修企业“残缺”的产品

这是一家全球化的、庞大的电梯维修企业，由于消费者关系管理出了问题，有一段时间它一直亏损。

为了找出消费者流失的真正原因，企业进行了一次大规模的消费者调查。调查表建立

在这样一个前提上：维修和养护可以被视作一种产品。定量分析和调查的结果表明，这家企业的服务质量低劣，而且服务价格过高。无论是高层管理人员、销售人员，还是营销人员，对这个结论都感到难以接受，因为作为一家最重要的电梯维修企业，他们的员工接受过最好的培训，他们拥有最好的检测设备，最好的维修工具和设备，维修所需配件的种类也是最齐全的。企业中的每个人都认为他们的服务是一流的，他们不明白消费者为什么会对企业服务质量形成如此差的印象。价格过高比较容易理解，因为作为一家大企业，他们的管理成本高，所以价格相对高。但是服务质量低劣却是令大家难以理解的。

由于高层管理人员不愿意接受这样的调查结果，企业进行了第二次调查。调查的范围包括 100 名曾接受过服务的消费者，也包括那些办公楼和家属住宅楼的产业消费者，调查的目的就是为了弄清问题到底出在哪里。

虽然调查的结果有了一些修正，但流失消费者表达的意见却基本一致：

"我们非常清楚贵企业拥有一流的设备和一流的员工，也知道在大多数情况下，你们的工作是令人满意的。但我们对你们提供服务的方式感到不舒服，也无法相信贵企业的维修人员能像你们承诺的那样开展维修工作，而且你们对诸如维修的准确时间等不做出承诺。虽然企业的一些维修人员能够对消费者关心的问题表示关注，但大多数的维修人员对消费者关心的一些问题通常表现得非常冷漠。有时我们甚至不相信他们是贵企业的员工，维修人员会扔下修完的电梯扬长而去，弄得我们不知所措。对这些行为我们无法忍受，作为贵企业消费者让人感到很累、很复杂。所以，我们认为你们的服务质量低劣，而且价格过高。"

第二次的调查结果非常明确地说明了这样一个问题：企业认为他们的职责就是将现成的产品(电梯维修和养护的结果)提供给消费者，而消费者则认为，企业应当提供的是"过程"。还有，虽然消费者认为企业提供的结果是令人满意的，但提供这种结果的服务过程和服务过程中问题的处理却并不令人满意。

第二次调查帮助企业高层管理人员认识到，电梯维修企业向消费者提供的应当是服务过程，在他们向消费者提供的产品组合中，缺少了服务过程这样一个重要的内容。同时，他们也意识到，在解决消费者问题的方案中，不仅要包括服务过程的结果(电梯被修好，可以正常运行)，而且也要包括服务过程本身，即这种结果是如何提供的。对服务结果和服务过程，都必须进行缜密的计划和实施。良好的服务质量既包括服务结果的质量，也包括服务过程的质量，只有两者都优异时，消费者感知的服务质量才能提高。而且在消费者的眼中，服务结果是理所当然的事情，所以影响服务质量最重要的因素就是服务过程。

企业和消费者对服务的理解在这里发生了分歧：企业认为他们应当向消费者提供事先准备好的产品，而消费者则认为，企业不仅要保证服务结果，还要重视服务过程，是后者为他们提供了价值，而不是前者。

思考：

(1) 案例中电梯维修企业的问题到底出在哪里？

(2) 结合案例，谈谈你如何理解服务过程和服务结果。

(3) 如果你是决策者，你会对企业的服务现状做出怎样的调整？

▶▶ 案例分析二

雅虎缘何堕落成“蹩脚猫”？

三十年河东，雅虎(Yahoo)是一只咆哮于互联网山林的猛虎，三十年河西，雅虎堕落成一只被掏空核心业务的“蹩脚猫”。2017年6月13日，美国大型通信企业威瑞森通信(Verizon Communications)完成了对雅虎核心业务的收购，剥离核心业务后的雅虎更名为Altaba，将管理中国阿里巴巴的部分业务和日本雅虎股份投资企业。雅虎在互联网编年史上有着特定的地位，曾是互联网企业的先驱，是全球第一家门户网站，在20世纪90年代后半期的互联网黎明期属于代表性存在，是它制定了全球互联网行业“开放、免费和盈利”的游戏规则。

23年前，在美国斯坦福大学攻读博士学位的杨致远(Jerry Yang)与他的同班同学大卫·费罗(David Filo)创立了雅虎企业。由一个导航网站起家，一步步拓展了搜索、邮箱、购物和新闻内容等业务，靠收取广告费的商业模式，开创了信息服务免费的时代，成为后来者谷歌、百度、面簿等互联网企业模仿的对象。

但是随着互联网环境的不断变化，雅虎像一只蹩脚猫一样，在互联网市场深一脚浅一脚蹒跚而行，在引领了以门户为特征的互联网1.0时代后，鲜有作为；在以搜索为特征的互联网2.0时代和以社交为特征的互联网3.0时代，雅虎步履维艰，被远远甩到了后面；在以移动平台为特征的互联网4.0时代，雅虎误判了需求从个人电脑向智能手机转变的形势，更是鲜有作为，未能及时跟上从电脑向智能手机等移动终端转移的大潮，以至于被边缘化，不得不多次卖身。

雅虎是一个老牌互联网企业，起了个大早，却赶了晚集。这主要是因为频繁换帅，战略定位飘忽不定，目标方向模糊，就像虎落平阳，失去路标。

我们截取2007年6月到2012年5月这个时间段，五年时间中，特里·塞梅尔、杨致远、卡罗尔·巴茨、斯科特·汤普森前仆后继，一个个总裁(CEO)像走马灯似地换来换去。

在雅虎首任CEO库格尔2001年初结束任期时，职业经理人对企业战略定位即身份认同这一问题就已显露出来。彼时雅虎的战略定位似乎是在搜索引擎上，但全球互联网泡沫破裂导致雅虎的创收计划陷入困境。库格尔辞职后，股东们亟须企业盈利，饥不择食，于是迫不及待地从电影行业招来了塞梅尔。他将主要精力放在娱乐领域，试图将雅虎改造成娱乐网站，但尝试多年未果，只得带着遗憾离开雅虎。

危难时刻，雅虎联合创始人杨致远亲自披挂上阵。但杨致远既不是技术专家，也不擅长管理，他的强项在于媒体造势，因此雅虎当初的面孔有点像平面传媒的网络延伸。杨致远终究没有回天之力，反而在他上任时，搜索引擎的后起之秀——相对于老资格的雅虎来说——只是后生的谷歌却开疆拓土，高歌猛进，蚕食了雅虎的大片市场。而与微软合作的犹疑，又让雅虎错失重新崛起的良机，最终为杨致远复出后悲哀的结局作了铺垫。

到了巴茨时代，豪言壮语更救不了雅虎。巴茨有信心，也有魄力，却没有战略眼光。巴茨在任期间，雅虎没有开发出有价值的新产品，没有增加用户群体，没有建立更好的业界合作关系，没有带动业绩恢复增长。因此，更不会得到股东的认同。对巴茨的辞退，业界并没有感到丝毫的意外。

巴茨把一个颓废中的雅虎留给了汤普森，汤普森 2012 年 1 月走马上任，雅虎当时对汤普森寄予厚望，希望他能够带领雅虎这样一个老牌互联网企业开创出一片新的天地。

汤普森上任以后，雅虎正在着手进行重组计划，当年 4 月经过裁员，并通过了关注电子商务和消费者体验、吸引广告商的未来发展目标。在汤普森因为"学历门"中枪之后，企业的重组计划不得不搁置一段时间，寻找新一任 CEO 成为最主要的工作。而新一任 CEO 很可能实施新的重组计划，这给雅虎这艘航船未来的行程带来更多的不确定性。

以上的每位 CEO 都反映出职业经理人在对雅虎身份认同即战略定位上的迷茫，一会儿是搜索企业，一会儿是娱乐企业，一会儿是媒体企业，一会儿又是包罗万象的门户网站，以至于雅虎没有核心业务，在资讯科技(IT)圈子中越来越边缘化。

雅虎在美女 CEO 玛丽莎·梅耶尔手中五年间，一开始将雅虎复兴计划定位为"修复"，而非全盘性的洗牌重塑。谷歌高管出身的梅耶尔试图为雅虎注入谷歌风格的活力，但那仅仅是表面上的改变，比如改善了办公环境，用敏捷的工程师作风来吸引雅虎的新老员工等，但雅虎的主营结构并没有发生根本性的变化，也就是说，雅虎的变革是不完整且并不成功的。

加上 2011 年至 2012 年雅虎动荡时期的两任临时 CEO 蒂姆·摩斯和罗斯·莱文索恩，23 年间，雅虎一共经历了八任 CEO 的折腾。这八任 CEO 带来的是管理层的频繁变动和企业定位的反复调整，在这种动荡中，企业很难找到适合自己的管理风格，更难以形成一套完备的管理机制。

而成则为王，败则为寇。股东们总是把企业的命运寄托在职业经理人特别是 CEO 身上。他们认为，好的 CEO 可以成为白衣骑士，将一家财务上濒于崩溃的企业拯救过来，而反过来，企业若是炒掉所谓差的 CEO，就能够自动起死回生。当一家企业的股票价格上涨时，股东总是给予其 CEO 过高的荣耀，而当股票下跌时，股东又一股脑儿将责任推到他的头上，并落井下石炒鱿鱼。而领导层的不稳定，很明显地反应到了企业发展战略的不确定上。

被称为互联网"活化石"的雅虎，就这样一步步地走向衰败，走向没落。在搜索领域被谷歌打得片甲不留，在仍保留 15%阿里巴巴股份等资产的前提下，更名为 Altaba 的雅虎，成为一家资产管理新企业，就此退出了历史舞台。

一代天骄就此陨落，留给后来者是严厉的警示。互联网企业是新的生产力的代表，但如果互联网企业缺失清晰的战略定位，没有一个明确的目标，没有一个稳定的领导集团，就会在新技术革命浪潮中被淘汰。

雅虎用自己的衰败见证了谷歌的崛起、阿里巴巴的成功，多次拒绝谷歌的雅虎最后被谷歌"放鸽子"，阿里巴巴的创始人马云落魄时，曾经为创业已小有名气的杨致远在北京旅游时当过导游。

但无论怎么说，雅虎的历史地位不容抹杀。2016 年出版问世的《浪潮之巅》的作者吴军博士，曾经在书中这样评价雅虎：一百年后，如果人们只记得两个对互联网贡献最大的人，那么这两个人很可能是杨致远和费罗。他们对世界的贡献远不止是创建了世界上最大的互联网门户网站雅虎企业，更重要的是制定下了互联网这个行业全世界至今遵守的游戏规则——开放、免费和盈利。也许一百年后雅虎企业会不再存在，但是人们会把他们和爱迪生、贝尔和福特相提并论。

作为行业先锋的雅虎企业，其市值一度高达 1250 亿美元。遗憾的是，在其创业 23 年后的今天，肢解和抛售，成了雅虎被业界所关注的两个关键词，事实上雅虎已步入历史的尘埃。

思考：

(1) 雅虎堕落成“蹩脚猫”的主要原因？

(2) 结合案例，谈谈你认为当今互联网企业发展的基本态势。

(3) 如果你想创办一家互联网公司，你会采用哪些营销方法进行推广，为什么？

参考文献

[1] 菲利普·科特勒，凯文·莱恩·凯勒. 营销管理[M]. 何佳讯，于洪彦，牛永革等，译. 上海：格致出版社，2016.

[2] 陆克斌，沈洁. 市场营销[M]. 北京：人民邮电出版社，2016.

[3] 张俊，周永平. 市场营销：原理、方法与控制[M]. 北京：人民邮电出版社，2016.

[4] 尹元元. 渠道管理[M]. 北京：人民邮电出版社，2013.

[5] 韦福祥. 服务营销[M]. 北京：人民邮电出版社，2014.

[6] 王方华. 市场营销学[M]. 上海：格致出版社，2012.

[7] 梁东，刘建堤. 市场营销学[M]. 北京：清华大学出版社，2011.

[8] 张鸿. 市场营销学[M]. 北京：科学出版社，2013.

[9] 吕一林，冯蛟. 现代市场营销学教程[M]. 北京：清华大学出版社，2012.

[10] 道格拉斯·B. 霍尔特. 品牌如何成为偶像：文化式品牌塑造的原理[M]. 胡雍丰，孔辛，译. 北京：清华大学出版社，2010.

[11] 吴宪和. 分销渠道管理[M]. 上海：上海财经大学出版社，2016.

[12] 朱利安·丹特. 渠道分销[M]. 杨博，译. 广州：立信会计出版社，2014.

[13] 郑锐洪. 营销渠道管理[M]. 北京：机械工业出版社，2012.

[14] 杨群祥. 市场营销概论[M]. . 北京：高等教育出版社，2015.

[15] 李克芳，李严锋. 营销渠道管理[M]. 武汉：武汉大学出版社，2011.

[16] 常永胜. 营销渠道：理论与实务[M]. 北京：电子工业出版社，2013.

[17] 吴建安. 市场营销学[M]. 北京：高等教育出版社，2014.

[18] 瞿彭志. 网络营销[M]. 北京：高等教育出版社，2012.

[19] 邓少灵. 网络营销教程[M]. 广州：中山大学出版社，2015.

[20] 夏治坤. 网络营销教程：基于工作过程[M]. 北京：北京交通大学出版社，2014.

[21] 乔治·贝尔奇，迈克尔·贝尔奇. 促销管理[M]. 北京：中国人民大学出版社，2014.

[22] 张一驰. 销售就是做渠道[M]. 北京：中国商业出版社，2013.

[23] 黄志锋，孙伟. 市场营销学[M]. 成都：西南交通大学出版社，2015.

[24] 戴恩勇，袁超. 网络营销[M]. 北京：清华大学出版社，2016.

[25] 刘敏，牟俊山. 绿色消费与绿色营销[M]. 北京：清华大学出版社，2012.

[26] 唐·舒尔茨. 整合营销传播：创造企业价值的五大关键步骤[M]. 王茁，顾洁，译. 北京：清华大学出版社，2013.

[27] 吴伟定，姚金刚，周振兴. 网站运营直通车：网络整合营销[M]. 北京：清华大学出版社，2014.

[28] 菲利普·科特勒，加里·阿姆斯特良朗. 市场营销：原理与实践[M]. 楼尊，译. 北京：中国人民大学出版社，2015.

[29] 刘铁明. 国际商务案例集：国际市场营销案例[M]. 北京：经济科学出版社，2016.

[30] 艾·里斯，杰克·特劳特. 定位：有史以来对美国营销影响最大的观念[M]. 谢伟山，

苑爱冬，译. 北京：机械工业出版社，2011.

[31] 卫海英. 市场营销学[M]. 北京：经济科学出版社，2009.

[32] 何永祺，张传忠，蔡新春. 市场营销学[M]. 大连：东北财经大学出版社，2016.

[33] 王月辉，杜向荣，冯艳. 市场营销学[M]. 北京：北京理工大学出版社，2017.

[34] 万晓. 市场营销[M]. 北京：北京交通大学出版社，2007.

[35] 蒋志华. 市场调查与预测[M]. 北京：中国统计出版社，2009.

[36] 李红. 市场调研与预测[M]. 北京：高等教育出版社，2014.

[37] 徐武，孙跃光. 市场营销学[M]. 北京：清华大学出版社；北京交通大学出版社，2009.

[38] 希夫曼，卡纽克，维森布利特. 消费者行为学[M]. 林江，等，译. 北京：中国人民大学出版社，2011.

[39] 刘洁. 市场营销环境[M]. 北京：机械工业出版社，2016.

[40] 郭毅，侯丽敏. 组织间营销[M]. 北京：电子工业出版社，2011.

[41] 赵学慧. 市场产品占有率和期望利润预测方法研究[J]. 数理统计与管理，1998(1):21-23.

[42] 朴光浩. 论项目管理在市场营销实践中的应用[J]. 中国商贸，2011(2):53-54.

[43] 罗来军，昌晓英. 论企业应对市场营销环境变化的策略[J]. 特区经济，2007(3)：229-230.

[44] 苏爽. 企业市场营销管理创新路径[J]. 现代交际，2017(7).

[45] 刘新旭，李根. 如何完善企业市场营销的管理过程[J]. 企业研究，2013(8):44-46.

[46] 吴萍. 市场调研在市场营销中的作用[J]. 经济研究导刊，2015(7):89-90.

[47] 李华敏，崔瑜琴. 影响消费者行为的情境因素分析[J]. 西安邮电学院学报，2010(3)：73-75.

[48] 孟繁荣，蒲伟，刘杰. 关于组织市场的营销策略探究[J]. 经济师，2009(2):93-94.

[49] 杜鲁弗·格雷瓦尔，迈克尔·利维. 市场营销学[M]. 郭朝阳，等，译. 北京：中国人民大学出版社，2015.

[50] 严宗光，罗志明. 市场营销学[M]. 北京：北京理工大学出版社，2016.

[51] 顾彼思商学院. 市场营销(MBA 轻松读)[M]. 北京：北京时代华文书局，2017.

[52] 兰苓，刘志敏. 市场营销学[M]. 4 版. 北京：中央广播电视大学出版社，2017.

[53] 徐伟. 市场营销管理工具箱[M]. 北京：中国铁道出版社，2013.

[54] 阿尔文·伯恩斯，罗纳德·布什·利维. 营销调研[M]. 7 版. 于洪彦，金钰，译. 北京：中国人民大学出版社，2015.

[55] 纳雷希·马尔霍特拉. 营销调研精要(工商管理经典译丛·市场营销系列)[M]. 张婧，译. 北京：中国人民大学出版社，2016.

[56] 寇小萱，王永萍. 国际市场营销学[M]. 5 版. 北京：首都经济贸易大学出版社，2017.

[57] 张荣. 市场营销案例集[M]. 杭州：浙江大学出版社，2014.

[58] 丁兴良. 案例即本质：工业品营销实战案例精解[M]. 北京：中华工商联合出版社，2016

[59] 屈云波，张少辉. 市场细分：市场取舍的方法与案例[M]. 北京：企业管理出版社，2010.

[60] 迈克尔·波特. 竞争战略[M]. 陈丽芳，译. 北京：中信出版社，2014.

[61] 马丁·里维斯，纳特·汉拿斯，詹美贾亚·辛哈. 战略的本质[M]. 王喆，韩阳，译. 北京：中信出版社，2016.

[62] 稻盛和夫. 企业成长战略[M]. 周征文，译. 北京：机械工业出版社，2017.

[63] 艾·里斯，杰克·特劳特. 定位[M]. 谢伟山，苑爱冬，译. 北京：机械工业出版社，2011.

[64] 杨帅. 企业市场营销能力的评价与实证[J]. 统计与决策，2017(06)：186-188.

[65] 李娟. 以差异化竞争为基础的企业市场营销战略研究[J]. 改革与战略，2017(07)，175-178.

[66] 周蕾；刘秀萍. 浅谈企业市场营销管理及创新策略[J]. 宏观经济管理，2017(S1)：138-139.

[67] 孙洁. 互联网时代下市场营销策略创新思考[J]. 商业经济研究，2017(13)：40-41.